# *DER VERKEHRSFACHWIRT*

Kompendium praxisrelevanter Grundlagen u.Wissens für die Teilnehmer der Qualifizierungs- und Fortbildungslehrgänge *'Verkehrsfachwirt, Logistik-Manager' der IHK - Akademie*

*Band II : Grundlagen und Neuorientierung des Marketing für die Logistik-Branche durch E- und M-Commerce*

*Von: Rolf-Ernst Noelke*

*Frühjahr 2001*

*Verlag: Expert Service NCT, 34233 Fuldatal*
*Herstellung : Books on Demand, Norderstedt*
*Quelle Titelfoto: Vahlen Prospekt Logistik-Total, München 2000*

*ISBN 3-8311-1271-1*

*Vorwort*

Seit 1986 unterrichtet der Autor Teilnehmer des IHK- Fortbildungslehrganges 'Verkehrsfachwirt' in den Fächern Verkehrswirtschaft, Verkehrsbetriebslehre und Marketing sowie die Teilnehmer am Qualifikationskurs zur Erlangung des IHK-Zertifikates 'Logistik-Fachkraft'. Die bisherigen Lehrgänge wurden zur vollsten Zufriedenheit der Teilnehmer mit Erfolg durchgeführt, letztendlich dank des Engagements und der Fachkompetenz des Autors und seiner Dozentenkollegen, sowie der Verantwortlichen der IHK- Akademie der Wirtschaft.

Auf Anregung der Lehrgangsteilnehmer wurde dieses Kompendium geschrieben. Die Teilnehmer der Lehrgänge sind fast ausschließlich gestandene Praktiker aus Betrieben und haben allgemeine Schulbildung, Berufsausbildung und mehrjährige Berufspraxis. Die verfügbare Fachliteratur für die Fächer Verkehrswirtschaft und Marketing hat vorwiegend einen wissenschaftlichen Anspruch und ist für die Mehrheit der Lehrgangsteilnehmer erklärungsbedürftig gewesen aufgrund fehlendem Basiswissens und Unkenntnis der Fachtermini!

Das vorliegende Kompendium vermittelt mit Band II das notwendige Marketing - Wissen für Mitarbeiter von Verkehrsbetrieben als Dienstleistungsanbieter, und erklärt vertieft neuere Entwicklungen(zB. E- + M-Commerce, ECR, etc.) auch im Hinblick auf Globalisierung und Marktveränderungen(virtuelle Märkte).

Inhaltlich befaßt sich dieses Kompendium aufgrund der curricularen Vorgaben des DIHT und der Teilnehmernachfrage schwerpunktmäßig mit dem Güterverkehrsangebot und der kundenorientierten, nachfragegerechten Güterverkehrs-Logistik. Das Kompendium ist fast ausschließlich eine verständliche und präzise Zusammenfassung des aktuellen Verkehrswissens qualifizierter Verkehrs-, Logistik- und Marketing-Experten aus dem europäischen und amerikanischen Raum, ergänzt durch eigene fach- und sachrelevante Erkenntnisse. Um allen Missverständnissen vorzubeugen sei hier auch nochmals ganz klar angeführt, dass der Autor eine Vielzahl von Literatur und natürlich die Fachpresse mit einwandfreiem Quellennachweis zitiert! Dies schließt zum Teil auch aktuelle Beiträge in englischer Sprache ein.

Anspruch des Kompendiums ist es ein Grundwissen des Marketing mit praxisorientierten Umsetzungsempfehlungen zu vermitteln, sowie Anregungen für ein kundenorientiertes Logistikmanagement bei besonderer Berücksichtigung der 'Kehrtwende im Marketing' zu geben.

Das Kompendium enthält prüfungsnotwendiges Wissen nach Vorgabe des neuen DIHT Rahmenstoffplanes für die Lehrgaenge 'Logistikfachkraft, Logistikmanager und Verkehrsfachwirt'.

Neben der Vermittlung des klassischen Wissens werden neuere Entwicklungen und ihre Bedeutung für die Verkehrwirtschaft, Logistik und das Marketing praxisbezogen beschrieben und erklärt, um den Teilnehmern das Grundwissen dieses Faches verständlich zu vermitteln und zweckgebunden zu ergänzen, vor allem auch im Hinblick auf Interdisziplinarität mit anderen Lern-Schwerpunkten wie zB.: Controlling, EDV, Organisation u.a.

Fuldatal, im Frühjahr 2001                                        Rolf-Ernst Noelke

# Inhaltsverzeichnis:

*Seite*

| | |
|---|---|
| Vorwort | 1 |
| Inhaltsverzeichnis | 3 |
| Abbildungsverzeichnis | 6 |

**TeilA –**

| | |
|---|---|
| 1.0. Grundlagen des Marketing | 8 |
| 2.0. Marketing-Strategie | 18 |
|     2.1. Die Analyse der Ausgangsgrößen der Marketing-Strategie | 20 |
|     2.2. Grundstruktur der Marketing-Strategie | 22 |
| 3.0. Marketing Instrumentarium | 26 |
|     3.1. Produktpolitik | 26 |
|     3.2. Distributionspolitik | 27 |
|     3.3. Kommunikationspolitik | 28 |
|     3.4. Preispolitik | 30 |
|     3.5. Das Marketing-Mix | 38 |
| 4.0. Marketing im Güterverkehr | 39 |
|     4.1. Informationsgrundlagen des Marketing im Güterverkehr | 39 |
|     4.2. Analyse des Verladerverhaltens | 40 |
|     4.3. Analyse des Konkurrenzverhaltens | 41 |
| 5.0. Marketing-, Markt- und Absatzmarktforschung | 42 |
| 6.0. Der Marketing-Plan (Begriffe, Inhalte, Marketing-Ziele, Umsetzung) | 43 |

# Teil B

|  |  | Seite |
|---|---|---|
| 1.0. | Neuorientierung des Marketing | 46 |
| 2.0. | Kehrtwende im Marketing? | 51 |
| | 2.1. Entwicklung und Anspruch des Marketing im Zeitablauf | 52 |
| | 2.1.1 Lean Management | 52 |
| | 2.1.2. Virtuelle Produkte | 56 |
| | 2.1.3. Benchmarking | 59 |
| | 2.2. Virtuelle Unternehmen und Dienstleistung | 68 |
| | 2.3. Markt-Segmentierung | 70 |
| | 2.4. Electronic Marketing | 73 |
| | 2.5. Conjoint-Analyse der logistischen Marktleistung | 74 |
| | 2.6. Identifikation marktbeeinflussender Prozesse | 75 |
| | 2.7. Internet als Basis der globalen Unternehmung | 76 |
| 3.0. | New Economy – Change Management | 80 |
| | 3.1. Die neuen Marktplätze (E-Business, E-Commerce, M-Commerce) | 83 |
| | 3.1.1. B2B (Business to Business) | 96 |
| | 3.1.2. B2C (Business to Consumer) | 98 |
| | 3.1.3. C2C (Consumer to Consumer) | 99 |
| | 3.1.4. Stand und Entwicklung des E-Shopping | 104 |
| | 3.1.5. M-Commerce | 109 |
| | 3.2. Marktplätze im Vergleich | 113 |
| | 3.2.1. E-Marktplätze für die Distribution | 123 |
| | 3.2.2. Voraussetzung für erfolgreiches E-Business: Die Prozesskette muß stimmen! | 126 |
| | 3.2.3. Virtuelle Unternehmen | 138 |
| | 3.2.4. Virtuelle Marktplätze | 140 |
| | 3.2.5. E-Commerce meets Customer! | 143 |
| | 3.2.6. Effektives SCM und gesteigerte Geschäftsleistung | 145 |
| | 3.2.7. E-Business Plattform und Betreiberkonzept | 149 |
| | 3.2.8. Entwicklungstendenzen zwischen Kurier- und Briefdiensten | 151 |

| | | |
|---|---|---|
| 3.3. | ECR(Efficient Consumer Response) Projekte | 153 |
| 3.4. | Trends und Strategien | 157 |
| 3.5. | BSL Studie | 159 |
| 3.6. | Europa-Logistiktrends | 163 |
| 3.7. | Globalisierung | 169 |
| 3.8. | Betreiberkonzept für Electronic Business | 174 |
| 3.9. | Hoffnungsträger E-Commerce | 183 |
| 3.10. | Marketing und Internet | 199 |
| 4.0. | E-Business für Güterverkehr und Logistik | 201 |
| 4.1. | Neu-Positionierung der Logistik | 214 |
| 4.2. | E-Commerce braucht die Logistik | 217 |
| 4.2.1. | Logistische Anforderungen des E-Commerce | 219 |
| 4.2.2. | Lieferzusagen müssen eingehalten werden | 220 |
| 4.3. | E-Business verändert die Logistik | 222 |
| 4.4. | Kostenfalle Internet | 225 |
| 4.5. | ASP ( Application Service Providing) | 227 |
| 4.6. | KEP Dienste | 241 |
| 4.7. | KEP-LOG im Zeitalter des E-Commerce | 246 |
| 4.8. | Geschäftsmöglichkeiten für Spedition u. KEP-Dienste | 248 |
| 4.9. | City-Log wird zur E-Log | 250 |
| 5.0. | Wert-Marketing | 252 |
| 5.1. | Das logistische Informationssystem | 252 |
| 5.2. | Kernprozesse des QM – Qualität und Logistik | 256 |
| 5.3. | TQM (Total Quality Management) als Wettbewerbsvorteil | 258 |
| 5.4. | TQM in der Logistik | 258 |
| 5.5. | Ziele des Logistik-Benchmarking | 260 |
| 5.6. | Renaissance der manuellen Kommissionnierung | 261 |
| 6.0. | Virtuelle Transportwelt | 262 |
| 6.1. | Kundenzufriedenheit als Basis | 264 |
| 6.2. | Vermarktung u. Value Based Marketing (Kundennutzensteigerung) | 266 |
| 7.0. | ECR(Efficient Consumer Response) | 272 |
| 7.1. | Kaufverhalten – Category Management | 282 |
| 7.2. | Von der Logistik zum Marketing | 284 |

| | |
|---|---|
| 7.3. ECR und SCM | 285 |
| 7.4. ERP(Efficient Replenishment) goes Web | 289 |
| 7.5. E-Commerce wird das Kaufverhalten verändern | 290 |
| 7.6. Hypothese 'Die letzte Meile ist zu teuer' | 292 |
| 7.7. Käufer nutzen bequeme Lösungen | 293 |
| 8.0. E-Business und die Zukunft der Logistik | 294 |
| 8.1. Marktplätze für Spediteure | 313 |
| 8.2. Der Großhandel als mögliche Konkurrenz für Logistik-Dienstleister | 328 |
| 8.3. Umfassendes Prozeßdenken als Voraussetzung | 330 |
| 8.4. Synchronisation von Nachfrage und Versorgung | 333 |
| 8.5 Weniger bewegen – aber schneller | 337 |
| 8.6. Logistikportale | 340 |
| 8.7. Internetplattformen | 350 |
| 8.8. Die Wert produzierende Supply-Chain | 359 |
| 8.8.1. Wert-Sicherung | 360 |
| 8.8.2. Risk-Management | 361 |
| 8.8.3. Transportbörsen? | 362 |
| 8.9. GVZ als virtueller Marktplatz | 365 |
| 8.10. Der vierte Kanal | 368 |
| 8.11. Erschließung neuen Geschäftsmöglichkeiten (Beispiele) | 371 |
| 9.0. One-to-one Marketing | 378 |
| 10.0. E-Commerce und Internet-Marketing | 394 |
| 11.0. Wie weit sind Speditions- und Logistikunternehmen bei der Umsetzung von E-Business | 400 |
| 12.0. Gefahren und Chancen für Logistik-Dienstleister bei E-Procurement | 403 |
| 13.0. E-Commerce in Schifffahrt u. Hafenwirtschaft | 405 |
| 14.0. Literaturverzeichnis | 410 |

# Abbildungsverzeichnis

1 – Entwicklungsstufen des Marketing im Zeitablauf    9
2 – Marktorientierte Unternehmensführung    10
3 – Prozeß des Marketing Management    13
4 – Theoriezyklen des sektoralen Marketing    15

# Teil A –

## 1.0. Grundlagen des Marketing

"Marketing, ein Begriff aus dem angelsächsischen Sprachgebrauch i.S. v. Absatzwirtschaft, verwandter Begriff für die Planung, Koordination und Kontrolle aller auf die aktuellen und potentiellen Märkte ausgerichteten Unternehmensaktivitäten mit dem Ziel der Verwirklichung der Unternehmensziele im gesamtwirtschaftlichen Güterversorgungsprozeß durch eine dauerhafte Befriedigung der Kundenbedürfnisse (klassische ökonomische und enge Definition des Marketing).

Für dieses managementorientierte Verständnis des Marketingbegriffes sind acht Merkmale typisch:

– Philosophieaspekt
– Verhaltensaspekt
– Informationsaspekt
– Strategieaspekt
– Aktionsaspekt
– Segmentierungsaspekt
– Koordinations- bzw. Organisationsaspekt
– Sozialaspekt.

Der Philosophieaspekt des Marketing kommt durch den Wandel der fünf verschiedenen Orientierungsphasen der →Marketing-Geschichte zum Ausdruck. In der Phase der Produktionsorientierung der Wirtschaft in der zweiten Hälfte des 19. Jahrhunderts dominierten in einer Verkäufermarktsituation Fragestellungen der zu verwirklichenden Massenproduktion. Um die Jahrhundertwende legte die Distributionsorientierung den Problemfocus auf die systematische Vermarktung zunächst vorwiegend landwirtschaftlicher Erzeugnisse. Erst der Wandel der Verkäufer zu → Käufermärkten führte in den 60er Jahren zu einer bewußten Absatz- und Kundenorientierung als Merkmal eines „modernen" Marketingverständnisses. Die Stagnation zahlreicher Märkte und ein geändertes Kunden- und Umweltverhalten führten schließlich in den 80er Jahren dazu, den Focus der Marktbearbeitung nicht nur auf den Kunden, sondern in einer langfristigen

Orientierung auf alle Marktpartner wie Wettbewerber, Handel und die allgemeine Umwelt auszurichten (Phase des → strategischen Marketing).

In den o.g. Entwicklungsphasen hat sich auch das Anspruchsspektrum des Marketing mehrfach geändert und ausgeweitet (vgl. Abb. 1).

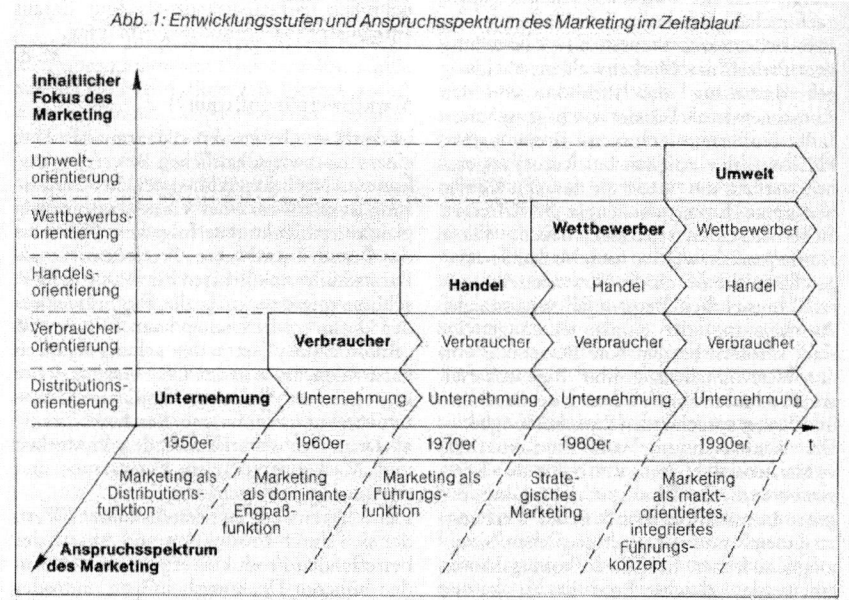

Abb.1 Quelle : DILLER, H.,Vahlens großes Marketing Lexikon, S.648, 1992, Verlag C.H. Beck, München

Während in der Distributionsphase das Marketing bereits stark durch ein funktionales Denken geprägt war, führte die auf den Absatzmärkten in den 60er Jahren sich abzeichnende „Nadelöhrsituation" zu einer Interpretation des Absatzmarketing als „dominante Engpaßsituation". Die Energieversorgungskrisen und Technologieumbrüche in den 70er Jahren veränderten den vom Marketing beanspruchten „Geltungsbereich" abermals in eine mehr integrierende unternehmensbezogene Denkhaltung. Gleichzeitig fand der Gedanke des → Beschaffungsmarketing zunehmend Beachtung. In den 80er Jahren kam es zu Ansätzen des Gleichgewichts- oder des Balance Marketing, welches versucht, die unterschiedlichen Engpässe der unternehmenseigenen Aufgabenumwelt (Absatz- und Beschaffungsmärkte) mit jenen der weiteren Umwelt (z.B. Öffentlichkeit) zum Ausgleich zu bringen.

Anfang der 90er Jahre hat in Marketingwissenschaft und -praxis die Meinung Verbreitung gefunden, ein ausgeprägtes funktionales Verständnis des Marketing mit einem Verständnis der Marketing als Unternehmensphilosopie synthetisch zu verbinden und Marketing als ein duales Konzept der marktorientierten Unternehmensführung zu interpretieren. Dabei wird Marketing einerseits als

Leitkonzept des Management verstanden, andererseits als gleichberechtigte und in Engpaßsituationen ausgleichende Unternehmensfunktion, die es im Rahmen des Marketing-Management-Prozesses umzusetzen gilt (vergl. Abb. 2).

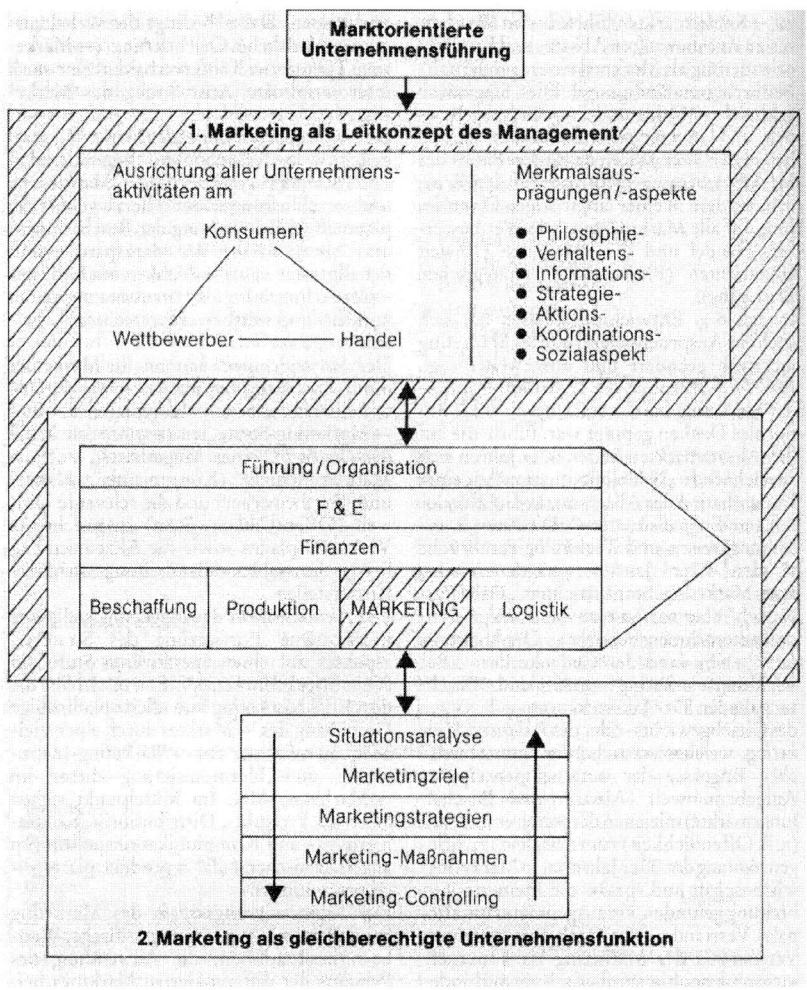

Abb.2 Quelle: DILLER, H., Vahlens großes Marketing Lexikon, S.650, a.a.O.

Der Verhaltensaspekt des Marketing beschreibt die Notwendigkeit, bei allen marktgerichteten Aktivitäten die für die Unternehmung relevanten Umweltschichten (Käufer, Absatzmittler, Konkurrenten, Staat u.a.) zu erfassen, im Rahmen der → Marktforschung zu beobachten und ihre Verhaltensmuster zu analysieren. Dabei bedingt die verhaltenswissenschaftliche Orientierung (→ Marketing-Theorie; → Käuferverhalten) eine stark interdisziplinäre Ausrichtung des Marketing.

Der Informationsaspekt des Marketing spiegelt sich in der schöpferisch-gestaltenden Funktion der systematischen Marktsuche und -erschließung wider. Hierzu gehört die planmäßige Erforschung der Beschaffungs- und Absatzmärkte, der Marktpartner und der allgemeinen Öffentlichkeit mit Hilfe der → Marktforschung als Voraussetzung für ein kunden- und wettbewerbsgerechtes Verhalten.

Der Strategieaspekt kommt im Marketing durch die Festlegung marktorientierter Unternehmensziele (→ Marketingziele) und →Marketing-Strategien zum Ausdruck, die den Entwurf eines längerfristig, auf die Marktteilnehmer (Konsumenten, Handel und Wettbewerber) und die relevante Umwelt (Öffentlichkeit, Staat) ausgerichteten Verhaltensplanes sowie die Akzentsetzung bei der Auswahl und Bearbeitung von Märkten darstellen.

Der Aktionsaspekt des Marketing stellt eine konsequente Fortsetzung des Strategieaspektes auf einer operativeren Stufe dar (Operatives Marketing). Er umschreibt die durch das Marketing intendierte planmäßige Gestaltung des → Marktes durch einen zieladäquaten Einsatz der → Marketing-Instrumente und Harmonisierung dieser im → Marketing-Mix. Im Mittelpunkt stehen dabei die Produkt-, Distributions-, Kontrahierungs- und Kommunikationspolitik (im angelsächsischen 4 „P" = product, place, price, promotions).

Der Koordinations- bzw. Organisationsaspekt des Marketing verlangt die Integration aller marktgerichteten Unternehmensaktivitäten. Es gilt, die verschiedenen Marketingaktivitäten zu koordinieren und mit den übrigen Unternehmensfunktionen im Hinblick auf die Markterfordernisse abzustimmen (→ Strategisches Marketing). Dabei sind der Entwurf und die Durchsetzung der → Marketing-Strategien und Marketing-Maßnahmen in einer Marketing-Konzeption nicht nur institutionell in der → Marketing-)Organisation als Teil der Unternehmensorganisation zu verankern; vielmehr müssen auch effiziente Systeme des → Marketing-Controlling und eine adäquate Marketingkultur die marktorientierte Ausrichtung des Unternehmens sicherstellen ( → Unternehmenskultur).

Der Sozialaspekt des Marketing besagt, daß Marketingentscheidungen in größere soziale Systeme einzuordnen sind. Durch seine Berücksichtigung soll insb. den Forderungen der → Konsumerismus- und Umweltschutzbewegungen Rechnung getragen werden. Es wird ein verändertes sozial und ökologisch verträgliches

Marketingverhalten gefordert, bis hin zum → ökologischen Marketing und zum sog. → Sozio-Marketing. Letzteres will zum Abbau möglicher „dysfunktionaler Wirkungen" oder „externer Effekte" von Marketingaktivitäten im Rahmen einer gesamtwirtschaftlichen Kosten-Nutzen-Analyse beitragen. Der Sozialaspekt hat im Marketing auch zu einer Ausweitung der Marketing-Inhalte im Rahmen der „Vertierung des Marketing" („Deepening") geführt. So fordern Ansätze wie das „Human Concept of Marketing", das Social- oder das Ökologische Marketing durch Neubestimmung der Zielinhalte einer Überwindung der vornehmlich gewinn- und rentabilitätsdominanten Marketing-Konzeptionen bis hin zur Umkehrung des outputsteigernden Prinzips des Marketing in Form des sog. → Demarketing (s.a. → Marketingethik). Darüber hinaus ist der Gegenstandsbereich des Marketing auf nicht kommerzielle Transaktionen („Broadening") ausgeweitet worden. Es wird dabei versucht, den Grundgedanken der Beeinflussung bzw. Steuerung von Austauschprozessen zwischen Marktpartnern auf öffentliche (→ Marketing für öffentliche Betriebe) und soziale (→ Social Marketing) sog. „non-profit"-Unternehmen (→ Non-Business-Marketing) und ihre spezifischen Aufgaben (z.B. Theater, Museen, Krankenfürsorge) sowie die Vermittlung von Ideen, Meinungen und Normen (z.B. Verbraucher- und Umweltschutz) im Rahmen eines → Sozio-Marketing zu übertragen. Diese Interpretation führt zu einem universellen Konzept der Marktbeeinflussung und zu einem genetischen Verständnis des Marketing als Sozialtechnik (→ Generic marketing). Auf dieser Basis versteht sich auch das in die eigene Unternehmensinnenwelt gerichtete → Interne Marketing.

Die Verwirklichung der verschiedenen Aspekte des kommerziellen und nicht - kommerziellen Marketing wird durch ein umfassendes Konzept des Marketing-Managment zu erreichen versucht. Sämtliche Aktivitäten des Markteting-Management werden dabei als Prozeß der Willensbildung und Willensdurchsetzung (Managementprozeß) charakterisiert. Er besteht aus den Phasen der Analyse, Planung, Motivation, Koordination und Kontrolle, wobei diese mit Rückkoppelungsschleifen verbunden sind (vgl. Abb. 3, siehe nächste Seite).

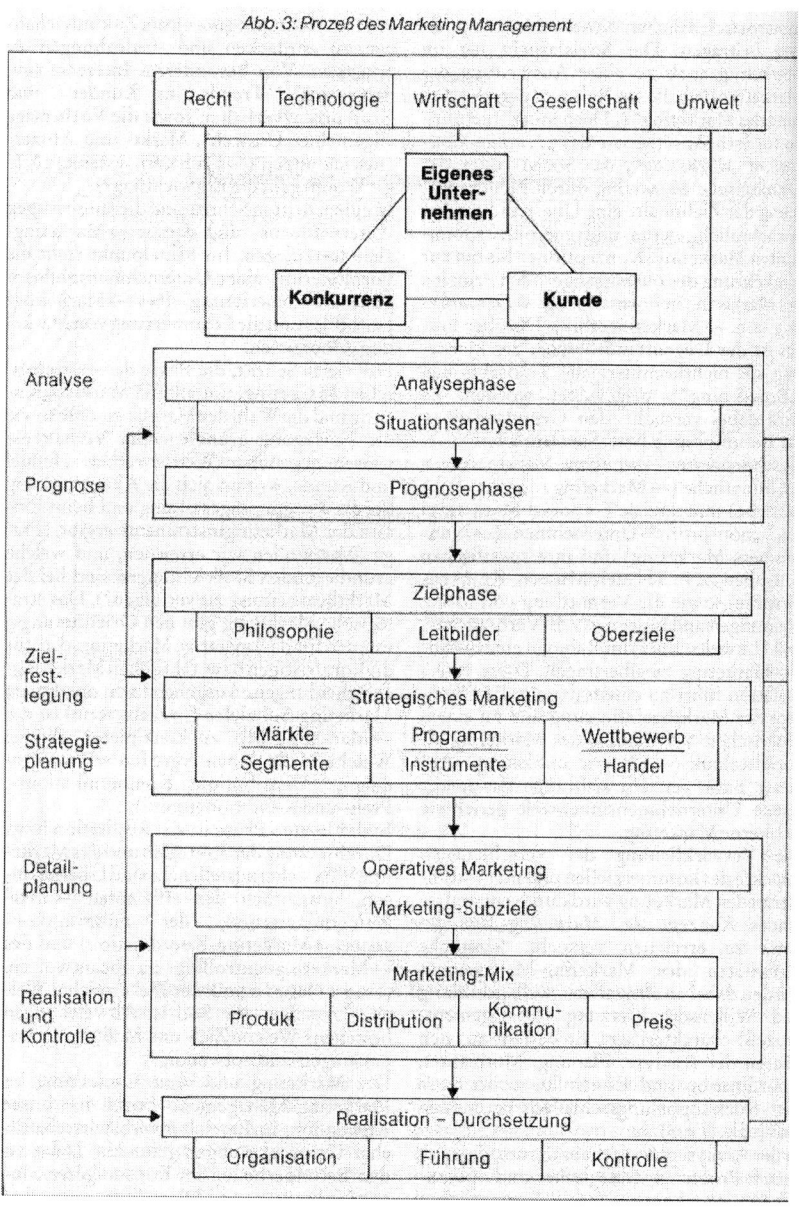

Abb. 3, Quelle: DILLER, H., Vahlens großes Marketing Lexikon, S.652, a.a.O.

In der Analysephase geht es darum, die relevanten Probleme strategischer und operativer Art zu erkennen und die wesentlichen Elemente des Marketing-Systems (Kunden-Konkurrenz-Handel) sowie des eigenen Unternehmens im Hinblick auf die Stärken und Schwächen zu untersuchen (Frage: Wo stehen wir?).

Im Rahmen der Prognosephase sind die relevanten Marketingfaktoren zu prognostizieren (→ Absatzprognose), um Zukunftschancen zu entdecken und - Bedrohung zu erkennen. Von besonderem Interesse sind dabei insb. Trends im Kunden- und Konkurrenzverhalten sowie die Vorhersage allgemeiner Umwelt-, Markt- und 'Absatzentwicklungen (→ Frühwarnsystem) (Frage: Wohin geht die Entwicklung?).

In einem dritten Schritt sind die langfristigen Unternehmens- und daraus → Marketingziele festzulegen. Im Mittelpunkt steht die Formulierung einer Unternehmensphilosophie, die Generierung eines → Marketing-Leitbildes und die Formulierung von Marketing-Oberzielen.

Der vierte Schritt, die Phase des → strategischen Marketing, umfaßt die Marktabgrenzung und die Wahl der Marktsegmente sowie die Festlegung grundlegender Verhaltensweisen gegenüber Wettbewerber, Handel und Kunde, woraus sich die Akzentuierung bei der Programmgestaltung und beim Einsatz der Marketinginstrumente ergibt. (Frage: Was wollen wir erreichen, und welche grundlegenden Stoßrichtungen sind bei der Marktbearbeitung zu verfolgen?). Das strategische Marketing gibt den Orientierungsrahmen für das operative Marketing, d.h. für die kurzfristigen bzw. taktischen Marketingentscheidungen, Ausgehend von operativen Marketing-Subzielen (→ Zielsystem ist das → Marketing-Mix zu konzipieren. (Frage: Welche Maßnahmen ergreifen wir im Produkt-, Distributions-, Kommunikations-, Preis- und Konditionenmix?).

In der letzten Phase ist die Realisation bzw. Durchsetzung der Strategien und des Marketing-Mix sicherzustellen. Es sind Überlegungen hinsichtlich der effizienten → Marketingorganisationen, der Führungskonzepte (→ Marketing-Koordination) und des → Marketingcontrolling zu beantworten. (Frage: Haben wir unser Ziel erreicht? Welche Ursachen für Soll-Ist-Abweichungen bestehen? Welche Ziel- und Maßnahmeanpassungen sind notwendig?).

Das Marketing und seine Umsetzung im Marketing-Management-Prozeß hat breite Anwendung im Bereich erwerbswirtschaftlichen Unternehmungen gefunden. Dabei ist den Besonderheiten im Konsumgüter-, Investitionsgüter- und

Dienstleistungsmarketing besonders Rechnung zu tragen („sektorales Marketing"; vgl. Abb. 4).

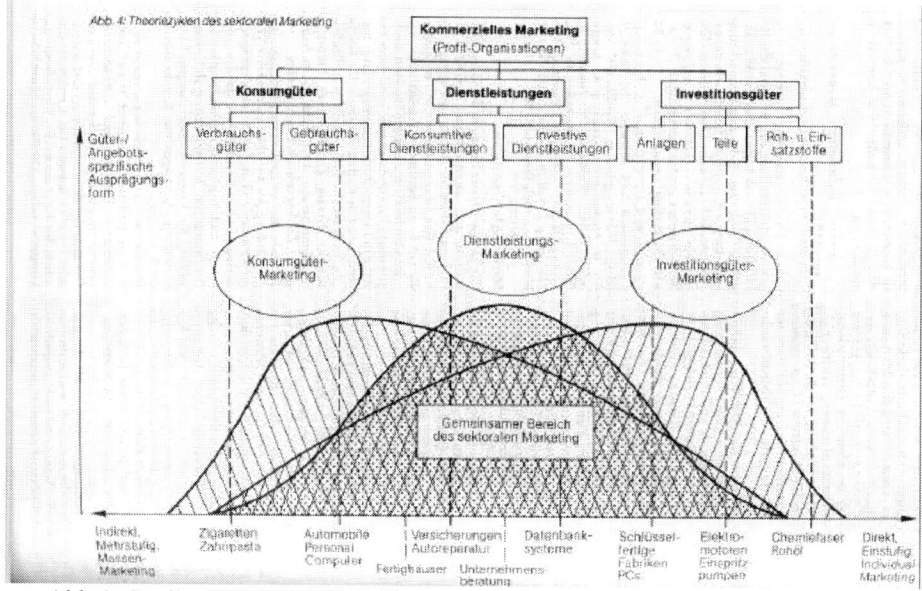

Abb.4 Quelle: DILLER, H., Vahlens großes Marketing Lexikon, S.654; a.a.O.

Das Konsumgütermarketing („klassisches Massenmarketing") richtet sich an die Endstufe des Wirtschaftsprozesses, d.h. an den privaten Konsumenten bzw. Verwender. In mehrstufigen und indirekten → Vertriebssystemen sind verschiedene Ausprägungsformen des Konsumgütermarketing zu unterscheiden. Beim konsumentengerichteten Konsumgütermarketing liegt die Akzentuierung der zumeist indirekten Marktbearbeitung auf der Ebene der Konsumenten bzw. Produktverwender mit dem Ziel, durch den Konsumenten beim Handel einen Nachfragesog auszulösen (Pull-Marketing). Demgegenüber versucht das handelsgerichtete Konsumgütermarketing durch Aktivitäten des Herstellers auf der Handelsebene durch aktiven Verkauf bzw. Schaffung von Anreizen einen Angebotsdruck (Push-Marketing) zu erzeugen. Dem → vertikalen Marketing für Konsumgüter liegt der Leitgedanke zugrunde, daß eine ganzheitliche Analyse und Abstimmung der sämtliche Distributionsstufen umfassenden Marketing-aktivitäten eine bessere Ausschöpfung der Produktverwender bzw. Endkäufer-nachfrage erlaubt. Gewisse Besonderheiten ergeben sich für kleinere Unter-nehmen (→ Mittelstands-Marketing).

Das → Invesitionsgütermarketing befaßt sich im weitesten Sinne mit der Vermarktung und dem Wiedereinsatz von Produktionsfaktoren, die in Industriebetrieben bzw. Organisationen zum Einsatz gelangen. Aufgrund der Besonderheiten des Investitionsgütermarketing (rationale Kaufentscheidung, Kaufentscheider als → Buying-center etc.) wird die Kundenorientierung vielfach durch eine Technologieorientierung ergänzt bzw. erweitert. Der nachfrageorientierten Vorgehensweise (demand pull) wird v.a. in Märkten mit hoher Innovationsdynamik die entgegengerichtete angebotsorientierte Konzeption (technology push) gegenübergestellt. Invesitionsgütermarketing wird darüber hinaus häufig als Problem des geplanten Wandels von Organisationen interpretiert, wobei den Trägern und Phasen organisationaler Beschaffungsentscheidungen besonderes Interesse gilt (→ Organisationsentwicklung). Schließlich spielt in diesem Sektor das → Nachkaufmarketing eine große Rolle als Wettbewerbsfaktor.

Das → Dienstleistungs- oder Servicemarketing umfaßt zahlreiche Ansätze der Vermarktung des breiten und heterogenen Spektrums immaterieller Leistungen (→ Bank-, → Bausparkassen-, → Versicherungs-, → Verlags-, → Fremdenverkehrs-Marketing, → Marketing für freie Berufe etc.). Ausgehend von den Besonderheiten des Angebots von Dienstleistungen (Immaterialität, Nicht-Lagerfähigkeit, Personalintensität etc.) sind spezifische Strategien des Dienstleitungsmarketing (z.B. Personalisierungs- und Automatisierungs-Strategien) entwickelt worden. Besondere Bedeutung erlagen im Dienstleistungsmarketing Fragen der Integration des Kunden („externer Faktor") in den Erstellungs- und Absatzprozeß sowie die Sicherstellung einer adäquaten Dienstleistungsqualität.

Die Anwendungsbereiche und Ausprägungsformen der verschiedenen Formen des sektoralen Marketing sind nicht überschneidungsfrei. Einerseits bestehen die verschiedenen Angebote z.T. aus Produkt- und Servicekomponenten, andererseits werden sie konsumtiv und investiv verwendet (vgl. Abb. 4). Positioniert auf einen Kontinuum mit den Polen
– indirektes, mehrstufiges Massenmarketing und
– direktes, einstufiges Individualmarketing
nimmt das Dienstleistungsmarketing eine gewisse Mittelstellung ein, während das Investitionsgütermarketing eher direkte, einstufige und das Konsumgütermarketing indirekte, mehrstufige Marktbearbeitungscharakteristika aufweist. Darüber hinaus läßt sich ein nicht unerheblicher gemeinsamer Bereich des sektoralen Marketing als „klassisches Marketing" herausstellen"(vgl. DILLER, H., Vahlens großes Marketing Lexikon, S.652-655, a.a.O.)

Marketing für freie Berufe

Die Tätigkeit freier Berufe ist dem Dienstleistungssektor zuzurechnen (→ Dienstleistungen, → Dienstleistungsmarketing). Es handelt sich dabei um berufliche Tätigkeiten, die i.d.R. an bestimmte Ausbildungswege gebunden sind (einschlägiges Studium, nachgewiesene Praxisphasen usw.) und/oder nur aufgrund einer Qualifikationsprüfung ausgeübt werden dürfen. Beispiele für solche „Professional Services" sind Ärzte, Rechtsanwälte, Notare, Ziviltechniker, Architekten, Steuerberater, Buchprüfer, Wirtschaftsprüfer, Zivilingenieure, Patentanwälte.

Zentrale marketingrelevante Merkmale sind die Bindung der Tätigkeit an konkrete Trägerpersonen und die für die jeweilige Sparte wirksamen berufsrechlichen, standesrechtlichen und marktzugangsbeschränkenden Bestimmungen (Bedarfsprüfung als Voraussetzung für Konzessionserteilungen, Limitierung von Verträgen mit Krankenkasse für Ärzte usw.)

Daraus resultieren Beschränkungen qualitativer Art (zulässiger Tätigkeitsbereich, individuelle Fähigkeiten und Erfahrungen), quantitativer Art (zeitliche und regionale Grenzen der Berufsausübung) und spezifische Einschränkungen für die absatzpolitischen Instrumente (z.B. Werbebeschränkungen oder Verbote)"
(vgl. DILLER, H., Vahlens großes Marketing Lexikon, S.652-655, a.a.O).

*Anmerkung: Das Pfeil-Zeichen bedeutet : siehe in Vahlens großem Marketing Lexikon unter diesem Begriff nach.*

## 2.0. Marketing-Strategie

"Eine <u>Marketing-Strategie</u> stellt ein vollständiges Aktionsprogramm aufgrund einer Einschätzung des Marktes sowie der Unternehmenssituation und ihrer Ziele dar.

Bei der Lösung einer Marketing-Problemstellung geht die Unternehmung von einer Bestandsaufnahme der Gegebenheiten aus. Dieses sind die <u>Marktsituation</u> mit ihren Komponenten: Käuferverhalten auf den verschiedenen Marktstufen, Marktvolumen, Marktanteil, Konkurrentenverhalten und Umwelteinflüsse; die <u>Unternehmenssituation</u> mit ihren Stärken und Schwächen und der vorgegebenen globalen <u>Unternehmenszielsetzung</u>.

Aus den allgemeinen Unternehmenszielen werden <u>Marketing-Ziele</u> abgeleitet und aus diesen wiederum die Grundstruktur der Marketing-Strategie, die sich in den „fünf W's" konkretisiert:

<u>Wer</u> kommt als Käufer in Frage?
(Zielgruppe)
<u>Wie</u> geht die Unternehmung an den Markt heran?
(Methode)
<u>Womit</u> geht die Unternehmung an den Markt?
(Instrumente)
<u>Wann</u> geht die Unternehmung mit ihren Maßnahmen and en Markt?
(Zeit)
<u>Wieviel</u> soll die Unternehmung von ihrer Leistung anbieten?
(Menge)

Die <u>Marketing-Instrumente</u> stehen in einem bestimmten Verhältnis zueinander. Zunächst sind drei Kategorien zu unterscheiden: Zum einen die Leistung, zum anderen das Entgelt für die Leistung und drittens die Kontrahierungspolitik, die sich auf die vertragliche Festlegung von Leistung und Entgelt bezieht. Die Leistung läßt sich wiederum gliedern in

Produkt- und Sortimentsleistung,
Finanzierungsleistung,
Distributionsleistung und
Kommunikationsleistung.

Das Marketing-Mix ist die Kombination der Instrumente - jedoch nicht die Marketing-Strategie im ganzen. <u>Erst durch das spezifische Zusammenwirken der „fünf W's" unter Berücksichtigung der Marktgegebenheiten sowie der Ziele der Unternehmung entsteht die Marketing-Strategie.</u> Die Entscheidungen über die Marketing-Ziele sowie über die „fünf W's" erfolgen nicht unabhängig voneinander und auch nicht notwendigerweise zeitlich nacheinander. Wesentlich ist vor allem, daß diese Elemente der Strategie, einschließlich der Ausgangsgrößen, harmonisch aufeinander abgestimmt werden.

Jede Marketing-Strategie schlägt sich in quantitativen und qualitativen Umsatz- und Ergebnisgrößen nieder. Diese ermöglichen eine Beurteilung der geplanten und/oder durchgeführten Maßnahmen. Deshalb ist der Bereich des Marketing-Controlling, in dem alle Aspekte der (rechnerischen) Erfassung, Aufbereitung und Auswertung von Marketing-Aktionen zusammengefaßt werden, von großer Bedeutung für die absatzwirtschaftliche Entscheidung, und zwar sowohl im Planungsstadium der Strategie wie während und nach der Durchführung der Maßnahmen. Aus den Ergebnissen des Controlling kann der Entschluß zur Entwicklung einer Strategiefortführung oder -änderung erwachsen. Damit bildet dieses letzte Element der Marketing-Strategie-Planung zugleich auch den Beginn eines neuen Entscheidungsprozesses.

Der Marketing-Entscheidungsprozeß

Der Marketing-Entscheidungsprozeß selbst erstreckt sich über eine längere oder kürzere Zeit. Innerhalb dieser Spanne sind verschiedene aufeinander folgende Phasen unterscheidbar. Eine mögliche Einteilung ist diejenige in

Problemerkennung,
Zielformulierung,
Alternativensuche,
Bewertung der Alternativen,
Entscheidung,
Durchsetzung,
Kontrolle.

Eine Verbindung der Gliederung der Strategieelemente mit den Phasen des Entscheidungsprozesses ist möglich: Die Problemerkennung geschieht regelmäßig im Bereich der Analyse der Ausgangsgrößen, die Zielformulierung ist gesondert ausgewiesen, die Alternativensuche vollzieht sich im Rahmen der Formulierung der Grundstruktur einer Marketing-Strategie, und die Bewertung der gefundenen Alternativen erfolgt mit Hilfe des Marketing-Controlling. Diesem obliegt auch die Kontrolle der in Gang gesetzten und durchgeführten Maßnahmen.

Der Marketing-Entscheidungsprozeß ist nicht denkbar ohne Informationen. Da die Unternehmung über die Informationen nicht beliebig verfügen kann, sind Informationsbeschaffungs-, -verarbeitungs-, -speicherungs- und -abrufmaßnahmen notwendig, d.h. es müssen Entscheidungen über Qualität, Menge und zeitliche Verfügbarkeit von Informationen getroffen werden: Der Informationsprozeß ist ein Entscheidungsprozeß eigener Art, dessen Gegenstand eine Informationshandlung ist. Es ist nun nicht so, daß zunächst der Informationsentscheidungsprozeß und dann der Entscheidungsprozeß über die Marketing-Handlungen abläuft, sondern der Marketing-Entscheidungsprozeß ist umgehend und durchsetzt von Informationsentscheidungsprozessen. In jeder Phase des Marketing-Entscheidungsprozesses können sogar mehrere Informationsentscheidungsprozesse entstehen. Damit wird auch deutlich, daß der Marketing-Informationsprozeß viel mehr umfaßt als das, was gemeinhin mit dem Ausdruck „Marktforschung" oder verwandten Wendungen gemeint ist.

Da Informationshandlungen Kosten verursachen und Zeit brauchen, kann die Unternehmung die Informationsprozesse nicht beliebig ausdehnen. An irgendeinem Punkt der Informationssuche in einer beliebigen Phase des Marketing-Entscheidungsprozesses muß eine Entscheidung über den Abbruch der Informationssuche getroffen werden. Diese Entscheidung rational zu begründen, ist viel schwieriger als vielleicht auf den ersten Blick scheint, denn ein Kosten-/Nutzenvergleich ist nicht quantifizierbar. Selten lassen sich für eine Informationshandlung die exakten Kosten ermitteln, und selbst wenn das möglich wäre, könnte der potenzielle Nutzen der Information nicht im voraus bestimmt werden: der Nutzen einer Information ist so lange unbekannt, wie die Information nicht vorhanden ist. Wenn die Information aber bekannt ist, bedarf es keiner Informationshandlung mehr. Der praktische Ausweg aus dieser Schwierigkeit ist der aufgrund subjektiver Wertung des Entscheiders erfolgende willkürliche Abbruch der Informationssuche, um in die nächste Phase des Marketing-Entscheidungsprozesses zu belangen. Das Informationsproblem ist also - wie dargestellt - unlösbar mit dem Entscheidungsprozeß über Marketing-Handlungen verbunden.

### 2.1. Die Analyse der Ausgangsgrößen der Marketing-Strategie

Die obersten Unternehmensziele sind nicht identisch mit den Marketing-Zielen. Letztere müssen vielmehr aus den ersten abgeleitet werden, da die obersten Unternehmensziele viel zu global und abstrakt sind, um für konkrete Marketing-Handlungen als Entscheidungskriterium dienen zu können. Je nach Größe der Unternehmung erweist es sich als notwendig, durch schrittweise Aufspaltung der Oberziele für die jeweiligen Marketing-Aufgabenträger spezifische Ziele zu ermitteln.

Das Hauptproblem der Konkretisierung der betrieblichen Oberziele in entscheidungsrelevante Marketing-Ziele liegt in der Bildung einer konsistenten Zielhierarchie, die gewährleistet, daß den jeweiligen Entscheidungsebenen der Unternehmung operationalisierbare Zielinhalte zuzuordnen sind, die untereinander in einem Ziel-/Mittel-Verhältnis stehen: Das Marketing-Ziel einer bestimmten Unternehmensebene muß

Mittelcharakter für übergeordnete Marketing-Ziele besitzen. Es lassen sich jeweils Distributions-, Kommunikations-, Markt-, Erlös- und Erfolgsziele unterscheiden.

Die Aufgliederung der obersten Unternehmungszielsetzung in operationale Marketing-Ziele verschiedener Ebenen stellt zum einen eine logische Analyse von Zielbeziehungen, zum anderen ein Verfahren der Aufgabenzuordnung in der Unternehmung, also ein organisatorisches Problem dar. Mit der Zielhierarchie ist jedoch noch gar nichts über die Art und Weise der Entstehung der Ziele, d.h. des Zielbildungsprozesses gesagt.

Der Prozeß der Entstehung der Marketing-Ziele im Rahmen der Marketing-Planung steht im Zeichen einer hohen Informationsdistanz zwischen Unternehmungsleitung und Kundschaft. Während die Unt.Leitung einen hohen Informationsstand über die Lage der Unternehmung im ganzen, insbesondere über aggregierte Kosten- und Erlösgrößen besitzt, haben die kundennahen Instanzen von den gesamtunternehmungsbezogenen Größen, z.B. der Kosten- oder der Liquiditätssituation, wenig oder gar keine Kenntnis, dafür aber um so genaueres Wissen über die Vorgänge im Markt. Es ergibt sich dadurch in der Regel die Notwendigkeit eines arbeitsaufwendigen, oft mehrfachen Abstimmungsprozesses über die Marketing-Ziele, der sich von Unternehmungsebene zu Unternehmungsebene jeweils „aufwärts" und „abwärts" wälzt und der schließlich i.d.R. zu einem Kompromiß, d.h. zu einer Zielvereinbarung zwischen den Ebenen führt. Der Abstimmungsprozeß hat die Aufgabe, einen Konsens der Beteiligten über das Zielausmaß und den Zeitbezug der einzelnen Teilziele herbeizuführen sowie mögliche Zielkonflikte aufzudecken und zu lösen.

Die Marketing-Strategie ist nicht nur in den Zielzusammenhang der Unternehmung einzupassen, sondern muß i.d.R. ebenso die auf Entscheidungen der Vergangenheit erwachsenen Gegebenheiten berücksichtigen. Die Unternehmung ist durch früher getroffene Basisentscheidungen in ganz bestimmten Richtungen festgelegt, die nur schwer geändert werden können und insofern die Gestaltungsmöglichkeiten begrenzen. Zu diesen Basisentscheidungen gehören u.a. Vertriebssystem, Sortimentsrahmen, Kapazitäten, Fachpersonal etc., die das Profil einer Unternehmung prägen. Daraus ergibt sich eine mindestens kurzfristig oft nicht veränderbare - Ausgangslage für Marketing-Entscheidungen mit gewissen Stärken und Schwächen. Element einer Marketing-Strategie muß die Analyse dieser Stärken und Schwächen der Unternehmung gegenüber ihren Abnehmern und Konkurrenten sein. Darauf können Maßnahmen aufgebaut werden, die gewisse starke Seiten der Unternehmung besonders nach vorne rücken und sie zum Ausgangspunkt weiterer erfolgreicher Marktpolitik wählen. Ebenso sind Strategien denkbar, die zum Ziel haben, erkennbare Schwachstellen abzubauen bzw. in ihr Gegenteil zu verwandeln. Mindestens aber müssen solche Schwächen erkannt und bei der Konzeption weiterer Maßnahmen als entsprechendes Datum berücksichtigt werden, wenn eine Beseitigung (noch) nicht möglich erscheint.

## 2.2. Grundstruktur der Marketing-Strategie

### Die Marktsegmentierungsentscheidung („Wer"?)

Auf dem relevanten Markt hat die Unternehmung grundsätzlich zwei Möglichkeiten der Marktbearbeitung. Bei der Strategie des <u>undifferenzierten Marketing</u> entscheidet sich die Unternehmung, mit <u>einem</u> Marketing-Programm <u>alle</u> potentiellen Käufer erreichen zu wollen. Die Alternative zu dieser Form der Marktbearbeitung stellt die <u>Marktsegmentierung</u> dar. Dabei handelt es sich um die Zerlegung eines gegebenen oder gedachten Marktes in Teilmärkte (Marktsegmente) mit Abnehmergruppen, die homogener als der Gesamtmarkt auf bestimmte absatzpolitische Aktivitäten reagieren, sowie die Ausrichtung des Marketing-Mix auf die Marktsegmente. Der Anbieter zielt mit der Segmentierung darauf ab, seine Leistungen spezifischer den Bedürfnissen einzelner Nachfragegruppen anzupassen. Damit sollen Präferenzen für das eigene Angebot erzeugt und Präferenzunterschiede zwischen verschiedenen Abnehmergruppen im Sinne der eigenen unternehmerischen Zielsetzung genutzt werden. Die Zerlegung des Marktes, d.h. die Einteilung der Käufer in Gruppen, erfolgt auf Grund bestimmter <u>Merkmale der Käufer</u>, die <u>Segmentierungskriterien</u> genannt werden.

<u>Entscheidendes Merkmal der Marktsegmentierung ist nicht einfach die Untergliederung der Märkte nach irgendwelchen Kriterien, sondern nach solchen, die kaufrelevant sind</u>, damit das Marketing-Mix individuell darauf ausgerichtet werden kann. Es muß sich bei der Wahl von Segmentierungskriterien nicht um ein einzelnes Merkmal handeln, sondern es können auch mehrere Kriterien kombiniert werden.

Die Marktsegmentierungsentscheidung hat zwei Komponenten: die <u>Bestimmung der Käufergruppe</u>, die angesprochen werden soll, woraus das Marktsegment erwächst, und die <u>Feststellung des Instrumentaleinsatzes</u>, mit Hilfe dessen die Käufergruppe erreicht werden soll. <u>Diese beiden Komponenten müssen zunächst sorgfältig voneinander getrennt betrachtet werden</u>.

Die Abgrenzung der Käufergruppe(n) erfolgt mit der Absicht, Segmente zu schaffen, die intern möglichst homogen und untereinander möglichst heterogen - bezogen auf ihr Kaufverhalten - sein sollen. Darin liegt das Kernproblem der Marktsegmentierung: Nach welchen Merkmalen können Segmente gebildet werden, welche die für das Marketing gewünschten Eigenschaften haben? Abb. 4 gibt einen Überblick über mögliche Ansatzpunkte der Abgrenzung von Marktsegmenten.

Aus der Analyse der Segmentierungskriterien lassen sich folgende Anforderungen an die Abgrenzungsmerkmale ableiten:

1. Die Kriterien müssen meßbar, d.h. operational definierbar sein.

2. Die Messung muß auch praktisch durchführbar sein, d.h. die Kriterien müssen erfaßbar sein. Informationen über die Merkmalsausprägungen bei den Zielpersonen müssen beschaffbar sein.

3. Die Zielgruppe (das Marktsegment) muß mit Hilfe des Marketing-Instrumentariums auch erreichbar sein. Das bedeutet sowohl, daß sie überhaupt erreichbar sein muß und zweitens, daß eine Isolierung bei dem Einsatz bestimmter absatzpolitischer Instrumente gewähr-leistet sein sollte. Beispiel: Es muß ein Medium, etwa eine Zeitschrift geben, das von der Zielgruppe genutzt wird, und dieses Medium muß möglichst spezifisch auf diese Zielgruppe gerichtet sein (etwa eine Fachzeitschrift), damit Streuverluste in der Werbung verhindert werden.

4. Es muß ein feststellbarer Zusammenhang, möglichst eine ursächliche Beziehung, zwischen Segmentierungskriterium und Kaufverhalten bestehen.

5. Die Kriterien müssen eine gewisse Konstanz über die Zeit hinweg aufweisen, damit eine Absatzstrategie darauf aufgebaut werden kann. Dabei ist zu unterscheiden zwischen der Konstanz der Zugehörigkeit von bestimmten Käufern zu einem Segment (naturgemäß ändert sich z.B. die Zugehörigkeit von Käufern des Segments „Teenager") und der Konstanz des Kriteriums als solchem (z.B. Einstellung als Segmentierungsmerkmal).

Für eine zusammenfassende Beurteilung der Marktsegmentierung sind folgende Aspekte besonders hervorzuheben:

- Dadurch, daß für spezielle Gruppen auf sie zugeschnittene

Leistungen erbracht werden, können Präferenzwirkungen erzielt, das Absatzpotential stabilisiert (Markentreue, Firmentreue), der autonome Bereich der Preispolitik ausgeweitet und Ertragsverbesserungen erreicht werden.

- Gezielte Abnehmeransprache kann Streuverluste der Werbung vermeiden helfen. Von Streuverlusten spricht man, wenn durch eine Werbemaßnahme eine größerer Personenkreis erreicht wird als der potentiellen Käufer.

- Die Gefahr des Eindringens von Konkurrenten ist bei engen Teilmärkten geringer.

**Die Entscheidung über die Grundausrichtung der Marketing-Strategie („Wie"?)**

Die Entscheidung über die Grundausrichtung der Marketing-Strategie betrifft die Art und Weise, in der die Marketing-Instrumente eingesetzt werden.

In bezug auf die <u>Konkurrenz</u> lassen sich zwei Dimensionen in der Grundausrichtung unterscheiden: Anpassung und Differenzierung sowie aggressives und defensives Marktverhalten.

<u>Anpassung und Differenzierung</u> stellen Grundausrichtungen der Marketing-Strategie in der Wahl der Zielgruppe und der Wahl des Mitteleinsatzes (der Instrumente) dar. Anpassung bedeutet, daß versucht wird, dieselben Märkte wie die Konkurrenz zu erreichen und dieselben Mittel der Marktbearbeitung einzusetzen wie diese. Anpassung und Differenzierung können sich jeweils auf eines oder mehrere Elemente der Marketing-Strategie beziehen, so daß in derselben Marketing-Strategie Aspekte von Anpassung und Differenzierung nebeneinander auftreten können. Beispiel hierfür ist die Einführung einer Produktimitation (Anpassungskomponente der Strategie) zu einem Preis, der erheblich von dem der Konkurrenz abweicht (Differenzierungskomponente).

Welche Informationsentscheidungen fallen an, wenn eine Marktsegmentierungspsolitik von einem Hersteller angestrebt wird?

<u>Aggressives und defensives Marktverhalten</u> sind alternative Grundausrichtungen in den Zielen, die gegenüber der Konkurrenz verfolgt

werden. Die Entscheidung über aggressives und defensives Verhalten richtet sich in erster Linie auf Marktziele, d.h. z.B. Einbruch in Marktsegmente von Konkurrenten, Abwerbung von Einzelkunden, Abringen von Marktanteilen als Ziele aggressiven Verhaltens. Analog ist das defensive Verhaltensmuster auf die Abwehr entsprechender Verhaltensweisen von Konkurrenten gerichtet.

Die Dimensionen der konkurrenzbezogenen Grundausrichtung der Marketing-Strategie haben allerdings stets einen Nachfragebezug. Es muß deutlich hervorgehoben werden, daß die Marketing-Maßnahmen immer unmittelbar auf die Nachfrage gerichtet sind. Der Konkurrenzbezug ist also mittelbar.

Anpassung bzw. Differenzierung sowie aggressives bzw. defensives Verhalten stellen verschiedene Dimensionen dar und sind deshalb auch jeweils miteinander kombinierbar: Sowohl eine aggressive als auch eine defensive Strategie kann jeweils in Form der Anpassung oder der Differenzierung auftreten.

Die dritte Dimension der Grundausrichtung der Marketing-Strategie beschreibt das Verhältnis zur Nachfrage. Marktaktivität entwickelt z.B. der Pionier (neues Produkt, neuer Vertriebsweg etc.), der auf die Erschließung neuer Märkte, d.h. neuer Nachfrage zielt. Marktpassivität ist die Verhaltensweise, eine gegebene Nachfrage auf die Unternehmung zukommen zu lassen, im Extremfall auf eine bloße Verteilertätigkeit beschränkt zu bleiben.

Die Grundausrichtungen der Marketing-Strategie sind der Unternehmung in vielen Fällen zwar aufgrund der jeweiligen Marktverhältnisse in der Tendenz vorgegeben. Dennoch liegt hier ein wichtiger und für die langfristige Entwicklung der Unternehmung oft ausschlaggebender Entscheidungsbereich.

### Die Entscheidung über den Instrumentaleinsatz („Womit"?)

In den folgenden Kapiteln wird der Einsatz der Marketing-Instrumente behandelt. Dieser Teil der Elemente der Marketing-Strategie ist von zentraler Bedeutung für den Markterfolg der Unternehmung, da durch die Entscheidung über die Marketing-Instrumente das konkrete Verhalten einer Unternehmung auf ihrem Markt bzw. auf ihren Märkten festgelegt wird. Die Instrumentalentscheidungen können allerdings erst getroffen werden, wenn die Ausgangsgrößen der Marketing-Strategie analysiert, die

Marketing-Ziele festgelegt und die Markterfassungsentscheidung („Wer"?) getroffen ist. Auch die Methode, das „Wie"?, ist eine Vorabentscheidung für den Instrumentaleinsatz. Über all diese Elemente der Marketing-Strategie wurde bereits weiter oben informiert"(vgl. HERTZOG, E., Skriptum ATB Hamburg/Berlin 1991, S. 34 – 52).

## 3.0. Marketing-Instrumentarium

### 3.1. Produktpolitik

"Die Bedeutung der Produktpolitik für Anbieter und Nachfrager

Unter Produktpolitik sollen alle Maßnahmen verstanden werden, die die Entwicklung, Veränderung oder Eliminierung als Gegenstand der Betriebstätigkeit bildenden Güter und Dienstleistungen zum Inhalt haben. Die produktbezogenen Entscheidungen eines Anbieters bilden den Kern des absatzwirtschaftlichen Handelns. Die anderen Marketing-Instrumente wie Preis-, Kommunikations-, Distributions- und Kontrahierungspolitik beziehen sich auf das Produkt bzw. betreffen dieses selbst. Ihnen kommen trotz aller hier nicht bestrittenen Wichtigkeit ergänzende Funktionen zum zentralen strategischen Parameter „Produkt" zu. Die Produktpolitik wird bevorzugt vor den anderen Instrumenten als Wettbewerbsmittel eingesetzt, da in diesem Bereich am dauerhaftesten Wettbewerbsvorsprünge erreicht und erhalten werden können (Marktanteilssteigerung und Qualitätsführerschaft). Die Produktentwicklung ist darüber hinaus einer der wesentlichen Wachstumsfaktoren der Unternehmung. Umgekehrt verursachen Fehlentwicklungen im Produktbereich bzw. Marktversager („flops") hohe Verluste. auch deshalb kommt der Produktpolitik im Rahmen des Marketing-Instrumentariums besondere Bedeutung zu.

Für den Verwender ist das Produkt der Träger der Bedürfnisbefriedigung und deshalb ebenfalls der Teil der Gesamtleistung des Anbieters, der für ihn von zentralem Interesse ist. Auch vom Preis her rückt das Produkt für den Käufer in den Mittelpunkt. Damit wird ein direkter Zusammenhang zwischen Produkt und Entgelt hergestellt, obwohl der Kaufpreis dazu bestimmt ist, die gesamte Leistung des Anbieters abzugelten (z.B. auch Beratungs-, Kommunikations-, Lager-, Auswahlleistungen etc.). Auch aus diesem Grund wird die Aufmerksamkeit des Käufers primär auf das Produkt gelenkt. Das Produkt als Gegenstand des Marketing-Prozesses steht also im Brennpunkt der marktbezogenen Überlegungen bei den Marktparteien.

Anbieter und Verwender sehen das Produkt jedoch aus verschiedener

Perspektive: Das Problem des Verwenders ist es, aus der Menge konkurrierender Produkte, die für ihn „Bedürfnisbefriedigungspotentiale" darstellen, diejenigen herauszufinden, die in der Lage sind, den gewünschten Nutzen zu stiften. Das bedeutet, daß der Verwender vor einem Qualitätsbeurteilungsproblem steht. Erschwerend für die Produktanalyse aus Verwendersicht ist, daß ein Produkt regelmäßig in der Lage ist, mehrere, oft sehr unterschiedliche Bedürfnisarten anzusprechen bzw. zu befriedigen. Das Produkt stellt nämlich ein Bündel von Nutzenelementen der verschiedensten Kategorien dar.

Im Zentrum der Produktpolitik steht demnach das Produkt im engeren Sinne mit seinem funktionalen Eigenschaften. Die Produktpolitik als solche wiederum steht im Mittelpunkt der übrigen absatzpolitischen Instrumente, die zusammen mit der Produktpolitik die Leistung des Anbieters ausmachen.

### 3.2. Distributionspolitik

Die Distributionspolitik umfaßt alle Entscheidungen, die den Weg eines Produktes vom Hersteller zum Verwender betreffen. In der Regel werden innerhalb dieses Bereichs zwei Teilfragen behandelt, nämlich die Absatzwege- und die Vertriebsdurchführungsentscheidung.

Die Absatzwegeentscheidung, im angelsächsischen Sprachraum auch „channel decision" (Absatzkanalentscheidung) genannt, hat die Fragen zum Inhalt, welche Institutionen die Vertriebstätigkeit zwischen Hersteller und Verwender übernehmen und wie die Gesamtvertriebsleistung auf die Beteiligten aufgestellt wird.

Demgegenüber befaßt sich die Vertriebsdurchführungsentscheidung mit den Gestaltungs- und Durchführungsaufgaben, die im Rahmen der Vertriebstätigkeit anfallen, vor allem mit der physischen Distribution der Güter (Transport, Lagerung, Auslieferung), aber auch mit der Auftragseinholung und -bearbeitung sowie dem Einsatz der Verkaufspersonen. Nicht zuletzt werden in diesem Zusammenhang auch die Formen organisatorischer Gestaltung der gesamten Absatzfunktion und ihrer Einbindung in den Organisations-Gesamtrahmen der Unternehmung erörtert.

Die Absatzwegeentscheidung („Wer erbringt welche Vertriebsleistung?")

Absatzwege und Absatzinstitutionen

Die produzierende Unternehmung - einschließlich einer eventuell rechtlich selbständigen, ausgegliederten Vertriebsgesellschaft - trifft horizontale und vertikale Vertriebsentscheidungen. In der horizontalen Ebene bestehen die Gestaltungsformen des Anschlußabsatzes und des Gemeinschaftsabsatzes.

Unter Anschlußabsatz eines Produktes versteht man die Entscheidung eines Herstellers, den Vertrieb von Teilen seines Produktionsprogramms ganz oder teilweise anderen Herstellern zu überlassen. Nach Abschluß des Anschlußabsatzvertrages verhält sich der ausgliedernde Betrieb vertrieblich gesehen passiv. Die Vertriebstätigkeit kann auf Produzenten übertragen werden, die das gleiche Produkt herstellen (z.b. Zusammenfassung zu marktgängigen Mengen), oder auf solche mit bedarfsverwandtem Sortiment (Abrundung des Vertriebsprogramms).

Gemeinschaftsabsatz liegt vor, wenn mehrere Hersteller eine Institution gründen, der sie den Vertrieb ihrer Erzeugnisse total oder partiell übertragen. Solche gemeinsamen Institutionen können z.b. Verkaufssyndikate, landwirtschaftliche Absatzgenossenschaften oder Exportgemeinschaften sein. Vom Gemeinschaftsabsatz kann ein weitreichender Einfluß auf die Mitgliedsbetriebe ausgehen (z.b. Mengen- und Kapazitätsabstimmung, Programmaufteilung, Preisfestsetzung und Erfolgszuweisung).

In der vertikalen Ebene der Gestaltung der Vertriebsleistung ist zunächst zwischen direktem und indirektem Absatz zu unterscheiden, Direktvertrieb (oder Direktabsatz) ist der Vertrieb vom Produzenten zum Endabnehmer (Konsument oder Weiterverarbeiter) ohne Einschaltung eines Handelsbetriebes. Der Direktabsatz kann mit Hilfe von Reisenden oder Vertretern, über schriftliche Kontaktaufnahme mit den Abnehmern, Fabrikfilialen oder Automaten erfolgen. Indirekter Vertrieb oder indirekter Absatz liegt dann vor, wenn in den Vertriebsprozeß zwischen Produzent und Letztabnehmer Handelsbetriebe einbezogen sind. Generell sind Warenhandelsbetriebe dadurch charakterisiert, daß sie Güter einkaufen, um sie unbearbeitet oder nach sogenannter handelsüblicher Manipulation wieder zu verkaufen.

### 3.3. Kommunikationspolitik

Unter Kommunikationspolitik versteht man die zielgerichtete Beeinflussung von Personen oder Institutionen mit Hilfe übermittelter Nachrichten. Die Kommunikationspolitik der Unternehmung umfaßt zwei Bereiche, die hauptsächlich danach eingeteilt werden, wie die Kommunikation zustande kommt. Es lassen sich die direkte (persönliche) Kommunikation zwischen der Unternehmung und den von der

Kommunikationspolitik angesprochenen Zielpersonen und die indirekte Kommunikation (Einschaltung von Kommunikationsmitteln) unterscheiden.

Die direkte Kommunikation zwischen Unternehmung und Zielperson erfolgt über das Verkaufsgespräch (Personal Selling). Indirekte Kommunikation bedarf der Hinzunahme von sachlichen Mitteln. Dabei werden formale Medien von sonstigen Medien unterschieden. Kommunikation über formale Medien ist Werbung, alle anderen Kommunikationsmaßnahmen einschließlich direkter Kommunikation, die nicht Verkaufsgespräch i.e.S. darstellt, bilden den Bereich der Verkaufsförderung (Sales Promotion).

Während die Abgrenzung von Werbung, Personal Selling und Verkaufsförderung weitgehend nach den verwendeten Kommunikationsmitteln erfolgt, bedeutet die Abgrenzung zu Public Relations eine andere Schnittlegung. Public Relations beinhalten alle Bestrebungen, die das Ansehen einer Unternehmung, einer Branche oder einer beliebigen Organisation haben sollen, d.h. diese Form der beeinflussenden Kommunikation ist auf die Schaffung und Förderung von Vertrauen und Verständnis gerichtet. Sie kann sich dabei der Werbung, d.h. der beeinflussenden Kommunikation mit formalen Werbemitteln, bedienen. Konkrete Ziele der PR-Werbung liegen in:

- Schaffung und Gestaltung des (positiven) Firmenimages,

- Abbau bzw. Veränderung des (negativen) Firmenimages,

- Bildung eines akquisitorischen Potentials, das langfristig als „Hintergrund" sowohl die Beschaffung auf den Faktormärkten als auch den Absatz der Leistungen erleichtert,

Beeinflussung staatlicher Organe (Lobby) zur Erlangung von z.B. Kreditgarantien,
Subventionen sowie der
Verhinderung restriktiver Gesetzgebung(z.B. Umweltschutz)

In gewissem Sinn kann auch das Produkt bzw. die Verpackung als Mittel der Kommunikation dienen.

## .1. Preispolitik

Das Verhältnis des Preises zu anderen absatzpolitischen Instrumenten.

Der Preis nimmt im Rahmen des absatzpolitischen Instrumentariums eine besondere Stellung ein. Er liegt auf einer anderen Ebene als die übrigen Instrumente: auf der einen Seite steht die Leistung, differenziert nach Art und Menge, auf der anderen Seite der Preis als Leistungsentgelt. Das wesentliche Merkmal des Preises ist also, daß er das Äquivalent der Leistung ist. Darüber hinaus gewinnt der Preis auch dadurch einen von der Leistung abweichenden Charakter, daß er oft die Eigenschaft eines (Ersatz-)Qualitätsindikators annimmt der vom Nachfrager als Anhaltspunkt zur Qualitätsbeurteilung herangezogen wird!

Jeder Preis ist auf eine Einheit eines Gutes oder Leistungs"bündels" bezogen, die nicht von vornherein gegeben ist; vielmehr ist zu entscheiden, ob sich der Preis auf eine einzelne Leistung oder einen bestimmten Sach-/Dienstleistungskomplex beziehen soll und welche Mengengröße die Bezugsbasis bildet. Diese Interdependenz zwischen Preis und Mengeneinheit führt dazu, daß preiswirksame Maßnahmen auch indirekt durch Veränderung der Mengenbasis getroffen werden können.

**Anlässe preispolitischer Entscheidungen:**

Preispolitische Aktivitäten können auf Entscheidungen zurückgeführt werden, die bei zwei Arten von Anlässen zu treffen sind:

1. Festsetzung des Angebotspreises für neue Produkte/Dienstleistungen, wobei es sich um Marktneuheiten handeln kann oder um Produkte, die nur für die anbietende Unternehmung, nicht aber für den Markt Neuheiten darstellen (Betriebsneuheiten). Weiterhin fällt unter die Kategorie die Festsetzung eines Angebotspreises für eine nur einmal zu erbringende individuelle Leistung.

2. Preisänderungen aufgrund von:

    - Veränderungen im Bereich von Nachfrage und/oder Angebot. Ihnen können Bedarfswandlungen, Einkommensänderungen oder - auf der Angebotsseite - Veränderungen im Bereich der Leistung, der Kosten oder der die Preispolitik bestimmenden Zielsetzungen zugrunde liegen.

    - Konkurrenzaktion (hinsichtlich des Preises, aber auch anderer absatzpolitischer Instrumente), die eigene preispolitische Reaktionen notwendig werden lassen.

- Staatlichen Vorschriften (z.B. administrativen Preisen).

**Die Struktur des Preisentscheidungsprozesses**

Die Preisforderung, die eine Unternehmung als Gegenwert für ihre Leistung erhebt, ist das Ergebnis eines recht komplizierten Entscheidungsprozesses. Die Kompliziertheit beruht auf zwei Gründen: Zum einen gibt es eine <u>Vielzahl von Einflußgrößen</u>, die auf die Preishöhe und die Modalitäten der Preissetzung einwirkt. Über sie müssen Informationen beschafft und für die Preisentscheidung verarbeitet werden. Dabei stellt sich in der Regel ein hohes Maß an <u>Unsicherheit</u> gerade über die besonders wichtigen Einflußgrößen heraus. Zum anderen stellt der Preis ein <u>gefährliches Instrument</u> dar, das mit größter Vorsicht zu benutzen ist: zwar wirkt eine Preissenkung oft sehr rasch auf den Absatz, die Nachfragewirkung kann jedoch ebenso rasch verpuffen (z.B. wenn Konkurrenten nachziehen), wodurch sich unmittelbar oder langfristig nachteilige Wirkungen auf die oberste unternehmerische Zielsetzung ergeben. Auch sind einmal getroffene Preisentscheidungen nur begrenzt korrigierbar.

**Die Einflußgrößen der Preisentscheidung**

Die Preisentscheidung steht in einem Spannungsfeld divergierender Einflußgrößen:

- Der obersten unternehmerischen Zielsetzungen finden auf der Marketing-Ebene in absatzpolitischen Zielen ihre Konkretisierung. Diese wiederum werden mit Hilfe von u.a. preispolitischen Teilzielen und daraus abgeleiteten preispolitischen Maßnahmen verfolgt. Um z.B. eine Gewinnerhöhung (Ziel auf der obersten Unternehmensebene) zu erreichen, muß der Marktanteil gesteigert werden (Ziel auf der Ebene der Marketing-Leitung). Hierzu ist die Erlangung zusätzlicher Aufträge erforderlich, wobei in bezug auf einen einzelnen Auftrag der Preis ausschlaggebender Parameter sein kann. Dabei sind allerdings auch betriebliche Restriktionen zu beachten, z.B. Liquiditätsaspekte und Kapazitätsbeschränkungen, die direkten Einfluß auf Preisentscheidungen haben können. Um die wahrscheinlichen Effekte einer Preisentscheidung abschätzen zu können, benötigt der Entscheider eine Reihe von Informationen über die übrigen Einflußgrößen.

- Die Wirkung einer Preisänderung auf die nachgefragte Menge wird durch die Preiselastizität beschrieben. Diese Schlüsselgröße der mikroökonomischen Preistheorie für konkrete Preisentscheidungen empirisch zu erforschen, wirft bis heute viele ungelöste Probleme auf. Als Ansätze zur Messung von Preiselastizitäten kommen u.a. Befragungen, Preis- und Markttests, Untersuchungen des Kaufverhaltens in der Vergangenheit in Betracht. In jedem Fall kann die Reaktion der <u>Nachfrage</u> auf Preisänderung immer nur sehr grob und mit hohen Unsicherheiten eingeschätzt werden!

- Ähnlich verhält es sich mit der Abschätzung präferenzbedingter Vor- bzw. Nachteile gegenüber den Produkten der <u>Konkurrenz</u> sowie der Prognose der mutmaßlichen Reaktion der Konkurrenz auf preispolitische Maßnahmen.

- Die <u>Kosten</u> als eine Einflußgröße der Preisentscheidung sind als interne Größe dagegen verhältnismäßig leicht zu ermitteln. Die Schwierigkeit liegt hier weniger im Problem der Gewinnung der Information als in ihrer Verläßlichkeit.

- Schließlich beeinflußt der <u>rechtliche Rahmen</u> die Preisentscheidung. Die Unternehmung hat eine Reihe von Gesetzen zu beachten, die den Entscheidungsspielraum der Preispolitik begrenzen.

Rechtlicher Rahmen, Kosten, Konkurrenz, Nachfrage und unternehmerische Zielsetzung einschließlich Restriktionen sind also Einflußgrößen, die gemeinsam die Preisentscheidung bestimmen. Wie sie zusammenwirken, d.h. wie in einer konkreten Situation aus einer gegebenen Konstellation der Einflußgrößen eine Preisentscheidung abgeleitet wird, ist bis heute - wie bereits angedeutet - wissenschaftlich

weitgehend unerforscht. Allenfalls die Wirkungsrichtung der einzelnen Einflußgrößen läßt sich angeben:

- Die Kosten der Unternehmung müssen - mindestens auf längere Sicht - gedeckt werden, damit die Unternehmung existieren kann. Von daher drücken aufgrund der unternehmerischen Zielsetzung die Kosten den Preis tendenziell nach oben.Die Nachfrage ist aus ihrer Interessenlage heraus meist bestrebt, den Preis nach unten zu drücken.
- Die Existenz von Konkurrenz unter den Anbietern stärkt tendenziell die Nachfrage und drückt damit indirekt die Preise ebenfalls nach unten. Nur bei Interessengleichheit unter den Anbietern (dann wird man allerdings nicht mehr

von Konkurrenz sprechen können) kann es vorkommen, daß von anderen Anbietern ein Druck nach oben auf den Preis entsteht, z.B. durch Kartellabsprachen, die einen Mindestumsatz von Anbietern vorsehen.

- Der rechtliche Rahmen wirkt begrenzend nach oben und unten, indem bestimmte preispolitische Verhaltensweisen untersagt bzw. Höchstpreise, Mindestpreise oder Bandbreiten für Preise administrativ verordnet werden.

## Das Niveau des Preises

Der Einfluß der Nachfrage auf das Niveau des Preises

Mit der Entscheidung über das Niveau des Preises ist notwendigerweise auch eine Entscheidung über die angestrebte Absatzmenge verbunden. Beide Parameter beeinflussen sich gegenseitig. So führt eine bestimmte Festlegung des Aktionsparameters Preis zu einer mengenmäßigen Nachfrage, über deren Befriedigung mit der Mengenpolitik des Anbieters entschieden wird. Steht umgekehrt eine Mengenentscheidung im Vordergrund der Absatzbemühungen, so gilt, daß die angestrebte Menge sich nur zu Preisen absetzen läßt, die sich innerhalb einer bestimmten Bandbreite bewegen. In seltenen Fällen kann ein Anbieter Preis und Menge autonom fixieren.

Zwei polare absatzpolitische Strategien sind:

- hohe Menge, Massendistribution mit relativ niedrigem Preis,

- begrenzte Menge, selektiver Vertrieb, relativ hoher Preis.

Die Entscheidung über Hoch- und Niedrigpreispolitik ist also immer auch an eine Mengenentscheidung gekoppelt. Die Niedrigpreisstrategie („pentration pricing") stellt nicht nur auf hohe Menge insgesamt ab, sondern auch auf rasche Erreichung des Mengeneffekts, d.h. auf eine baldige Marktdurchdringung. Die Hochpreisstrategie („skimming pricing") ist primär auf die Erzielung hoher Stück-Deckungsbeiträge bei den geringen Mengen gerichtet. Die beiden polaren Strategietypen lassen sich auch derart kombinieren, daß zunächst Hochpreispolitik und in einer späteren Phase der Marktabwicklung Niedrigpreispolitik betrieben oder nach einer Einführungsphase mit Niedrigpreisen eine Hochpreisstrategie angestrebt wird.

Hochpreispolitik führt, wenn sie durchgesetzt werden kann, am Anfang zu günstigen Erlösen bzw. Deckungsbeiträgen, die möglicherweise auch deshalb erwünscht sind, um die Forschungs- und Entwicklungskosten schnell zu ersetzen. Aufgrund der begrenzten Mengen kommt es allerdings nicht zu

Kostendegressionen im Beschaffungs-, Produktions- und Vertriebsbereich. Hochpreispolitik bietet sich auch an, wenn der Preis als Qualitätsindikator eingesetzt werden kann.

Niedrigpreispolitik hat den Vorzug, daß im Falle der Neueinführung eines Produktes - die imitierende Konkurrenz durch den niedrigen Preis möglicherweise vom Markteintritt ferngehalten wird bzw. zumindest dieser für potentielle Wettbewerber „teurer" wird als bei einer Hochpreispolitik, bei der die Aussichten auf hohe Deckungsbeiträge die Konkurrenz oft geradezu einladen. Niedrigpreispolitik setzt allerdings voraus, daß die rasch wachsende Nachfrage auch tatsächlich befriedigt werden kann. Es müssen also u.a. entsprechende Produktions- und Vertriebskapazitäten sowie die Aufnahmebereitschaft der Distributionsstufen gegeben sein, um eine solche Strategie mit Aussicht auf Erfolg zu betreiben. Gerade die Handelsstufen sind manchmal ein ernsthaftes Hindernis für eine rasche Marktdurchdringung.

Der Einfluß der Konkurrenzsituation auf das Niveau des Preises

In Oligopolsituationen sowie auf (annähernd) vollkommenen Märkten (homogene Leistungen, Markttransparenz) gleicht eine Unternehmung häufig ihre Preisstellung an die (die) Konkurrenzpreis(e) an.

**Der Einfluß der Kosten auf das Niveau des Preises**

In einer Marktwirtschaft bilden sich die Preise durch das Kräftespiel von Angebot und Nachfrage am Markt. Diese recht banal klingende Aussage wird in der Regel dann schnell in Frage gestellt, wenn das Verhältnis von Kosten und Preisen zur Diskussion steht. Insbesondere in der Praxis ist es eine weit verbreitete, ja oft als selbstverständlich angesehene „Tatsache", daß die Kosten die Preise bestimmen. Wie läßt sich dieser Wiederspruch auflösen?

1. Es gibt Preisentscheidungssituationen, z.B. bei Einzelfertigung im Kundenauftrag, in denen aufgrund der Einmaligkeit der Leistung ein „Marktpreis" von vornherein nicht gegeben ist. Muß der Anbieter in einer solchen Situation eine Angebotspreisforderung abgeben, so stellt eine Vorkalkulation der Selbstkosten für den Anbieter eine Vororientierung dar, mit der er in den Verhandlungsprozeß gehen kann. Wieviel er von seinen kalkulierten Kosten mit Gewinnaufschlägen im Preis durchsetzten kann, hängt es von einem Verhandlungsgeschick sowie von der Macht des Nachfragers ab. Letztere wird entscheidend mitbestimmt durch eventuelle Konkurrenzangebote.

2. Wenn Marktpreise vorhanden sind, dann werden diese in der Regel mit

den nachkalkulierten Selbstkosten konfrontiert, um daraus Rückschlüsse für die Absatzpolitik ziehen zu können. Dies ist ein Aspekt der Kontrolle der Preise anhand von Kosteninformationen. Wenn sich z.B. aus einer negativen Differenz von Preis und Selbstkosten die Entscheidung ableitet, den Preis zu erhöhen (was genau falsch sein kann), dann bedeutet das nicht, daß die Kosten den Preis bestimmen, denn ob die Erhöhung von den Nachfragern angenommen wird, hängt wiederum von der Machtsituation ab.

Wir können also feststellen, dass die Selbstkosten zwar eine Orientierungshilfe bei Preisentscheidungen sowie ein Kontrollinstrument für die Preispolitik sein können, aber auf die Höhe des erzielten Preises überhaupt keinen Einfluß haben: Die Marktverhältnisse entscheiden darüber, wieviel Kosten im Preis auf die Nachfrager abgewälzt werden können. Insofern besteht der genannte Widerspruch nur scheinbar.

Wenn nur eine Unternehmung die Selbstkosten als einen Orientierungs- und/oder Kontrollmaßstab für die Preispolitik benutzt und sich darauf verläßt, dann geht sie damit ein beträchtliches Risiko ein. Der Maßstab ist nämlich verläßlich. Preise, die jeweils (vor- oder nach-) kalkulierte Selbstkosten decken, bedeuten noch lange nicht, daß die Unternehmung bei diesem Kalkulationsobjekt (Produkt oder Auftrag) keine Verluste erzielt. In die Selbstkosten werden nämlich fixe Kosten und echte Gemeinkosten eingerechnet, deren Zurechnung auf dem Auftrag oder das Produkt meistens willkürlich ist, so daß die Unternehmung im konkreten Fall aufgrund einer Kalkulation nie wissen kann, ob sie aus einem Auftrag letztlich Gewinn oder Verlust erzielt, deswegen Plan- und Prozesskostenrechnung, aber als Marginal-Betrachtung!
Das Ergebnis ist recht unbefriedigend - die Unternehmung braucht die Selbstkosteninformation als Entscheidungshilfe für die Preispolitik; die Information, welche die Kalkulation bietet, ist jedoch ziemlich unzuverlässig.

Auch bei „kostenorientierter" Preisstellung sollen nicht nur bestimmte Kosten abgegolten werden, vielmehr wird - je nach Zielsetzung und Marktlage - ein Gewinnaufschlag erfolgen. So wird etwa beim System des „Cost-plus-Pricing" in der Kalkulation zu den Stückkosten ein Gewinnzuschlag addiert.

Eine besondere Form kostenorientierter Preisbildung stellt das „Markup-Pricing" dar. Dieses Kalkulationsverfahren des „branchenüblichen Zuschlages" ist besonders im Warenhandel als „Spannungskalkulation" bekannt. Auf den Einstandspreis des Produktes wird ein meist produktgruppenspezifischer Aufschlag berechnet, der in der Regel als Prozentsatz vom Einstandspreis angegeben wird. Damit werden - gleichbleibender Aufschlagssatz, Deckung der Handlungskosten und Gewinn von der Höhe der Einstandspreise abhängig, vorausgesetzt. Ein besonders günstiger Einkaufspreis kann also bei unelastischer Nachfrage sehr ungünstige Folgen für die Deckung der - eventuell unveränderten - Handlungskosten haben. Das „Markup-Pricing" geht davon aus, daß die Handlungskosten sich aus durchschnittlich erstellten Funktionen der jeweiligen Branche oder des jeweiligen Betriebstyps ableitet („normalisierte" Handelsleistung mit „normalisierten" Kosten). Dabei unterstellt man entweder Konstanz der Durchschnittskosten und der Preiselastizität oder ihren Ausgleich über die Zeit.

Wovon hängt es ab, ob der Anbieter mit seinen Nachfragern jeweils einen individuellen Preis vereinbart oder ob er seine Preisliste aufstellt, die für eine Gruppe von Nachfragern, evtl. sogar für alle Nachfrager gilt? Notwendige Voraussetzung für die Existenz einer Preisliste ist allein ein standardisiertes Produkt bzw. standardisierte Komponenten der Produkte. Die Vorgabe einer Preisliste bedeutet jedoch nicht, daß die darin geforderten Preise auch tatsächlich zustande kommen. Manchmal werden die Preislisten zur bloßen Rechengrundlage, um über Zu- und Abschläge zum tatsächlichen Preis zu gelangen. Das Instrument der Anpassung der Listenpreisforderung an die tatsächliche Preisforderung ist der Rabatt. Es sind zwei Arten zu unterscheiden: zum einen Rabatte, die nach vorher festgelegten Kriterien vergeben werden und für jedermann transparent sind. Vornehmliche Kriterien der Rabattgewährung sind die Übernahme von (Vertriebs-)Leistungen, an die Funktionsrabatte geknüpft werden, sowie die vom Kunden nachgefragte Menge. Dabei ist eine Unterscheidung in Auftragsmenge (Auftragsgrößenrabatt) und Gesamtabnahmemenge in einer bestimmten Zeitperiode (in der Regel ein Jahr) vorzunehmen. Auch der Treuerabatt (Gesamtumsatzrabatt) läßt sich letztlich auf die Gesamtabnahmemenge zurückführen. Die Höhe der Rabattgewährung wird von Kostenüberlegungen (Kostendegression mit zunehmender Abnahmemenge) und Absatzverbundüberlegungen (zeitlicher Nachfrageverbund, insbesondere Lieferantentreue) bestimmt.

Zum anderen gibt es Rabatte, die jeweils in Abhängigkeit von der Marktlage bestimmt werden und flexibel sind. Dabei wird oft mit wichtigen Kunden eine individuelle Rabattverhandlung geführt, während für minder bedeutsame Fälle pauschal unter Berücksichtigung der Marktsituation ein einheitlicher Abschlag auf den Listenpreis gewährt wird.

## Marktorientierte Preisgestaltung

Das Ergebnis der Diskussion um die „Zentralfrage nach den Bestimmungsfaktoren der Preispolitik" besteht im wesentlichen in der Erkenntnis, daß sich die Preispolitik grundsätzlich an den Marktverhältnissen orientieren sollte. Dieses Wertungsprinzip wird selbstverständlich nicht dadurch verletzt, daß Preise nach Maßgabe der Durchschnitts- oder Grenzkosten festgelegt werden, weil dies durchaus spezieller Zielsetzung entsprechen könnte. So zeigen preistheoretische Überlegungen, daß unter bestimmten Annahmen die Preisstellung nach Maßgabe der Durchschnittskosten dem Ziel der Absatzmaximierung und die Preisstellung nach Maßgabe der Grenzkosten dem Ziel der Gewinnmaximierung entspricht. Im übrigen ist die Anwendbarkeit dieser Kriterien bei Verkehrsunternehmen zu bezweifeln. Einerseits „muß angesichts der Breite und Heterogenität der Leistungsstruktur von Verkehrsunternehmen jeder Versuch, irgendwelche Durchschnittskosten zur Basis preispolitischer Entscheidungen zu machen, zur Aussichts-losigkeit verurteilt sein", und andererseits dürften die (niedrigen) Grenzkostenpreise die Unternehmen in die Verlustzone führen. Zumindest sind sie in dieser vereinfachten Form kaum brauchbar.

Mit der Forderung nach einer zielbewußten, marktorientierten Preisgestaltung wird allerdings keineswegs ausgeschlossen, daß unter bestimmten Umständen Kostenargumenten eine erhebliche Bedeutung zukommt. Besonders deutlich wird dies bei der Ermittlung von Preisuntergrenzen.

**Die Bedeutung von Preisuntergrenzen**

Berücksichtigt man, daß „hinreichend" hohe Erlöse eine notwendige Voraussetzung für den Fortbestand eines Unternehmens sind, so müssen aus dem Ziel der Unternehmenssicherung konkrete Handlungsweisungen für die Preispolitik abgeleitet werden.

Unter dem Aspekt der Liquiditätssicherung sind Minderpreise in der Höhe erforderlich, daß mit den Einnahmen jederzeit die anfallenden ausgabewirksamen Kosten gedeckt sind, wobei es gleichgültig ist, „ob es sich bei diesen Ausgaben um proportionale oder fixe Kosten handelt".

Für die Preispolitik der Verkehrsunternehmen lassen sich aus diesem allgemeinen Grundsatz wichtige Schlußfolgerungen ziehen. Wird in einer bestimmten Lage das Verbleiben am Markt zum vorrangigen Ziel, so ist es keineswegs irrational, Transportleistungen zu nicht vollkostendeckenden Preisen zu verkaufen. Infolge geringer „out-of-pockets-costs" kann die kurzfristige Preisuntergrenze sogar außerordentlich niedrig angesetzt werden, sofern nicht andere Gründe (etwa Gesetze) diese Taktik verbieten. In der längerfristigen Planung muß dagegen mindestens eine Vollkostendeckung erreicht werden.

Während sich das Ziel der Unternehmenssicherung bei staatlichen oder öffentlichen Betrieben nicht in der Form wie bei den privaten Verkehrsunternehmen stellt, gilt folgende Überlegung für alle: Die Preisuntergrenze für einen Zusatzauftrag ist gleich der Höhe der mit seiner Erledigung verbundenen zusätzlichen Kosten (Grenzkosten). Die Erbringung einer Zusatzleistung ist also vorteilhaft, wenn der erzielte Preis noch zur Abdeckung der Gemeinkosten beträgt. So ist z.B. die Preisuntergrenze außerordentlich niedrig, wenn eine vorher einkalkulierte (und bezahlte) Leerfahrt durch ein unerwartetes Beladungsangebot vermieden werden kann. Unter diesem Aspekt dürfte für Transportunter-nehmen die Erfüllung eines Zusatzauftrages zu Festpreisen die meistens auf eine Vollkostendeckung abzielen, i.d.R. empfehlenswert sein.

Das Ergebnis dieser Ausführungen besteht darin, daß die durch Kosten- und Liquiditätskriterien determinierten Preisuntergrenzen für die Planung der Preispolitik unbedingt einzuhaltende Verpflichtungen (Nebenbe-dingungen) darstellen. Somit kann tatsächlich die „Preispolitik" auf die Ergebnisse der Kalkulation nicht verzichten. die Ermittlung der jeweils relevanten Preisuntergrenzen - es gibt so viele, wie es unterschiedliche Rahmenbedingungen gibt - stellt sogar ziemlich hohe Anforderungen an das Rechnungswesen und die Dispo!

Da Verkehrsunternehmen keine homogenen, sondern „eine Fülle ökonomisch abgrenzbarer Leistungen" produzieren, handelt es sich um typische Mehrproduktunternehmen, bei denen sich das Zurechnungsproblem deutlich bemerkbar macht. Andererseits besteht aber auch nicht die strikte Notwendigkeit, für jede einzelne Leistung Preisuntergrenzen zu berechnen. Durch die Vielfalt des Angebots haben Verkehrsunternehmen die Möglichkeit, eine „interne Subventionierung" vorzunehmen. So kann selbst beim Erfolg des Ziels der Unternehmenssicherung schon eine gewisse Marktorientierung mittels einer entsprechenden Gestaltung der Preisstruktur erfolgen.

### 3.5. Das Marketing-Mix (die Integration der Marketing-Instrumente)

Die verschiedenen Instrumente, die in den vorangegangenen Kapiteln dargestellt worden sind, müssen für eine konkrete Marketing-Strategie auf einander abgestimmt (d.h. integriert) werden. Sie stehen nicht beziehungslos nebeneinander, sondern sie wirken aufeinander ein, so daß die Instrumente in einer Marketing-Strategie zusammengeführt werden.

Der Entscheidungsprozeß, der zur Festlegung der Elemente der Marketing-Strategie führt, vollzieht sich nicht simultan, sondern sukzessiv, d.h. in einer Folge von Entscheidungsschritten, die jeweils Aktions- und Informationsentscheidungen umfassen.

## 4.0 Marketing im Güterverkehr

Fast noch wichtiger als im Produktionssektor erscheint der Marketing-Gedanke für den Dienstleistungssektor. Ein Produktionsunternehmen, das am Markt vorbei produziert hat, kann sein Produkt noch lagern und versuchen, durch Einsatz des absatzpolitischen Instrumentariums einen Markt zu finden. Bei Dienstleistungen ist dies anders, da hier die Lagerfähigkeit der erstellten Leistungen nicht gegeben ist. Im Bereich des Güterverkehrs kommt hinzu, daß die Transportleistung nur im Zusammenhang mit dem Absatz von Gütern bzw. im Produktionsbereich im Falle der zwischenbetrieblichen Arbeitsteilung nachgefragt wird, also „abgeleitete Bedürfnisse" vorliegen. Es kommt heute nicht mehr nur darauf an, wie das Beispiel der amerikanischen Eisenbahnen zeigte, durch Rationalisierung und Modernisierung die Kosten zu senken, noch wichtiger ist es, den Wünschen und Bedürfnissen der Verlader entgegenzukommen. Man muß berücksichtigen, daß Gütertransport „nur ein Teilbereich der physical distrubtion" ist, daß „auch die Bereiche kontinuierlicher Güterfluß, Lagerkapazität und -kosten, Be- und Entladung der Güter, Verpackungs-, Ladungssicherung und vieles andere mehr" dazugehören. „Ein wirklich marktgerechtes Leistungsangebot der Eisenbahnen, das nicht produktions- (eisenbahn-) orientiert, sondern kundenorientiert sein soll, muß daher geeignet sein, den Kunden davon zu überzeugen, daß es ihm den bestmöglichen Nutzen für die Lösung seiner gesamten Distributionsprobleme bringt.

### 4.1 Informationsgrundlagen des Marketing im Güterverkehr

Einer umfassenden Information – (generell Grundlage der Marketingaktivitäten eines jeden Sektors) - kommt im Verkehr eine besondere Bedeutung zu, was sich aus gewissen Eigenheiten des Verkehrs (abgeleitete Nachfrage, keine Lagerfähigkeit der Produktion, Kapazitätsproblem) erklären läßt. Das Verkehrsunternehmen kann sich nur durch eine besonders intensive Informationstätigkeit vor den im Zusammenhang mit diesen Eigenheiten auftretenden Risiken schützen. Da die Transportnachfrage durch preispolitische Maßnahmen nicht wesentlich beeinflußt werden kann, weil „der Anteil der Verkehrspreise an den Güterpreisen zu gering ist auf dem westeuropäischen Kontinent", muß sich das Verkehrsunternehmen mit seiner Kapazität den Nachfrageänderungen anpassen. Da „bestimmte Verkehrsbedürfnisse stoßartig auftreten, ist die Vorhaltung einer Reservekapazität" notwendig. Um die Kosten für diese Reservekapazität möglichst gering zu halten, bedarf es der Information „über die Bedarfsstruktur und die mögliche Entwicklung der Nachfrage".

## 4.2 Analyse des Verladeverhaltens

Informationen zur Analyse des Verladeverhaltens müssen folgende Fragen beantworten:

- wer (Verladestruktur, Zielgruppe, Marktsegment, Marktzusammenlegung)
- verlädt was (Produktsystem der verladenen Wirtschaft)
- wofür (Zweck- und Mengenuntersuchungen)
- wie oft (Verladehäufigkeit und -intensität)
- wann (Zeitpunkt des Verladens)
- wo (Bestimmung des Quellgebietes)
- wohin (Bestimmung des Zielgebietes)
- warum (Bestimmungsgründe der Produktion: Standortwahl, Wahl der Produktionsverfahren, des Produktes, des Materials usw.)
- warum bei wem (Bestimmungsgründe des Verladers für die Auswahl des Transportunternehmens: Geschäftstreue, Sicherheit, Pünktlichkeit, Transportpreise usw.)

All diese Kriterien sind wichtig, um zu wissen, was und wie nachgefragt wird und wie sich das Unternehmen ökonomisch am wirkungsvollsten auf die Nachfrage einstellt, um seine Unternehmensziele zu erreichen.

Die regionale Verladestruktur kann aus amtlichen Statistiken der Länder und Gemeinden entnommen werden. Sie ist wesentlich zur Bestimmung der Zielgruppe, d.h. des Teils der Nachfrage, die das Transportunter-nehmen bedienen will, und des Marktsegments, also nach bestimmten Kriterien wie Unternehmensgröße, Umfang der Transportnachfrage usw. gebildete Untergruppen der Zielgruppe, für die unterschiedliche Marktstrategien entwickelt werden müssen. Die Marktzusammenlegung betrifft die Kooperation der Transportunternehmen zur Bildung von Transportketten im gebrochenen Verkehr. Das Produktsystem umschreibt die Art der produzierten Güter. Wichtig ist vor allem, daß sich ein Transportunternehmen mit den Bestimmungsgründen der Produktion befaßt. Wenn es die bei den Verladern anfallenden Distributionsprobleme und deren mögliche Lösung kennt, kann es sich rechtzeitig durch Bereitstellung geeigneter Transportgefäße auf Nachfragevariationen einstellen.

Die meisten Fragen richten sich auf quantitative Zusammenhänge und können mittels Befragung, Beobachtung und Analyse des sekundärstatistischen Materials beantwortet werden. Für die Frage „warum bei wem" bietet die Motivforschung Lösungsansätze, vor allem mittels psychologisch orientierter Modelle und Experimente.

## .1. Die Analyse des Konkurrenzverhaltens

„Die dritte Art von Basisinformationen für Marketingentscheidungen ist auf das Verhalten der Wettbewerber am Markt bezogen". Neben den Schwierigkeiten der Bestimmung des Verhaltens und seiner Prognose taucht hier wieder das Problem des relevanten Marktes auf. So sind einerseits nicht alle Unternehmen der Branche Wettbewerber, da sie aufgrund ihrer Standorte und Spezialisierung anderen Märkten angehören, andererseits besteht die Möglichkeit, daß branchenfremde Unternehmen als potenzielle Wettbewerber in Betracht zu ziehen sind, weil sie entweder selbst als Anbieter von Transportleistungen auftreten oder durch die Entwicklung von Rationalisierungsmaßnahmen bei Produktionsverfahren einzelne Transport überflüssig machen.

Die Informationen über das Verhalten der Konkurrenten, vor allem auf oligopolistische Märkten, betreffen in der Hauptsache ihre Reaktionen auf den Einsatz der eigenen Marketing-Instrumente. Im Bereich der Preispolitik versucht man, sie mit Hilfe der Kreuz-Preis-Elastizität zu messen, bei anderen Instrumenten kann man ähnlich aufgebaute Koeffizienten entwickeln. Aber nicht nur eine quantitative Reaktionsprognose ist wichtig. Es muß auch qualitativ gefragt werden, ob die Konkurrenten z.B. auf Preismaßnahmen auch mit Preismaßnahmen oder etwa mit Werbemaßnahmen antworten.

Eine Vorhersage über das Ausmaß der Reaktionen ist bei der Vielzahl der Konkurrenten und der komplexen Entscheidungsfindung in den Unternehmen sehr schwierig. So sind die von der Preistheorie entwickelten Modelle wenig geeignet, einzelwirtschaftliche Entscheidungshilfen zu geben. Einen Lösungsversuch stellen jene Verfahren dar, die mögliche Reaktionen mit subjektiven Wahrscheinlichkeiten vergleichen. Diese subjektiven Wahrscheinlichkeiten beruhen u.a. auf den Erfahrungen, die

man aus früheren Aktionen und Reaktionen gezogen hat, aber auch auf Untersuchungen über die Betriebsgröße, technische Leistungsfähigkeit, Finanzkraft, d.h. über die objektiven Möglichkeiten der Konkurrenten. Die Auswirkungen der erwarteten Reaktionen auf die eigenen Aktivitäten kann man zwar mit Hilfe von Simulationsverfahren abschätzen, jedoch sind diese Verfahren so aufwendig, daß sie nur von einzelnen großen Transportunternehmen durchgeführt werden können"
(vgl. HERTZOG, E. ATB Skriptum, Berlin 1991).

## 5.0. Marketing-, Markt- und Absatzmarktforschung

"In Literatur und Praxis werden die Begriffe Marketingforschung (marketing research) und Marktforschung (market research) oft verwechselt und falsch gebraucht.

Unter Marketingforschung versteht MEFFERT „die systematische Suche, Sammlung, Aufbereitung und Interpretation aller Informationen, die sich auf Probleme des Marketing von Gütern und Dienstleistungen beziehen" abzugrenzen. Sie berücksichtigt also alle inner- und außerbetrieblichen Informationen, die das Unternehmen benötigt, um mit Hilfe des Marketing-Mix die Unternehmensziele erreichen zu können. Der Begriff der Marktforschung ist teils weiter, teils enger. In Anlehnung an MEFFERT soll unter Marktforschung die systematische Suche, Sammlung, Aufbereitung und Interpretation aller Informationen über die Beziehungen zwischen Unternehmen und Markt verstanden werden. Dieser Begriff ist enger als Marketingforschung, da er keine innerbetrieblichen Informationen umfaßt, und er ist gleichzeitig weiter, weil er die Beschaffungsmarktseite berücksichtigt.

In der Literatur wird auch der Begriff Absatzforschung synonym für Marketingforschung gebraucht, jedoch soll dieser Ausdruck hier nicht verwendet werden, da er mit Absatzmarktforschung verwechselt werden könnte.

Für das Marketing im Güterverkehr interessieren allein die Beziehungen zwischen Markt und Unternehmen, die sich auf den Absatz beziehen. Auf die „Erforschung innerbetrieblicher Sachverhalte" wird kein Wert gelegt, da „die Erfassung dieser Elemente vergleichsweise geringere Probleme aufwirft, als sie mit der Erforschung der Marktfaktoren verbunden sind". Hilfsmittel dazu sind das innerbetriebliche Rechnungswesen (Kontenschema, BAB), Betriebsstatistiken und Vertriebserfolgsrechnungen, die so auszuwerten sind, daß ein Bild entsteht über die finanziellen, personellen und produktionstechnischen Möglichkeiten des Unternehmens." (Vgl. Skriptum ATB, HERTZOG, E. Hamburg/Berlin 1991).

## 6.0. Der Marketing-Plan
### (Begriffe, Inhalte, Marketing-Ziele, Umsetzung)

"Rationalität bei der Lösung von Problemen bezieht sich auf zwei Bereiche: zum einen geht es darum festzulegen, welches Ziel ein Entscheider verfolgen soll, zum anderen darum,, eine Handlungsalternative (Aktion, „Mittel") auszuwählen. Ein Entscheider handelt demnach rational, wenn er aus den zur Verfügung stehenden Handlungsalternativen diejenige auswählt, mit der das angestrebte Ziel am besten erreicht wird. Man agiert zielrational, wenn man dasjenige Ziel verfolgt, das der Problemstellung am besten angemessen ist. Ohne ein klar festgelegtes Ziel ist jedoch jede Wahl entscheidung zufällig. Dabei ist das „richtige" Ziel fast nie vorgegeben, sondern Ergebnis eines Such- und Bewertungsprozesses im Rahmen der Marketingplanung.

Ziele i.S.v. generellen Imperativen (Formalziele) haben nicht konkrete Mittel oder Zustände zum Gegenstand, sondern sind nichts anderes als Meßlatten bzw. Kriterien, die es erlauben, die Vorziehungswürdigkeit einzelner Aktionen eindeutig zu bestimmen bzw. die einzelne Aktionen in eine Rangordnung der Vorziehenswürdigkeit zu bringen. Von den Formalzielen zu unterscheiden sind Ziele i.s.v. singulären Imperativen (Sachziele), die bestimmte Handlungsalternativen bzw. Zustände zum Inhalt haben. Das Formalziel „Erhöhe den Marktanteil im nächsten Jahr!" beinhaltet keine spezifische Handlungsvorschrift, das Sachziel „Erhöhe die Anzahl der Außendienst-Mitarbeiter um 5 Personen!" dagegen sehr wohl. Als Marketingziele eignen sich eigentlich nur solche Ziele, die mit Hilfe absatzpolitischer Aktionen merklich beeinflußt werden können? Ziele müssen:

- vollständig formuliert sein,
- dem anstehenden Bewertungsproblem entsprechen (Stellen-, Aufgabenadäquanz) und
    - eine Koordination der verschiedenen Aufgaben in vertikaler und in horizontaler Richtung erlauben.

Nur wenn Ziele vollständig formuliert sind, können alle möglichen Aktionen sachgemäß bewertet werden. Dies beinhaltet zunächst die Festlegung des Zielinhaltes, d.h. dessen, worum es letztlich geht (z.B. Umsatz, Gewinn, Bekanntheitsgrad). Das Vollständigkeitserfordernis verlangt sodann auch die Festlegung, wie in bestimmten Entscheidungssituationen vorzugehen ist (Präferenzrelationen). So ist zu bestimmen:
ob die Zielgröße maximal bzw. minimal (z.B. Umsatzmaximierung, Kostenminimierung) oder nur in einem ausreichenden Ausmaß (z.B. Marktanteil von 50 % angestrebt werden soll. Gründe für nicht extrem

ausgerichtete Marketingziele können externe Gegebenheiten (z.B. staatliche Reaktion bei zu großer Marktmacht) oder interne Dispositionen (z.B. begrenzte Ansprüche) sein. Neben dieser sogenannten Höhenpräferenzbestimmung bedarf es häufig auch einer Artenpräferenzbestimmung, nämlich immer dann, wenn mehrere Ziele angestrebt werden. In einem solchen Fall hat man sich Klarheit darüber zu verschaffen, wie verschiedene Zielinhalte (z.B. Gewinn, Marktanteil) „auf einen Nenner" gebracht werden; dies geschieht üblicherweise derart, daß festgelegt wird, „X,- DM Gewinn entsprechen Y % Marktanteil!" etc. Sehr häufig sind die einzelnen Aktionen unterschiedlich risikoreich; in diesem Fall bedarf es Vorstellungen darüber, wie etwa eine höhere mittlere Zielerreichung bei Aktion 1 mit einer geringeren Streuung des gleichen Zielwertes bei Aktion 2 verrechnet wird (Risikopräferenzrelation). Im Rahmen der Zeitpräferenzrelation ist schließlich festzulegen, wie Gewinne in unterschiedlichen Perioden vergleichbar gemacht werden; die übliche Vorgehensweise ist hier die Abzinsung.

Ziele sind nicht nur vollständig zu formulieren, sie müssen auch stellen- bzw. aufgabenadäquat sein; damit ist gemeint, daß nur solche Ziele sinnvoll sind, die vom Entscheider auch durch seine Entscheidung hinreichend beeinflußt werden können. Für die Entscheidung zwischen mehreren Imageanzeigen wird bspw. das Ziel „Produkt-Deckungsbeitrag" dieser Forderung nicht gerecht, da der Entscheider den Zielinhalt durch die Wahl des Anzeigenentwurfes kaum bzw. nicht beeinflussen kann.

Zielen kommt schließlich auch die wichtige Aufgabe zu, dafür zu sorgen, daß die einzelnen Entscheidungen in einem Unternehmen aufeinander abgestimmt sind - es wird also auch über Ziele koordiniert. Um diese Aufgabe erfüllen zu können, müssen Ziele koordinationsgerecht sein, und zwar sowohl in vertikaler als auch in horizontaler Hinsicht (→ Marketing-Koordination). Ziele hierarchisch untergeordneter Ebenen sollen also Ziele hierarchisch übergeordneter Ebenen fördern (vertikale Koordinationsgerechtigkeit) und die Erreichung von Zielen hierarchisch gleichgeordneter Ebenen nicht beeinträchtigen. Das Ziel „Maximierung, des Anteils der Kunstsachverständigen, die dem Anzeigenentwurf einen hohen ästhetischen Gehalt beimessen" wäre im obigen Beispiel kaum vertikal abgestimmt, falls das Ziel der höheren Ebene „Absatzmaximierung" lautet. Falls ein Unternehmen etwa zwei Varianten eines Produkts anbietet, wobei nur eine Variante beworben wird, so wäre die Zielformulierung „Erhöhung der Präferenz für die beworbene Variante" nur schwerlich als ein geeignetes Ziel einzustufen, da Maßnahmen, die diesem Ziel gerecht werden, v.a. zu Lasten der anderen Variante (Kannibalisierungseffekt) gehen. Das Gebot der vertikalen Koordinationsgerechtigkeit deutet bereits an, daß es so etwas wie eine Hierarchie der Ziele gibt.

Entscheidungen über Ziele und solche über Aktionen werden üblicherweise nicht voneinander unabhängig vorgenommen, vielmehr werden häufig parallel zu den Ziel- die Mittelentscheidungen getroffen und die dazu benötigten Informationen beschafft. Dem jeweiligen Informationsstand der Beteiligten kommt dabei ein großer Einfluß auf die Zielbildung zu, worauf kurz eingegangen werden soll. Im einfachsten Fall besteht zu Beginn des Entscheidungsprozesses Klarheit über alle Zielinhalte und Präferenzrelationen, aber es sind nur einige der relevanten Aktionen genauer bekannt. Wenn z.b. ein begrenzt formuliertes Ziel gegeben ist und dieses mit einer der bereits bekannten Aktionen überfüllt wird, so kommt es i.d.R. zu einer Erhöhung des Anspruchsniveaus. Die Einsicht in die Möglichkeiten der Problemlösung prägt also die Vorstellung vom Wünschenswerten (Sollwert). Im entgegengesetzten Fall (Ziel mit den gegebenen Aktionen nicht erreichbar) wird entweder das Anspruchsniveau nach unten angepaßt (Veränderung des Ziels) oder es wird weiter nach Aktionen gesucht, um das ursprünglich formulierte Ziel doch noch erreichen zu können.

Im Rahmen der → Marketingplanung werden häufig drei Gruppen von Zielen verfolgt:

- Ertragsziel wie z.B. → Gewinn, Kapital- und → Umsatzrentabilität oder → Deckungsbeitrag.

- formale Marktziele, insbes. → Absatz, → Umsatz, → Kundenzahl und → Auftragsgröße bzw. → Einkaufsbon (im Handel; vgl. → Controlling im Handel), aber auch → Bekanntheitsgrad, → Marktanteil, → Distributionsquote, Marktmacht und Ansehen des Unternehmens in der Öffentlichkeit (→ Image).

- sachliche Leistungsziele, wie z.B. → Vertriebskosten und Faktorproduktivitäten (→ Marketingeffizienz), → Umschlagsgeschwindigkeiten, aber auch Angebotsqualität, soziale Verantwortung (→ Sozio-Marketing) und Umweltfreundlichkeit (→ ökologisches Marketing) (→ Ökomarketing).

Diese drei Kategorien von Zielinhalten lassen sich lose in eine Hierarchie einbinden: Leistungsziele fördern Marktziele (z.B. führt hohe Angebots-qualität i.d.R. zu besserem Ansehen in der Öffentlichkeit) und Marktziele fördern Ertragsziele (z.B. erhöht ein hoher Marktanteil i.d. R. den Gewinn)"(vgl. DILLER, H., Vahlens großes Marketing-Lexikon, S.697 – 698, Verlag Franz Vahlen GmbH, München, 1992).

**NOTA** : **Es wird allen Teilnehmern empfohlen sich i.Z. Vahlens großes Marketing Lexikon anzuschaffen denn dieses Werk bietet eine unheimliche Fülle von nützlichen Informationen!**

**Teil B**

## 1.0. Neuorientierung des Marketing

"Viele Menschen haben noch nicht bemerkt, wie sehr sich in der letzten Zeit Gehirn und Medien miteinander verbinden. Brain und Multimedia sind eine Ehe eingegangen. Das eine bezieht sich auf das andere und die überwiegend amerikanische Computer-Elite (also die Business-Kids mit dem multiphrenen Gehirn) ist dabei, Multimedia schnell und unaufhaltsam durchzusetzen. Damit wandert das moderne Erregungs-Gehirn der Jugend mehr und mehr in die Wirklichkeit der Medien hinein. Anders gesagt: Die Dynamik des Gehirns wird zur neuen, natürlichen Dynamik der Medien.

Damit entsteht eine neue Kultur. Eine Kultur, die völlig anders ist als unsere bisherige, auf Historie ausgerichtete Kultur. Denn eines muß man sehen: Die natürliche Funktion des Gehirns ist Chaos und nicht etwa Ordnung. Das Gehirn folgt, wie Heinz von Foerster und viele andere erforscht haben, nicht etwa den Prinzipien der strukturellen Ordnung, sondern stellt subjektive Ordnung her durch raffinierte Chaos-Prozesse ... Motto: Order from Noise.

Wenn es nun stimmt, dass das Gehirn immer mehr zum heimlichen König der neuen Medien wird, dann lohnt es sich natürlich zu fragen, wie denn das menschliche Gehirn eigentlich arbeitet. Und wenn man genauer hinsieht, wird man feststellen, dass nicht-lineare Funktionen dominieren, also alles das, was man heute Chaos nennt, und dass das Gehirn zugleich mit „massivsten Parallelitäten" (Ernst Pöppel) operiert:

**Die innere Dynamik des Gehirn
ist Chaos plus Parallelität.**

Wenn nun diese Dynamik in die Medien-Wirklichkeit einzieht, dann entsteht ein völlig neues Bewußtseins-Feld.Was entsteht nun? Am Horizont ist das bereits sichtbar. Es ist eine Gesellschaft, die mit Sich-selbst-erfüllenden-Prophe-zeiungen arbeitet, also das, was bereits im Ansatz unter Fiktionalismus in der öffentlichen Diskussion aufgetaucht ist. Ein typischer Vertreter dieses Diskurses ist Jean Baudrillard, von dem auch die These stammt, dass in der kommenden Zeit all das, was wir „Wirklichkeit" genannt haben, mehr und mehr versackt in der Wirklichkeit der Simulationen. Aus seiner Sicht entsteht dadurch eine Kultur, die dem Credo folgt:

**Realität ist ein Simulacrum.**

Der französische Philosoph und Medien-Theoretiker Paul Virilio („Revolutionen der Geschwindigkeit", Berlin 1993), ein enger Freund von Baudrillard, kommt zu ähnlichen Prognosen, wenngleich aus einer anderen, eher naturwissenschaftlichen Sicht. Seiner Meinung nach ist die „informationelle Revolution, die wir jetzt erleben", der Startschuß für eine völlig neue Ära in unserer Kultur. Er schreibt: „Wir werden nicht mehr in der lokalen Zeit leben, wie wir es taten, als wir in der Geschichte festsaßen, sondern in einer mondialen, globalen Zeit."

Eine mondiale Zeit bedeutet, daß sich die Welt in der wir leben, immer mehr umprogrammiert auf „die Vergleichzeitigung", während gleichzeitig alles unmittelbarer, unberechenbarer und unkalkulierbarer wird. Aus der Sicht von Virilio wird die neue fiktionale Kultur, die jetzt durch Multimedia und später durch Cybermedia geboren wird, also gekennzeichnet sein durch Gleichzeitig-keit und Überraschung.

Und das ist auch das Muster, mit dem das Gehirn arbeitet. Allerdings drücken es die Chaosforscher etwas anders aus. Für sie werden die Gehirnprozesse bestimmt durch Chaos und Parallelität. Parallelität und „Vergleichzeitigung", während gleichzeitig alles unmittelbarer, unberechenbarer und unkalkulierbarer wird. Aus der Sicht von Virilio wird die neue fiktionale Kultur, die jetzt durch Multimedia und später durch Cybermedia geboren wird, also gekennzeichnet sein durch Gleichzeitigkeit und Überraschung.

Und das ist auch das Muster, mit dem das Gehirn arbeitet. Allerdings drücken es die Chaosforscher etwas anders aus. Für sie werden die Gehirnprozesse bestimmt durch Chaos und Parallelität. Parallelität und „Vergleichzeitigung" ist aber ziemlich dasselbe. Und Chaos „unmittelbare Überraschung" ist ebenfalls das Gleiche. Also kann man sagen:

**umprogrammiert.**

**Dieses Umprogrammieren geschieht
durch Multimedia.**

Alles in allem: Der neue Fiktionalismus, der am Horizont aufgetaucht ist, wird geprägt durch die innere Dynamik des Gehirns und durch die ihr folgende Dynamik der neuen, revolutionären Medien.

Diese beiden Attraktoren wirken auf die literale und historisch fixierte Gesellschaft ein und werden dafür sorgen, dass das, was wir im Moment subjektiv erleben, nämlich „die Postmoderne" (Welsch), mehr und mehr aufgelöst wird. Es kommt, wie Virilio vorhersagt, zu einer extremen Globalisierung, die gleichzeitig aber das Ende einer ganzen Welt ist, und zwar einer Welt des Besonderen, des Lokalen und der unmittelbaren Nähe. Mit anderen Worten:

**Die neue Kultur macht unsere Welt zu dem Globalen von Unterschieden:**

**Sie vereinheitlicht die Unterschiede, ohne sie als Unterschiede aufzulösen.**

**Das erzeugt einen Sprung auf ein bisher unbekanntes Niveau von Komplexität.**

Virilio sieht auch deutlich, daß die These von Francis Fukuyama („Vom Ende der Geschichte", München 1992) aus dieser Sicht nicht richtig ist. Die neuen Medien zerstören nicht etwa Geschichte, sondern lassen „etwas völlig anderes als Geschichte in unserer Kultur eintreten", so argumentiert Virilio. Und aus seiner Sicht befinden wir uns bereits

**„am Fuß der Zeitmauer".**

Aus der Sicht von Virilio schleudern die neuen Medien (so vorläufig und unentwickelt sie auch sind) bereits jetzt schon unsere ganze Geschichtlichkeit gegen diese Zeitmauer. Seiner Meinung nach „ist das ein kolossales Ereignis!", kolossal, weil es einerseits „extrem

1. Die neuen Medien wurden von Kids erfunden und werden von jungen Managern und Unternehmern, die das Erregungs-Gehirn haben, weltweit durchgesetzt. Die neuen Medien tragen deshalb die Dynamik des Erregungs-Gehirns prinzipiell in sich.

2. Die neuen Medien zerstören unsere Glaubens-Ideale von feststehender Wirklichkeit und führen unsere Kultur zur Zeitmauer, hinter der ein völlig anderes Konzept von Wirklichkeit auf uns wartet.... Wirklichkeit als Interplay zwischen virtuellen und realen Prozessen.

3. Die Kultur, die sich hinter dieser Zeitmauer entfalten wird, ist der Fiktionalismus. Der Fiktionalismus kann mit den normalen Prinzipien unserer Selbststeuerung weder begriffen noch verwaltet werden.

4. Insofern sind die neuen Medien nicht nur die Väter des Fiktionalismus, sondern auch gleichzeitig die Problemlöser für die kulturellen Probleme, die dieser Fiktionalismus erzeugen wird. Anders gesagt:

Multimedia erzeugt diejenigen kulturellen Probleme, die nur Muldimedia lösen kann.

5. Innerhalb des Fiktionalismus findet Realität nicht mehr statt, und zwar nicht mehr als Realität, wie wir sie unter dem Stichwort „Emprismus" oder „Ontologie" kulturell geformt und geglaubt hatten. Insofern prägt Multimedia eine völlig neue Kultur, in der die Fiktionen, die sich im virtuellen Raum zum „mondialen Experiment" entwickeln werden, die Steuerung übernehmen. In diesem Experiment wird Wirklichkeit permanent neu geboren.

6. Der virtuelle Raum wird damit zum Soll-Wert-Geber für eine prozessuale Wirklichkeit, die nicht mehr den Kriterien einer „haltbaren Wahrheit" entspricht.

7. Damit wird die Wirklichkeit per se Überraschung. Wirklichkeit ist damit das Kind des subjektiv erlebten Chaos.

8. Gleichzeitig formt die neue, mondiale Experimentalität der Medien eine Parallelität, wie sie unserer Kultur bisher noch nie kennengelernt hatte. Es entfaltet sich eine ungeheure Netzwerk-Dynamik:

**Die Mutter des Virtuellen sind die Netze**.

9. Dementsprechend ist der Fiktionalismus, der die jetzige Postmoderne langsam ablösen wird, nichts anderes als ein Spiegelbild des menschlichen Gehirns. In jedem Gehirn dominieren Chaos-Prozesse und Parallelität. Unsere Kultur geht den Weg der Zerebralisierung, d.h., unsere Kultur funktioniert in Zukunft genauso wie die Medien. Die Medien funktionieren wie das Gehirn. Damit funktioniert unsere Kultur wie ein

**globales, mediales Gehirn**.

Unsere Kultur wird zu einem globalen Gehirn. In diesem globalen Gehirn erzeugen chaotische Prozesse und Parallelitäten immerzu neue Bewußtseins-Felder, und in diesen Bewußtseins-Feldern, die prinzipiell unerwartbar und gleichzeitig mondial sind, findet täglich das Interplay zwischen realer Realität und virtueller Realität statt, die eine never-ending-story ist.

Lassen Sie uns aus dieser Sicht prüfen, was diese historisch einzigartige Zerebralisierung unserer Kultur für Konsequenzen haben wird.

Der Gehirnforscher Ernst Pöppel hat die innere Dynamik des Gehirns in vielen Aufsätzen und Büchern („Geheimnisvoller Kosmos Gehirn", München 1994) besonders eindrücklich beschrieben, und er ist auch einer der ersten, der darauf hingewiesen hat, wie sehr das Gehirn von Parallelität und spontanen Vernetzungen abhängig ist. Er schreibt: „Der Aufbau des Gehirns gehorcht im Prinzip der massivsten Parallelität."

## 2.0 Kehrtwende im Marketing?

"Noch regiert das Massenmarketing jeden Bereich des täglichen Lebens - von Fernsehwerbespots über Kugelschreiber mit Firmenlogo bis zu den Etiketten in der Kleidung. All dies sind sichtbare Zeichen einer einzigen Strategie: Menschen so zu formen, dass sie massenproduzierte Güter bereitwillig kaufen. Das virtuelle Unternehmen bringt eine Kehrtwende, die Wiliam Davidow und Michael Malone wie folgt beschreiben: „Mit dem Einzug des virtuellen Produkts wird der überwiegende Teil dieses Promotionsgewimmels plötzlich unwirksam. Das Gegenteil wird zur Regel. Es ist die grundlegende Aufgabe virtuellen Wirtschaftens, die Ware dem Kunden und nicht den Kunden der Ware anzupassen.

Diese Kehrtwende erschüttert die Marketingbranche in ihren Grundfesten. Der Wettbewerb zwischen den Massenproduzenten bringt es mit sich, dass die meisten Güter mit der Zeit zu Massenartikeln werden. Deshalb beginnt traditionelles Marketing in der Regel damit, den Markt über ein neues Produkt aufzuklären und sich auf bestimmte Unterschiede zu konzentrieren, um der Konkurrenz die Kunden abzuwerben. Im Zukunftsmarkt der virtuellen Unternehmen jedoch wird diese Produktdifferenzierung bedeutungslos, weil das virtuelle Erzeugnis für seine Benutzer maßgefertigt ist. Viele virtuelle Produkte werden niemals zu Massenartikeln. Vielleicht ist es am wichtigsten, dass die Gruppe der Kunden, die besonderen Wert auf billigste Waren legen, also die Schnäppchenjäger, von der die Massenproduktion ein Jahrhundert lang getragen wurde, kleiner werden wird. Die impulsiven Käufer der Nachkriegszeit, die sich durch Laune und Mode mal hierhin, mal dorthin ziehen lassen, werden von Kunden abgelöst, die ihre Zeit investieren, um virtuelle Produkte zu verstehen und nach ihren Wünschen zu gestalten und selten zwischen den Anbietern wechseln können und wollen.

Hinzu kommt ein weiterer wichtiger Faktor: die vertrauensvolle Beziehung zwischen Hersteller und Kunde. Das typische Prozedere des vergangenen Jahrhunderts, als der Möbelkäufer aus den wichtigsten Möbelgruppen sein Lieblingsmodell wählte, der Handwerkskunst des Tischlers vertraute und die Verzierungen, die er an dem Möbelstück haben wollte, selbst bestimmte, wird mit dem Einzug des virtuellen Produkts wieder aufleben. Die Vertrauensbeziehung wird wieder hergestellt. Virtuelle Unternehmen zielen darauf ab, die verbindende Kraft zwischen sich und ihren Kunden zu maximieren. Dazu gilt es, den Kunden weitestgehend zufrieden zu stellen und ihn in eine „co-destiny"- Beziehung einzubinden.

Diese grundlegenden Veränderungen führen zum Niedergang des strategischen Marketing. Dieses umfasst ein Bündel von Maßnahmen, zum Beispiel Marktsegmentierung, Positionierung von Unternehmen und Erzeugnissen, Datenbankmarketing, Mediendurchdringung, „Produktdramatisierungen", Ereignismarketing und manchmal sogar bewusst falsche Behauptungen. Strategisches Marketing ist, so beschreibe es William Davidow und Michael Malone, für das virtuelle Unternehmen nur eingeschränkt nutzbar: „Seine Betonung des Äußeren und sein aggressives Eindringen in die Privatsphäre wird wahrscheinlich gerade die Kunden abstoßen, die das virtuelle Unternehmen zu gewinnen sucht."

An die Stelle des strategischen Marketing tritt das Wert-Marketing, das Vermarkten von Wert. Seine Aufgabe ist es, Kunden von der Glaubwürdigkeit des Unternehmens und seiner Produkte, von Qualität, Service, Fairness und einem Streben nach Kundenzufriedenheit zu überzeugen - also denselben Eigenschaften, die auch seine Beziehung zu den Lieferanten Kennzeichnen. Das virtuelle Unternehmen muss zu seinen Kunden eine Beziehung aufbauen, die es ihnen ermöglicht, den maximalen Wert aus dem erworbenen Produkt zu ziehen."
(vgl. Davidow, William H./Malone, Michael S., Das virtuelle Unternehmen. Der Kunde als Co-Produzent. 2. Auflage, Frankfurt am Main/New York: Campus Verlag, 1997)
Quelle: Simon, H., Das große Handbuch der Strategie Konzepte S. 159 - 161, Campus Verlag, Frankfurt am Main, 2000.

## 2.1 Entwicklung und Anspruch des Marketing im Zeitablauf

### 2.1.1 Lean Management

"1984 entstand am Massachusetts Institute of Technology (MIT) eine Studie über Lean Production. Im Rahmen einer Analyse der Situation und der Probleme der weltweiten Autohersteller untersuchten James Womack, Daniel Jones und Daniel Roos über einen Zeitraum von fünf Jahren die Unterschiede zwischen der Massenfertigung und der schlanken Produktion in der Automobilindustrie.

**Die Geburt der schlanken Produktion**

Im Jahr 1950 startete Eiji Toyoda, ein junger japanischer Ingenieur, dessen Familie die Toyota Motor company gegründet hatte, zu einer Reise zum Rouge-Komplex von Ford in Detroit. Nach sorgfältigem Studium des riesigen Fabrikkomplexes, damals die größte und effizienteste Produktionsanlage der Welt, kamen er und sein Produktionsleiter Taiichi Ohno zu der Erkenntnis, dass die Massenproduktion, wie Ford sie betrieb, in Japan nie funktionieren würde. Hieraus entstand das, was später als Toyota-Produktion bekannt werden sollte, die Lean Production

Die Geburtsstätte der schlanken Produktion war also Toyota. In der Zeit nach dem Zweiten Weltkrieg wollte Toyota in großem Stil mit der Produktion von Personen- und Lastwagen beginnen, sah sich jedoch zahlreichen Problemen gegenüber. So war der Binnenmarkt sehr klein und verlangte eine breite Fahrzeugpalette. Die japanischen Arbeitskräfte waren, bestärkt von den von der amerikanischen Besatzung eingeführten neuen Arbeitsgesetzen, nicht länger bereit, „als austauschbare Teile und Fixkostenfaktor behandelt" zu werden. Die vom Krieg zerstörte japanische Wirtschaft hatte wenig Kapital und Devisen, so dass umfangreiche Käufe von neuesten westlichen Produktionseinrichtungen nicht zu finanzieren waren. Und schließlich war die Außenwelt voller großer Autoproduzenten, die einerseits begierig darauf waren, in Japan Betriebe zu eröffnen, und andererseits die Bereitschaft zeigten, ihre etablierten Märkte gegen japanische Exporte zu verteidigen.

Toyota trotzte diesen Schwierigkeiten und machte sich daran, ein Autoproduzent mit breitem Angebot und zahlreichen neuen Modellen zu werden. Taiichi Ohno wählte einen neuen Ansatz der Endmontage und testete ihn in einem Experiment.

## Das Experiment

Grundlage des Ford-Systems war, dass die Fließbandarbeiter nur einen oder zwei Handgriffe ausübten, und das immer wieder. Der Vorarbeiter verrichtete selbst keine Montagearbeiten, sondern stellte sicher, dass die Fließbandarbeiter die Anweisungen befolgten. Spezielle Reparateure setzten die Werkzeuge in Stand, spezielles Reinigungspersonal machte periodisch die Arbeitsbereiche sauber, spezielle Inspektoren prüften die Qualität und fehlerhafte Arbeit wurde in einer Nacharbeitszone hinter dem Fließbandende korrigiert. „Springer" vervollständigten die Arbeitsteilung. Die Manager in den Zentralen beurteilten das Fabrik-management nach zwei Kriterien: dem Ausstoß, also der Anzahl der produzierten Autos im Vergleich zur geplanten Stückzahl, und der Qualität, das heißt der „Nach-Fabriktor-Qualität", nachdem defekte Teile repariert worden waren. Da die Fabrikleiter wussten, dass auf der einen Seite das Nichterreichen des Produktionsziels großen Ärger bedeutete und auf der anderen Seite Fehler in der Nacharbeitszone beseitigt werden konnten, bevor die Autos den

Qualitätsprüfer der Zentrale erreichten, durfte das Fließband nur in absoluten Notfällen angehalten werden. Die Autoren stellen fest: „Es war vollkommen in Ordnung, Autos mit einem schlecht montierten Teil bis zum Bandende passieren zu lassen, da dieser Fehler im Nacharbeitsbereich beseitigt werden konnte.

Für Ohno war dieses System der Massenproduktion voller muda, dem japanischen Begriff für Verschwendung: Verschwendete Arbeit, verschwendete Materialien, verschwendete Zeit. Nach seiner Meinung erbrachte außer dem Montagearbeiter keiner der Spezialisten irgendeine Wertschöpfung für das Auto.

Nach seiner Rückkehr nach Toyota City begann Ohno zu experimentieren. Im ersten Schritt gruppierte er Arbeiter zu Teams mit einem Teamleiter an Stelle des Vorarbeiters. Den Teams wurden einige Montageschritte und ein Stück Fließband zugeteilt. Sie bekamen die Anweisung, zusammenzuarbeiten und den besten Weg zur Durchführung der Arbeitsgänge zu finden. Der Teamleiter koordinierte das Team und führte auch selbst Montagearbeiten durch. Im nächsten Schritt übertrug Ohno dem Team die Aufgaben des Reinigens, kleinerer Werkzeugreparaturen und die Qualitätsprüfung. Als die Teams reibungslos zusammenarbeiteten, plante er als letzten Schritt periodisch für jedes Team eine bestimmte Zeitspanne ein, innerhalb derer gemeinsam Wege zur Verbesserung des Ablaufs gefunden werden sollten. Im Westen wurde dieser kollektive Prozess, Vorschläge zu erarbeiten, Qualitätszirkel genannt. Der kontinuierliche, schrittweise Verbesserungsprozess fand in Zusammenarbeit mit einer geringen Zahl von Industrial Engineers statt.

Bald schon unternahm Ohno erste Nachbesserungen. Nach seiner Meinung multiplizierte das Verfahren der Massenproduktion, Fehler passieren zu lassen, um das Fließband am Laufen zu lassen, die Fehler bis ins Endlose. Jeder Arbeiter konnte zu Recht davon ausgehen, dass Fehler am Ende des Bands festgestellt würden und dass er für jede Handlung, die das Band anhielt, zur Rechenschaft gezogen würde. Und weil das Problem erst am Bandende entdeckt wurde, waren viele Fahrzeuge mit den gleichen Fehlern produziert worden, bevor diese aufgedeckt wurden. Die Verantwortung für einen Bandstopp lag ausschließlich beim Meister. Hier führte Ohno eine radikale Neuerung ein: Er wies die Arbeiter an, das gesamte Fließband sofort anzuhalten, wenn ein Problem auftauchte, dass sie nicht beheben konnten. Dann sollte das ganze Team eine Lösung erarbeiten.

Ohno ging noch weiter. In Massenpoduktionsfabriken wurden Probleme in der Regel als Zufallsergebnisse angesehen. Die Vorstellung war, jeden

Fehler zu beseitigen und zu hoffen, dass er nicht wieder auftrat. Ohno führte statt dessen ein Problemlösungssystem ein, welches er „Die Fünf Warum" nannte. Die Produktionsarbeiter lernten, durch die Frage „warum?" jeden Fehler bis zur letzten Ursache zurückzuverfolgen und sich dann eine Lösung auszudenken, so dass er nie wieder auftreten konnte.

Als das Experiment lief, war es nicht überraschend, dass das Band zunächst andauernd still hielt und die Arbeiter schnell entmutigt waren. Doch als die Arbeits-Teams Erfahrungen darin sammelten, Probleme zu identifizieren und bis zu ihrer letzten Ursache zurückzuverfolgen, sank die Anzahl der Fehler drastisch. Noch auffallender war, was am Bandende geschah: Der Umfang der vor dem Versand der Autos notwendigen Nacharbeit ging kontinuierlich zurück. Auch ihre Qualität wurde immer besser. Bad schon besaßen die Toyota-Montagefabriken keine Nacharbeitszsonen mehr, weil fast keine Nacharbeiten mehr anfielen.

### Der Fabrikbetrieb

Der erste Bereich der schlanken Produktion ist die Fabrik in Form des Montagewerks. Hier zeigt sich, wie verschieden Lean Production von den Vorstellungen Henry Fords ist. James Womack, Daniel Jones und Daniel Roos stellen die klassische Massenproduktion am Beispiel des Montagewerks von General Motors (GM) Framingham, Massachusetts, dem Toyota-Montagewerk Takaoka in Toyota City gegenüber.

Das GM-Werk hatten sie ausgesucht, weil sie vermuteten, dass es alle Elemente der klassischen Massenproduktion verkörpert. Sie hatten Recht behalten: „In der Fabrik fanden wir das vor, was wir erwartet hatten: Eine Umgebung der klassischen Massenproduktion mit ihren zahlreichen Funktionsstörungen. Wir schauten zuerst in die Gänge neben dem Fließband. Sie waren vollgestopft mit den, wie wir sie nennen, indirekten Arbeitern"(vgl. SIMON, Hermann, S. 62-65, a.a.O.)

## 2.1.2. Virtuelle Produkte

"Mit dem Einzug des virtuellen Produktes wird der überwiegende Teil dieses Promotionsgewimmels plötzlich unwirksam. Das Gegenteil wird zur Regel. Es ist die grundlegende Aufgabe virtuellen Wirtschaftens, die Ware dem Kunden und nicht den Kunden der Ware anzupassen.

Eine solche Kehrtwende erschüttert die Marketingbranche in ihren Grundfesten. Früher brachte es der Wettbewerb zwischen den Massenproduzenten mit sich, daß die meisten Güter mit der Zeit zu Massenartikeln wurden. Daher begann traditionelles Marketing typischerweise damit, den Markt über ein neues Produkt aufzuklären, und stürzte sich dann auf unbedeutende oder ideelle Unterschiede (z.B. durch Identifikation mit einem bekannten Sportler), um der Konkurrenz die Kunden zu stehlen.

In den Hauptmärkten der Zukunft wird schon die Idee der Produktdifferenzierung fast bedeutungslos, weil das virtuelle Erzeugnis für seine Benutzer maßgefertigt ist. Außerdem werden viele Produkte niemals wirklich Massenartikel. Und vielleicht am wichtigsten: Die Gruppe der „Hauptsache: billig"Kunden, der Schnäppchenjäger, von der die Massenproduktion ein Jahrhundert lang getragen wurde, wird kleiner werden. Stattdessen werden Kunden, die ihre Zeit investieren, um virtuelle Produkte zu verstehen und nach ihren Wünschen zu gestalten, seltener zwischen den Anbietern wechseln wollen und können. Den impulsiven Käufer der Nachkriegszeit, durch Laune und Mode mal hierhin, mal dorthin gezogen, wird es in vielen Branchen nicht mehr geben; die einzig nennenswerte Gruppe von Verbrauchern, die als potentielle Neukunden zur Verfügung stehen, sind die unzufriedenen Käufer der Konkurrenz.

Natürlich gilt das nicht überall. Viele Konsumgüter, zum Beispiel Turnschuhe und Kartoffelchips, werden Massenartikel bleiben. Aber selbst auf diese Märkte wird die neue Wirtschaftsrevolution nachhaltig wirken. So sind die Hersteller portionierter Verbrauchsgüter (Waschpulver, Zahnpasta, Nährmittel usw.), bis vor kurzem noch unter den profitabelsten der Konsumgüter, schon empfindlich unter Druck geraten. Ende 1991 berichtete Forbes:
„Es gibt bereits Anzeichen, dass die Verbraucher die Preise für einige ihrer Lieblingsmarken nicht mehr zahlen wollen und zu den Hausmarken überwechseln. Noch ist der Trend ein Rinnsal, aber er scheint schnell zu wachsen. ... Wenn sich Kunden erst einmal an das Preisvergleichen und Markenwechseln gewöhnt haben, wird es schwer sein, sie bei den teuren, landesweit beworbenen Marken zu halten. ... Verbraucher werden von Produktauswahl und Werbung erdrückt. Und in vielen Warengruppen stagniert das Wachstum. Auch sind viele Kunden immer weniger bereit, für relativ geringe Unterschiede der Qualität, oder das, was sie als solche empfinden, zu bezahlen. (Morgensond 1991, S. 115-116).

Werbefachleute schätzen, daß die Überzeugungskraft der Werbung auf den Kunden in den letzten zehn Jahren um fast 30 Prozent gefallen ist. In Amerika haben die großen Hersteller von Haushaltswaren wie Procter & Gamble oder Colgate-Palmolive mit einer Fülle von Gutscheinen, Nachlässen, Rabatten und Produktkonsolidierungen reagiert - allesamt der Gewinnspanne abträglich. Und das Schlimmste steht vielleicht noch aus. Eine kanadische No-name-Cola hat, bei fast dem halben Preis einer Coke oder Pepsi, ein riesiges (zwanzig Prozent) Loch in den Umsatz seiner berühmten und einst unangreifbaren Wettbewerber gerissen. Dasselbe geschieht jetzt in den USA, wo nach Angaben der Nielsen-Marktforschung der Verkauf der Handelsmarken von Erfrischungs-getränken doppelt so schnell wächst wie der Branchendurchschnitt und den größten Drei-Jahres-Sprung von Marktanteilen seit zwanzig Jahren verzeichnet.

Diesen Trend scheint es in allen Industriestaaten zu geben. Aus Groß-britannien hat Management Today folgendes berichtet:

„Die Hersteller von Verbrauchsgütern werden von allen Seiten angegriffen. Herkömmliche Methoden der Verkaufsförderung, zum Beispiel intensive Produktwerbung, sind immer weniger effektiv, weil die Kosten steigen, weniger Leute fernsehen, Markentreue schwächer wird und die Qualität der Handelsmarken steigt. ... Größe allein bietet auch kaum noch Kostenvorteile für die Hersteller; kleinere und engagierte Anbieter mit weniger Gemeinkosten sind aufgetaucht. Dadurch haben sich die Gewinnspannen verkleinert und verkleinern sich weiter, weil die Unternehmen durch Preisabschläge dem Umsatzrückgang entgegenwirken wollen."(vgl. DAVIDOW, W.H. u. MALONE, M.S., S. 203-204, Campus Verlag, Frankfurt a.M. 2.Auflg. 1997).

**Angebotene Waren und Dienstleistungen**

"Electronic-Shopping-Tauglichkeit aus Kundensicht:

    Unterhaltungselektronik 22%
    Haushaltsgeräte 33%
    Reise-Tickets 86%
    Lebensmittel 21,5%
    Kleidung 15 %
Die prozentualen Angaben beziehen sich auf die Anzahl der positiven Nennungen

Electronic-Shopping-Tauglichkeit aus Anbietersicht:

    Unterhaltungselektronik geeignet
    Haushaltsgroßgeräte können geeignet sein
    Haushaltskleingeräte geeignet
    Lebensmittel können geeignet sein
    Textilien weniger geeignet
    Möbel und Inneneinrichtung weniger geeignet
    Gesundheitsprodukte geeignet
    Bücher und CD's sehr geeignet

**Nachfrage der Kunden:**

b) Nachfragestruktur

| | |
|---|---|
| Offline + Online-Shopping: | -PC-Teile und Zubehör<br>-Photo- und Video-Ausstattung<br>-Reiseangebote und Homebanking<br>-Musikträger<br>-Bücher/Magazine<br>-Stereoanlagen/Unterhaltungselektronik |
| Teleshopping: | -Musikträger<br>-Münzen und Schmuck<br>-Videofilme<br>-kleinere Haushaltsgeräte sowie Bücher und Werkzeug |

kein Interesse finden jeweils Möbel, Nahrungsmittel, Luxus- und Designerartikel sowie KFZ.

Anforderungsprofil entspricht in etwa dem des klassischen Versandhandels:

-vorverkaufte Produkte

-wenig erklärungsbedürftige Produkte

-Markenartikel

-Produkte, die keinen Kontakt mit dem Kunden bedürfen

-aber: geeignete Preisklassen unklar!"
(vgl. GÖPFERT, I. u.a. , Gutachten für Hapag Lloyd ,S.6-9, 2000, Univ. Marburg)

## 2.1.3. Benchmarking

"Benchmarking vermittelt eine neue Sicht zum traditionellen Management. Traditionell hat sich das Management auf interne Expertisen gestützt, unterstützt durch gelegentliche Interventionen von außen, um strategische Ziele zu setzen und die Leistungen zu überwachen. Sich auf Erfahrung oder einen Riecher für das Geschäft zu verlassen, könnte sinnvoll sein, wenn das Spielfeld eben wäre und niemand die Regeln ändern dürfte, sobald das Spiel begonnen hat. Leider spielen Unternehmen heute nicht auf einem ebenen Feld; sie kämpfen auf abschüssigem Gelände, und Vorteile haben Konkurrenten, die die Regeln umdefinieren. Der Markt erwartet und erhält heute ständig Produkte und Dienstleistungen zu immer geringeren Kosten pro enthaltener Funktion.

Diese Litanei steht in fast jedem Fachbuch für moderne Manager. Man braucht hier viel Phantasie, um sich vorzustellen, daß die Beibehaltung gegenwärtiger Praktiken keine geeignete Option ist, wenn langfristiger Erfolg gewünscht wird. Auf dem Weg nach vorn liegt allerdings eine Menge Gerümpel. Es braucht Intelligenz, Witz und Geduld, um durch die Massen von Lösungen zu waten, die überall auftauchen. Der wachsame Manager muß die für Verbesserung und Wachstum verfügbaren Möglichkeiten sorgfältig auswerten und auswählen. Da Modeartikel im Dutzend nicht billiger sind und schon oft die Firmenpsyche ins Chaos gestürzt haben, ist es von entscheidender Bedeutung, die Projekte, die langfristigen Nutzen bringen, von denen zu unterscheiden, die nur Ressourcen verschlingen und minimalen Nutzen bieten.

Das nötige Wissen zu sammeln, um unter diesen konkurrierenden Möglichkeiten zu wählen, beginnt mit dem Verstehen der eigenen Organisation. Die Techniken hierzu sind, die Organisation in einem anderen Licht zu betrachten, einen Schritt zurückzutreten, um existierende Praktiken zu hinterfragen und die Wertschöpfungskette durch die vielen Funktionsbereiche der Organisation zu verfolgen. Selbst wenn ein Unternehmen glaubt, sein Geschäft wirklich zu kennen, gibt es an jeder Ecke Überraschungen, wenn die horizontale Perspektive gewählt wird.

Was ist eine horizontale Perspektive? Es ist die Wertschöpfungskette, die damit beginnt, daß ein Beteiligter etwas von dem Unternehmen will und damit endet, daß sein Wunsch zur Zufriedenheit aller erfüllt wird. Damit zum Beispiel ein Produkt dem Kunden tatsächlich geliefert wird, müssen Mitarbeiter in fast jedem Teil der Organisation aktiv werden - ob in der Fertigung, um die Produkte herzustellen, oder im Büro, um die Rechnung zu bearbeiten. Jede Wertschöpfungskette besteht aus Tätigkeiten, die quer durch die Organisation miteinander verknüpft sind. Kundenwünsche werden nicht von einem Funktions-Silo erfüllt, sondern durch die Zusammenarbeit von Personen in verschiedenen Abteilungen, Funktionen und vielleicht Niederlassungen.

Benchmarking ist eine Technik, nach außen zu blicken, um Meßkriterien für Spitzenleistungen zu ermitteln. Es beginnt jedoch damit, die Organisation selbst zu verstehen; ihre Arbeitsabläufe und den Mehrwert, den jede Phase des Prozesses schafft. Dies liegt daran, daß Benchmarking ein Vergleich der Praktiken im eigenen Unternehmen mit externen Praktiken ist. Vergleich bedeutet, daß eine Grundlinie der Ähnlichkeit vorhanden sein muß. Beim Benchmarking vergleicht man Äpfel mit Äpfel, und zuerst muß man verstehen, welche Sorte Äpfel man selbst hat. Erst dann sind ein gültiger Vergleich und die Identifizierung von Verbesserungschancen möglich.

Durch Benchmarking kann ein Unternehmen Verbesserungsmöglichkeiten identifizieren und proaktiv darauf hinarbeiten, das Beste der Besten zu werden. Um das Hilfsmittel richtig zu gebrauchen, muß man jedoch für einen Augenblick einen Schritt zurücktreten und die Voraussetzungen und Merkmale des Benchmarking-Prozesses durchdenken.

Benchmarking beruht auf der Philosopie der ständigen Verbesserung: Es ist ein Hilfsmittel, um Veränderungen zu managen. Der einzige Grund, sich auf Benchmarking einzulassen, ist die objektive Verbesserung der gegenwärtigen Leistung. Dieses Thema wird in diesem Buch immer wiederkehren, denn es ist die Leitidee des Benchmarking-Prozesses, und es unterstreicht dessen Notwendigkeit und Bedeutung. Benchmarking identifiziert Leistungslücken und Verbesserungschancen, und es zeigt alte Methoden in neuem Licht. Ein Benchmarking-Projekt, dessen Ergebnis nicht Veränderung wäre, ist schwer vorstellbar.

Ein weiterer wichtiger Aspekt ist, daß Benchmarking die Perspektive der Beteiligten einnimmt. Wie oben bemerkt, dient ein Unternehmen immer vielen verschiedenen Beteiligten. Benchmarking ist am erfolgreichsten, wenn die Interessen aller verstanden und bei der Wahl der Lösungen berücksichtigt werden. Den Kunden Vorrang vor den Interessen der Mitarbeiter zu geben, mag eine Erfolgsformel scheinen, aber die Mitarbeiter sind diejenigen, die den Kunden zufriedenstellen. Den Mitarbeitern umgekehrt Vorrang vor den Interessen der Eigentümer zu geben, kann ebenfalls zu Problemen führen, wenn es den Abzug von Kapital bedeutet, das nötig ist, um die Aktivitäten der Organisation zu unterstützen. Schließlich kann die Erfüllung eines Kundenwunsches auf Kosten der Zulieferer es unmöglich machen, die nächste Krise zu managen.

Wer über Benchmarking nachdenkt, muß also erkennen, daß für Verbesserung immer Raum ist. Er muß willens sein, von anderen zu lernen und bedenken, daß die Veränderungen die Interessen aller Beteiligten berücksichtigen müssen. Der Vorteil den Benchmarking bietet, liegt darin, daß es Veränderungsprozesse objektiviert, deutlich darstellt, welche Lösungen externe Organisationen verwendet haben und eine globale Perspektive dafür schafft, wie Teile des Unternehmens sich auf das Ganze auswirken. Es hilft die Verbesserungsanstrengungen auf Bereiche zu konzentrieren, wo etwas zu gewinnen ist - und das heißt Mehrwert für alle Beteiligten.

Das Hauptziel des Benchmarking ist, die beste Praxis zu identifizieren. Wissen ist freilich nicht Tun. Damit Benchmarking einen Wert hat, muß es deshalb angewendet werden, um den Prozeß der Wertschöpfung zu setzen, die Leistung im Verhältnis zu den Erwartungen des Kunden zu verbessern (was den Umsatz steigert) und Veränderungen in Sprüngen zu bewältigen statt in den traditionellen Zyklen.

Wert wird geschaffen, wenn das gleiche Output mit weniger Input erzielt wird oder mehr Output mit dem gleichen Input. Mehrwert ist die Belohnung, die der Organisation dafür gezahlt wird, daß sie Rohstoffe zu einem Paket verarbeitet (ob Ware oder Dienstleistung), das für den Markt mehr wert ist als die Rohstoffe selbst. Wertschöpfung ist der Test für den Wert eines Unternehmens; ob dieser Wert in Dollars oder anderen Begriffen genannt wird, ist unerheblich.

Unter verschiedenen Projekten Prioritäten setzen und damit die knappen Ressourcen einer Organisation zu managen, ist die schwierigste Aufgabe. Dies wird von Fachleuten für den Einsatz von Kapital klar erörtert, und dennoch werden täglich Entscheidungen getroffen, die Ressourcen von einer Verwendung zu einer anderen umleiten. Benchmarking macht diese Entscheidungen objektiver und liefert eine externe Bezugsgröße, an der jede neue Möglichkeit gemessen werden kann. Die Wahl fällt leichter, wenn der erwünschte Endpunkt verstanden ist.

Die Leistung im Verhältnis zu den Erwartungen der Kunden ist zum Schlachtruf für eine ganze Gruppe von Management-Techniken geworden, die davon ausgehen, daß den (externen oder internen) Kunden im Auge zu behalten der Schlüssel für Wachstum und Spitzenleistung sei. Da der Kunde einer von zwei Beteiligten ist, die das Betriebskapital oder Bargeld für die Unterstützung der gesamten Organisation liefern, ist es wichtig, die Bedürfnisse des Kunden nicht zu vergessen. Aber die Perspektive des Kunden bedeutet tatsächlich viel mehr als dies: Sie gibt die Leistungsziele vor bzw. definiert den Output jeder Arbeit oder Organisation. Wenn man den Faktor Kunde in Diskussionen darüber einbezieht, wie eine bestimmte Arbeit getan oder ein Produkt gestaltet wird, werden spätere Fehler und unangenehme Überraschungen minimiert. Mit anderen Worten, derjenige, der das Output bekommt, ist der beste Richter über dessen Qualität, Pünktlichkeit und Leistungswert (zum Beispiel das Verhältnis von Preis und Funktionalität).

Quantensprünge sind revolutionäre Umwälzungen, die ein Unternehmen auf ein neues, höheres Niveau der Effektivität und Effizienz bringen und ihm dadurch einen Wettbewerbsvorteil verschaffen. Benchmarking hilft einem Unternehmen, seine Ziele neu zu definieren, indem es neues Licht auf alte Fragen wirft. Es schließt die evolutionäre Methode des „Tu' es ein bißchen besser, ein bißchen schneller" kurz und überprüft statt dessen kritisch, wann überhaupt getan wird. In dieser Hinsicht konzentriert Benchmarking die Aufmerksamkeit auf die zentralen Fragen und schlägt kreative, neuartige Lösungswege vor. Gleichzeitig hebt es wertschöpfende Aktivitäten hervor und merzt nicht wertschöpfende Aktivitäten aus. Ständige Verbesserung hebt das gegenwärtige Verfahren auf ein immer höheres Niveau. Benchmarking kann dazu führen, daß die gegenwärtige Praxis eingestellt wird und das Unternehmen ganz von vorn beginnt.

Eines der bekanntesten Beispiele für eine radikale Reaktion auf Benchmarking-Informationen ist Fords Erfahrung im Bereich Passiva. Michael Hammer beschreibt sie so:

Benchmarking oder der Einsatz extern definierte quantitativer und qualitativer Meßkriterien liefert die Grundlage dafür, die Erwartungen der Beteiligten zu erfüllen und zu übertreffen. Um seinen potentiellen Nutzen zu verstehen, muß man allerdings Zweck und Typ des Benchmarking-Projekts verstehen, das die gewünschten Resultate erbringen soll. Mit anderen Worten, die Grundfrage, die es bei einem Benchmarking-Projekt zu beantworten gilt, ist die von Kipplig: Benchmarking - wann, warum, wie, was, wo und bei wem?

Benchmarking: Wann?

Benchmarking kann jederzeit durchgeführt werden, aber zumeist geschieht es aufgrund von Informationsbedürfnissen, die sich aus einem anderen wichtigen Projekt oder Problem im Unternehmen ergeben. Auslöser können sein:
- Qualitätsprogramm,
- Kostensenkung/Etatisierung,
- Bemühungen zur Verfahrensverbesserung,
- Führungswechsel,
- betriebliche Veränderungen/neue Ventures,
- Überprüfung gegenwärtiger Strategien,
- Konkurrenzdruck/Krisen.

Benchmarking ist in allen diesen Situationen ein logischer Schritt zur Entwicklung neuer Verfahren, Ziele und Leistungsmaßstäbe. Wenn zum Beispiel irgendein Programm zur Qualitätsverbesserung eingeführt wird, muß als erstes gefragt werden: „Was ist das Beste, das wir tun können?" Diese Frage kann man beantworten, indem man auf das Beste schaut, das die Konkurrenz zu bieten hat, oder, noch besser, indem man branchenübergreifend das Unternehmen oder Produkt sucht, das Bestleistung in Form und Funktion verkörpert. Wenn man die Leistung eines Rasenmäher-Motors bewertet, ist die wichtige Frage nicht, was der beste Rasenmäher-Motor kann, sondern was die besten Motoren können, unabhängig von ihrer Anwendung.

Auch wenn das Management Budgets erstellt, besteht die klare Notwendigkeit, in der gesamten Organisation Ziele zu setzen. Eine Methode besteht darin, einfach die Zahlen vom Vorjahr ein wenig zu erhöhen. Dies heißt Budgetierungsverfahren vom Ausgangspunkt und liegt den meisten Budgetzyklen westlicher Unternehmen zugrunde. Eine Alternative ist, abweichend von der gegenwärtigen Praxis extern nach Verbesserungsmöglichkeiten zu suchen. Sonst kann „Business as usual" im Untergang des Unternehmens enden.

Diese Faktensuche erstreckt sich vom privaten bis in den staatlichen Sektor. Als der Finanzchef eines großen Herstellers von Konsumgütern zum Beispiel die Informationsabteilung der Firma übernahm, suchte er nach einem Benchmark für die Funktion der Informationsabteilung in einem dezentral organisierten Umfeld. Diese Information gab ihm einen Bezugspunkt und ergänzte seine Wissensbasis. Wenn staatliche Unternehmen privatisiert werden (wie die Telekommunikation und die Funk-Telefonnetze in den USA), hilft Benchmarking, Bürokratie auszumerzen, sich am Kunden zu orientieren und ein Diagramm für einen durchorganisierten Wertschöpfungsprozeß zu entwickeln.

Wenn ein Unternehmen Verfahrensverbesserungen in seinem Aktivitäten anstrebt oder zum Beispiel Just-in-Time-Produktion einführen will, werden die Fragen, welche Verbesserungen andere erreicht haben, und wie, wichtig. Verbesserungsideen können durchaus von innen kommen, aber wahrscheinlich ist, daß die Untersuchung der externen Umgebung Aufschlüsse bringen, Hindernisse für Veränderungen beseitigen und verdeutlichen wird, welche Art von Verbesserungen man erwarten kann. Benchmarking ist ein Weg, das Spiel zu ändern, die Grenzen der Tradition zu überschreiten, um größere Verbesserungen zu ermöglichen.
Schließlich wird Benchmarking wichtig, wenn eine Organisation tiefgreifende Veränderungen in der Führungsstruktur oder den Betriebsablauf plant oder durchführt. Da die gegenwärtige Praxis offenbar nicht gut genug ist, besteht die Notendigkeit, nach Informationen zu suchen, die bei der Umstellung der Organisation helfen. Innovative Lösungen entstehen, indem man von anderen verwendete effektive Techniken identifiziert und integriert. Ein General, der einen Feldzug plant, studiert die besten und die schlechtesten Strategien in historischen Schlachten und sammelt jeden verfügbaren Bruchteil einer Information über den Feind. All diese Anstrengungen zielt darauf ab, einen Wettbewerbsvorteil zu

erringen - den Erfolg auf dem Schlachtfeld, von dem Menschenleben abhängen. Die militärische Analogie ist vielleicht ein wenig zu dramatisch, aber es läßt sich kaum bezweifeln, daß fehlerhafte Planung und schlechte Durchführung von Strategien und strukturellen Veränderungen katastrophal für eine Firma sein können. Wenn das Management versagt, betrifft dies das Leben vieler Menschen. Überleben und Wachstum hängen davon ab, die richtigen Informationen zur richtigen Zeit zu bekommen und zu nutzen. Benchmarking ist der erste Schritt in diesem lebenswichtigen Prozeß.

Benchmarking: Warum?

Dies ist die wichtigste aller Fragen, die im Mittelpunkt dieses gesamten Kapitels steht. Benchmarking leistet im einzelnen folgendes:

- Es signalisiert die Bereitschaft der Führung zu einer   Philosophie, die proaktiv statt reaktiv mit Veränderungen umgeht.
-Es gibt sinnvolle Ziele und Leistungsmaßstäbe vor, die den internen oder externen Kunden in den Mittelpunkt stellen, das Denken in Quantensprüngen fördern, und konzentriert sich auf besonders lohnende Chancen.
- Es macht Wettbewerbsnachteile früh bewußt.
- Es fördert Teamarbeit, die auf den Notwendigkeiten des Wettbewerbs und auf Daten beruht, nicht auf Intuition oder Riecher.

Ein Unternehmen sollte also Benchmarking durchführen, weil es Konkurrenzfähigkeit von Weltklasse erreichen will, weil es in einer globalen Wirtschaft florieren will und weil es nicht zuletzt überleben möchte.

Die Frage ist also nicht „Warum Benchmarking`", sondern „Wie sollten wir ohne Benchmarking auskommen?" In einer Zeit des immer rascheren Wandels, des immer härteren globalen Wettbewerbs und der sinkenden Toleranz für Ineffizienz und Ineffektivität ist Benchmarking keine fakultative Aktivität; es ist notwendig - auf jeder Ebene der Organisation, jeden Tag.

Benchmarking: Wer?

Benchmarking kann verschiedene interne Funktionen oder Verfahren, Konkurrenten, die Leistungen in der Branche und den Branchenbesten ins Visier nehmen. Internes Benchmarking ist die Analyse der gegenwärtigen Praxis innerhalb verschiedener Abteilungen der Organisation, wobei nach der besten Leistung gesucht wird. Grundlegende Aktivitäten und treibende Kräfte werden identifiziert. Treibende Kräfte sind die Basis der Arbeit. Sie lösen Serien von Tätigkeiten oder Aktivitäten aus, die auf Bitten oder Forderungen von Beteil-igten reagieren.

Beim internen Benchmarking blickt das Management nach unten und prüft zuerst sich selbst, bevor es nach Informationen von außen sucht. Erhebliche Verbesserungen geschehen oft während der internen Benchmarking-Phase, wenn Fragen wie „Warum tun wir das?" Entscheidungen auslösen. Unnötige, nicht wertschöpfende Schritte werden aus dem Verfahren eliminiert. Praktiken, die historisch begründet sind, aber keinen Wert schaffen, werden beseitigt und Bereiche, in denen die Weitergabe der Arbeit von einer Einheit zur anderen zu Fehlern führt, identifiziert. Internes Benchmarking ist der erste Schritt in jedem Benchmarking-Prozeß, denn es liefert den Rahmen, um vorhandene interne Praktiken mit externen Benchmark-Daten zu vergleichen.

Während internes Benchmarking sich auf spezifische Wertschöpfungsketten oder Sequenzen von treibenden Kräften und Aktivitäten konzentriert, schaut konkurrenzbezogenes Benchmarking nach außen, um festzustellen, was andere, direkte Konkurrenten, leisten. Obwohl es eine recht enge Perspektive des Benchmarking reflektiert, ist es ein wichtiger Schritt in der Entwicklung einer erfolgreichen Strategie, die Stärken und Schwächen der Konkurrenz zu kennen. Außerdem kann es helfen, Prioritäten unter Bereichen der Verbesserung zu setzen, wenn Erwartungen der Kunden ermittelt werden und die gegenwärtige Leistung an ihnen gemessen wird. Informationen von der Konkurrenz helfen, das Spielfeld zu ebnen.

Branchenbezogenes Benchmarking sucht über den bloßen Vergleich zwischen zwei Firmen hinaus nach Trends. Trotzdem ist branchenbezogenes Benchmarking noch begrenzt in der Zahl der Innovationen und neuen Ideen, die es aufzeigen kann. Warum? Innerhalb einer Branche spielen praktisch alle das gleiche Spiel nach den gleichen Regeln. Branchentrends zu analysieren, kann helfen, Leistungs-Grundlinien zu ermitteln, aber es führt selten zu den Leistungssprüngen oder Durchbrüchen, die notwendig sind, um die Meute hinter sich zu lassen.

Die endgültige Form des Benchmarking richtet sich an den Besten. Sie sucht über ein Spektrum von Branchen hinweg nach neuen, innovativen Praktiken, unabhängig von ihrer Quelle. Diese breite Perspektive zur Ermittlung von Leistungserwartungen ist das Endziel des Benchmarking-Prozesses. Sie unterstützt Quantensprünge in der Leistung, denn hier blicken für den Erfolg entscheidende Bereiche nach oben, auf den Besten, um Verbesserungschancen zu erkennen. Jeder andere Vergleichsmaßstab ist nur eine kurzfristige Lösung. Er mag ein existierendes Problem beheben, aber er führt nicht zu langfristigen Konkurrenzvorteilen.

Wenn zum Beispiel ein produzierendes Unternehmen sein Barmittel-Management optimieren will, könnte es mit Branchenexperten sprechen, um zu er-fahren, was die Konkurrenz tut. Aber ist es nicht sinnvoller, die Besten in diesem Bereich zu analysieren - Firmen für Finanzdienstleistungen, deren Erfolg untrennbar mit ihrer Fähigkeit verbunden ist, Barmittel zu managen? Eine andere innovative Vorgehensweise wäre, hochverschuldete Unternehmen zu betrachten, deren Existenzgrundlage der Cashflow ist. Bei der Suche nach der besten Praxis ist das Ziel deshalb nicht, die Konkurrenz einzuholen, sondern innovative Wege zu finden, um das Spielfeld neu zu definieren.

Benchmarking: Was?

Benchmarking kann Rollen, Verfahren oder Strategien ins Visier nehmen. Bei Rollen zum Beispiel kann Benchmarking dazu dienen zu identifizieren, welches die Funktion oder Aufgabe einer Organisation ist und wie diese sich in ihren Tätigkeiten und Leistungen widerspiegelt. Die gegenwärtige Struktur (Grad der Zentralisierung, Standort spezifischer Funktionen, Zusammenfassung oder Trennung von Abteilungen) eines Konkurrenten oder Branchenbesten, bei dem Benchmarking ansetzt, kann analysiert und ausgewertet werden. Außerdem kann Benchmarking dazu benutzt werden, gegenwärtige Praktiken zu überprüfen, indem es in der ganzen Organisation nach den Praktiken sucht, die wichtige Prozesse oder Ziele unterstützen. Man kann spezifische Attribute prüfen, etwa Kreditbedingungen, die Qualität bestimmter Produkte, Belieferungsverfahren oder Kundendienst. Entscheidend ist, zuerst zu verstehen, welche Leistungs-elemente der Kunde schätzt, und dann festzustellen, welche Aspekte der Organisation Einfluß auf sie haben.

Bei strategischen Fragen ist das Ziel, zu identifizieren, welche Faktoren von entscheidender Bedeutung für Wettbewerbsvorteile sind, Meßkriterien zu definieren, die diese Faktoren erfassen und Firmen zu isolieren, die bei diesen gemessenen Faktoren offenbar am meisten leisten. Ist diese Analyse abgeschlossen, kann man mit Benchmarking nach den Praktiken suchen, die zur Bestleistung führen. Für eine Chemiefirma ist zum Beispiel hervorragende Forschung und Entwicklung (F&E) eine entscheidender Erfolgsfaktor. Aufgrund dessen könnte das Management beschließen, durch eine Benchmarking-Studie die Firmen zu ermitteln, deren F&E Weltklasse ist - basierend auf Kriterien wie dem Prozentsatz der F&E-Projekte, die erfolgreich vermarktet werden oder dem Beitrag der F&E zur Profitabilität des Unternehmens. Durch Benchmarking bekäme die Auftraggeberfirma Einblick in die Rollen, Verfahren und Praktiken der Besten; das Lernen von Firmen, die diese Dinge schon gemeistert haben, würde ihr helfen, Strategien in die Tat umzusetzen.

Mit Benchmarking bestimmte Verfahren, Aktivitäten oder Funktionen zu untersuchen, ist freilich nur ein Teil der Antwort auf die Frage „Was". Ein zweiter Aspekt ist die Tiefe der Analyse. Benchmarking-Studien können sich auf spezifische Abteilungen oder Funktionen konzentrieren (vertikales Benchmarking). Frühe Studien können sich auf die Leistung von Abteilungen oder Funktionen beschränken, doch die eigentlichen Ziele des Benchmarking-Prozesses erfordern eine funktionsübergreifende Betrachtung der Wertschöpfungskette - die Verknüpfung von Aktivitäten in der gesamten Organisation, um die Erwartungen der Kunden möglichst effizient und effektiv zu erfüllen.

Wo bekommt man Benchmarking-Informationen?

Benchmarking arbeitet mit allen vorhandenen Informationsquellen. Zu informellem Benchmarking kann man veröffentliches Material, bei Verbandstreffen gewonnene Erkenntnisse und Gespräche mit Branchenexperten, Kunden und Interessenten nutzen. Wenn Marketing-Vertreter die Ohren offen halten, können sie eine wichtige Rolle dabei spielen, alle in der Organisation über Chancen und potentielle Gefahren im Wettbewerb auf dem laufenden zu halten. Wer inoffizielle Kanäle erschließt und sie zu nutzen weiß, kann Signale für Veränderungen in Ereignissen und Erwartungen wahrnehmen, durch die das Management die so notwendige Zeit gewinnt, um eine Reaktion vorzubereiten.

Strukturelles Benchmarking umfaßt Informationssuche in etablierten Datenbanken (etwa Value Line und LEXIS/NEXIS in den USA)oder veröffentlichen Branchendaten. Zusätzlich gewinnt es spezifische externe Informationen, indem es ein Konsortium von Benchmarking-Partnern bildet oder per Post, telefonisch oder in persönlichen Gesprächen Umfragen durchführt. Jede Methode hat ihre Vor- und Nachteile. So muß man zum Beispiel die Verfügbarkeit von Informationen gegen ihre Richtigkeit und Anwendbarkeit auf eine bestimmte Frage abwägen.

Datenbanken sind preiswert und schnell nutzbar, aber sie enthalten oft alte oder unrichtige Daten. Persönliche Umfragen hingegen können richtige, aktuelle Informationen erbringen, aber ein solches Benchmarking-Projekt kostet Zeit und Geld. Die Wahl hängt letztlich davon ab, welche Art von Benchmarking-Projekt durchgeführt wird, wie notwendig eine sofortige Antwort ist und wie wichtig das Projekt insgesamt für die langfristige Leistung der Organisation ist. Schnelle Lösungen können für kurzfristige, punktuelle Analysen gut genug sein, aber die Veränderungen, die nötig sind, um ständig besser zu werden und einen Wettbewerbsvorteil zu gewinnen, erfordern solide Daten, die direkt die jeweilige Frage betreffen.

Benchmarking zielt auf ständige Verbesserung und Wertschöpfung für die Beteiligten ab; es orientiert sich an der besten Praxis, um den Verbesserungsbemühungen Richtung zu geben. Es kann

Rollen, Verfahren oder Strategien betrachten und ist am besten als zielgerichteter, informationsintensiver, extern orientierter Prozeß des Messens zu verstehen, der objektive Ziele zur Entwicklung von Aktionsplänen vorgibt. Die oben genannten Schritte reflektieren all diese Merkmale.

In Wirklichkeit gibt es mehr als eine Methode des Benchmarking. Welchen Weg man schließlich zur Implementierung wählt, wird von der Information abhängen, die nötig ist, um die entscheidenden Erfolgsfaktoren der Organisation in den Griff zu bekommen.

**Der effektivste Weg, um den Wert der Zukunft zu sichern, ist, sich der Gegenwart mutig und konstruktiv zu stellen".**
(vgl. LEIBFRIED/MC NAIR, Benchmarking, S. 30 – 56, Haufe Verlag, Freiburg, 1993).

### 2.2. Virtuelle Unternehmen und Dienstleistungen

"Virtuelle Produkte und Dienstleistungen sind einander ähnlich. Beide enthalten eine große Servicekomponente. Der Wert eines virtuellen Produktes entsteht entweder dadurch, dass es für den Kunden relativ schnell verfügbar wird oder dass es so konstruiert ist, dass es den Erwartungen des Kunden präzise entspricht. Beides sind Dienstleistungen. Wie bei „echten" Dienstleistungen ist auch bei virtuellen Produkten das „Wesen" des Erworbenen oft nicht fasslich; man kann virtuelle Produkte nicht lagern und wie bei der Erblindung einer Dienstleistung sind auch beim virtuellen Produkt die Kunden an der Herstellung beteiligt.

Weil virtuelle Produkte einer Dienstleistung ähneln, weist auch die Beziehung des Produktanbieters zu seinen Abnehmern viele der Charakteristika auf, welche die Beziehung eines Serviceanbieters zu seinen Kunden kennzeichnen. So ist auch hier der Kunde Ko-Produzent der Leistung und beide Seiten sind Träger der Kompetenz, dem Kunden genau die Leistung zur Verfügung zu stellen, die er haben will.

Weil virtuelle Produkte einer Dienstleistung ähneln, weist auch die Beziehung des Produktanbieters zu seinen Abnehmern viele der Charakteristika auf, welche die Beziehung eines Serviceanbieters zu seinen Kunden kennzeichnen. So ist auch hier der Kunde Ko-Produzent der Leistung und beide Seiten sind Träger der Kompetenz, dem Kunden genau die Leistung zur Verfügung zu stellen, die er haben will.

Management im virtuellen Unternehmen

In einem Punkt unterscheidet sich das Management im virtuellen Unternehmen nicht vom Management eines herkömmlichen Betriebes: Es muss Ergebnisse produzieren, die den Bedürfnissen der Kunden, Mitarbeiter und Eigentümer und den Interessen der Gemeinden, in denen diese Menschen leben, gerecht werden. Doch gibt es zwei grundlegende Unterschiede.

Zum einen sind im virtuellen Unternehmen Struktur und Verfahren der Zielerreichung anders: Es kommt nicht darauf an, Anweisungen zu geben, sondern darauf, den reibungslosen Ablauf von Prozessen zu ermöglichen. Pannen (wie das falsche Produkt zu bauen oder mehr Steuern zahlen zu müssen als geplant) kann sich ein virtuelles Unternehmen mit seinen schnellen Zykluszeiten und dem hohen Tempo der Anpassung an Marktschwankungen nicht leisten. Virtuelle Unternehmen sind Informationsunternehmen, die sich nicht um Produkte, sondern um Wissen herum aufbauen. Ist diese Information falsch oder wird sie über den falschen Gegenstand gesammelt oder an die falschen Leute gesandt, kann dies lebensbedrohlich werden.

Die Struktur des Managements selbst ist im virtuellen Unternehmen eine andere. Sie ist weniger hierarchisch und das mittlere Management wird immer bedeutungsloser. Die Manager verlieren viele ihrer früheren Symbole von Macht und Einfluss. Sie müssen mit einer erweiterten Kontrollspanne fertig werden, weil viele ihrer früheren Mit-Manager aus der neuen, flachen Organisation herausgefallen sind. Sie müssen wechselnde Gruppen von Mitarbeitern akzeptieren, die ihre Meinung sagen, Autorität in Frage stellen und ihre eigenen Pläne verfolgen. Die Pioniere des virtuellen Unternehmens müssen in der Führungsspitze sitzen. Sie müssen Entscheidungen zum Beispiel über ein Entlohnungssystem treffen, das die Manager zu ähnlicher einsatzfreude anregt wie die Mitarbeiter. Die Umorientierung macht auch vor der Führungssitze nicht halt; diese muss bereit sein, dasselbe Opfer an Autorität und Kontrolle zu bringen, das sie auf allen anderen Managementebenen durchsetzt. William Davidow und Michael Malone verweisen auf Japan, das für seine zurückhaltenden, fast unsichtbaren Spitzenmanager seiner gigantischen Konzerne bekannt ist: „Sie wirken eher im Hintergrund, entwickeln die Strategie und überlassen die taktischen Entscheidungen ihren „Einsatzgruppen" an der „Marktfront"."

Im Einzelnen muss der Topmanager eines virtuellen Unternehmens folgende Eigenschaften aufweisen:

- Er definiert die Unternehmensvision und vermittelt sie allen Mitarbeitern überzeugend.

- Er symbolisiert das Unternehmen gegenüber Kunden, Lieferanten und anderen Bezugsgruppen; er ist der Fixpunkt in dem sich laufend verändernden Unternehmen.

- Er ist der Alleskönner im Unternehmen: Als derjenige, der auf der Höhe des Wandels steht, weil er die unternehmensweiten Entscheidungen treffen muss, wenn sie verlangt werden, macht er sich bewusst zum Knotenpunkt der innerbetrieblichen Informationsströme.

- Er vertraut seinen Mitarbeitern. Das virtuelle Unternehmen lebt vom gegenseitigen Vertrauen - zwischen dem Unternehmen und seinen Lieferanten und Kunden, zwischen Management und Mitarbeitern und zwischen oberem und mittlerem Management"(vgl.SIMON, H. Das große Buch der Strategie-Konzepte, S.144-159, Campus Verlag, Frankfurt/ Main , 2000).

## 2.3. Markt-Segmentierung

"Betrachten wir das Marketing des virtuellen Unternehmens, dann sehen wir im wesentlichen drei Aufgaben: neue Kunden zu finden, einen Zwei-Wege-Fluß der Information zu unterhalten und die bindende Kraft zwischen Käufer und Verkäufer zu stärken.

Was die erste Aufgabe angeht, so wird es immer weniger potentielle Neukunden geben, je mehr sich die virtuelle Unternehmensform durchsetzt. Schließlich werden nur zwei Gruppen übrigbleiben: Die Jungen und die Enttäuschten - das heißt jene, die den Markt zum ersten Mal betreten, und solche, die in ihn zurückkehren, weil sie von ihrem bisherigen Wirtschaftspartner enttäuscht wurden.

Eine Reihe von Dienstleistern hat bereits begonnen, ihre jugendliche Kundschaft anzupeilen in der Absicht, den Grundstein für eine Jahrzehnte währende Partnerschaft zu legen. Und auch auf kurze Sicht schadet es gar nichts, die Milliarden des verfügbaren Einkommens der Kinder zwischen vier und sechzehn Jahren anzuzapfen oder gar die enorme Summe der Haushaltsausgaben (noch einmal das 15-fache), die von den Kindern und Jugendlichen veranlaßt oder beeinflußt werden.

Auf lange Sicht bietet die lebenslange Begleitung eines Kunden ein enormes Gewinnpotential. Bisher mußte der Kunde bei steigenden Ansprüchen öfter die Marke wechseln - zum Beispiel vom kleinen Chevrolet über ein Oldsmobile und den Buick bis zum Cadillac; jedes Mal kaufte er bei einem anderen Händler. Im Gegensatz dazu verlangt Honda von seinen Langzeitkunden nur noch einen Sprung, nämlich vom Honda zum Acura - und wenn die Bedeutung von Markenartikeln im bisherigen Tempo weiter zurückgeht, dann wird sich auch dieser letzte Spalt schließen.

Es bleibt die zweite Gruppe der verfügbaren Käufer, die Enttäuschten; hier muß man Treue nicht schaffen, sondern wiederherstellen. In dieser Zielgruppe sammeln sich all jene, die sich bereits auf ein Unternehmen festgelegt hatten, sich nun aber enttäuscht oder gar betrogen fühlen, weil der Service unzureichend war, sie ignoriert wurden oder sie mit Produkten in eine Sackgasse gerieten, die eigentlich ein sanft ansteigender und kontinuierlicher Pfad der Entwicklung hätte sein sollen. Diese potentiellen Käufer wird man nicht über herkömmliche Werbemittel erreichen. Argwöhnisch und in ihrem Vertrauen erschüttert werden diese Leute vor allem den Aussagen ihrer Freunde und Bekannten Glauben schenken. Wer also an diese Kunden herankommen will, wird ihre Wahl am ehesten dadurch beeinflussen können, daß er die Mund-zu-Mund-Propaganda fördert - zum Beispiel durch Veröffentlichung von Sachverständigen-Gutachten oder durch Anzeigen vom Typ „Fragen Sie einen Freund, der Volvo fährt".

Einen Zwei-Wege-Fluß an Information so zu unterhalten, daß er nicht nur Verkaufszahlen transportiert, sondern auch Platz bietet für Ideen, Meinungen und Wünsche sowohl der virtuellen Unternehmung als auch ihrer Kunden, wird ungeheuer viel Datentechnik und eine Neubewertung der bestehenden Marketingkanäle erfordern. Dazu bietet sich unter anderem die Marktsegmentierung an. Marian B. Wood und Evelyn Ehrlich von der Business Marketing Group schrieben dazu:

„Ehemals die ausschließlich Domäne der Konsumgüter, ist Marktsegmentierung heute zu einem wichtigen Werkzeug für immer mehr Unternehmen der Investitions- und Produktionsgüterbranche sowie der Unternehmensdienstleister geworden. ... In dem sie den Gesamtmarkt für ihre Erzeugnisse in kleine Abschnitte aufteilen, können die Betriebe ihre Verkaufs- und Werbestrategien auf die Anforderungen spezifischer Kundengruppen zuschneiden und neue Produkte entwickeln, die diese Bedürfnisse erfüllen. ...

Für kleinere Unternehmen kann Segmentierung ein Mittel sein, große Konkurrenten auszustechen. Indem man Märkte ausfindig macht, die entweder sehr profitabel oder aber unzureichend versorgt sind, kann ein agiler Betrieb segmentspezifische Strategien enterfen, die ihn in der Einschätzung seiner Kunden als Marktführer etablieren." (Wood/Ehrlich 1991, S. 59).

"Wood und Ehrlich liefern einige Beispiele: Die Hartford Versicherungsgruppe erweiterte ihre Deckung für Überseeaufträge, als ihre Kunden aus der Metallbranche in Exportmärkte einstiegen; die Liberty Bankhaus Philadelphia vergrößerte ihren Marktanteil, nachdem sie einen unterversorgten Markt bei den Kleinunternehmern ausgemacht hatte; schließlich entwickelte der Fensterfabrikant Marvin Windows aus Minnesota spezifische Marketingstrategien für die lukrativsten Kundengruppen seiner Industriefenster und stieg damit vom achten auf den dritten Platz der Branche auf. (Beachten Sie, daß diese Unternehmen nicht nur durch ihre Segmentierung erfolgreich waren, sondern vor allem durch die in der Folge erstellten Erzeugnisse, die ihre Kunden zufrieden stellten.)

Der Wirtschaftsberater für Industrie-Marketing Harold J. Novick hat darauf hingewiesen, daß mit der Segmentierung des Marktes auch eine Aufteilung der Vertriebskanäle einhergehen muß. Wenn die Verkäufer inkompetent oder aus anderen Gründen nicht in der Lage sind, die segmentierten Marktnischen zu erreichen, dann ist die ganze Anstrengung umsonst - der Kunde erhält nicht den notwendigen Service, um das Produkt zu stützen.

Im virtuellen Unternehmen wird Marktsegmentierung zur Markt-Atomisierung. Nischen, besonders im industriellen Markt, enthalten vielleicht nur einen Kunden - zum Beispiel für Intel, das eine eigene IBM-Produktabteilung unterhält. Aber wenn sich ein Unternehmen auf dieses explosionsartige Anwachsen seiner Geschäftseinheiten nicht gründlich vorbereitet, kann es seine Nischen nicht wirksam betreuen. Aber selbst wenn es vorbereitet ist, verlangt diese hochdifferenzierte Aufteilung ein entschlossenes Zurückstutzen der Kundenbasis. Kunden, die sich gegen die notwendige Weiterbildung sträuben, wichtige Informationen zurückhalten oder sich einer gemeinsamen Zukunft verweigern, müssen schnell abgestoßen werden, sonst werden sie zu einer untragbaren finanziellen Belastung. Um diese feinen Unterschiede zu messen, müssen von Anfang an Systeme bereitstehen, um die guten von den unerwünschten Kunden akkurat und schnell zu trennen.

Für seine Zielgruppe der Wunschkunden muß das virtuelle Unternehmen schnell eine Reihe von - gedruckten, elektronischen und menschlichen - Kommunikationskanälen einrichten, um Daten zu sammeln, mit der Ausbildung zu beginnen, um Produktentwürfe anzupassen, Fertigung und Lieferung schneller zu machen, um Belohnungen anzubieten und die Kunden in jeder erdenklichen Art partnerschaftlich an sich zu binden.

Immer mehr Unternehmen haben damit bereits begonnen. Richard Winger und David Edelman von der Boston Consulting Group haben „die Kunst, an das Ein-Kunden-Segment zu verkaufen", in drei Schritte unterteilt. Der erste besteht darin, die notwendigen Geräte zur Datenverarbeitung zu installieren, um ausführliche Kundendateien zu unterhalten. Im zweiten Schritt gilt es herauszufinden, wie man seine Dienstleistung oder sein Erzeugnis kundenspezifisch anbieten kann. Winger und Edelman berichten von der französischen Kosmetikfirma Yves Rocher, die alle Kundenbestellungen aufzeichnet und so ordnet, daß sie regelmäßig neue, individualisierte Bestellformulare an ihre Käufer schicken kann; in den Hotels der Vierjahreszeiten-Kette erscheint jedesmal, wenn ein Gast von seinem Zimmer aus in die Empfangshalle telefoniert, auf einem Computermonitor eine ausführliche Liste der besonderen Wünsche dieses Gastes.

Der dritte Schritt geht noch etwas weiter, nämlich zur regelmäßigen und persönlichen Kommunikation mit dem Kunden. Ein Beispiel ist Merrill Lynch: Sie führten eine neue Kapitalanlage erfolgreich bei ihren Kunden ein, indem sie ihnen personalisierte Portefeuille-Analysen zu den erwartenden Renditen schickten. Persönliche Kommunikation erreicht man auch durch selektiv zusammengestellte Kundenmagazine, BTX, Datenaustausch am Verkaufsort und gezielte Briefaussendungen. Hinzufügen könnte man noch Computerbriefkästen, interaktive Voixe-Mail-Systeme (d.h. eine Zwei-Wege-Kommunikation über Computer und Telefonleitung), Informationsbriefe, Treffen von Verbrauchergruppen und nicht zuletzt das virtuelle Produkt selbst als ein Mittel zur Kommunikation und Datensammlung.

Winger und Edelman gelangen zu einem ähnlichen Schluß wie andere in diesem Kapitel Zitierte: „Eine erfolgreiche Marketingstrategie für die Mini-Segmente erfordert ein breit angelegtes Überdenken des Wertes, den ein Unternehmen seinen Kunden bietet - ebenso wie beträchtliche Investitionen in Service und Datentechnik. Der Wettbewerbsvorteil wird bei denjenigen Unternehmen liegen, die individuelle Kundenwünsche erfüllen können."(vgl. DAVIDOW; W.H., MALONE, M.S., Das virtuelle Unternehmen, S 214-217, 2. Auflage, Campus Verlag, Frankfurt 1997)

**2.4. Electronic Marketing**

Mit dem Einsatz von EC für Marketingzwecke werden in der Regel folgende Ziele verfolgt:

- Positive Darstellung des Unternehmens nach außen

- Unterstützung des Pre-Sales
  durch zum Beispiel strukturierte Auswahl potentieller Produkte, Darstellung von Anwendungsreferenzen, etc.

- Wettbewerbsvorteile durch überlegenen Support

- Erschließung neuer Marktsegmente
  insbesondere im Segment der kleinen und mittelständischen Unternehmen.

- Kundenbindung durch One-to-One Marketing

## 2.5. Conjoint-Analyse der logistischen Marktleistung

"Der bisherige Einsatzbereich der Conjoint-Analyse bei Marktforschungsprojekten betrifft zum überwiegenden Teil den Konsumgüterbereich, gefolgt vom Dienstleistungsbereich (Schubert 1991, S. 258). Wendet man die Conjoint-Analyse auf logistische Marktleistungen an, dann können aus den aggregierten normierten Teilpräferenzen Hinweise für eine kundenorientierte Gestaltung der zugehörigen logistischen Prozesse abgeleitet werden. Vergleicht man den Aufwand bei der Anwendung der Conjoint-Analyse im Konsumgüterbereich mit demjenigen bei logistischen Leistungen, dann lassen sich folgende Unterschiede feststellen.

Einen kritischen Schritt bei der Durchführung einer Conjoint-Analyse stellt die Bestimmung der präferenzdeterminierenden Merkmale und deren Ausprägungen dar. Die Phase der Festlegung der präferenz-determinierenden Merkmale erfordert umfangreiche Vorstudien, damit inhaltlich sichergestellt wird, daß genau diejenigen objektiven Merkmale identifiziert werden, die die Präferenzstruktur der Kunden bedingen. Allerdings gibt es im Konsumgüterbereich auch Merkmale wie Design oder Geschmack, bei denen eine verbale Umschreibung problematisch ist, Gerade bei der Neuproduktgestaltung besteht bei der Verwendung der Ergebnisse die Gefahr, daß nicht die wirklich präferenzdeterminierenden Merkmale für logistische Marktleistungen deutlich geringer. Durch die prozeßorientierte Sichtweise der Logistik mit dem dazugehörigen Denken in externen Lieferanten-Kunden-Beziehungen lassen sich auf der Grundlage von Geschäftsprozeßvereinbarungen (service level agreements) objektive, leistungsbeschreibende Merkmale mit den dazugehörigen Ausprägungen relativ leicht ableiten. Darüber hinaus können auch durch die konkrete Verwendung der Marktleistung beim Kunden Anhaltspunkte für leistungsbeschreibende Merkmale gewonnen werden. Für den Logistikbereich kommen im Wesentlichen die objektiven Merkmale wie beispielsweise Lieferzeit, Lieferqualität, Lieferzuverlässigkeit, Lieferverfügbarkeit, Lieferflexibilität und Informationsbereitschaft in Betracht.

Ein weiterer, für das Ergebnis einer Conjoint-Analyse wesentlicher Verfahrensschritt besteht in der Festlegung der potentiellen Kunden sowie in der Gestaltung einer repräsentativen Stichprobe. Im Konsumgüterbereich, im besonderen bei der Neupoduktgestaltung, müssen für die Auswahl der potentiellen Kunden aufwendige Marktanalysen durchgeführt werden. Bei logistischen Marktleistungen besitzt jedes Unternehmen Kenntnisse über seine aktuellen und potentiellen Kunden, da diese in der Regel keine Endverbraucher darstellen. zusätzlich erweist sich die begrenzte Anzahl der aktuellen Kunden als vorteilhaft, so daß an Stelle einer repräsentativen Stichprobe auch eine Vollerhebung aller Kunden realisierbar ist. Die aktuellen Kunden sind andererseits mit der bisherigen logistischen Marktleistung vertraut und zeigen ein hohes Interesse an einer Verbesserung im Sinne einer Kundenorientierung. Dieses persönliche Interesse und der hohe Sachverstand der Kunden lassen erwarten, dass von den Kunden konsistente Urteilsdaten abgegeben werden"(vgl. LASCH, R., Marktorientierte Gestaltung von Logistikprozessen, S. 103, DUV Gabler-Vieweg Westdeutscher Verlag Wiesbaden 1998).

### 2.6. Identifikation marktbeeinflussender Prozesse

"Nachdem mit Hilfe der Conjoint-Analyse die relative Wichtigkeit der marktleistungsbeschreibenden Merkmale aus den aggregierten Teilnutzenwerten bestimmt wurde, gilt es, jene Prozesse zu identifizieren, die einen bedeutenden Einfluß auf diese Merkmale haben. Die logistische Marktleistung eines Unternehmens wird durch das zielgerichtete Zusammenwirken einzelner Prozesse erbracht. In einem ersten Schritt werden im Rahmen einer Prozeßglobalanalyse zunächst diejenigen Prozesse ausgegrenzt, die für die zu verbessernde logistische Marktleistung verantwortlich sind. Im Einzelfall kann diese Prozeßausgrenzung problematisch sein, da einige Prozesse nicht unmittelbar die untersuchte logistische Marktleistung beeinflussen müssen. Es darf also kein Prozeß wegen scheinbarer Geringfügigkeit aus der weiteren Analyse ausgeklammert werden. Zur Identifikation des Einflusses der ausgegrenzten Prozesse auf die marktleistungs-beschreibenden Merkmale werden die Prozesse einem vollständigen Paarvergleich unterzogen. Hierzu wird für jedes marktleistungsbeschreibende Merkmal eine binäre Prozeß-Beziehungs-matrix aufgestellt, die zeilen- und spaltenweise die ausgegrenzten Prozesse beinhaltet. In Anlehnung an die Vorgehensweise beim Quality Function Deployment (QFD) vergleichen die Prozeßverantwortlichen - z.B. im Rahmen eines Workshops - in dieser Matrix jeweils zwei Prozesse in Bezug auf ihren Einfluß auf ein Merkmal miteinander. Hat beim Vergleich zweier Prozesse i, j der Prozeß i einen stärkeren Einfluß auf das untersuchte Merkmal als der Prozeß j, dann wird an der Stelle (i, j) in der Prozeß-Beziehungsmatrix eine 1 eingetragen sonst eine 0. Über diese Bewertung versuchen die Prozeßverantwortlichen, Einvernehmen zu erzielen.

### 2.7. Internet als Basis der globalen Unternehmung

"In der unternehmerischen Praxis ist ein Trend zu temporären Kooperationen wie der Unternehmung ohne Grenzen festzustellen. Die hohe Komplexität und der hohe Koordinationsbedarf in diesen sehr dynamischen Konstrukten führen dazu, dass die Bedeutung des Logistikmanagements immer mehr zunimmt. Wesentliche Maßnahmen betreffen dabei den optimalen Einsatz modernerer Informations- und Kommunikationstechnologien (IuK) und die intensive Verknüpfung der

Geschäftsprozesse der beteiligten Unternehmen. Die erforderliche unternehmensübergreifende Integration logistischer Prozesse kann entweder mit Hilfe der Kopplung bestehender proprietärer Systeme oder auf Basis offener Standards erfolgen. Die Nutzung proprietärer Systeme ist jedoch aufgrund der damit verbundenen hohen Kosten und der geringen Flexibilität bei Ausscheiden und/oder Aufnahme eines Partners sowie der Reorganisation der Vernetzung abzulehnen.

Eine im Jahre 1998 vorgestellte Delphi-Studie des Fraunhofer-Instituts für Systemtechnik und Inovationsforschung zeigt, dass kooperative F&E-Prozesse und eine Leistungserstellung in Netzwerken spätestens bis zum Jahre 2010 zum Alltag von Unternehmen gehören werden . Dies ist insbesondere damit zu begründen, dass in der turabulenten ökonomisch-en Umwelt die Komplexität und das Risiko unternehmerischen Handelns sehr stark gestiegen sind. Dadurch werden kurzfristig nutzbare Kooper-ationsformen wie Produktionsnetzwerke und virtuelle Unternehmen ökonomisch sinnvoll im Vergleich zu einem vollständig autarken Agieren am Markt. Interaktionen mit anderen Unternehmen für den Austausch und Erwerb von Ressourcen innerhalb der Kooperation erlangen deshalb eine hohe erfolgskritische Bedeutung. Eine notwendige Voraussetzung ist aber eine optimale informationslogistische Vernetzung der partizipierenden Unternehmen.

Hoher Vernetzungsbedarf

In einer Unternehmung ohne Grenzen bestehen zwischen den Partnern vielfältige sozio-ökonomische Beziehungen, die ein Unternehmens-netzwerk formen. Dieses Netzwerk tritt nicht am Markt auf, sondern ermöglicht es den Unternehmen, sich untereinander abzustimmen und auf die individuellen Kernkompetenzen zu konzentrieren. Erst wenn konkrete Projekte vorliegen, führen die Partner aus dieser Art Freundes-kreis heraus die jeweils benötigten Kernkompetenzen in virtuellen Unternehmen im Sinne von „best practice" markt- und projektorientiert für eine begrenzte Zeit zusammen. Bei dieser intensiven zwischen-betrieblichen Arbeitsteilung treten viele physische und dispositive Prozesse zwischen den beteiligten Unternehmen auf, die von umfang-reichen Informations- und Kommunikationsprozessen überlagert werden. Dabei sind in der Kooperation zwei Informations- und Kommunikations-beziehungen zu unterscheiden: 1. Beziehungen innerhalb der beteiligten Unternehmen und 2. Beziehungen zwischen den Partnern.

Für die Informations- und Kommunikationsbeziehungen in den Unternehmen werden Informationen über die innerbetrieblichen (Teil-) Projekte, die dezentralen Potenzialfaktoren sowie über die Produkte benötigt. Jedes einzelne Unternehmen muss zur erfolgreichen Durchführung seiner Aufgaben über

Informationen über die logistische Determiniertheit aller Logistikobjekte verfügen. Diese Informations- und Kommunikationsbeziehungen unterscheiden sich allerdings kaum von der traditionellen Informations- und Kommunikationsbeziehungen in autarken Unternehmen, so dass hier keine gravierenden Probleme zu erwarten sind.

Wenn neue Projekte akquiriert werden, bilden die Partner aus dem Netzwerk heraus virtuelle Unternehmen. Aus dieser Form der zwischenbetrieblichen Arbeitsteilung und den zwischen den dezentralen Teilprozessen existierenden Abhängigkeiten resultiert ein sehr großer Abstimmungs- und Koordinationsbedarf. Die einzelnen Unternehmen müssen z.B. Informationen über die Potentialfaktoren ihrer Partner und den aktuellen Projektstand nutzen können. Zudem sind die disponierten Teilprozesse zu koordinieren und abzustimmen. Es ist deshalb erforderlich, die beteiligten Unternehmen untereinander zu vernetzen. Dabei muss eine hohe Informationsverfügbarkeit gewährleistet werden. Die Unternehmen sind somit gefordert, einen interorganisationalen Informationsverbund aller dezentralen technischen und betriebswirtschaftlichen Systeme aufzubauen. Im Gegensatz zur traditionellen Kommunikation zwischen nicht oder nur in einem geringen Umfang kooperierenden Unternehmen müssen die in der Unternehmung ohne Grenzen eingesetzten Technologien eine umfassendere und dynamischere Kommunikation erlauben, da die Güte der informatorischen Vernetzung maßgeblich die Effizienz der Unternehmung ohne Grenzen prägt.

Dabei werden die Informations- und Kommunikationsbeziehungen zwischen den Partnern durch die häufig existierende Client-Server-Struktur der Kooperation bestimmt. Diese Struktur kann sich bei den verschiedenen Projekten zum Teil erheblich verändern, so dass eine fixierte Struktur der Vernetzung nicht einzusetzen ist. Ein vielversprechender Ansatz ist statt dessen, temporäre logistische Verknüpfungen mit Hilfe von solchen Systemen zu realisieren, die ein schnelles Redesign der Interaktionsbeziehungen und verwendeten Softwareapplikationen erlauben. Vorteilhaft wäre auch, wenn das System nicht von einem einzigen Unternehmen kontrolliert wird. Da zudem die erforderliche weitgehende Standardisierung der Interorganisationssysteme kaum zu realisieren ist, bietet sich der Einsatz unabhängiger Systeme, z.B. das Internet, als Basis an.

Anforderungen an die einzusetzenden IuK

An moderne Informations- und Kommunikationstechnologien werden heute viele Anforderungen gestellt, damit sie erfolgreich einzusetzen sind. Beispielsweise müssen sie wirtschaftlich zu nutzen sein, eine hohe Leistungsfähigkeit besitzen, über Sicherheitsmechanismen verfügen, einen komfortablen Retrieval der gespeicherten Informationen ermöglichen und benutzerfreundlich gestaltet sein.

Wenn jedoch temporäre logistische Verknüpfungen selbständiger Unternehmen im Rahmen der Unternehmung ohne Grenzen realisiert werden sollen, resultieren daraus zusätzliche Anforderungen.

Besonders wichtig ist, dass sich die Zusammensetzung und Struktur der zeitlich begrenzten, projektorientierten Verbünde mit jedem Projekt ändern. Die individuellen IuK der einzelnen Unternehmen müssen deshalb problemlos kommunizieren können und leicht zu koppeln sein. Starre, proprietäre Systeme würden hingegen jede Veränderung der Kooperation und die Kopplung der IuK mit externen Partnern, z.B. Lieferanten und Abnehmern, behindern. Die erste Anforderung der Unternehmung ohne Grenzen an die IuK ist somit eine hohe technische Offenheit und Modularität der verwendeten Systeme. D.h., es müssen die Merkmale offener Systeme, wie die Interoperabilität, die Portabilität und die Skalierbarkeit, erfüllt sein. Ideal wäre es, wenn die Systeme nach dem „Plug and Play"-Prinzip zusammengeführt werden könnten. Dafür müßten sich die beteiligten Unternehmen aber auf eine Standardisierung der Hard- und Software sowie ihrer Schnittstellen einigen. Nur so könn-ten sowohl die Kommunikationssysteme gemeinsam eingesetzt als auch die Informationen interorganisational gesammelt, verteilt und genutzt werden.

Eine weitere Anforderung besteht darin, die anfallenden Informationen dauerhaft zu speichern und jedermann der Unternehmung ohne Grenzen beteiligten Unternehmen zur Verfügung zu stellen. Hierfür ist eine dezentrale Informationshaltung erforderlich, da nicht alle Informationen zentral zu speichern und bei Bedarf zu verteilen sind. Vielmehr sind die Informationen dezentral bei dem Unternehmen zu speichern, bei dem sie anfallen. Die Informationen sind in diesem Fall den Partnern so zur Verfügung zu stellen, dass alle beteiligten Unternehmen auf die dezentral gespeicherten Informationen schnell zugreifen können. Es ist jedoch zweckmäßig, zusätzlich zu diesem Sharing der Informationen eine höhere Form der Kopplung der individuellen IuK anzustreben. Zu unterscheiden sind dabei grundsätzlich drei Formen der Kopplung: Applikations-Kommunikation, Data-Sharing und Applikations-Sharing. Bei der Applikations-Kommunikation tauschen die Anwendungsprogramme der einzelnen Unternehmen nur Informationen, z.B. mit Hilfe des Electronic Data Interchange, aus. Das Data-Sharing bezeichnet den Zugriff auf gemeinsame Informationen, die dezentral gespeichert sein können. Es ist jedoch zweckmäßig, wenn die verwendeten IuK ein Applikations-Sharing bzw. Ressourcensharing ermöglichen. Dabei werden die individuellen Softwareanwendungen der beteiligten Unternehmen so vereinigt, dass jedem Partnern alle Funktionen zur Verfügung stehen. Dies ist beispielsweise bei netzwerkweiten PPS-Systemen vorteilhaft. Für die Unterstützung der (interorganisationalen) Gruppenarbeit in der Unternehmung ohne Grenzen sind dann nur noch einige zusätzliche Werkzeuge wie Projektmanagement-Tools erforderlich. Abschließend wird häufig verlangt, dass die IuK für den Einsatz von Multimedia geeignet sind. Verschiedene Kommunikationsmedien und -dienste können dann integriert und zwischenbetrieblich genutzt werden, so dass eine direkte Interaktion der Partner, z.B. mit Hilfe von Videoconferencing, ermöglicht wird.

Ein existierendes offenes Netz, dass viele dieser Anforderungen erfüllt, ist das Internet, das zur Zeit auch in der unternehmerischen Praxis als eine Grundlage für betriebliche und überbetriebliche IuK intensiv diskutiert wird.

Einsatzpotentiale des Internet

Beim Internet handelt es sich um einen weltweiten Zuzsammenschluss von über 100000 weitgehend selbständigen Computernetzwerken. Es wird daher häufig auch als „Netz der Netze" bezeichnet. Damit in dieser heterogenen Umgebung ein reibungsloser Informationsaustausch durchgeführt werden kann, wird ein robustes Protokollgefüge eingesetzt. Das Internet verwendet hierfür den Standard"Transmission Control Protocol / Internet Protocol" (TCP/IP), das eine sehr offene Netzwerk-architektur zur Verfügung stellt. Dadurch erfüllt das Internet den größten Teil der aufgezeigten Anforderungen, denn es können Computer und Dienste unterschiedlicher Hersteller, Anbieter und Plattformen genutzt werden. Unternehmen können deshalb im Internet ihre Geschäftsprozesse sehr gut untereinander vernetzen. Zudem basiert das Internet auf einer Client-Server-Architektur, d.h. dass der Client nur die Schnittstelle zum Internet bereitstellt, während der Server die Informationen und/ oder Kommunikationsdienste anbietet. Eine hohe Flexibilität und eine dezentrale Informationshaltung werden dadurch unterstützt. Ebenso ist es möglich, die einzelnen Stufen der Kopplung einzusetzen. Zur Zeit ist zwar ein Data-Sharing trotz der Möglichkeit zur Datenbankanbindung noch problematisch, das für die Unternehmung ohne Grenzen wichtige Applikations-Sharing wird jedoch gut unterstützt. Dabei ist das Internet relativ kostengünstig zu nutzen, da bei Bestehen einer informationstechnischen Ausstattung und eines Zugangs zum Internet nur geringe Kosten für die Nutzung im Rahmen der Unternehmung ohne Grenzen anfallen.

Das Internet ermöglicht eine sehr flexible und gleichzeitig enge Verknüpfung der Geschäftsprozesse der beteiligten Unternehmen. Besonders vorteilhaft ist aber die hohe Anzahl verfügbarer Mehrwertdienste im Internet, die weit über das bekannte World Wide Web (WWW) hinausgehen.

Für eine asynchrone Kommunikation können die Unternehmen auf die sehr wichtige E-Mail zurückgreifen. Zudem besteht die Möglichkeit, Diskussionsforen und Bulletin Board Systeme (BBS, elektronische Anschlagbretter) zu nutzen. Dadurch ist es möglich, zeitliche und räumliche Distanzen bei der

Kommunikation im Internet zu überbrück-en"(vgl. BLECKER, T., Das Internet als Basis der Unternehmung ohne Grenzen, in : Logistik heute – Perspektiven, S. 55-56, HUSS-Verlag, München, 2000).

## 3.0. New Economy - Change Management

"Change Management bezeichnet die Lenkung und Steuerung von tiefgreifenden Veränderungsprozessen im Unternehmen. Solche Veränderungsprozesse können Manager plötzlich und völlig unerwartet vor ganz neue Aufgaben stellen - und diese Aufgaben erfordern zum Teil völlig neue Kenntnisse und Fähigkeiten. Der Berufsalltag im Management wird immer öfter von zahlreichen neuen Herausforderungen geprägt sein. Manager müssen heute vieles können. Sie müssen organisatorische Veränderungen durchführen, ein intaktes soziales Arbeitsumfeld schaffen, hierarchische Schranken abbauen, Leistungen durch Synergie erzeugen und Arbeitsformen und Arbeitszeiten flexibilisieren. Von ihnen wird erwartet und verlangt, dass sie das Lernen und die Entwicklung von Menschen und Organisation organisieren, Konflikt- und Krisensituation-en managen, Mitarbeiter entlassen, innere Zielkonflikte und Wider-sprüche meistern, das Unternehmensgeschehen durch Kommunikation steuern und kontrollieren, die Zukunft auf der Grundlage komplexer Szenarien planen und Visionen und Leitbilder integrieren.

### Quantensprung der Organisationsstruktur - Mehrwert durch Prozessketten

Wenn Zeit und Geld knapp werden und gleichzeitig die Komplexität zunimmt, kann man nicht mehr so weiter wirtschaften wie in der Vergangenheit. Die Herausforderung für das einzelne Unternehmen lautet: „Schnellere und wirtschaftlichere Bewältigung einer zunehmenden Vielfalt sich rasch ändernder Aufgaben." Dies hat Konsequenzen für die Organisation. Viele große Unternehmen haben ähnliche Strukturprobleme wie die frühere sowjetische Planwirtschaft mit ausgeprägt hierarchischen und arbeitsteiligen Organisationsformen und, als Folge hieraus, mit Bürokratismus und Demotivation.

Der Trend führt heute in den meisten Großunternehmen weg von der klassischen funktionalen Gliederung, einem hochgradig zentralistischen und arbeitsteiligen Strukturkonzept. Wer überleben will, muss heute folgende Voraussetzungen schaffen:

- Nähe zum Markt und zum Kunden durch Verkürzung der Wege,
- Raschge Reaktionsfähigkeit und hohe Flexibilität durch Verlagerung operativer Entscheidungskompetenzen an die Front beziehungsweise Basis,

- Steigerung der Produktivität und Qualität durch Motivation, Kommunikation und Kooperation und
- Optimierung der Kosten durch Straffen der Produktpalette, Reduktion des administrativen Überbaus und Vereinfachung von Abläufen.

Das neue Strukturprinzip heißt heute Prozessketten. „In Zeiten der Stabilität und Kontinuität, als die Aufgaben über lange Zeit unverändert bestehen bleiben konnten, hat man in Kästchen des Organigramms - und, wenn man sehr fortschrittlich war, in Stellenbeschreibungen - gedacht." In einer instabilen Umwelt aber sind die Aufgaben, und damit die Prozesse zu deren Bewältigung, einem ständigen Wandel unterworfen. Das organisatorische Denken entwickelt sich zu einem Denken in rasch sich ändernden Prozessketten. Dies bedeutet: Hierarchische Positionen geraten mehr und mehr aus dem Strom der relevanten Information. Es kommt zu einer schleichenden Umverteilung von Macht. „Mehr noch: Die Hierarchie hat aufgehört, sich selbst zu legitimieren. Jede hierarchische Stufe gerät in Beweisnotstand." Sie muss, wenn sie überleben will, ihre Existenz durch das begründen, was sie im Rahmen definierter Prozessketten an Mehrwert schafft. „In den pompösen Pyramiden gewachsener Hierarchien gelingt dies nicht immer." Die Hierarchien beginnen abzuflachen und die Wege werden kürzer.

Bei einer solchen Umgestaltung handelt es sich nicht um eine normale Anpassung der Organisation. Vielmehr haben es die Unternehmen mit einem radikalen strukturellen Umbruch zu tun. Den neuen Konzepten liegt eine völlig anderes Organisationsmodell zugrunde. Sie müssen sich von der klassischen, auf Arbeitsteilung und Hierarchie beruhenden Organisation lösen und sich hin zu einem Netzwerk selbständiger, hochintegrierter und im operativen Bereich selbststeuernder Betriebe und Gruppen bewegen: „Dies ist ein Quantensprung, der vergleichsweise demjenigen vom guten alten VW Käfer zu einem hoch gezüchteten Ferrari Testarossa entspricht. Doch Zwölf-Zylinder-Power und 48-Ventil-Technik allein genügen nicht für eine ersprießliche Reise. Wenn das Gerät nicht an der nächstliegenden Wand zu Schrott gefahren werden soll, muss es richtig gesteuert werden. Da gibt es einen kritischen Engpassfaktor - und der heißt Mensch." Dreierlei ist, so Klaus Doppler und Christoph Lauterburg, von Mitarbeitern und Führungskräften gefordert: persönliches Engagement, Kommunikationsfähigkeit und Kooperationsbereitschaft.

Die wesentlichen Elemente einer veränderungsfreundlichen Unternehmenskultur sind:

- Kreative Unruhe: Die Veränderungen im Umfeld, in der Strategie des

Unternehmens, in den zur Bewältigung der Zukunftsaufgaben des Unternehmens notwendigen Strukturen und Abläufen bringen nicht nur Unruhe ins System, sondern erfordern diese sogar.
- Konfliktfähigkeit: Althergebrachtes und Liebgewonnenes müssen durch Neues und Ungewohntes ersetzt werden. Dies geht nicht ohne Spannungen und Konflikte. Zum Erfolgsfaktor wird eine konstruktive Streitkultur, das heißt die Fähigkeit, Spannungsfelder frühzeitig zu orten und Konflikte nicht zu verdrängen, sondern auf den Tisch zu bringen und konstruktiv auszutragen.
- Zusammengehörigkeitsgefühl: Wichtig ist das Gefühl des Dazugehörens und des Beteiligtseins, das „Wir" anstelle von „die da drüben", „die dort unten" oder „die dort oben".
- Sinnvermittlung: Je klarer dem Einzelnen ist, welchem höheren Sinn seine tägliche Arbeit dient, desto eher ist er bereit, sich persönlich für das Unternehmen zu engagieren, und, wenn notwendig, zusätzliche Belastungen in Kauf zu nehmen.
- Kommunikation: Da die formale Organisation nicht in der Lage ist, das Maß an direkter und persönlicher Kommunikation sicherzustellen, das in Zeiten lebhafter Veränderungen im Unternehmen notwendig ist, muss die informelle Kommunikation konsequent gefördert und genutzt werden.

Diese Grundprinzipien sind der Maßstab, an dem kein Unternehmen, dass im harten Wettbewerb bestehen will, vorbeikommt.

## Die Psycho-Logik des Misslingens

In der Alltagspraxis des Managements von Veränderungen gibt es typische Vorgehensweisen, welche die Umsetzung des Wandels nicht nur erschweren, sondern den Misserfolg geradezu programmieren. „Vom Umgang mit Maschinen wissen wir, wie sehr ein Kaltstart das System strapaziert". Das gilt, so Klaus Doppler und Christoph Lauterburg, umso- mehr bei Menschen, die besonders komplizierte Lebewesen sind und ein Langzeitgedächtnis haben - ganz besonders, was mangelnde persönliche Wertschätzung betrifft. Genau dies passiert, wenn sich das Management nicht die Zeit nimmt, Veränderungsvorhaben mit den Mitarbeitern gemein-sam zu bereden.

In vielen Unternehmen gilt im Top- und im oberen Management die Devise „Ohne uns läuft nichts". Hier ist nicht Führung, sondern Sachbearbeitung auf hohem Niveau angesagt. Kommt ein solches Unternehmen in eine Krise, behält sich dieser Personenkreis ihre Bearbeitung exklusiv vor. „Die sogenannten Manager hasten von einem Meeting ins andere. Hektische Betriebsamkeit macht sich breit - allerdings ausnahmslos hinter verschlossenen Türen. Alle sind gezeichnet von zur Schau getragener Bedeutsamkeit, geprägt vom Stolz, zur elitären Gruppe der Eingeweihten zu gehören. Man umgibt sich mit der Aura des Geheimnisvollen. Man kostet die Macht aus, die eigentlich Betroffenen mit kleinen Andeutungen auf Distanz zu halten, ihnen die Lösung so lange vorenthalten zu können, bis sie endgültig feststeht"(vgl. SIMON, H., Das große Handbuch der Strategie-Konzepte, S. 182-186, a.a.O.).

### 3.1. Die neuen Marktplätze des E-Business, (E-Commerce, M-Commerce)

"Das E-Business setzt bestehende Gesetze des Wirtschaftslebens außer Kraft. Neue Regeln kommen hinzu. Zum Beispiel kann es sinnvoll sein, Produkte zu verschenken.

„Wir wollen Ihnen die ökonomischen Prinzipien des E-Commerce näher bringen", so die Begrüßung auf der Homepage von Prof. Dr. Bernd Skiera, Lehrstuhl für BWL und insbesondere E-Commerce, an der Universität Frankfurt. Der zurzeit einzige deutsche E-Commerce-Professor erklärt unter www.ecommerce.wiwi.uni-frankfurt.de die Regel der „New Economy". Beispielsweise, so Skiera, kann es im Internet sinnvoll sein, Produkte kostenlos abzugeben, da vielfach die Mehrzahl der Kosten der Anbieter Fixkosten darstellen und mit der kostenlosen Abgabe keine nennenswerten zusätzlichen Kosten verbunden sind (niedrige Distributionskosten). Dies ist in traditionellen Märkten normalerweise anders. So verursacht das Abgeben von Mustern für Konsumgüterhersteller in aller Regel hohe zusätzliche Kosten und verlangt häufig auch die Mitarbeit des Handels. Des weiteren verlangt das erstmalige Anwendung von den im Internet angebotenen Produkten von den Nutzern häufig eine hohe Einarbeitungszeit und damit hohe Einarbeitungskosten. „Denken Sie beispielsweise an die Zeit", so Skiera, „die für das erstmalige Anwenden einer Software, das Einrichten eines Kontos bei einer Direktbank oder das Kennenlernen der Web-Seiten eines Anbieters benötigt werden." Die kostenlose Abgabe reduziert letztlich diese Einarbeitungskosten und führt zu einer Senkung der Wechselkosten. Darüber hinaus werden hohe Kosten für das zukünftige Wechseln zu anderen Anbieter aufgebaut, da diese Einarbeitungskosten bei einem erneuten Wechsel wieder anfallen, sodass sogenannte „Lock-in-Phänomene" auftreten. Darüber hinaus hängt der Nutzen vieler im Internet angebotener Produkte davon ab, wie hoch die Anzahl an anderen Nutzern ist. Diskussionsforen oder Chat-Rooms leben offensichtlich von einer ausreichenden Zahl an Teilnehmern. Ebenso leben virtuelle Buchhändler davon, dass möglichst viele Konsu-menten ihre Web-Seiten besuchen, Kommentare zu Büchern abgeben und sich in der realen

Welt dann über ihre Angebote unterhalten. Ökonomen bezeichnen den mit der Anzahl der Nutzer verbundenen Nutzenzuwachs für alle Nutzer als positive Netzeffekte und die „ausreichende Anzahl an Nutzern" als kritische Masse. Das kostenlose Abgeben führt dazu, dass schnell die kritische Masse erreicht und Netzeffekte ausgenutzt werden. Dies bauen erhebliche Eintrittsbarrieren für zukünftige Anbieter auf, so eine der Erläuterungen auf der lesenswerten Web-Site von Prof. Dr. Bernd Skiera. Wer die Grundgesetze des E-Commerce verstehen will, dem ist auch das Buch "Das Kunden-Kartell" von Tim Cole und Paul Gromball zu empfehlen. Auf knapp 200 Seiten zeigen die beiden Autoren, wie sich die vier neuen Grundgesetze des E-Commerce in Zukunft auf die Unternehmen auswirken.

Interessant ist insbesondere auch die Formel
**„EV=Vinf+Vlog+Vpd+Vmis",**
mit der sich der wirtschaftliche Nutzen eines Marktplatzes präzise ermitteln lassen soll. EV steht für den Gesamtmehrwert, der sich addiert aus den Mehrwerten der direkten Informationsinteraktion, der integrierten Logistik, der kontinuierlichen Preisfindung und der Risiko-Informationen in Echtzeit. Die ausführlichen Erläuterungen (ISBN 3-446-32477-5) lassen sich zum Preis von 49,80 DM bestellen unter www.hanser.de.

Ein weiteres lesenswertes Werk ist die Veröffentlichung „Cyber Rules" von Thomas M. Siebel und Pat House. Diese knapp 300 Seiten starke Übersetzung aus dem Englischen zeichnet sich besonders durch seine verständliche Sprache aus.

Der Gründer des sehr erfolgreichen Softwarehauses Siebel erklärt mit vielen Beispielen die Regeln des Internets und zeigt, wohin die Reise gehen wird. Das Buch (ISBN 3-478-24520-6) ist zum Preis von 79,-- DM unter www.mi-verlag.de bestellbar.

**Grundgesetze des E-Commerce**

1. Moore's Law

    Die Leistung von Mikrochips und damit von Computersystemen wächst exponentiell bei konstanten Preisen. Diese Entdeckung machte Gordon Moore, Erfinder des integrierten Chips und langjähriger Vorstandsvorsitzender von Intel schon 1965. Das erklärt auch, warum die in Preis und Größe schrumpfenden Computer und die Explosion von Kommunikationsbeziehungen per Internet die Veränderungsgeschwindigkeit in der neuen Ökonomie immer weiter antreiben.

2. Metcalfe's Law

Der Wert eines Netzwerkes steigt im Quadrat der Zahl der Teilnehmer. Dieses Gesetz entdeckte in den späten 70er Jahren Dr. Robert M. Metcalfe, Erfinder des Ethernet und heutiger Technologiedirektor der International Data Group. Im Gegensatz zu den traditionellen geschlossenen Systemen der industriellen Wirtschaftsordnung, die nach dem Gesetz abnehmenden Grenznutzens arbeiten, herrscht in der offenen Umgebung organisch wachsender Netzwerke offenbar eine Art „Gesetz des zunehmenden Grenznutzens": Je größer die Zahl der Kunden, desto besser für den einzelnen Kunden - aber auch desto besser für den Anbieter.

3. Coase's Theorem

Unternehmen existieren deshalb, weil die internen Transaktions- und Koordinationskosten niedriger sind als im offenen Markt. Der Ökonom und Nobelpreisträger Ronald H. Coase stellte fest, dass Marktmechanismen innerhalb einer geschlossenen Organisation bei komplexen Produktionsschritten teuer und zeitaufwendig sind. Die Internet-Ökonomie verändert aufgrund der Gesetze von Metcalfe und Moore diese von Coase aufgestellten Annahmen. Sinkende Kommunikationskosten und die virtuelle Organisationsform der Netzgemeinschaften brechen die bestehenden Strukturen auf. Die Organisationen müssen sich in die neuen Communities des E-Business einordnen.

4. Ricardo's Law

Das Prinzip des „komparativen Vorteils" besagt, dass jede Produktionseinheit sich ausschließlich auf das konzentrieren sollte, wo es einen relativen Kostenvorteil gibt. Dieses Gesetz entdeckte der britische Ökonom David Ricardo im 18. Jahrhundert für den Austausch von Wein und Tuch zwischen England und Portugal. Auf die Internet-Ökonomie übertragen heißt dies: Jeder wirt.-schaftliche Netzknoten sollte nur diejenigen Dienstleistungen und Produkte erzeugen, bei dem er am effizientesten ist. Alle anderen Teile der Wertschöpfungskette sollten nach außen vergeben und von dort über das Netzwerk bezogen werden" (vgl. LOGISTK HEUTE, 7-8/2000, S. 30, HUSS-Verlag, München 2000).

"Die Kühne & Nagel International AG, Schindellegi, bereitet sich auf das E-Business vor. Der Schweizer Logistikdienstleister hat einen Internet-Shop aufgebaut, supply-Chain-Software installiert und sich intensiv mit neuen Geschäftsfeldern und Partnerschaften beschäftigt.

Logistik >HEUTE<: Sie haben in einem Pilotprojekt einen B2B-Shop aufgebaut. Was sollen Ihre Kunden damit anfangen?

ENGEL: Dieses Angebot ermöglicht vor allem kleinen und mittleren Unternehmen, das Internet zu nutzen. Wir pilotieren den Shop intern anhand unseres Werbemittelversandes. Die Bestellungen erfolgen jetzt elektronisch anstatt per Fax. Wir sparen dadurch erheblichen administrativen Aufwand. Nach der Pilotphase können Kunden, die bei uns Waren lagern, ihren Kunden den Shop als Auftragsabwick-lungsplattform anbieten. Über den Shop werden auch Auftragsstatusinfor-mationen angezeigt.

> Lohnt es sich für Kühne & Nagel, offene Marktplätze für Industrie- und Handelskunden aufzubauen?

ENGEL: Nein, wir bleiben momentan lieber auf der Enabling-Ebene. Wir ermöglichen E-Business durch unsere globale Präsenz sowie durch unser IT- und Logistik-Know-how. Wir haben zusammen mit dem spanischen Bankhaus Bankinter untersucht, ob Kühne & Nagel einen Branchenmarktplatz aufbauen und betreiben sollte. Ergebnis war, wir könnten es, aber um einen Marktplatz erfolgreich betreiben zu wollen, braucht man entsprechende Warenmengen. Diese haben wir nicht. Wir haben mit Kunden im Exportbereich gesprochen, denn wir waren der Meinung, wir könnten vor allem auf anderen Kontinenten diesen Unternehmen viel bieten .Derzeit wollen die Unternehmen aber nicht, da sie diesen Bereich noch zu ihren Kerngeschäften zählen.

> Kann es ein Thema für Logistikdienstleister werden, Marktplätze aufzubauen und internationale Kunden zusammenzuführen?

ENGEL: Ja, das wird definitiv zu einem Thema werden. Und zwar dann, wenn die Kunden akzeptieren, dass ein Dritter diesen Marktplatz betreibt. Derzeit ist aber eher das Gegenteil zu beobachten. Anstatt einen Dritten zu akzeptieren, tun sich Kunden zusammen, um einen gemeinsamen Marktplatz zu bauen.

> Werden die vielen entstehenden Internet-Marktplätze für Industrie-

produkte die Logistik verändern?

ENGEL: Ja, es werden Veränderungen stattfinden. Die vertikalen Marktplätze verlangen nach einem elektronischen Stecker, um das Fulfilment zu ermöglichen. Das gibt es noch nicht. Der Marktplatz lässt sich nicht mal eben mit der Logistik verbinden. Da ist noch vieles am entstehen. Es herrscht ein zersplitterter Markt von Standards. Aber die Marktplätze werden auf Dauer nicht zulassen, dass das Fulfilment via Fax und Telefon abgewickelt wird, so wie es heute auch mit Großkunden der gesamten Logistikbranche noch die Regel ist. Es werden einheitliche Verbindungen und Standards von den Industriegütermarktplätzen zu Logistikmarktplätzen entstehen. Und das wird auch die traditionellen Speditionen massiv beeinflussen.

> Wie schnell werden diese Veränderungen eintreten?

ENGEL: Sehr schnell, in diesem Jahr wird noch einiges passieren. Ich glaube, dass es in diesem Jahr horizontale Logistikmarktplätze von Spediteuren und Carriern geben wird.

> Wie wäre es, wenn große Logistikdienstleister gemeinsam einen Marktplatz gründen würden, wie es in der Automobilindustrie DaimlerChrysler, Ford und General Motors vormachen?

ENGEL: Es gab schon zwei Initiativen. Die Großspediteure sind aber wieder ohne Ergebnis auseinandergegangen. Die Branche tut sich schwer, hier zusammenzuarbeiten. Es wurde bisher keine Einigkeit über Form und Teilnehmer des Marktplatzes erzielt. Und die Carrier sind nicht begeistert, wenn die Spediteure sich zusammenschließen. Damit ein Marktplatz aber funktioniert, braucht man Masse. Es müssen sich große Spediteure und Carrier beteiligen. Wir bei Kühne & Nagel sprechen mit jedem.

> Gilt für die Spediteure nicht auch die Regel: Wenn wir es nicht machen, dann tun es andere - also die vielen Start-up-Unternehmen mit ihren Frachtenbörsen?

ENGEL: Theoretisch gilt das schon, in der Praxis wird es aber nicht funktionieren, weil diese Unternehmen keinen Content bieten können. Wie in anderen Branchen werden in den kommenden zwei Jahren nur vier bis fünf überleben.

> Um in Sachen E-Business gerüstet zu sein, haben Sie Mitte letzten

Jahres eine Supply-Chain-Software von I2 eingeführt. Warum? Welche Vorteile ergeben sich?

ENGEL: Wir wollen unseren Kunden einerseits die Möglichkeit bieten, multidimensionale Informationen möglichst zeitnah und integriert über eine sehr leistungsvolle Oberfläche abzufragen. Außerdem schaffen wir mit der Software die Basis für bessere Entscheidungen in den Supply Chains unserer Kunden und erschließen damit eine neue Wertschöpfungsstufe für unser Unternehmen, die über den reinen Transport und die Lagerung hinaus geht.

> Warum haben Sie sich für I2 entschieden?

ENGEL: Wir haben uns Systeme von IMI, Manugistics, Numetrix und I2 angeschaut. I2 bot die beste Funktionalität für unsere Strategie. Uns überzeugten auch die Anstrengungen von I2, ständig in neue Techno-logien zu investieren.

> War SAP ein Thema?

ENGEL: Ja schon, aber was Transparenz und Monitoring betraf, hatte SAP damals nichts zu bieten.

> I2 gilt als teuer in der Branche und lässt sich gerne nach dem Return ohne Investment bezahlen. Wie sieht es damit bei Kühne & Nagel aus?

ENGEL: Mit einem siebenstelligen Initialbetrag war es die größte Softwareinvestition, die wir je getätigt haben. I2 ist so ziemlich der teuerste Anbieter in der Branche. Wir haben keinen Value-Based-Vertrag geschlossen, weil wir das System für unsere Kunden einsetzten. Da funktioniert eine Erfolgsentlohnung nicht analog. Wir haben einen normalen Lizenzvertrag.

> Kann das Controlling den Erfolg dieser Investition berechnen?

ENGEL: In diesem Bereich lässt sich eine Erfolgscontrolling sehr schwer durchführen, da Erfahrungswerte fehlen. Für Spediteure ist eine solche Software ein Evolutionsschritt. Man muss erst Erfahrungen sammeln. Wir haben uns zwar Ziele gesetzt, aber wir würden das Projekt auch weiterführen, wenn der Return on Investment geringer als erwartet ausfällt. Es gibt auch andere Vorteile. In vergleichbaren Projekten haben wir gemerkt, dass neuer Umsatz entsteht.

> Neuer Umsatz? Könnten Sie bitte ein Beispiel nennen.

ENGEL: Wir haben einen Kunden in Asien, der Ware traditionell bei bestimmten lokalen Dienstleistern lagert. Wir sorgen mit unserer IT für Bestandstransparenz. Der Kunde bezahlt uns diese Dienstleistung, da sie ihm einen klaren Mehrwert bietet.

> Ist dieses reine Informationsmanagement ein neues Geschäftsfeld für Logistikdienstleister?

ENGEL: Ja, wir verkaufen hier nur Informationen, ohne begleitenden Warenstrom. Ich glaube, in drei Jahren machen wir mehr Umsatz mit Informationsmanagement als mit dem reinen Warentransport.

> Sie als Branchenführer, was würden Sie kleineren Speditionen und Transporteuren in Sachen „New Economy" raten?

ENGEL: Die kleineren Dienstleister müssen sich überlegen, wie sie sich positionieren im Marktumfeld. Insbesondere was die Kosten betrifft. Ich rate, Partnerschaften mit den führenden Unternehmen einzugehen. Vor allem nicht spezialisierte Speditionen haben es sonst schwer"(vgl. LOGISTIK HEUTE, 7-8/2000, S. 36-37, HUSS-Verlag, München, 2000).

"Gleichzeitig entwickelt sich jedoch das Internet als verteiltes System mit über 100 Millionen Nutzern immer weiter in Richtung der Erfordernisse eines totalen Konkurenzgleichgewichtes, so daß der Ansatz vielversprechend erscheint, die hybride Natur des Internets - Menschen und Software als Nutzer - vorteilhaft zu kombinieren: Nutzer würden nicht durch eine formalisierte Kommunikationsinfrastruktur in der Entwicklung neuer Produkte behindert und umgekehrt effiziente Kommunikationssysteme nicht durch eine dem Menschen gerechte Interpretierbarkeit eingeschränkt sein. Bevor sich jedoch die Untersuchung im zweiten Teil der Kommunikationsinfrastruktur als Implementationsgrundlage einer systemtechnischen Marktinfrastruktur nähert, werden nun bestehende Ansätze zur Realisierung elektronischer Märkte klassifiziert und exemplarisch erläutert.

Elektronische Märkte

Nachdem der Marktbegriff und die mit ihm verbundenen Koordinationsmechanismen eingeführt wurden, erfolgt in diesem Abschnitt eine Eingrenzung auf das Forschungsgebiet der elektronischen Märkte.

Dabei werden zunächst verschiedene Klassifikationsdimensionen identifiziert und im weiteren Verlauf exemplarische Vertreter elektronischer Marktsysteme vergleichend untersucht.

## Typologisierung elektronischer Marktsysteme

Der Begriff des elektronischen Marktes erstreckt sich auf eine Unterstützung des Marktmechanismus im weitesten Sinne. Eingeschlossen sind sämtliche Softwarekomponenten, die das Zustandekommen einer Handelstransaktion unterstützen, also eventuelle Anwendungssysteme, die Kommunikationsinfrastruktur sowie weitere, unterstützende Funktionen wie etwa zur Abrechnung oder Daten-speicherung. Aus ökonomischer Sicht dient ein elektronischer Markt zur Steigerung der Koordinationseffizienz, also der Verschiebung einer konventionellen Marktorganisation hin zur vollständigen Konkurrenz. Die Ursache dieser Steigerung kann in der Integration des Marktsystems in die IS-Infrastruktur der beteiligten Unternehmen, in der höheren Preistrans-parenz oder in der normierenden Wirkung standardisierter Produkt-spezifikationen liegen.

Der elektronische Markt bildet den abstrakten ökonomischen Ort des Gütertausches ab auf eine verteilte Systeminfrastruktur. Ein elektronischer Markt kann 24 Stunden am Tag und 7 Tage in der Woche seinen Teilnehmern zur Verfügung stehen. Von dieser Infrastruktur wird erwartet, daß sie als offenes verteiltes System ein hohes Maß an Zuver-lässigkeit und Sicherheit bietet.

Die allgemeine Architektur eines elektronischen Marktsystems (EMS) basiert auf einem einheitlichen Kommunikationsprotokoll zwischen Teilnehmern und der EM-Software. Diese selbst kann aus einer unmittelbaren Kommunikationsunterstützung der Teilnehmer bestehen oder optional auch eine dezidierte Marktsoftware umfassen. Das eingangs erwähnte Börsensystem stellt eine solche Marktsoftware dar, während das „elektronische Schwarze Brett" sich auf eine Kommunikations-unterstützung der Teilnehmer beschränkt, dabei allerdings zumindest das Anbahnen einer Handelstransaktion unterstützt. Da beim letzteren eine Vielzahl von Menschen informell unterstützt werden, nennen Schmid et al. die Gattung Forumdienste, die nicht nur als Medium von Handelstrans-aktionen, sondern allgemein als Grundlage der Kommunikation zwischen Benutzern dienen.

Mindestvoraussetzung eines EMS-Systems ist eine solche Unterstützung als Einsatzziel der Software, d.h. es findet der Tausch einer Leistung gegen Zahlungsmittel zwischen den Nutzern des Systems statt. Offen ist in diesem Zusammenhang noch, wer genau die Transaktionspartner sind und welche Transaktionsphasen in welchem Maße durch das EMS unterstützt werden. Verschiedene Kriterien können hierbei zur Typologisierung elektronischer Marktsysteme beitragen:

1. Ist der Preismechanismus des Marktes durch das EMS internalisiert oder dient es nur der Unterstützung isolierter Transaktionen unmittelbar zwischen den Teilnehmern?
2. Welche Abstraktion leistet das EMS von der realen Handelstransaktion zwischen menschlichen Transaktionspartnern? Werden nur Transaktionen mit unmittelbarer Bedeutung für den konventionellen Markt unterstützt oder wird die Allokationseffizienz des Preismechanismus für systemtechnische Optimierungsziele genutzt?
3. Welche Transaktionsphasen werden durch das System unterstützt?
4. Welcher Spezialisierungsgrad bzgl. der gehandelten Produkte liegt beim EMS vor?
5. Welche Transaktionskosten wirft die Nutzung des EMS auf?
6. Welcher Grad an Offenheit ist im EMS gegeben?
7. Agieren vorwiegend Softwaresysteme oder menschliche Nutzer als Teilnehmer des EMS?
8. Welchen Sicherheitsanforderungen genügt das EMS?
9. Welche funktionalen Komponenten sind beim EMS standardisiert und welche werden durch individuelle Teilnehmer erbracht? Wo liegt dabei die Grenzlinie zwischen damit verbundenen System- und Anwendungsebenen?

Es gilt im folgenden zu prüfen, ob diese Merkmale tatsächlich unabhängig sind oder ob eine sinnvolle Einschränkung auf wenige Dimensionen durchgeführt werden kann. Dazu werden die Merkmale zunächst genauer untersucht:

1. Internalisierung des Preismechanismus

Es können zwei Ausprägungen in dieser Kategorie unterschieden werden: Systeme, die das Zustandekommen eines gleichgewichtspreises auf algorithmischem Wege bewirken und solche, die keinen direkten Einfluß auf Güterpreise nehmen. In beiden Fällen können EMSe in reale Handelstransaktionen involviert sein: Elektronische Wertpapierbörsen im ersten und „Forumdienste" im zweiten. Unter Forumdiensten werden solche Informationssysteme verstanden, die Informationsobjekte (Hypertextdokumente, NetNews-Beiträge etc.) speichern, diese vermitteln, filtern oder aufwerten sowie dem Anwender zusätzliche Dienste bereitstellen, die ihm den Umgang mit dem jeweiligen Forumdienst erleichtern (z.B. Verzeichnisdienste, Anfragesprachen oder geeignete Übertragungsprotokolle). Sobald jedoch das Matching von Angebot und Nachfrage durch das EMS unterstützt wird, gewinnt dieses den Charakter des Börsensystems, da zumindest teilweise der Preismechanismus algorithmisch in das EMS verlagert ist.

Im weiteren Verlauf wird gemäß diesem Kriterium unterschieden in Forumdienste oder Benutzerinformationsdienste einerseits und Börsensysteme andererseits.

## 2. Abstraktion des EMS vom Markt für konventionelle Güter

Der Preismechanismus ist ein generelles Instrument zur effizienten Ressourcenallokation in atomistisch dezentralisierten, verteilten Systemen. Entsprechend existieren Optimierungsverfahren, die nicht primär konventionelle Handelstransaktionen reflektieren, d.h. solche mit unmittelbarer ökonomischer Bedeutung, sondern als Mittel der Effizienzsteigerung verteilter Betriebssysteme oder Datenbanken eingesetzt werden. In diesen Systemen werden Ressourcen (Speicher, Rechenzeit, Prozessoren, Kommunikationskanäle) anhand eines gemeinsamen Wertmaßstabs „gehandelt". Einheiten dieses Maßes dienen dabei als Kunstwährung für genutzte oder angeforderte Ressourcen und zur Bewertung erzielter Resultate. Gehandelte Güter besitzen ein sehr spezifisches Qualitäts- und somit Wertprofil (z.B. Relationenfragmente beim verteilten Datenbanksystem Mariposa. Es nimmt direkten Einfluß auf die Bemessung von Ressourcen durch die Kunstwährung. Solche EMSe sind damit in der Regel hochspezialisiert. In Mariposa existiert z.B. nur ein einziger, formal fest umrissener und gegen andere Produkte abgegrenzter „Markt" für Relationenfragmente. Die Rüstkosten zur Unterstützung anderer Produkte sind vergleichbar mit denen eines Börsensystems.

## 3. Transaktionsphasen

Die Transaktionsphasen der Information, Vereinbarung und Abwicklung wurden bereits eingeführt. Ein EMS kann nach den Phasen, die es unterstützt, klassifiziert werden: Informationsdienste wie NetNews, WWW oder CompuServe können zur Anbahnung eines Geschäftes eingesetzt werden, um Informationen über Hersteller, Produkte oder Konditionen zu erlangen. Die Phasen der Vereinbarung und Abwicklung können jedoch nur off-line durchlaufen werden. Erfolgen unterstützende Transaktionen wie z.B. der Zahlungstransfer ebenfalls über einen geeigneten Dienst des EMS, kann der Kontraktschluß und somit die Vereinbarungsphase ebenfalls on-line abgewickelt werden. Es liegt in der Natur der Sache physischer Güter oder Dienstleistungen, daß die Abwicklungsphase nicht auf elektronischem Wege abgewickelt werden kann. Nur im Falle nicht-tangibler Güter, die on-line in Form von Dienstleistungen, Daten oder Software geliefert werden können, ist auch die Abwicklungsphase in den durch das EMS unterstützten Transaktionsprozeß eingeschlossen.

Unter der Annahme einer Senkung von Transaktionskosten durch den Einsatz von EMSen erscheint es offensichtlich, daß eine weitgehende Unterstützung aller Transaktionsphasen für Käufer und Verkäufer opportun ist. Entsprechend sind jedoch auch Dienste erforderlich, anhand derer ein sicherer Zahlungstransfer erfolgen kann. „Sicher" steht hierbei für anonym, vertraulich, zuverlässig, verbindlich und transaktional".

Unter der Eingrenzung auf nicht-tangible Güter steht im weiteren Verlauf der Entwurf von EMSen im Vordergund, die alle Transaktionsphasen unterstützen.

4. Produktspezialisierung

Williamson führt die Entscheidung der Koordinationsform vor allem auch auf die Faktoren „Ressourcenspezialisierung" und „Komplexität der Produktbeschreibung" zurück. Vor allem der zweite Faktor bereitet bei einem spezialisierten Börsensystem Schwierigkeiten: Wenn z.B. die Spezifikation von Wertpapieren statisch im System verankert ist, bereitet es erhebliche Schwierigkeiten, die Software auf die Spezifikation anderer Güter umzustellen. Sicherlich sind dabei einfach zu spezifizierende Güter wie Reisen, Gebrauchtfahrzeuge oder Frachtkapazitäten eher „handelbar" als z.B. spezialisierte Dienstleistungen, wie die Entwicklung von Individualsoftware oder die Durchführung einer Werbekampagne.

Aus diesem Grunde erfolgt eine Klassifikation von elektronischen Marktsystemen nach ihrer Spezialisierung auf handelbare Güter:

- SEMS (Spezifisches elektronisches Marktsystem): Die Realisierung eines Tauschortes für eine einzelne Produktkategorie auf der Basis einer allen Teilnehmern gemeinsamen Systeminfrastruktur und Produktspezifikation (z.B. für Wertpapiere, Reisen, Frachtkapazitäten, vgl. z.B.   (Anne93, TNMH96))
- Ein GEMS (Generisches elektronisches Marktsystem) ist nicht spezialisiert auf Ein-Produkt-Märkte und muß damit offen bleiben

für zum Entwurfszeitpunkt noch nicht antizipierte Spezifikationen.
- Die durch die Begriffe „Kompetenz" und „Performance" charakterisierten Merkmale der Konformität und Effizienz treffen genau jene Problematik, die zunächst systemtechnisch im offen verteilten System gegeben ist (Schnittstellenkonformität und semantische Kohärenz) und darüber hinaus bei der Betrachtung des Systems als Markt (Effizienz der Ressourcenallokation).

Die mit der Abrechnung einhergehende, flexible Herausbildung verschiedener Formen der Wertschöpfung: Entweder können Objekte/Agenten als Subkontraktoren zur Bereitstellung eines Dienstes herangezogen werden, andererseits stehen sie bei der Erlangung von Objektreferenzen oder Bewertung der „Kompetenz" bzw. „Performance" anderer Objekte zur Verfügung. Dieser Anspruch erfordert von der systemtechnischen Umsetzung des EMS ein hohes Maß an Flexibilität, das - noch zu untersuchen ist - durch bestehende Verteilungsplattformen nur bedingt unterstützt werden kann.

Arbeiten von Wellmann und Doyle, die sich aus der Perspektive der verteilten Künstlichen Intelligenz mit der Gestaltung eines EMS befassen, haben im Rahmen der jeweiligen Projekte WALRAS und RECON (Reasoning ECONomy) eine Implementierung des Preismechanismus für mehrere Güter zum Ziel, für die jeweils Angebots- und Präferenzfunktionen der Marktteilnehmer vorliegen. Verschiedene weitere Ansätze, die vornehmlich aus dem Bereich der verteilten Systeme und der verteilten KI herrühren, sind der Unterstützung ökonomischer Aktivitäten im verteilten System gewidmet.

Leistung und Grenzen existierender elektronischer Marksysteme

Es liegt nahe zu untersuchen, warum zum heutigen Zeitpunkt noch keine agorischen offenen Systeme existieren. Die Argumentation für derartige generische elektronische Märkte fällt schwer, wenn weder ein Beweis für ihre Realisierbarkeit noch eine exemplarische Implementierung geliefert werden kann, die Miller/Drexler selbst eingestehen. Sie nennen jedoch auch verschiedene Ursachen der Nichtexistenz offener agorischer Systeme:

Die Hauptursache liegt in der noch mangelnden Komplexität lokaler Softwaresysteme, da durch die Verwendung zunehmend leistungs-fähiger Softwar-Entwicklungsumgebungen bisher die „span of control" von Softwareentwicklern mit der Komplexität der Systeme Schritt hielt. Somit wird noch der Koordinationsmechanismus der „elektronischen Hierarchie" gegenüber dem des Marktes favorisiert. Eine Person oder ein Team aus eng koordinierten Personen bleibt somit in der Lage, zunehmend komplexere Systeme zu implementieren. Diese Vorteile haben die Notwendigkeit der Nutzung externer Dienste ohne gegenseitiges Vertrauen und ohne extensive Absprachen reduziert.

Schließlich war bislang das Fehlen des Preismechanismus als marktgerechtes Anreizsystem ein Grund dafür, daß in existierenden Netzwerken wie dem Internet sich noch kein elektronischer Markt etablieren konnte. Statt dessen verfügt das Internet über eine informelle Anreizstruktur, die die Bereitstellung von Software und Information durch wissenschaftliche Reputation und fachliche Anerkennung unter Softwareentwicklern belohnt. Umgekehrt fallen durch die Nutzung von Internet-Diensten einem universitären Benutzer keine direkt angerechneten Kosten an - der „Markt" ist somit auf beiden Seiten verzerrt - und damit wiederum ein stabiles Ökosystem. Dieses Anreizsystem des „ursprünglichen" Internet bleibt damit konsistent. Bei Einführung eines geeigneten Abrechnungssystems würden jedoch einerseits kommerzielle Angebote von Dienstleistungen zunehmen, und andererseits würden Nutzer durch eine individuelle Kostenzuordnung bewußter in der Auswahl von Angeboten agieren. Zusätzlich entstünde damit auch ein Bedarf und Anreiz für kommerzielle Mehrwertdienste, die durch Selektions-, Strukturierungs- oder Vermittlungsmechanismen die Rolle der „service-providing agents" im AOS-Modell als neue Stufe innerhalb der Wertschöpfungskette inne nehmen könnten.

Elektronische Dienstemärkte

Mit diesem Abschnitt erfolgt gegenüber elektronischen Märkten eine Einschränkung auf kommerziell angebotene und genutzte Dienste. Mit dieser inhaltlichen Einschränkung geht jedoch keine konzeptionelle einher, da sich Aktivitäten wir etwa der Zugriff auf Börsensysteme, die interpersonelle Kommunikation oder der Abruf von Dokumenten abbilden lassen auf ein einheitliches Dienstmodell. Zudem entspricht die Anbieter/Nachfrager-Beziehung des konventionellen Marktes in ihrem „Protokoll" der Transaktionsphasen gerade einer Dienstanbieter/Dienstnehmer-Beziehung im systemtechnischen Modell. Aus diesem Grunde erscheint eine Nachbildung solcher ökonomischen Beziehungen realitätsnah. Schließlich bietet ein ausreichend formalisiertes Dienstmodell die Möglichkeit, Diensterbringer in einer Weise zu beschreiben, die eine verbesserte Klassifikation und Vergleichbarkeit erlaubt. Ohne durch die Einschränkung auf ein Dienstmodell die Allgemeingültigkeit zu reduzieren, geht damit eine bessere Spezifizierbarkeit von Programmschnittstellen einher.

Auf den in der Literatur häufig verwendeten Terminus des „offenen Dienstemarktes" wird hier zur Vermeidung einer Tautologie verzichtet, da der Begriff des Marktes bereits verschiedene Aspekte der Offenheit impliziert. Im folgenden wird der Begriff des Dienstes in einem Formalisierungsgrad erläutert, der für ein Dienstemarkt-Modell aus ökonomischer Perspektive ausreichend ist. Die weitere Verfeinerung des Begriffes erfolgt beim Entwurf einer systemtechnischen Infrastruktur.

Das EDM-Modell bietet eine grundsätzliche Strukturierung in die Ebenen der Kommunikation, der Softwareanwendungen und der ökonomischen Beziehungen. Schließlich fassen die bisher identifizierten Erfolgsfaktoren eine EDM-Infrastruktur zusammen. Dabei dienen diese als Anforderungsdefinition für das nachfolgende Architekturmodell wie auch

die Implementierung"(vgl. MATTES,F. Elektronische Märkte B2B, S. 32-53, Schaeffer-Poeschel Stuttgart 1999).

### 3.1.1.B2B (Business to Business)

"Immer mehr Unternehmen steigen in das Geschäftsfeld E-Commerce ein und benötigen zur Abwicklung der physischen Warenströme die Unterstützung der Logistikdienstleister. Dabei kommt es nicht nur auf den reinen Transport an, sondern auch auf die Vorhaltung einer internetfähigen IT-Struktur, welche das Angebot der Kunden ergänzt. Welche Strategien der United Parcel Service verfolgt, schildert ein Beitrag.

Logistikunternehmen sind in den vergangenen Jahren mit sich rasch verändernden Rahmenbedingungen konfrontiert worden. Versorgungs- und Wertschöpfungsketten werden in den elektronischen Handel integriert und strukturieren sich neu. Unter E-Commerce versteht man Transaktionen im Internet wie Bestellen und Bezahlen von Waren oder Dienstleistungen. Direktmarketing per E-Mail sowie Sicherheitslösungen für geschäftliche Transaktionen. Durch die rasante technologische Entwicklung nehmen die Ströme von Waren, Geldmitteln und Informationen immer größeren Umfang an.

Das größte Potenzial liegt heute und auch in Zukunft im Business-to-Business-Bereich (B2B). Gemeint ist damit die elektronische Geschäftsabwicklung zwischen Zulieferern, Herstellern und dem Handel. Letztlich geht es darum, die Wettbewerbsfähigkeit mittels folgender Maßnahmen zu steigern: Eröffnen neuer Vertriebskanäle, Intensivierung der Kundenbeziehungen, Effizienzsteigerung im Support, Optimierung der Beschaffungsseite und Konzentration auf

Kernkompetenzen.

Mit einem Internet-auftritt und der entsprechenden multimedialen Technologie kann man relativ schnell zu einem positiven Ergebnis gelangen, doch richtig erfolgreich wird die Lösung erst mit der entsprechenden Logistik und deren Integration in die Geschäftsprozesse des Kunden. Sie ist die Basis der Lösung, wenn man Beziehungen zu Endkunden (B2C) und Zulieferern (B2B) betrachtet. Die neue Handelskette integriert die Beteiligten nicht nur mittels technologischer Lösungen, sondern auch mittels unterschiedlicher Informations-, Kapital- und Güterströme. Hierzu wird IT-, Logistik- und E-Payment-Know-How benötigt.

Das Angebot auf die Kunden zuschneiden

Es ist notwendig, Strategien zu entwickeln, um die eigene Position und die der Kunden am Markt zu sichern und auszubauen. Am Beispiel UPS läßt sich die Umsetzung dieser Strategien erläutern. Früh wurde bei UPS erkannt, dass die physische Infrastruktur des Unternehmens eine technologische Ergänzung verlangte. Der Schnelligkeit, der Berechenbarkeit der Zustellung, der Transparenz des Dienstleistungsprozesses und der Integrationsmöglichkeit von Technologie musste Rechnung getragen werden. Rund 11 Mrd. USD (12 Mrd. EUR) hat das Unternehmen während der letzten 15 Jahre in die digitale Infrastruktur investiert.

Auf Grund der vielseitigen Veränderungen durch das E-Business kommen der Verfügbarkeit der logistischen Infrastruktur und den technologischen Lösungen wachsende Bedeutung zu. Durch eine Auswahl von verschiedenen innovativen Logistik- und E-Business-Lösungen lässt sich das Angebot auf die Anforderungen des Kunden maßschneidern.

Neben Softwarelösungen wie UPS OnLine WorldShip, welche sich in die kundeneigenen Systeme integrieren lassen, bietet das Unternehmen auch eine Reihe von Online Tools an. Diese speziell entwickelten E-Business-Applikationen wie zum Beispiel UPS OnLine Tracking oder Electronic Manifesting lassen sich direkt in die Internet- oder Intranet-lösung des Kunden integrieren.

Hierdurch kann der Kunde sowohl seine internen als auch seine externen Prozesse optimieren. Eine wichtige und äußerst effektive Verbesserung ist die Einbindung einer Trackinglösung.

Die Trackinglösung gibt dem Kunden die Möglichkeit, den Status seiner Sendung zu verfolgen. Sie können hier durch Einbindung der Sendungsverfolgung in ihre eigene Internetseite ihren Kunden direkt Informationen über den Paketstatus zur Verfügung zu stellen, ohne dass der Kunde die Internetseite verlassen oder aber im Servicecenter des Kunden anrufen muss.

Eine Schlüsselkomponente der Sendungsverfolgung ist das DIAD (Delivery Information Axquisition Device), das in den neunziger Jahren weltweit eingeführt wurde. Dabei handelt es sich um einen tragbaren Minicomputer, mit dem Zusteller die Paketdaten digital aufnehmen. Die Zustellbestätigung ist innerhalb weniger Minuten nach Auslieferung des Paketes abrufbar.

Die Internetseite www.ups.com optimiert die Effektivität der E-Business-Prozesse entlang der gesamten logistischen Kette. Sie ermöglicht den Kunden nicht nur die Verbesserung ihrer E-Business-Prozesse, sondern bietet darüber hinaus die Inspruchnahme verschiedener Dienstleistungen des Unternehmens an, wie zum Beispiel die Möglichkeit, die geplante Transportdauer innerhalb des weltweiten Servicenetzes abzufragen"(DOBBERSTEIN, B., DVZ Nr.68/8.Juni 2000, S. 25, DVZ-Verlag, Hamburg).

### 3.1.2. B2C (Business to Consumer)

"Alle reden über das Einkaufen im Internet ....

.... aber nur wenige reden darüber, wie die eingekaufte Ware anschließend verteilt wird!

Das mit dem Umsatzvolumen verbundene Liefervolumen ist mit den gegenwärtigen Systemen, Prozessen und Fahrzeugen nicht ökonomisch abzuwickeln.

Benötigt werden daher:
    neue Systeme und Prozesse, z.B. private und/oder öffentliche Terminals,
    neue Transport-Fahrzeuge" (vgl. GÖPFERT, I. Gutachten S. 23-27,
    a.a.O.).

### 3.1.3. C2C (Consumer to Consumer)

"Ebay - fast schon ein Synonym für erfolgreiches E-Commerce. Doch das Geschäft mit den Endkunden ist nicht einfach. Nur mit Top-Dienst-leistern kann das führende C2C-Auktionshaus die Wünsche seiner Kunden erfüllen.

Statt auf Flohmärkten oder im Kleinanzeigenteil der Tageszeitung stöbern moderne Schnäppchensucher heutzutage im Internet herum. Ob antiquierte Kerzenständer, Fotoapparate, Eintrittskarten oder sogar Autos - die digitalen Auktionshäuser, von denen es allein in Deutschland 200 geben soll, bieten nahezu alles an. Die Idee der Onlineversteigerung scheint sich im Privatkundengeschäft durchzusetzen. Innerhalb eines Jahres verdoppelte sich allein beim Branchen-Primus Ebay die Zahl der Auktionen von weltweit 29l,3 Mio. (2. Quartal 1999) auf 62,5 Mio. (2. Quartal 2000). Goldene Zeiten für Logistikdienstleister. Denn hinter fast jeder Auktion steckt auch eine Sendung. Die Logistiker müssen aber noch einige Schwierigkeiten meistern. Leider klingelt der Paketbote oftmals vergebens an der Haustür - niemand zu Hause. Ein Problem, das die Erfüllung des Kundenauftrags - das Fulfilment - enorm erschwert. Beim C2C-Geschäft (Customer-to-Customer) wiegt dieses Problem doppelt schwer, da der Logistikdienstleister die Ware bei einem Privatkunden abzuholen und wieder bei einem anderen Endverbraucher abzuliefern hat. In diesem Auktionssegment ist Ebay tätig und weltweit führend. Seit 1999 ist das US-amerikanische Unternehmen auch auf dem deutschen Markt aktiv. Kurzerhand kaufte Ebay die deutsche Versteigerungsplattform Alando.de. Um in Deutschland die Liefer- und Zahlungsabwicklung in den Griff zu bekommen, hat die in Dreilinden bei Berlin ansässige Ebay-Tochter im März die Dienstleister Pago eTransaktion Services GmbH&Co.KG, Köln, und die Paul Günther Logistik AG, Hamburg mit der Prozessabwicklung beauftragt. An den Haustüren klingeln für Ebay wie in den USA die Boten des Expressdienstes UPS. Bis zu dreimal fahren sie zum Kunden, um Waren abzuliefern oder abzuholen. Auf wenige Stunden genaue Lieferzeiten kann der Kunde leider nicht vereinbaren. Die „letzte Meile" zum Kunden bleibt eine Herausforderung. Lösungen werden aber schon getestet: Die Britische Post bietet für einige Ballungszentren wie London gegen Aufpreis eine Anlieferung zwischen 17 und 21 Uhr. „Einen Service, den es innerhalb eines Jahres auch in Deutschland geben wird", meint der Hamburger Kep-Experte Horst Manner-Romberg. „Nur so können die Kep-Dienste am erhofften Zuwachs durchs E-Commerce partizipieren." Aber, mahnt Manner-Romberg, nicht jeder Kep-Dienstleister verfüge über die notwendigen Sendungsmengen, um die Kostenseite für dieses Angebot in den Griff zu bekommen.

Eine Frage des Vertrauens

Über die Ebay-Plattform schließen unbekannte Partner Geschäfte miteinander ab. Aber kein Markenname bürgt für Seriosität. Ein Paradies für Betrüger und Kriminelle. Und ein weiterer Hemmschuh fürs E-Commerce. Wer überweist einem Fremden schon mehrere Tausend Mark und hofft dann darauf, dass seine Ware auch geliefert wird? Und welcher Verkäufer verschickt gerne Waren, an einen völlig unbekannten Kunden? Zwar kann man sich als Ebay-Nutzer die Bewertungen der Mitglieder durch die Mitglieder aus bisherigen Käufen und Verkäufen anschauen, Aber diese Zeugnisse lassen sich auch fälschen. Betrüger melden sich mit mehreren Namen an, ersteigern die eigenen Produkte und geben sich selbst gute Noten. Auch die kostenlose Versicherung gegen Betrug, Nichtzahlung oder Nichtlieferung bietet mit 400 DM Höchstdeckung, 50 DM Selbstbeteiligung und vielen Haftungsausschlüssen keinen ausreichenden Schutz.

Mehr Vertrauen schafft das neue Treuhandsystem, das Ebay zusammen mit Pago seit Anfang des Jahres anbietet. Diese Dienstleistung garantiert die sichere Zahlung und Lieferung der Ware: Nachdem der Bieter bei der Ebay-Auktion den Zuschlag erhalten hat und beide Parteien das Treuhandverfahren vereinbart haben, übermittelt die Internetplattform alle relevanten Daten des Käufers und Verkäufers automatisch an den Dienstleister Pago. Gleichzeitig erhält der Käufer eine Aufforderung, den Ersteigerungsbetrag plus Zusatzkosten wie Transport und Provision auf ein Treuhandkonto der Deutschen Bank zu überweisen. Pago ist ein Joint Venture der Deutschen Bank und der EBS Holding AG, die wiederum eine Tochter des Handelskonzerns Metro ist.

Pago legt nach der Benachrichtigung über den Zahlungseingang im Debitorensystem eine kreditorische Buchung für den Käufer an und transferiert anschließend die Daten des Vorgangs (Verkäufer, Käufer, Produkt, Auftrag) an die Paul Günther Logistik AG, die für die Abwicklung der Logistik zuständig ist und auch den Paketdienst UPS beauftragt. Den Status der Lieferoperation meldet Paul Günther zurück an Pago. Je nachdem, ob die Auslieferung erfolgreich war oder nicht, wird die Deutsche Bank angewiesen, das Geld dem Verkäufer oder wieder dem Käufer zu überweisen.

Trifft der UPS-Bote den Verkäufer dreimal nicht an, um die Ware abzuholen, wird dem Käufer das Geld zurück überwiesen - ohne Mehrkosten. Sollte UPS drei erfolglose Versuche unternehmen, die Ware beim Käufer abzuliefern, gilt sie als Retoure. Die Retourenkosten in Höhe von 7,50 DM werden von dem bereits auf dem Konto eingegangenen Warenpreis einbehalten. Die Ware wird zurück zum Verkäufer geschickt.

Das gesamte Treuhandverfahren dauert laut Ebay bis zu zwei Wochen. Es können mehrere Tage vergehen, bis Verkäufer und Käufer die Benutzung des Treuhandverfahrens bestätigen. Ebenso dauert es in der Regel einige Tage, bis der Zahlungseingang des Käufers auf dem treuhänderisch verwalteten Konto eintrifft. Auch ist es möglich, dass die Fahrer den Verkäufer oder Käufer nicht gleich beim ersten Mal antreffen und daher erneut anfahren müssen. Etwa 400 Kunden entscheiden sich derzeit pro Woche für das Pago-Treuhandverfahren. Der Service ist für Auktionswerte ab 50 DM interessant. Ab der Versicherungsgrenze von 400 DM sollte er auf jeden Fall in Anspruch genommen werden. Kunden, die nicht das neue Treuhandangebot nutzen, müssen selbst für den Zahlungsverkehr und den Transport - meist über den herkömmlichen Postweg - sorgen.

Für das Treuhandverfahren wird eine Servicegebühr in Höhe von 2,5% des Warenwerts - mindestens aber drei Mark fällig. Hinzu kommen die Transportkosten, die sich nach dem Gewicht des Pakets richten und bei 10,90

Mark für Pakete bis 5 kg beginnen und bei 79,90 Mark für Kartons zwischen 60,1 und 70 kg enden. Das Gurtmaß - doppelte Höhe plus doppelte Breite plus Länge - eines Paketes darf nicht mehr als 3,30 m betragen und die Länge darf 2,70 m nicht überschreiten, da die Liefertrangsporter nur über dieses übliche Gurtmaß verfügen. Die Artikel sind gegen Transportschäden bis zu einem Warenwert von 1.000 DM versichert. Dieser Schutz ist im Preis inbegriffen. Ab einem Warenwert von 1.000 DM fällt eine zusätzliche Gebühr in Höhe von 0.03% vom Warenwert an. Für Stückgut wie z.B. ein Klavier meldet sich Paul Günther direkt beim Kunden, um die Versicherungskosten und den Transport zu besprechen. In allen Fällen zahlt die Versicherung im Schadensfall nur, wenn der Schaden eindeutig durch den Logistikpartner verursacht wurde. Für unzureichend verpackte Waren übernehmen Ebay und Paul Günther keine Haftung.

Wie funktioniert Ebay?

Über Ebay lassen sich Waren nahezu aller Art im Internet versteigern. Ausgeschlossen sind gesetzlich oder moralisch bedenkliche Artikel wie Waffen, Piraterieprodukte oder menschliche Organe. Nicht zugelassen sind aus rechtlichen Gründen auch Grundstücke und grundstücksgleiche Rechte, radioaktive Stoffe, Wertpapiere und Arzneimittel im Sinne des Arzneimittelgesetzes sowie Medizinproduktgesetzes - sofern die Medizinprodukte keine CE-Kennzeichnung tragen oder von einem Verkäufer angeboten werden, der seinen Wohnsitz außerhalb der EU hat.

Wer bei Ebay mitmachen will, der muss die Mitgliedschaft beantragen. Grundsätzlich kann dies jede uneingeschränkt geschäftsfähige natürliche oder juristische Person tun. Minderjährige haben offiziell keinen Zugang zum System. Die Mitgliedschaft ist kostenlos, anzugeben ist nur die persönliche Anschrift. Unter fiktiven Nutzernamen wie „Otze" oder „Festwirt" kommen Verkäufer und Bieter dann auf der Internetplattform zusammen. Die wahre Identität kennt nur Ebay. Wer einen Artikel verkaufen möchte, der füllt ein entsprechendes Formblatt aus, womit der Verkäufer den Artikel kategorisiert und beschreibt. Auch ein Bild von der Ware lässt sich einbinden, sofern der Verkäufer es schon in geeigneter Form (tif, jpg) auf einem Internetserver liegen hat. Ferner sind Angaben über den Standort des Artikels und die gewünschten Lieferbedingungen wie „Käufer zahlt Versandkosten" oder „Zahlung per Überweisung" oder „Versand innerhalb von Europa" zu machen. Zu den wichtigen Angaben gehört der Startpreis des Artikels für die Auktion, der mindestens 1 DM betragen muss, und die Dauer der Auktion, die zwischen drei und zehn Tagen liegen kann. Dieser Service kostet den Verkäufer bis zu einem Warenwert von 49 DM 0,50 Mark, bei höheren Artikelwerten ist 1 DM zu zahlen. Die Provision beträgt 3% des Höchstgebotes (bis 1.000 DM) am Ende der Auktion und 1,5% für den übersteigenden Teil des Höchstgebots ab 1.001 DM. Ebay verlangt die Provision nur, wenn ein Gebot

abgegeben wird. Ob der Handel zustande kommt, ist dann aber nicht mehr
relevant. Für unterschiedliche Aufpreise von bis zu 79 DM preist Ebay den
Artikel an besonderen Stellen der Homepage noch einmal extra an.

Um bei Ebay Artikel ersteigern zu dürfen, muss man ebenfalls registriertes
Mitglied sein. Kosten entstehen für den Käufer keine. Außer, der Verkäufer
beteiligt den Käufer an den Versandkosten. Ebay zeigt bei jedem Artikel an,
welcher Nutzer (-name) gerade das höchste Gebot abgegeben hat. Durch die
sogenannte „Agentenfunktion" kann ein Bieter den Betrag, den er maximal
ausgeben möchte, geheim an Ebay mitteilen. Das System bietet dann bis zur
Höchstgrenze automatisch mit, auch wenn der User nicht online ist. Wird das
eigene Höchstgebot überboten, schickt das System automatisch eine E-Mail.
Nach Ablauf der festgelegten Auktionszeit erhält das höchste Gebot den
Zuschlag.

Powerauktion für gleiche Artikel

Beim Verkauf von gleichen Artikeln findet bei Ebay eine sogenannte
„Powerauktion" statt: Der Verkäufer legt den Mindestpreis (das Ausgangsgebot)
fest und gibt die Anzahl der angebotenen Artikel an. Die Bieter geben jeweils für
die gewünschte Anzahl der Artikel ihre Gebote in Höhe des Mindestpreises oder
darüber ab. Nach Auktionsende erhalten die Meistbietenden ihre ersteigerten
Artikel zum Betrag des niedrigsten erfolgreichen Gebots. Beispielsweise, es
stehen zehn Fernseher für je 100 DM zum Verkauf. 25 Leute bieten 100 DM für
je einen Fernseher. In diesem Fall sind nur die ersten 10 Bieter erfolgreich, da die
Gebote identisch sind und frühere Gebote Vorrang haben.

Bietet aber jemand beispielsweise 150 DM, dann wird dieser mit Sicherheit zu
den erfolgreichen Bietern gehören, da das Gebot höher ist als alle anderen. Die
anderen neun Fernseher gehen an die ersten Bieter, die 100 DM bieten. Der
Endpreis jedes Fernsehers beträgt für jeden Teilnehmer 100 DM. Nur wenn
genügend Bieter den Mindestbetrag überbieten, erhöht sich auch der Endpreis des
Artikels. Wenn in unserem Beispiel weniger als 10 Leute bieten, dann wird nur
diese Anzahl von Fernsehern zum Eröffnungspreis von 100 DM verkauft. Damit
der Verkaufspreis über den vom Verkäufer festgelegten Eröffnungspreis hinaus
steigen kann, muss die Nachfrage mindestens so hoch sein wie die vorhandene
Stückzahl. In unserem Beispiel würde der Verkaufspreis nur steigen, wenn für 11
oder mehr Fernseher Gebote abgegeben würden, unabhängig davon, wie hoch die
Gebote wären. Es ist auch möglich, dass der Bieter einer Powerauktion mit dem
niedrigsten Gebot nicht die gesamte Stückzahl erhält, für die er geboten hat:
Wenn der Niedrigstbietende für drei Fernseher geboten hat, erhält er
möglicherweise nur einen Fernseher, wenn neun Fernseher an Höherbietende
abgegeben werden müssen. In einigen Fällen kann sich ein Bieter das Recht

vorbehalten, eine Teilmenge nicht kaufen zu müssen. In diesem Fall kann der Verkäufer diesen Bieter überspringen und zum nächsten Bieter übergehen, sofern es weitere Bieter gibt. Um eine Poweraktion anbieten zu dürfen, muss der Verkäufer über ein Bewertungsprofil von 10 oder höher verfügen und mindestens seit 60 Tagen Ebay-Mitglied sein. Durch diese Einschränkung will Ebay Mitglieder vor unseriösen Verkäufern schützen.

Anonyme Privatauktionen

Der Verkäufer kann bei Ebay auch festlegen, dass eine Auktion eine Privatauktion ist. Das heißt, dass die E-Mail-Adressen der Bieter weder auf der Auktionsseite noch in der Bieterliste bekannt gegeben werden. Lediglich der Verkäufer und der Meistbietende werden nach der Auktion per E-Mail benachrichtigt. Diese Option ist hilfreich, wenn der Verkäufer merkt, dass potenzielle Bieter ihre Identität nicht der Allgemeinheit preisgeben möchten. Diese Option steht für Powerauktionen nicht zur Verfügung" (vgl. LOGISTIK HEUTE, 9/2000, S. 22-26, HUSS-Verlag München 2000).

### 3.1.4. Stand und Entwicklung des E-Shopping

"Chancen für und Anforderungen an einen Logistik-Dienstleister

Ergebnisse einer empirischen Untersuchung

Gliederung:

1. Begriff und Bedeutung des Electronic-Shopping

2. Wesen des Electronic-Shopping

3. Interesse ausgewählter Anbieter an Electronic-Shopping

4. Electronic-Shopping und Logistik

5. Begriff und Bedeutung des Electronic Shopping

-begriffliche Vielfalt in der Diskussion zu beobachten

-Unterstützung des Kunden in seiner Kaufentscheidung durch visuelle, elektronische Medien, die die Präsentation der Waren übernehmen, die der

Kunde bei einer näher bezeichneten Adresse bestellt, die anschließ-end für die Zustellung/Anlieferung der bestellten Ware sorgt.

-drei Formen des Electronic-Shopping:

-Offline-Shopping (CD-Rom, CD-I, Photo-CD)

-Online-Shopping (Internet, WWW, kommerzielle Online-Dienste)

-Teleshopping (DRTV, Informercials, Teleshopping-Sender)

Gegenüberstellung:

Klassischer Versandhandel und Electronic-Shopping

Nutzung der unterschiedlichen Formen durch Anbieterseite:

- www   65,5%           bereits eingesetzt
- CD-Rom 20,7%          "
- kom. Online-Dienste 13,8%   "

-ähnliche Ergebnisse in der eigenen Untersuchung

Aktuelle Bedeutung des Electronic-Shopping:

- sehr unterschiedliche Prognosen hinsichtlich der Entwicklung von Electronic-Shopping: je nach Quelle zwischen 8 Mrd. US$ und 600 Mrd. US$ Jahresumsatz allein für das Online-Shopping im Jahre 2000.

- Offline-Shopping in Verbindung mit kommerziellen Online-Dienst bisher am attraktivsten.

- Online-Shopping erzielt nur in Verbindung mit kommerziellen Online-Diensten nennenswerte Umsätze.

- Teleshopping in den USA teilweise erfolgreich, in Deutschland bisher unbedeutend.

Nachfrage der Kunden:

Kundenstruktur

Offline + Online-Shopping: -überwiegend männlich
-überdurchschnittliches Einkommen
-gehobene/führende Position in
Unternehmen oder
Student/Mitarbeiter an Universität
-überwiegend jüngerer Teil der
Bevölkerung

Teleshopping: -je zur Hälfte Männer und Frauen
(Anteil steigend)
-überdurchschnittliches Einkommen
-deutlich älter als Offline- und
Online-Shopper
-Gruppe der 46-66-Jährigen
dominiert

Vorteile des Electronic-Shopping aus Anbietersicht:

In der Literatur genannt: -Verbesserung des Marketing
- neuer Absatzkanal
-Umgehung einzelner Handelsstufen
-Verbesserung der operativen Abläufe

Anforderungsprofile an das Electronic-Shopping aus Kundensicht:

In der Literatur genannt: -Benutzerfreundlichkeit
-vereinfachter Zugang
-günstigere Preise
-verbesserte Sicherheit (Datenschutz und
-Finanztransaktionen)
-verbessertes inhaltliches Angebot
-optimierter Service

In der Literatur genannt: -einheitliche Standards für Hard- und
Software
-Lösung der ökonomischen Fragen und
Probleme
-Klärung rechtlicher Probleme

Weitere begleitende Einflußfaktoren der Entwicklung des Electronic-Shopping:

a) Freizeitverhalten der Bevölkerung:

-Cocooning vs. aktiver Freizeitgestaltung

b) Lösung sozialer Probleme:

-Vereinsamung der Anwender und soziale Isolation der Nichtnutzer

c) Frage der politischen Unterstützung:

-Wettbewerbspolitik
-Gesellschaftspolitik
-EU-Politik

Bekanntheitsgrad des Electronic-Shopping

Bekanntheitsgrad: insgesamt 100 %   -etwa 81% Offline-Shopping
                                    -etwa 91% Online-Shopping
                                    -etwa 91% Teleshopping


Aktuelles Engagement im Electronic-Shopping:

a) Engagement:   insgesamt 7 (33%) als Anbieter aktiv

                       -2 Anbieter im Offline-Shopping
                       -7 Anbieter im Online-Shopping
                       -1 Anbieter im Teleshopping

b) realisierter Umsatz durch Electronic-Shopping:

   -bisher wird durch die antwortenden Anbieter kein nennenswerter Umsatz im Elextronic-Shopping getätigt. Die Antworten schwanken zwischen 0 - 1%.

   -Auf ähnliche Erfahrungen weisen die Interviewpartner hin.

   -Informationsinteresse der Kunden ist vielfach vorhanden, Abschlüsse werden aber kaum getätigt.

c) Welche Erfahrungen wurden bisher mit Electronic-Shopping gemacht?

'Nur schlechte' als auch 'nur gute' Wertungen halten sich die Waage!

d) Von diesen Unternehmen bevorzugen
-3 Offline-Shopping als mögliche Medien
-9 Online-Shopping
-2 Teleshopping

e ) getroffene Vorbereitungen: -Info-CD-Roms erstellt (Werbemittel)
-Internetseiten eingerichtet
-Marktübersicht über mögliche Service-
Provider verschafft.

Aktuelles Engagement im Electronic-Shopping:

f) Die bereits Electronic-Shopping praktizierenden Unternehmen zeigen folgendes Profil:

-sechs der sieben Unternehmen weisen einen Umsatz größer einer Milliarden DM aus, das siebte bewegt sich zwischen 100 Mio. DM und einer Milliarden DM.

-ebenso beschäftigen fünf der sieben Unternehmen mehr als 10.000 Mitarbeiter, nur eines weniger als 500.

-die Aktivitäten im Electronic-Shopping scheinen branchenunabhängig zu sein.

-drei der sieben Unternehmen haben Versandhandelserfahrung, vier jedoch nicht.

g) Ebenso weisen die interessierten bzw. stark interessierten Unternehmen und jene, die zumindest über ein Engagement im Electronic-Shopping nachdenken, folgende Merkmale auf:

-3 Unternehmen > 1 Mrd. DM Umsatz, 4 Unternehmen zwischen 100 Mio. und 1 Mrd. DM Umsatz

-Beschäftigtenzahlen sehr viel weiter gestreut als bei den „aktiven" Unternehmen.

-ebenso sind hier unterschiedliche Branchen vertreten

Zukünftiges Engagement im Electronic-Shopping:

a) Angestrebter Umsatzanteil des Electronic-Shopping der bereits aktiven

Unternehmen:

-insgesamt nur fünf Antworten:
-keine aussagekräftigen Ergebnisse.

b) Angestrebter Umsatz des Elektronic-Shopping der noch nicht aktiven Unternehmen:

-insgesamt nur drei Antworten:
-keine aussagekräftigen Ergebnisse.

4.- Electronic-Shopping und Logistik

Distributionsmodelle des Electronic-Shopping:

-physische Distribution physischer Produkte

-Distribution digitalisierter Produkte
-Datenübertragung zur physischen Konservierung
-Datenübertragung zur Online-Nutzung"(vgl. GÖPFERT, I., Stand und Entwicklung des Electronic Shopping, S. 2-22, Gutachten, Marburg 2000).

**3.1.5.M-Commerce**

"Mobilcom-Chef Gerhard Schmid sorgte in bewährter Manier für Aufsehen, als er vor knapp vier Wochen ankündigte, mit dem eigenen UMTS-Mobilfunknetz schon 2002 und damit als erster Anbieter an den Start gehen zu wollen. Ob ihm das gelingt, ist offen. Sicher ist dagegen, dass der 48-Jährige Ende vergangener Woche der erste deutsche Telefonmanager war, dem die UMTS-Investitionen die Bilanz verhagelte.

Die nämlich sind nach Schmids Angaben mitverantwortlich dafür, dass er für sein Unternehmen erstmals rote Zahlen melden musste - rund 264 Millionen Mark Verlust in den ersten neun Monaten des laufenden Geschäftsjahres. Ein Zustand, an den sich der Mobilkom-Gründer wird gewöhnen müssen. Sein Finanzchef Thorsten Grenz hat bereits angekündigt, dass das Unternehmen voraussichtlich erst 2007 „wieder einen Jahresüberschuss erwirtschaften wird".

Doch nicht nur seine Prognose ist unsicher. Die ganze Kommuni-kationsbranche rätselt, wie sich Nutzerzahlen und -verhalten im Telekommunikationsmarkt der Zukunft entwickeln werden. Ins-besondere der Erfolg der UMTS-Telefonnetze und des mobilfunk-gestützen elektronischen Handels, in Anlehnung an den E-Commerce, M-Commerce genannt, sind völlig offen.

„Aussagen, welcher Anbieter wann welche Umsätze machen wird, hatten bisher etwa die Qualität eines Blicks in die Glaskugel", urteilt David Dean, Geschäftsführer der Boston Consulting Group (BCG) in München und zugleich Chef der globalen Praxisgruppe für Technologie und Kommunikation des Beratungshauses. Grund genug für Dean, mit BCG-Fachleuten in Europa, Asien, den USA und Australien die bislang erste globale Studie über die Erfahrungen und Wünsche von Nutzern der ersten M-Commerce-Dienste zu erheben. Sie nennt die derzeit beliebtesten M-Commerce-Anwendungen und die größten Ärgernisse der Befragten, mehr als 1800 Konsumenten und wird von der WirtschaftsWoche exklusiv präsentiert.

Danach erwarten die BCG-Forscher, dass sich M-Commerce ähnlich entwickelt wie einige Jahre zuvor der E-Commerce im Festnetz-Internet. „Derzeit befindet sich der mobile elektronische Handel auf einer technischen Stufe, wie das klassische Internetgeschäft Mitte der Neunzigerjahre", sagt BCG-Manager Christoph Nettesheim. Und die Technik entwickele sich ähnlich rasant.

Schon für das Jahr 2003 rechnen die BCG-Forscher daher weltweit mit bis zu 300 Millionen Nutzern von M-Commerce-Anwendungen - von der einfachen Buchbestellung per Handy über die mobile Kontostandsabfrage bis zur Teilnahme an Onlineauktionen. Allein das Volumen der Einkäufe über das Handy, könne, so Nettesheim, „in drei Jahren schon rund 50 Milliarden Dollar erreichen - drei bis vier Milliarden davon in Deutschland". Umsätze der Netzbetreiber in etwa vergleichbarer Höhe für die Datenübertragung zu den mobilen Endgeräten sind da noch gar nicht berücksichtigt.

Andererseits: Der größte Teil der Anwendungen, die diese Umsätze generieren sollen, existiert noch gar nicht. Noch fehlen fast überall sowohl die entsprechenden Kommunikationsnetze als auch die erforderlichen Endgeräte. Zwar nimmt beispielsweise in Deutschland die Zahl der so genannten Wap-Handys zu, mit deren Hilfe sich speziell aufbereitete Infodienste aus dem Internet auf dem Display der Mobiltelefone darstellen lassen. Doch für die Übermittlung größerer Datenmengen oder gar Grafiken sind sie nicht geeignet.

Hinzu kommt, dass die derzeit noch praktizierte Abrechnung der mobilen Web-Zugriffe nach Dauer der Verbindung extrem teuer ist. Mit Minutenpreisen von knapp 40 Pfennigen sind Wap-Verbindungen bei den deutschen Mobilfunkanbietern beispielsweise mehr als doppelt so teuer wie normale Mobilfunkgespräche am Wochenende oder innerhalb einer Stadt. Einer Abrechnung nach übertragener Datenmenge - zum Beispiel analog zum privaten

Wasserverbrauch - offeriert hier zu Lande noch kein Anbieter.

Dass es auch anders geht, beweist das Beispiel Japan. Dort löst der Telekommunikationsriese NTT DoCoMo derzeit mit seinem i-Mode-Dienst einen extremen Mobilfunk-Hype aus. Der Clou, während sich Mobilfunkkunden hier zu Lande vor Onlinezugriffen erst langwierig eine Telefonverbindung zum Wap-Dienst anwählen müssen, sind i-Mode-Handys „always-online". Abgerechnet wird indes nur die übertragene Datenmenge. Rund 50 000 neue Nutzer melden sich laut BCG-Studie zur Zeit täglich für die Nutzung dieses multimedialen Informations- und M-Commerce-Dienstes an.

Einen ähnlichen Boom erhoffen sich die Mobilfunkfirmen hier zu Lande, sobald sie ihre Netze um die GPRS-Technologie (General Packet Radio Service) erweitert haben. Diese General Packet Radio Service genannte Funktion soll ab kommendem Frühjahr neben deutlich höheren Übertragungsgeschwindigkeiten auch in Deutschland always-online-funktionen und eine Abrechnung nach Datenvolumen ermöglichen.

Höchste Zeit aus Sicht der M-Commerce-Forscher: „Egal ob in Europa, Asien oder Amerika, überall klagen die M-Commerce-Pioniere über ein extremes Ungleichgewicht zwischen hohen Kosten und zugleich niedrigen Geschwindigkeiten, komplizierter Bedienung der Angebote sowie instabilen Netzen", fasst BCG-Manager Nettesheim die Schwachpunkte im heutigen M-Commerce zusammen. Sein Fazit: „Wenn die Qualität von Netz und Diensten nicht schnell deutlich besser wird, vergraulen sich die Anbieter heute ihre Kundschaft von morgen."

„Zu hohe Erwartungen"
Marktforscher David Dean über Rentabilität und ungenutzte Einnahmequellen im M-Commerce.

Dean, 42, ist Deutschland-Chef bei der Boston Consulting Group. Als Leiter der Praxisgruppe Technologie und Kommunikation verantwortete er die jüngste M-Commerce-Studie des Beratungshauses.

Herr Dean, die Mobilfunkbetreiber haben allein in Deutschland 100 Milliarden Mark in die UMTS-Lizenzen investiert; die Kosten für den Netzaufbau gar nicht eingerechnet. Können sich diese Ausgaben überhaupt rentieren?

Es gibt Berechnungen, wonach sich die Investitionen für Anbieter erst ab einem Marktanteil von mindestens 25 Prozent rechnen. Dass das bei - allein in Deutschland fünf Lizenznehmern - nicht für alle aufgehen kann, ist logisch.

Wer hat denn die besten Chancen, schnell schwarze Zahlen zu schreiben?

Von „schnell" möchte ich gar nicht reden. Bis auch die Anlaufverluste getilgt sind, werden selbst die Erfolgreichsten Jahre brauchen. Grundsätzlich aber haben beispielsweise hier zu Lande die großen nationalen Player von D1 bis Viag Interkom die günstigere Ausgangsbasis. Sie besitzen schon viele Kunden, umfangreiche Infrastruktur und sie haben schon jetzt die Information, wo sich ihre Kunden im Netz befinden. Damit lassen sich M-Commerce-Dienste anbieten, die vom Standort des Nutzers abhängig sind. Gerade diese Angebote, etwa Routenführung, Hinweise auf nahe gelegene Restaurants oder Tankstellen, werden in Zukunft sehr gefragt sein.

Heißt das im Umkehrschluss, die Neulinge sind schon vor dem Start k.o.?

Nein, aber Unternehmen wie beispielsweise das Konsortium Group 3G aus Spaniens Telefónica und Finnlands Telefongesellschaft Sonera in Deutschland, die - mit Lizenz aber ohne Kundenstamm - auf die Telekommunikationsmärkte drängen, brauchen Partner mit vielen Kunden. Banken, Fluggesellschaften, Medienhäuser oder Reiseunternehmen könnten ihren Kunden gegenüber als so genannte „mobile virtual network operator" (MVNO) auftreten, de facto aber die Netze der Lizenznehmer nutzen.

Sind Sie sicher, dass die Kunden die neuen Netze und M-Commerce-Dienste überhaupt in Anspruch nehmen wollen? Bald hat jeder zweite Deutsche sein persönliches Handy - und nutzt es überwiegend zum Telefonieren.

Noch! Der SMS-Boom deutet schon an, wie rasant die Nachfrage nach neuen Angeboten zunehmen kann. Heute werden in Europa monatlich fünf Milliarden Kurznachrichten verschickt; fünfmal so viele wie Anfang 1999. Zudem gibt es neben derartigen Endkundenangeboten eine Vielzahl potenziell sehr lukrativer Business-to-business-Anwendungen. Nur tauchen die in den Geschäftsplänen vieler Mobilfunkunternehmen in Europa gar nicht auf.

Was sind diese Goldgruben?

Wir haben beispielsweise in den USA ein Projekt realisiert, bei dem ein Unternehmen die Produktivität der Vertriebsmannschaft durch den Einsatz von Handheld-Computern mit Handyanschluss deutlich erhöht hat. Auch solche Lösungen brauchen Mobilfunknetze - und finanzieren sie mit. Firmen, die solche Anwendungen nicht intensiv entwickeln, werden bald Probleme haben.

Probleme haben zurzeit die ersten Nutzer von M-Commerce-Anwendungen, die über geringe Übertragungsgeschwindigkeiten oder schlechte Verbindungen klagen. Viele haben es bereits aufgegeben, sich mit M-Commerce zu beschäftigen.

Viele Anbieter - vom Netzbetreiber bis zum Gerätehersteller - haben bei den Kunden zu hohe Erwartungen geweckt. Nun besteht das Risiko, dass sich die Kunden der Zukunft abwenden, bevor sich der Markt überhaupt entwickelt. Andererseits stimmt mich die Entwicklung des Festnetz-Internets recht optimistisch: Auch das war noch vor sechs Jahren sehr langsam, viele Angebote waren wegen technischer Probleme nicht erreichbar und heute zweifelt kein Mensch mehr am Erfolg des World Wide Web.

mCommerce - Perspektiven

Trotz vieler Parallelitäten zum eCommerce muss der mCommerce als völlig neues Geschäftsfeld betrachtet werden. Immerhin knapp die Hälfte aller potenziellen m-Commerce-Kunden haben keinerlei Erfahrung mit dem Internet. Das Handy als Alltagsgegenstand ermöglicht das Erschließen völlig neuer Kundengruppen im Business-to-Consumer-Bereich. Dennoch befindet sich der mCommerce noch im Anfangsstadium, die technische Infrastruktur ist immer noch relativ unbefriedigend. Schnellere Übertragungsraten sieht man positiv entgegen. Die Frage nach dem wirklichen Mehrwert müssen sich alle Anbieter ernsthaft stellen. Sonst werden sich die massiven Investitionen in die mobile Zukunft nicht bezahlt machen"(vgl. WIRTSCHAFTS-WOCHE Nr. 47, 16.11.2000, S. 146-150, Düsseldorf, 2000).

## 3.2. Marktplätze im Vergleich

"1999 war das Jahr der virtuellen Business-to-Business-Marktplätze in den USA, 2000 wird das Jahr der B2B-Marktplätze in Deutschland. Zwar finden sich in den USA mit knapp 750 nach wie vor fast viermal so viele Marktplätze wie in Europa, aber in den ersten Monaten diesen Jahres ist die Zahl der Marktplätze in Europa mit etwa 40% fast doppelt so stark gewachsen wie in den USA, wo der Wachstumstrend bereits deutlich abflacht. In Deutschland konnten im vergangenen Herbst 34 B2B-Marktplätze gezählt werden. Heute sind es schon über 100. Bis 2002 entstehen hierzulande wahrscheinlich einige weitere hundert B2B Marktplätze. So das Ergebnis einer aktuellen Studie der Berlecon Research GmbH. Weltweit haben die Berliner Marktforscher derzeit über 1.000 B2B-Marktplätze erfasst.

Viele Experten erwarten, dass sich B2B-Marktplätze zu den dominierenden Plattformen für das Online-Geschäft entwickeln. Bis zum Jahr 2002 steigt der Wert der auf B2B-Marktplätzen in Deutschland umgeschlagenen Waren von 1999 400 bis 600 Mio. DM auf 18 bis 30 Mrd. Mark. Damit hätten die B2B-

Marktplätze bei einem optimistischen Szenario des E-Business einen Anteil von 8% bzw. 13% am gesamten im Internet getätigten B2B-Umsatz, den Berlecon 2002 mit 240 Mrd. DM (inklusive Einkaufs- und Verkaufslösungen) veranschlagt. Ein ebenfalls erstelltes etwas vorsichtigeres Szenario geht von einem Umsatz von 70 Mrd. aus. Derzeit finden sich in verschiedenen Studien viele Zahlen über die Entwicklungen im E-Business. Je nach Berechnungsart kommen unterschiedliche Werte heraus. Allen gemein ist ein starkes Ansteigen von B2B-Transaktionen. Weniger optimistisch dagegen scheint die Entwicklung für die Start-up-Unternehmen zu sein, die häufig als Marktplatzbetreiber auftreten. Hier rechnen Experten ab spätestens 2004 mit einer Konzentration und starker Konkurrenz aus dem Ausland. Außerdem zeichnet sich schon heute ab, dass Großkonzerne oftmals nicht gewillt sind, an die Marktplatzbetreiber transaktionsabhängige Gebühren zu zahlen. Lieber investieren diese Unternehmen einmalig intensiv in den Aufbau eigener Handelssyteme. Zudem drängen Softwareriesen wie SAP und Microsoft auf den Markt. Diese Giganten mit ihrem riesigen Kundenstamm machen den Start-ups das Leben schwer. Gerüchten zufolge will beispielsweise Oracle Handelsmarktplätze für Unternehmen errichten, die völlig frei von Gebühren sind. Weltweit reagieren auch die Finanzmärkte auf diese Entwicklung. Nach drastischen Kurssteigerungen von bis zu 1.500% bei Unternehmen wie Commerce One, Ariba oder Internet Capital Group kommt es seit Februar zu massiven Kurseinbrüchen von teilweise 60 bis 90% am Neuen Markt. Ein Schock für die Branche war auch der Konkurs des Internetmodehändlers Boo.com, der zu den finanziell sehr gut ausgestatteten Start-up-Unternehmen gehörte. Wie sich die Kurse weiterentwickeln ist auch den Finanzexperten ein Rätsel.

Viele Positionen vergeben

Viele der neuen Marktplätze in Deutschland werden keine so offensichtlichen Marktlücken mehr vorfinden, wie die Pioniere in den vergangenen Jahren. Die meisten Märkte, für die sich virtuelle Marktplätze als ideale Handelsplattform anbieten, sind mittlerweile von einem oder teilweise sogar mehreren Marktplätzen besetzt. Dies zeigt sich auch in der Branchenverteilung der Marktplätze in Deutschland: Während die Landkarte deutsche Marktplätze im Herbst 1999 noch zahlreiche weiße Flecken aufwies, sind die für den Pionier USA bedeutendsten Marktplatzbranchen mittlerweile auch in Deutschland besetzt.

Die meisten Marktplätze existieren im Bereich allgemeine Beschaffung. Auf diesen Marktplätzen kann teilweise aus eigenen Multi-Lieferanten-Katalog gewählt werden, teilweise können günstige Restposten über Auktionen erworben werden. Atradapro.de bietet z.B. zusätzlich zu diesen Transaktionstypen noch „Power Buying" an. In diesem Modell hängt der Preis von der Menge der Käufer ab. Im B2C-Bereich ist diese Einkaufsmöglichkeit in Deutschland durch Unternehmen wie Letsbuit.com oder Order8 bekannt geworden.

Bei Branchen, für die bislang in Deutschland nur wenige Marktplätze existieren, in den USA aber vergleichsweise viele, liegen oftmals besondere europäische Bedingungen vor. Ein Beispiel hierfür ist der Agrarbereich, der in Europa wenig marktwirtschaftlich organisiert ist. Für die Farmer in den USA hat zum Beispiel der Verkauf von Überschuss, wofür virtuelle B2B-Marktplätze besonders gut geeignet sind, eine weitaus größere Bedeutung als für die deutschen Landwirte. So ist mit Farmpartner.com in Deutschland gerade im Mai der erste Marktplatz in dieser Branche gegründet worden.

In anderen Branchen, besonders solchen, die durch Kleinunternehmen charakterisiert sind, ist auch die Nutzung des Internet noch nicht sehr verbreitet. Das ist sicher ein Grund dafür, weshalb Marktplätze für den Einzelhandel in Deutschland bislang noch kaum zu finden sind, obwohl sich diese Branche auf den ersten Blick geradezu für Marktplätze anbietet und Großhändler als potenzielle Betreiber über ausreichend Branchen-Know-how verfügen.

Eine der wenigen Ausnahmen ist der im Mai an den Start gegangene Dienst Tel2Bmarket.net. Dieser Marktplatz für den professionellen Mobilfunkhandel bietet Telekom-Händler die Möglichkeit, kurzfristig Lieferengpässe zu umgehen oder bei anderen Anbietern Sonderangebote einzukaufen, die beim gewählten Großhändler nicht verfügbar sind. Um möglichst viele Teilnehmer auf en Marktplatz zu ziehen, ist geplant, dass sich Distributoren und Hersteller an der Betreibergesellschaft des Marktplatzes beteiligen sollen.

Von den insgesamt etwa 100 in Deutschland existierenden Marktplätzen hat Berlecon im Mai die 40 bedeutendsten detailliert nach aktuellen Daten und ihren Plänen für die nächste Zeit befragt. Dabei hat sich gezeigt, dass viele der Marktplätze erst am Anfang stehen und der vor ihnen liegende Weg steiniger ist, als von einigen in der ersten Euphorie vermutet.

So wird auf vielen Handelsplattformen nur sporadisch Handel getrieben. Zahlreiche deutsche Handelsplätze wickeln im Durchschnitt nicht mehr als zehn Transaktionen pro Tag ab, viele sogar deutlich weniger. Allerdings ist bei horizontalen Marktplätzen, die sich an die breite Masse der Unternehmen richten, die Zahl der Transaktionen häufig nicht bekannt, weil sie zwar Käufer und Verkäufer zusammenbringen, die eigentliche Transaktion aber außerhalb des Marktplatzes stattfindet. Dennoch werden die meisten Marktplätze noch kräftig wachsen müssen, um die Gewinnschwelle zu erreichen.

Viele Teilnehmer, wenige Nutzer

Die Teilnehmerzahlen belegen, dass Wachstumspotenzial durchaus vorhanden ist: Alle Registrierungen der untersuchten Marktplätze zusammengezählt, ergibt sich gerade mal eine Teilnehmerzahl im unteren sechsstelligen Bereich. Bei etwa drei Millionen Unternehmen, die es in Deutschland gibt, errechnet sich eine Marktplatz-Nutzungsquote, die noch unter der allgemeinen Internet-Nutzungsquote in Deutschland liegt.

Von diesen registrierten Teilnehmern ist bislang auch nur ein Teil aktiv, im Durchschnitt etwa 10%. Die Betreiber der Marktplätze müssen sich in den nächsten Monaten der Herausforderung stellen, diese passiven Nutzer in aktive Teilnehmer zu verwandeln.

Die erfolgreicheren deutschen Marktplätze wenden zum Teil mehr als die Hälfte ihrer Personalkapazität auf, um zukünftige Marktplatzteilnehmer zu gewinnen. Das geschieht häufig zunächst offline über Beratung und Direktvertrieb. Ein Großteil der traditionellen Unternehmen besucht bestimmte Internet-Marktplätze erst nach direkter Ansprache sowie einer eingehenden Beratungs- und Testphase.

Marktnetze entstehen

Eine Strategie, die mehrere Handelsplattformen zur Zeit verfolgen, ist die Zusammenarbeit mit anderen Marktplätzen oder anderen Unternehmen: Marktnetze ergänzen Marktplätze, Horizontale und vertikale Marktplätze kooperieren, um sich gegenseitig Nutzer zuzuführen. Ein Beispiel für die Bildung solcher Marktnetze ist die Partnerschaft von RicardoBiz, der B2B-Site des Auktionshauses Ricardo, mit dem DCI WebTradeCenter, einem Marktplatz für EDV und Telekomunikation.

Andere Marktplätze kooperieren mit großen Unternehmen, um möglichst schnell eine ausreichende Liquidität zu erreichen. So haben die Newtron AG und die Deutsche Telekom Asis mit Telbiz.com einen Marktplatz für die Telekommunikation und Elektronik aufgebaut. Solche Kooperationen sind oftmals ein Balanceakt, wenn die Neutralität des Marktplatzes nicht verlorengehen soll. Schließlich kooperieren Marktplätze auch mit Application Service Providern, Logistikunternehmen, Banken oder Bonitätsprüfern. Durch derartige Kooperationen kann der Mehrwert der Marktplatznutzung deutlich erhöht werden, zum Beispiel dadurch, dass der Marktplatzbetreiber gleich die Versendung der gekauften Produkte organisiert. Auf diese Weise steigt auch der Grad der Kundenbindung. Insgesamt haben die Marktplatzbetreiber in den vergangenen Monaten feststellen müssen, dass das B2B-Geschäft schwieriger ist, als es die Euphorie um B2B-Marktplätze zu Beginn des Jahres suggeriert hat. Damit werden in den nächsten Monaten die Marktplätze die größten

Überlebenschancen haben, die von vornherein mit langfristiger Planung, einem Team mit Branchenerfahrung und ausreichend finanziellen Mitteln an den Start gegangen sind.

## Grundlagen

### Was Sie über Marktplätze wissen sollten

B2B-Marktplätze erscheinen im Internet als Seiten, auf denen mehrere Anbieter und mehrere Nachfrager von Produkten und Dienstleistungen zusammenkommen. Online-Shops der verschiedenen Hersteller gelten nicht als Marktplatz, da hier nur ein Anbieter viele Nachfrager bedient Auch sogenannte Extranets oder Beschaffungsnetze, mit denen große Produktionsunternehmen wie DaimlerChrysler mit einer ausgewählten Gruppe von Zulieferern kommunizieren, sind keine echten Marktplätze. Aber die Grenzen sind fließend. Denn ab wieviel Anbietern ist ein Markt ein wirklicher Markt - ab zwei, drei oder mehr? Unterschieden wird auch zwischen sogenannten „offenen" und „privaten" bzw. „individuellen" Marktplätzen. Auf die offenen kann jeder zugreifen, der die Internetadresse kennt und eventuelle Nutzungsgebühren zahlt. Private Marktplätze hingegen umfassen einen bestimmten Kreis von Teilnehmern, die zuvor vom Betreiber ausgesucht wurden. Oftmals werden auch die erwähnten Beschaffungsnetze als „private Marktplätze" bezeichnet.

Häufig in den Mund genommen wird auch der Begriff „Portal". Hier handelt es sich aber nur um ein Informationsverzeichnis von Produkten und Anbietern. Marktplätze hingegen bieten auch die Möglichkeit, Tansaktionen durchzuführen. Die Übergänge zu den Portalen sind aber fließend.

Unterschieden wird auch zwischen „horizontalen" und „vertikalen" Marktplätzen. Horizontal meint Marktplätze, die nicht auf Bedürfnisse bestimmter Branchen zugeschnitten sind. Es werden vielmehr Produkte oder Prozesse angeboten, die in vielen Unternehmen vorkommen wie z.B. C-Produkte. Vertikale Marktplätze hingegen bieten Produkte und Dienstleistungen für Branchen wie Chemie, Stahl, Transport, Lebensmittel etc. In Deutschland hatten nach Angaben von Berlecon Research die vertikalen Marktplätze mit 56% nur eine geringfügig stärkere Bedeutung als horizontale (44%). Dieses Verhältnis von 60:40 gilt auch für die USA und Europa insgesamt. In Asien und anderen Teilen der Welt haben dagegen horizontale Märkte mit 60 bis 80% die Nase vorn. Dies liegt laut Berlecon an den zahlreichen Im- und Exportplätzen in diesen Regionen.

Die einfachste Art von Marktplätzen sind die „Schwarzen Bretter". Weiter gibt es „Katalogbasierte Dienste" sowie Börsen und Auktionsdienste (siehe Kassten). Weltweit besitzen Börsen und Schwarze Bretter die größte Bedeutung.

Zusammen sind sie auf der Hälfte aller von Berlecon erfassten Marktplätze anzutreffen. Knapp 40% der Marktplätze erhalten Kataloge und auf gut einem Drittel finden Auktionen statt. Während 1999 noch deutlich mehr Marktplätze in den USA als in Deutschland Auktionen angeboten haben, hat Deutschland mittlerweile stark aufgeholt. Die Popularität von B2C-Diensten wie Ebay und Ricardo sowie die zunehmende Verfügbarkeit von Standardsoftware für Auktionen haben diesen Aufholprozess unterstützt. Während sich im vergangenen Jahr Deutschland und die USA noch sehr stark in der Verteilung verschiedener Transaktionstypen unterschieden haben, bestehen hier mittlerweile nur geringfügige Unterschiede. Oft anzutreffen ist auch eine Kombination verschiedener Transaktionstypen, z.b. von Katalogsystemen und Auktionen. Hier können Unternehmen ihren regelmäßigen Beschaffungsbedarf aus dem Katalog befriedigen und z.B. für besondere Anschaffungen Beschaffungsauktionen oder Ausschreibungen durchführen. Diese Kombinationsmarktplätze haben in den letzten Monaten an Bedeutung gewonnen, in den USA noch stärker als in Deutschland.

Zum Grundservice vieler Marktplätze gehört die Bonitätsprüfung. Eine automatische Bestellauslösung und eine Anbindung ans Warenwirtschaftssystem bieten vor allem Katalogsysteme. Einige Systeme erlauben, Kunden unterschiedlich zu behandeln (Mandantenfähigkeit), sodass die Festpreise im Katalogsystem etwas aufgeweicht werden. Börsen und Auktionen unterstützen dagegen die Preisfindung. Außerdem bieten sie Verkäufern und Käufern Anonymität. Transaktionsreports und Treuhänderfunktion sind weitere Funktionalitäten, mit denen Marktplatzbetreiber Kunden an sich binden wollen. Die Transaktionsreports zeigen in anonymisierter Form das Kaufverhalten der Marktplatzbesucher. Mit der Treuhänderfunktion garantiert der Marktplatzbetreiber oder ein Partnerunternehmen, z.B. eine Bank, dass das vom Käufer eingezahlte Geld erst dann an den Verkäufer weitergeleitet wird, wenn die mängelfreie Ankunft der Ware vom Empfänger bestätigt wird.

Arten von B2B-Marktplätzen

- Schwarze Bretter

Schwarze Bretter oder Pinboards sind mit den Kleinanzeigenteil einer Zeitung zu vergleichen. Mehr oder weniger stark untergliedert nach Produktgruppen oder anderen Kategorien bieten sie die Möglichkeit, konkrete Kauf- oder Verkaufswünsche kundzutun und Transaktionen anzubahnen. Das unterscheidet sie von Portalen, die lediglich auf Firmenwebsites verweisen. Schwarze Bretter erleichtern das Zusammenkommen von Käufern und Verkäufern. Die eigentliche Kaufaktion findet anschließend z.B. via E-Mail oder Telefon statt.

- Katalogbasierte Dienste

Das Herz dieser virtuellen Marktplätze ist ein aggregierter Produktkatalog, der sich aus den Katalogen der verschiedenen Verkäufer zusammensetzt. Käufer können aus diesem Sortiment wählen, Konditionen vergleichen und Produkte bestellen. Die Preise sind im wesentlichen vorgegeben, können aber für verschiedene Käufer unterschiedlich sein (Mandantenfähigkeit). Außerdem bündeln katalogbasierte Marktplätze die Nachfrage zahlreicher Käufer, was zu Marktmacht und zu besseren Einkaufskonditionen führen kann. Interessant vor allem für kleine und mittelständische Anbieter, die wie bei traditionellen Zwischenhändlern durch die hohe Nachfrage profitieren und kein System installieren und bewerben müssen.

- Börsen

Eine Erweiterung der Schwarzen Bretter stellen Börsen dar, oft auch als Exchange- oder Matching-Systeme bezeichnet. Der Hauptunterschied zum Pinboard ist, dass das Zusammenfinden von Käufer und Verkäufer vom Dienstanbieter gesteuert wird. Teilweise lernen sich die beiden Parteien nicht kennen. Anonymität wird gewahrt. So können Restmengen- und kapazitäten von Mengengütern vermarktet werden, ohne die bestehenden Absatzkanäle zu gefährden. Der Dienstbetreiber prüft oft auch Zuverlässigkeit und Bonität der beiden Parteien. Käufer können durch Börsen günstiger Produkte erwerben, Verkäufer verfügen über einen neuen Absatzkanal für normal nicht mehr verkäufliche Restmengen und verderbliche Waren.

- Auktionsdienste

Auktionen ähneln stark den Börsen. Da der Zuschlag aber allein über den Preis erfolgt, muss der Charakter des versteigerten Gutes oder der Dienstleistung klar zu beschreiben sein. So viel Informationen wie möglich. Dieses Bestreben steht oft im Widerspruch zur Anonymität, die oftmals von den Verkäufern verlangt wird. Die Auktionen enden meistens an einem bestimmten Stichtag. Der Verkäufer hat in der Regel keine Möglichkeit vom Verkauf zurückzutreten, wenn das Mindestgebot erreicht wurde.

Laut Forester Research wird der webbasierte Umsatz in Europa von 83 Mrd. Euro im Jahr 2000 auf 1.550 Mrd. Euro bis 2004 steigen. Doch viele Unternehmen haben schon heute Probleme, das zu halten, was sie auf ihren Webseiten versprechen, nämlich die schnelle, zuverlässige Belieferung des Endkunden. 1999 z.B. erreichten nur 64% der Onlinebestellungen den Kunden vor Heilig Abend. Mit steigenden Umsätzen rächen sich die Versäumnisse in der Logistik. Fazit: Ohne Logistik läuft auch im Internet nichts.

Die Frage, die sich Neueinsteiger stellen müssen, ist: Soll ich das Fulfilment selbst übernehmen oder übergebe ich es an einen Dienstleister? Die Frage nach der Kommissionierung, Store-basiert oder im Komissionierzentrum, entscheidet sogar oft über Erfolg oder Misserfolg im E-Commerce. Langfristig gesehen bedeutet die von Startups favorisierte dezentrale Struktur bei zunehmenden Orders eine erhebliche Belastung des Personals im Geschäft. In sowieso schon teuren City-Lagen müssen Lagerkapazitäten zur Verfügung gestellt werden.

Outsourcing: ja - nein?

Die Logistikkosten für E-Commerce addieren sich auf die bestehenden Kosten der konventionellen Logistik. Kurz: es ist schwer, dann noch Geld zu verdienen.

Das teilweise sehr starke Wachstum im E-Commerce stellt besonders für junge Unhternehmen eine große Herausforderung dar. Enorm wichtig sind hier skalierbare Lösungen hinsichtlich des Wachstums. Lieferprobleme und Unzuverlässigkeiten entlang der Wertschöpfungskette sind in diesem noch jungen Markt ein K.o.-Kriterium. Verstärkt werden die Anforderungen an die Flexibilität der Logistikkette durch starke Nachfrageschwankungen: Erfahrungen zeigen, dass die Regel entweder Leerläufe oder Engpässe sind.

Eine mögliche Lösung sind flexiblere Lieferzeiten zumindest bei nicht-zeitkritischen Produkten: Kann der Kunde auf seine Ware drei bis fünf Tage warten, wird sie bei „schwachen" Ordereingängen kommissioniert. Der Vorteil für das Unternehmen wird durch Lieferkonti an den Kunden weitergegeben.

Ein echtes Problem ist die temperaturgeführte Zustellung, z.B. frischer Lebensmittel, was sich in der Zustellung von Kleinsendungen mit einem teilweise sehr ungünstigen Warenwert/Transportkosten - Verhältnis widerspiegelt.

Auf Temperatur bringen

Kritisch ist - besonders bei frischen Lebensmitteln - ein Nichtantreffen der Kunden. Als Antwort darauf installiert Streamline in Amerika eine „Kühl-Empfangs-Box" am Haus des Kunden. In diese werden die Lebensmittel von eigenen Fahrern deponiert, bleiben dort gekühlt und können vom Kunden entnommen werden. Eine derartige Lösung ist in Deutschland aber aufgrund der anderen Wohnsituation (weniger Eigenheime) nicht möglich. Denkbar sind dezentrale Pick-up-Stellen in Form von automatischen Warentransfersystemen. Hierbei werden durch Mengendegressionseffekte auch die Zustellkosten gesenkt. Ein ähnliches System ist im Frankfurter Büroviertel Niederrad bereits mit der „Shopping Bos" eingerichtet: Dort können sich registrierte Kunden bei Kaiser's bestellte Lebensmittel in eine Art Warenschrank liefern lassen. Migros bietet in der Schweiz die Möglichkeit an, Bestellungen in einigen ausgewählten Filialen abholen zu können, wobei dann nach -Sinn und Zweck von Onlineorders gefragt werden kann.

Da bis dato noch keiner der großen Kep-Dienste eine temperaturgeführte Zustellung mit wählbaren Zeitfenstern anbietet, bleibt der Onlinehandel mit frischen Lebensmitteln und Tiefkühlprodukten die wohl größte Herausforderung. Lösungen gibt es zur Zeit nur in völliger Eigenregie, d.h. storebasiert gepickt und mit eigenen Fahrzeugen zugestellt. Dieses Angebot ist allerdings bis jetzt auch immer regional begrenzt.

So steigen Sie richtig in E-Commerce ein

√ Welchen Markt (regional/international - B2B/B2C) will ich mit welchen Produkten in welchen Zeitraum erschließen? Wichtig sind eine genaue Marktanalyse mit Chancen und Risiken und eine Übersicht der Wettbewerber.
√ E-Commerce braucht neue Geschäftsprozesse. Neben einem informationsreichen aber leicht zu navigierenden Onlineshop ist die gesamte Logistikkette gerade auch im Hinblick auf Nachfragespitzen (z.B. Weihnachtsgeschäft) wichtig.
√ Systembrüche zwischen Onlineshop und der (internen und externen) Logistik vermeiden. Das Shopsystem muss in die gesamte Back-Office-Systeme integriert sein.
√ Bestellungen sollten innerhalb von 48 Stunden beim Kunden sein. Gerade bei Waren mit niedrigem Wert sind die Distributionskonzepte (z.B. zu dezentralen Pick-up-Stellen) wichtig.
√ Retouren und Reklamationen sollten für den Kunden so einfach und bequem sein, wie die Bestellung. Dazu gehört auch ein Abholservice der Ware.
√ Neueinsteigern bietet die Kooperation mit Logistikdienstleistern die Chance, sich auf ihr Kerngeschäft zu konzentrieren und gleichzeitig vom vorhandenen Know-how zu profitieren (Variabilisierung der Kosten).
√ Grundsätzlich sind alle Konzepte und Systeme hinsichtlich ihrer Kosten zu bewerten (Kostentransparenz).

Einmal hin und zurück

Darüber hinaus stellt das Handling der Retouren hohe Anforderungen an die Distribution. Das am 1. Juli 2000 in Kraft getretene neue Fernabsatzgesetz ermöglicht Kunden, über das Internet, per Telefon oder Fax bestellte Waren innerhalb von zwei Wochen zurückzuschicken. Liegt der Warenwert über 40 Euro muss das Unternehmen die Kosten dafür tragen. Die hieraus resultierenden Rückläufer bedeuten einen erheblichen Erfahrungshandel. Dieser hat über Jahrzehnte ein gut funktionierendes Retourenmanagement aufgebaut und kann somit das Internet eigentlich problemlos als einen weiteren Vertriebskanal zu den bestehenden nutzen.

Im Unklaren bleibt der Kunde auch bei Versandhändlern nicht selten darüber, auf welchem Weg - ob per Kep-Dienst oder in Eigenregie - und in welchem Zeitraum die Ware ankommen soll. Oft ist die Diskrepanz zwischen den Zustellwünschen des Kunden und den von Kep-Diensten angebotenen Zustellzeiten groß: Ein Berufstätiger möchte seine Ware abends, wenn er nach Hause kommt, in Empfang nehmen. Die in Amerika schon verbreiteten wählbaren Zeitfenster für die Zustellung zu Abendzeiten vermisst man - auch wegen der fehlenden Infrastruktur bei einigen Kep-Diensten - häufig.

Greift der Kunde mit Fragen zum Telefonhörer, so erwartet ihn ein durchwachsener Service im Call Center: Einige bieten umfassende, kompetente Beratung, andere müssen bei manchen Fragen in die Zentrale verbinden. Bei einem Anbieter landet der Kunde mit der „Service-Nummer" direkt bei der Kasse eines stationären Geschäfts.

So wählen sie den richtigen Logistikdienstleister aus

- √ Welche Erfahrungen hat der Dienstleister im Bereich E-Commerce, bzw. in der betroffenen Branche (z.B. Lebensmittel: MHD-Problem/FEFO)?
- √ Welche Software nutzt der Dienstleister, hat er Erfahrungen mit Ihrem Onlineshop-System? Auf Integration in Warehouse-Management-Systeme achten!
- √ Welche Kommissioniertechniken benutzt der Dienstleister? Bietet er leistungsfähige Kommissionierstrategien an (z.B. Pick-to-Light / beleglose Kommissionierung)?
- √ Wie hoch ist die Flexibilität bei starken Nachfrageschwankungen und hohen Wachstumsraten?
- √ Kann der Dienstleister ein Multimandantenwarehouse bieten (empfehlenswert!). Die Lösung sollte skalierbar sein hinsichtlich des zu erwartenden Wachstums.
- √ Je nach Zielgebiet ist ein zentraler Standort des Lagers wegen Nachtsprung wichtig.
- √ Kann der Logistikdienstleister eine eventuelle Expansion in Europa

√ mitgehen?
Die Kostenverrechnung mit einem Dienstleister sollte auf Basis der tatsächlichen Umschlagzahlen basieren (Minimierung der Fixkosten!)

Es wird professioneller

Die Auszahl von B2C-Shops aus den verschiedenen Branchen (siehe Seite 32) gibt einen Überblick über den Stand der Dinge.

Vor allem bei nicht börsennotierten Startups ist es schwer, an Zahlen zu Umsatz, Aufwand und Ertrag zu kommen. Bei den Unternehmen, die ihre Zahlen veröffentlichen, wird deutlich, dass viele noch ein gutes Stück von einer erfolgreichen - nämlich gewinnbringenden - E-Commerce-Aktivität entfernt sind. Laut einer Studie der Unternehmensberatung Bai & Company zeichnet sich aber ein positiver Trend unter den Start-ups ab; die Professionalität seitens des Managements, so Bain, steigt"(vgl. SIEBEL, L. in: LOGISTIK HEUTE, 9/2000, S. 16-30, Huss-Verlag, München, 2000).


### 3.2.1. E-Marktplätze für die Distribution

"Die Auswirkungen von E-Commerce auf die Logistik sind kaum zu übersehen. In diesem Jahr gehen Schätzungen zufolge rund 42 Mrd. US$ des Logistikumsatzes weltweit auf Einkäufe zurück, die über das Internet getätigt werden. 2004 soll diese Zahl bereits bei 274 Mrd. US$ liegen. Dies entspricht einem Anteil von nahezu 10% des gesamten Logistikmarktes (Bear Stearns, 2000). Das durch E-Commerce verursachte Wachstum stellt die Unternehmen vor neue Herausforderungen. Gefragt sind zunehmend Klein- und Kleinsttransporte, eine kurzfristige und termingerechte Zustellung sowie eine globale Marktabdeckung.

Nach Berechnungen von Forrester Research werden Inhouse-Logistikabteilungen ab 1.000 Sendungen pro Tag rentabel. Erst ab 15.000 Sendungen sind sie gegenüber Outsourcing-Lösungen die wirtschaftlich sinnvollere Alternative (Forrester Research, 2000). Die Analysten erwarten für die kommenden Jahre eine weitere Verlagerung von Logistikprozessen auf externen Anbieter. So wird sich das Geschäftsvolumen von 67 Mrd. US$ (1999) auf 114 Mrd. US$ (2003) erhöhen (Forrester Research, 2000).

In den letzten Jahren konnten sich vor allem die Logistikdienstleister als Nutznießer von Outsourcing-Lösungen behaupten, die durch die Übernahme von zusätzlichen Logistikprozessen einen größeren Teil der Wertschöpfung an sich ziehen konnten. Neben der eigentlichen Distribution bieten Systemanbieter (z.B. Kühne & Nagel, Stinnes Logistik) weitere Dienstleistungen wie das Betreiben von Lägern, die Abfüllung auf Kleingebinde sowie die Zahlungsabwicklung und Retourenbearbeitung an.

Den beiden Trends, Entwicklung der Dienstleister zu Full-Service-Partnern und Reduzierung der Anzahl an Logistikdienstleistern, wirkt die Beschaffung von Distributionsdienstleistungen über elektronische Handelsplattformen entgegen. Diese hat folgende Veränderungen in den Geschäftsmodellen zur Folge:

- Erhöhung der Anzahl potenzieller Logistikpartner eines Versenders, um über den gesteigerten Wettbewerb auf der Ebene der Einzelrelationen günstige Frachtkosten zu realisieren.

- Zunehmender Verzicht auf „klassische" Spediteursdienstleistungen wie Transportdisposition und Festlegen des Transporteurs pro Relation, um unmittelbar mit den Frachtführern in Kontakt treten zu können. Dieser Effekt wird die o.g. Tendenz in Richtung Erhöhung der Anzahl an Logistikpartnern verstärken und darüber hinaus die Versender zwingen, bestimmte Logistikaufgaben (z.B. Disposition) wieder selbst durchzuführen. Der Nutzen für die Versender liegt darin, die Marge des Spediteurs bei der Abwicklung eines Logistikauftrages einzusparen.

- Konsequente Nutzung temporärer Überkapazitäten und „zufälliger" Paarigkeiten auf „Spot"-Märkten für standardisierte Logistikleistungen durch die Versender, um von Angeboten der Transporteure mit niedrigem Deckungsbeitrag zu profitieren.

- Verbesserte Informationskopplung zwischen Versender und Dienstleister in langfristigen Kontraktpartnerschaften, wodurch z.B. „gesteuerte" Paarigkeiten entstehen. Die Partnerschaften zwischen Versendern und Dienstleistern werden um zusätzliche Verlader erweitert, um den Dienstleistern aktiv Rückladung anbieten zu können, was zu erhöhten Transportmittelauslastungen und somit zu niedrigeren Frachtpreisen führt.

Versender strukturieren ihr Frachtvolumen neu

Bei der Beschaffung von Distributionsdienstleistungen über elektronische Handelsplattformen sind die angewendeten Geschäftsmodelle von besonderer Bedeutung, da sie den Versendern eine Neustrukturierung ihres Frachtvolumens ermöglichen sowie ein Umdenken bei der Beschaffung erzwingen. Prinzipiell lassen sich drei Geschäftsmodelle unterscheiden, die von den Versendern kombiniert zum Einsatz gebracht werden: Reverse Markets, Auction Markets und Permanent Booking Markets.

Bei „Reverse Booking" plazieren Versender einen „Request for Quote", also eine Nachfrage auf der elektronischen Plattform. Die Transporteure können diesen Request mit einem Angebot beantworten. Reverse Markets werden vor allem von Versendern mit großen Frachtvolumina bevorzugt, die bei anderen Marktformen kein adäquates Angebot finden (Beispiel: Freighttrader).

Auf „Auction Marktes" offerieren die Transporteure ihrerseits Kapazitäten auf der Handelsplattform, die von den Versendern in Form eines Transportauftrags beantwortet werden. Auktionsmodelle werden in erster Linie von Plattformen zum Verkauf von Überkapazitäten (Spot Markets) genutzt (Beispiel: GoCargo).

Innerhalb von „Permanent Booking Markets" werden über die Handelsplattform Frachtraumreservierungen bei Distributionsdienstleistern für bestimmte Relationen und Tage vorgenommen. Dieses Modell ist insbesondere im Luftfrachtbereich bereits etabliert und ermöglicht den Versendern, Transportvolumenspitzen - wie sie häufig am Monatsanfang auftreten - kostengünstig abzufangen. Entschließt sich ein Versender zur Verlagerung eines Teils seines Beschaffungsvolumens auf elektronische Marktplätze, so liegt die wesentliche Herausforderung in der Ausgestaltung der drei genannten Geschäftsmodelle sowie in der entsprechenden Strukturierung des Transportvolumens (Beispiel: Global Freight Exchange). Durch die konsequente Nutzung von Marktplätzen können die Kosten für Transportdienstleistungen um bis zu 15% gesenkt werden (eLogistics, 2000).

In den USA sind E-Marktplätze für Logistikdienstleistungen seit Mitte der 90er Jahre im Einsatz. Die Frachtenbörse National Transportation Exchange (NTE) richtete bereits 1995 neben der telefonischen Vermittlung von Laderaum eine internetbasierte Frachtbörse ein. Rund 10% der Kunden konnten dabei für das Online-Angebot gewonnen werden. Mit dem steigenden Interesse an B2B-Lösungen im Internet haben in den letzten Jahren verstärkt Venture-Capital-Firmen die Einrichtung von E-Marktplätzen im Internet vorangetrieben. Marktplatzbetreiber wie Celarix haben in Börsengängen zweistellige Millionenbeträge realisiert. Einige Logistik-Marktplätze werden gegenwärtig mit dem 200 - bis 300-fachen ihres Umsatzes bewertet.

Über 30 solcher elektronischer Marktplätze teilen sich den amerikanischen Markt. Das Angebot dieser Plattformen ist hinsichtlich ihrer Funktionalitäten weitgehend vergleichbar. Es reicht von Electronic Scheduling bzw. Routing bis hin zu der eigentlichen Beschaffungsfunktionalität. Eine anstehende Funktionserweiterung ist die Einbeziehung von Kreditinstituten (z.B.

Freighttraders/Deutsche Bank) in die Handelsplattformen zur schnellen und effizienten Abwicklung des Zahlungsverkehrs. Eine Spezialisierung der Marktplätze zeigt sich vor allem hinsichtlich der Kundengruppe (z.b. Bulknet für chemietransporte) und der Logistikleistungen (z.b. GoCargo für Containerladungen). Um dem Kunden ein umfassendes Angebot zu bieten, streben Plattformen Kooperationen an. So hat die auf Straßentransport spezialisierte NTE kürzlich eine Zusammenarbeit mit dem auf Lufttransporte spezialisierten Marktplatz rightfreight.com angekündigt. Der fortlaufende Eintritt neuer Konkurrenten verstärkt den Kampf der Marktplätze um eine ausreichende Liquidität. Mit Lockangeboten wie der kostenfreien Vermittlung von Ladungen versuchen einzelne Anbieter neue Kunden für ihren Marktplatz zu gewinnen. Nach Expertenschätzungen ist kaum einer der im Markt befindlichen Marktplätze profitabel. Um dem ruinösen Wettbewerb im Handel mit Logistikleistungen zu entgehen, erweitern viele Anbieter ihr Angebot und suchen neue geschäftsfelder im Logistikhandling und der Beratung.

Große Versender machen Druck

In Europa haben elektronische Handelsplattformen noch keine signifikante Bedeutung. Zwar werden in Deutschland 1,7% des Frachtvolumens über Frachtbörsen gehandelt. Doch diese Zahl umfasst auch Offline-Börsen, in denen der Kontakt über Telefon, Telefax und E-Mail erfolgt. Angesichts der Tatsache, dass 27% der Transporte in Europa Leerfahrten sind, erscheint das Potenzial für E-Marktplätze jedoch immens. Es haben sich daher eine Reihe von Startups gebildet, die sich derzeit noch in der Pilotphase befinden (z.B. Translogistika). Umfragen zeigen, dass Logistikdienstleister elektronische Handelsplattformen, in denen Versender direkt involviert sind, aufgrund des erwarteten Preisdrucks bisher bewusst meiden. Nur wenige umsatzstarke Dienstleister gehen die Nutzung von elektronischen Marktplätzen offensiv an, was insbesondere im Ladungsverkehrsbereich eine weitere Polarisierung der Dienstleisterstrukturen in wenige große und hoch professionell geführte Unternehmen und kleine - häufig selbstfahrende - Frachtführer zur Folge hat. Für Versender wird eines ihrer wesentlichen Dilemmas deutlich, wenn sie die derzeitigen Handelsplattformen nutzen wollen: Sie treffen dort nicht nur auf Dienstleister, mit denen ihnen praktische Erfahrungen bei der Zusammenarbeit fehlen, sondern sie laufen Gefahr, ungewollt einer Konzentration auf dem Logistikmarkt Vorschub zu leisten, was dem wesentlichen Hebel der Frachtkostenreduktion im Zeitalter des E-Commerce zuwiderläuft: der Erhöhung der Anzahl von Logistikpartnern. Vor diesem Hintergrund treiben derzeit einige Versender mit jährlichen Fracht vor
Ein echtes Problem ist die temperaturgeführte Zustellung, z.B. frischer Lebensmittel, was sich in der Zustellung von Kleinsendungen mit einem teilweise sehr ungünstigen Warenwert/Transportkosten-Verhältnis widerspiegelt"( vgl.

SCHULTE, M. u. EBNER, G., Sanfter Druck auf Dienstleister, Logistik heute 11/2000, S.48-53, Huss-Verlag München, 2000).

## 3.2.2. Voraussetzung für erfolgreiches E-Business: Die Prozesskette muß stimmen!

"Die Kundenorientierung wird für Unternehmen zukünftig einer der strategisch wichtigsten Wettbewerbsfaktoren sein. Die Sicherung der Wettbewerbsfähigkeit als strategische Zielsetzung hat für Unternehmen angesichts der verschärften Konkurrenz im globalen Wirtschaftsraum einen exstentiellen Stellenwert erlangt. Insbesondere Industrieunternehmen sind zunehmend gezwungen, sich von der Konkurrenz zu differenzieren und dauerhaft positiv abzuheben. Der Stellenwert der Produkte in diesem Zusammenhang geht zurück, da sich weltweit die Leistungs- und Qualitätsniveaus in immer kürzeren Abständen angleichen. Die Kundenorientierung ist hingegen ein nach Ausgestaltungsmöglichkeiten offenes Feld, was bewusst zur Differenzierung eingesetzt werden kann - insbesondere in logistischen Prozessen. Die unternehmensspezifische Kombination von Ressourcen und Know-how zu logistischen Kernkompetenzen mit der strategischen Zielsetzung einer Kundenintegration führt über die erreichte Kunden-orientierung zu einer maßgeblichen und nachhaltigen Steigerung der Kundenzufriedenheit und -bindung.

Kundenorientierung als strategischer Erfolgsfaktor

Unternehmen sind aufgrund der Globalisierung einem verschärften Wettbewerb ausgesetzt. Von Nischenprodukten abgesehen bestimmen Käufermärkte das Geschehen. Die auf die Märkte drängende globale Konkurrenz wetteifert mit Steigerungen in den Leistungs- und Qualitätseigenschaften um die Gunst der potentiellen Kunden. Die Bestrebungen der Unternehmen führen zu einer Angleichung der Produkte. Zusätzlich haben Kunden die Möglichkeit, sich durch moderne Informationstechnologien und -systeme uneingeschränkt über die Leistungen der Produkte zu erkundigen. Über Innovationsführerschaft können sich einzelne Unternehmen positiv abheben, doch sind zu diesem sehr kostenintensiven Weg nur wenige Unternehmen in der Lage. Eine weitere Möglichkeit für Unternehmen zur positiven Wettbewerbs-differenzierung besteht in den Serviceleistungen entlang der gesamten Wertschöpfungskette vom Kundenauftrag über die Herstellung und Auslieferung des Produktes bis hin zur Wartung, zum After-Sales-Service sowie zur Entsorgung bzw. Wiederaufbereitung und Wieder-einsteuerung in den Produktkreislauf. Der Anteil servicerelevanter Logistikleistungen ist in diesen Prozessen beträchtlich. Eine kundenorientierte Gestaltung der logistischen Prozesse beinhaltet daher ein hohes Potenzial zur Wettbewerbsdifferenzierung.

Jährliches Untersuchungen im Rahmen des deutschen Kundenbaro-meters bestätigen, dass deutsche Unternehmen im Hinblick auf Kundenorientierung einen großen Nachholbedarf haben. Tominaga spricht in diesem Zusammenhang sogar von einer kundenfeindlichen Gesellschaft und gibt in seinem Buch zahlreiche Beispiele aus dem Alltag eines deutschen Kunden. Zudem leiden Unternehmen nach einer Untersuchung von Homburg generell an einer Wahrnehmungsverzerrung, d.h. Unternehmen schätzen sich weitaus kundenorientierter ein, als es Messungen bei Kunden hergeben. Diese Selbstüberschätzung resultiert oftmals daraus, dass Unternehmen viel über Kundenorientier-ung und Kundenzufriedenheit reden und dadurch oft fälschlicherweise der Ansicht sind, sehr kundenorientiert zu arbeiten. Maßgebend sind die Taten und Ergebnisse der Unternehmen, die Wirkung ihrer kundenori-entierten Maßnahmen auf die Kunden selbst sowie die Eindrücke, die bei den Kunden längere Zeit haften bleiben. Unternehmen entgegen der Wahrnehmungsverzerrung, indem Sie regelmäßig Kundenbefragungen und Analysen zur Kundenorientierung -zufriedenheit und -bindung durchführen. Jedoch messen ca. 20% der Unternehmen die Kundenzufriedenheit bisher überhaupt nicht. Ein weiteres Drittel ermittelt diese lediglich einmal im Jahr, was aufgrund der weit auseinander liegenden Zeitintervalle nur eingeschränkt für eine kontinuierliche Kontrolle kundenorientierter Maßnahmen geeignet ist.

Unter Kundenorientierung im Unternehmen ist zu verstehen, dass sämtliche Prozesse und Aktivitäten im Unternehmen auf die Zufriedenheit eines jeden Kunden - mit Weitblick auch auf jeden nachfolgenden Kunden der Wertschöpfungskette - ausgerichtet werden. Unmittelbares Ziel der Kundenorientierung ist also die Steigerung der Kundenzufriedenheit. Kundenzufriedenheit ist das Ergebnis eines komplexen Informationsverarbeitungsprozesses, in dem permanent modifizierte Erwartungen des Kunden (Soll-Leistung) mit seinen wahrgenommenen Eigenschaften (Ist-Leistung) verglichen werden. Wird die Soll-Leistung erreicht oder übertroffen, so entsteht Kundenzu-friedenheit. Ein nachgelagertes und für den Wettbewerb entscheidendes Ziel der Kundenorientierung ist die Verstärkung der Kundenbindung, d.h. der Aufbau und die bewusste Aufrechterhaltung der Geschäfts-beziehung. Wie nachfolgend aufgezeigt wird, liegt hierin ein enormer wirtschaftlicher Vorteil für das Unternehmen. Kundenorientierung führt zu Kundenzufriedenheit, diese zu Kundenbindung und damit zu langfristigem Gewinn. Diese Kausalkette ist mit ihren Erfolgspoten-tialen darzustellen. Der Zusammenhang zwischen Kundenorientierung und Kundenzufriedenheit ist offensichtlich. Werden die Erwartungen des Kunden erfüllt oder sogar übertroffen, steigt die Kundenzufriedenheit. Der positive Zusammenhang zwischen Kundenzufriedenheit und Kundenbindung wurde empirisch nachgewiesen. Weitere Studien bestätigen nicht nur diesen Zusammenhang, sondern auch die Abhängigkeit der Kundenbindung von weiteren Faktoren, wie beispielsweise psychischen und sozialen Wechselbarrieren, dem Variety Seeking sowie der Anzahl der Angebotsalternativen. Mit zunehmender Dauer der Geschäftsbeziehung steigt zudem die Rentabilität. Neben dem Grundgewinn ist eine erhöhte Kauffrequenz mit umfangreichem Auftragsvolumen (Wiederkauf- und Cross-Buying-Effekte) festzustellen. Desweiteren reduzieren sich bei Stammkunden die Verwaltungs- und Vertriebskosten sowie die Sensibilität gegenüber Preissteigerungen. Nicht zu vernachlässigen ist der Gewinn aus Weiterempfehlungen der zufriedenen Stammkunden, was Einsparungen im Werbeetat ermöglicht. Im Laufe einer langfristig angelegten Geschäftsbeziehung kann der Gewinn laut Untersuchungen nach zwei Jahren vervierfacht und nach sieben Jahren knapp verachtfacht werden. Daraus wird aber auch ersichtlich, dass Kundenbindung eine strategische Planungsaufgabe ist und auf langfristig angelegten Konzepten und Instrumenten basiert. Diese erfordern anfangs Investitionen und rentieren sich erst mittel- bis langfristig, dann aber um so nachhaltiger.

Um eine höhere Kundenorientierung und somit Kundenbindung zu erreichen, gibt es diverse Methoden und Instrumente. Der Kreativität sind keine Grenzen gesetzt. Nachfolgend einige Beispiele:

- Messung des Kundenzufriedenheit und Kundenbindung,
- Aufstellen eines Kennzahlen- und controllingsystems,
- Beschwerdemanagement,
- Kundenbindungsmanagement,
- Nachkauf-Kommunikation,
- Befragung ehemaliger Kunden,
- Trainieren aller Mitarbeiter auf Kundenorientierung,
- Veranstaltungen mit Kunden,
- Einrichtung von Kundenforen und -beiräten,
- Aktionen zur Kundentreue,
- Bonussysteme und Rabatt,
- Empowerment etc.

Eine umfassende Strategie hierzu ist die unternehmensspezifische Ausgestaltung der Kundenintegration in logistischen Prozessketten, die eine neue Geisteshaltung sämtlicher Führungskräfte und Mitarbeiter eines Unternehmens erfordert.

Zergliederung der Wertschöpfungskette durch Spezialisierung erfordert eine erweiterte Kundensicht

Bei der Bildung logistischer Prozessketten hat sich eine durchlaufbezogene Betrachtung von Produkten und Dienstleistungen herauskristallisiert. Die

Loslösung von der Funktionsorientierung führt zu unternehmensübergreifenden und kundenorientierten Logistik-Prozessketten wie Auftragsabwicklung, Produktionsversorgung und Entwicklung mit Informationsprozessen als integrale Bestandteile. Unter Einbeziehung der Prozesskette Entsorgung entsteht ein kundenorientierter Prozesskreislauf. Ein Prozesskreislauf ist die Zusammenfassung sämtlicher Abläufe zwischen der Annahme eines Kundenauftrages bis zur Übergabe zw. Bereitstellung des Produktes bzw. der Dienstleistung an den Kunden, einschließlich der damit verbundenen Wiederbeschaffungs-, Herstellungs- und rückführungsprozesse.

Die bisher beschriebenen Prozessketten orientieren sich an Produkten und Kunden. Eine konsequente Vertiefung der Kundenorientierung in der Prozessstruktur führt zu erweiterten und auch neuen Prozessketten. Einen Einfluss auf die Prozessstruktur nimmt das moderne Logistik-Management mit seiner ganzheitlichen und unternehmensübergreifenden Betrachtungsweise. Speziell im Zusammenhang mit dem Einsatz neuer Informationssysteme und -technologien wird heute auch von Supply Chain Management gesprochen. Die oben erläuterten logistischen Prozessketten beziehen sich auf ein Unternehmen in der Wert-schöpfungskette und orientieren sich an den Kunden des Unternehmens. Jedoch könnte dies nur eine Teiloptimierung bedeuten. Unternehmensübergreifendes Logistik-Management erweitert die Betrachtung auf die gesamte Wertschöpfungskette horizontal wie vertikal. Angefangen vom Endkunden bis hin zum Sublieferenten für Rohstoffe werden alle Handelsstufen, Hersteller, Systemlieferanten und Sublieferanten sowie Dienstleister einbezogen. Für die Logistik erfolgt eine integrierte Betrachtung aller Einzellogistiksysteme und als Ergebnis deren optimale Vernetzung mit Ausrichtung auf den Endkunden. Auslöser dieser Entwicklung ist die Zergliederung der Wertschöpfungskette, bedingt durch die Spezialisierung einzelner Unternehmen auf Teilgebieten der Wertschöpfungskette.

Beispiele hierfür lassen sich in den Branchen Automobilherstellung, Telekommunikation und PC-Herstellung finden. Früher wurde nahezu die komplette Wertschöpfung von einem einzigen Unternehmen erbracht. heute bedienen Spezialisten entscheidende Teile der Wertschöpfungskette, und die Vernetzung aller Beteiligten lässt ein erfolgreiches Produkt entstehen. Bild 2 zeigt beispielhaft die zergliederte Wertschöpfungskette für die Telekommunikationsbranche.

Die Zunahme der anfangs aus Effizienzgründen und im weiteren aus Qualitäts- und Know-how-Aspekten vorgenommene Arbeitsteilung führte oftmals dazu, dass jedes beteiligte Unternehmen in der Wertschöpfungskette sich selbst optimierte. Die Probleme eines Unternehmens wurden auf die Lieferanten abgewälzt. Bedingt durch den verschärften sowie globalen Wettbewerb und der daraus resultierenden Notwendigkeit zur Kundenorientierung besinnt man sich heute auf die Vorteile einer integrierten Wertschöpfungskette. Dies erfolgt jedoch unter Einbindung der Erfolge aus der vorgenommenen Arbeitsteilung und Spezialisierung auf die jeweiligen Kernkompetenzen. Die beteiligten Unternehmen der Wertschöpfungskette gehen zu intensiveren Kooperationen über mit dem gemeinsamen Ziel, den Endkunden bestmöglich zufriedenzustellen. Sie bilden dazu Netzstrukturen, die im globalen Verbund stehen sowie flexibel und schnell agieren. Diese in der Steuerung sehr komplexe Gestaltung der Wertschöpfungskette wird durch die modernen Informations- und Kommunikationssysteme überhaupt erst möglich und durchführbar. Vor fünf Jahren hätte man dieses Vorhaben aufgrund des Steuerungs- und Koordinierungsaufwandes als unrealistisch abgetan. In diesem nicht ganz leichten Unterfangen der Vernetzung treten Unternehmen der Logistikberatung häufig als Integrator auf. Sie verstehen es, durch die Konzeption geeigneter Ver- und Entsorgungsabläufe sowie die Entwicklung spezifischer Steuerungssysteme eine effiziente und effektive Zusammenarbeit der Wertschöpfungspartner zu ermöglichen.

Für ein unternehmensübergreifendes Logistik-Management sind sämtliche Prozessketten nicht nur auf die direkten Kunden sondern auch auf alle nachfolgenden und insbesondere auf die Endkunden auszurichten. Direkte Kunden erhalten Leistungen, um diese selbst zur Erzeugung höherwertiger Leistungen zu verwenden. Endkunden sind die Nutzer bzw. Verbraucher einer Leistung. Steht ein Unternehmen am Ende der Wertschöpfungskette, so sind deren direkte Kunden zugleich auch ihre Endkunden. Bei der Betrachtung eines Sitzeherstellers als Systemlieferanten für einen Automobilhersteller bedeutet dies beispielsweise, dass er seine entwickelten und produzierten sitze nicht nur nach den Anforderungen des Automobilherstellers (direkter Kunden) sondern selbständig entsprechend der Wünsche der Endkunden (PKW-Käufer) entwickelt und fertigt. Die Auswirkungen zeigen sich dann in der Ausgestaltung der Prozessketten, wobei auch die Lieferanten des Systemlieferanten eingebunden sind. Betroffen von dieser erweiterten Sichtweise sind insbesondere die Prozessketten Auftragsabwicklung, Versorgung und Entwicklung. Richten sich die Unternehmen auf jeder einzelnen Wertschöpfungsstufe konsequent auf alle nachfolgenden Kunden der Wertschöpfungskette aus und berücksichtigen deren Anforderungen, so ist im Sinne des Supply Chain-Management eine Ausgestaltung der gesamten physischen Versorgungskette effizient und vorausschauend möglich.

Realisierung kundenintegrierter Prozessketten

Eine Erweiterung des Prozesskettenmodells liegt in der Ausschöpfung aller Möglichkeiten zur Kundenintegration. Ein kundenorientiertes Unternehmen sollte sein Produkt über den gesamten Lebenszyklus begleiten, bis es als Altprodukt der Prozesskette Entsorgung zugeführt wird. Der Kunde - Erstnutzer - gibt sein Produkt in der Regel nach einer gewissen Nutzungszeit an den nächsten Kunden weiter. Dieser Vorgang wiederholt sich solange, bis der Güternutzen unter die Nutzenanforderung weiterer zur Verfügung stehenden Kunden gesunken ist. Die Begleitung des Produktes während dieser Nutzungsphase ist Bestandteil der neuen Prozesskette After-Sales-Service.

In dieser Prozesskette werden Serviceleistungen nicht nur gegenüber dem Erstnutzer, sondern auch gegenüber den Nachnutzern erbracht. Auslöser ist die Frage: Wie zufrieden ist der Nutzer mit der Wahl des Produktes bzw. der Leistung, wenn der nächste Kauf ansteht? Ein Anreiz liegt in dem Bestreben, einen Nachnutzer aufgrund des herausragenden Service beim nächsten Kauf als Erstnutzer gewinnen zu können. Ein weiterer Anreiz besteht darin, jeglichem Nutzer der firmeneigenen Produkte Servicenähe entgegenzubringen, um Cross-Buying-Effekte und somit ein höheres Verkaufsvolumen zu erzielen. Nicht zuletzt wird auch der Umsatz des Ersatzteilgeschäftes steigen, da die Nutzer aufgrund eines attraktiven Service mehr Originalersatzteile beziehen werden. Die kundenorientierten Leistungen entlang der Prozesskette After-Sales-Service fördern maßgeblich die Kundenzufriedenheit und somit auch die Kundenbindung sowie zusätzlich die Neukundenakquise.

Beispielsweise hat die Volkswagen AG ein neues Werkstattkonzept entwickelt. Das Konzept beinhaltet die Gründung neuer Werkstätten unter Mehrheitsbeteiligung eines autorisierten Händlers und soll Halter älterer Fahrzeuge bewegen, Reparaturen nicht mehr bei freien Werkstätten durchzuführen. Die länger werdenden Wartungsintervalle führten dazu, dass die Halter die markenungebundenen Werkstätten anstatt der oftmals teureren Vertragswerkstätten aufsuchten. Dem Hersteller entging dadurch einerseits das Ersatzteilgeschäft und andererseits die Nähe zum Halter, was sich wiederum auf die Kundenbindung und den potenziellen Neukauf direkt auswirkt. Das neue Konzept bietet den Haltern den Anreiz, bestimmte Arbeiten zu Fest- und Komplettpreisen und unter Verwendung von Originalersatzteilen durchzuführen. Die Halter älterer Fahrzeuge werden verstärkt den neuen Werkstätten treu bleiben. Dem Halter kann ein vorbildlicher Service geboten werden, der unterstützend auf die Kundenbindung und den Wiederkauf einwirkt. Die Leistungen des neuen Werkstattkonzeptes begleiten das Produkt und stehen jedem Halter zur Verfügung. Dabei ist es unerheblich, ob er einen Neuwagen gekauft hatte. Selbst Halter anderer Fabrikate sollen angesprochen werden. Eventuell überzeugt der herausragende Service auch diese Halter und initiiert so Neukunden.

In Ergänzung zum After-Sales-Service, der sich am Produkt oder an der Leistung orientiert, existiert eine weitere Ebene des Service. Es handelt sich um die produktübergreifende Betreuung des Kunden mit dem Ziel ständiger Kundenbindung. Die Kundenbetreuung wird also erweitert und löst sich von der spezifischen Leistung, die den Ausschlag zum Aufbau eines Kundenverhältnisses gab. Im Vordergrund steht die Kundenbindung. d.h. die Begleitung des Kunden auf seinem Lebenspfad mit von ihm gewünschten Leistungen - dies entspricht der Nutzung des Cross-Buying-Potenzials. Die Unternehmen sind in diesem Sinne dazu aufgefordert, den Bedarf des Kunden an Leistungen zu antizipieren und zu vermarkten. Das Ziel des Unternehmens muss in diesem Sinne sein, en Kunden so gut zu betreuen, dass er aus Überzeugung sein Leben lang dem Unternehmen bzw. der Marke treu bleiben wird. Dieser weiter-führende Ansatz findet sich teilweise in der Praxis in Form des Key-Account-Managements für wichtige, in der Regel umsatzstarke Kunden wieder. Diese Einbeziehung des Kunden als aktiven Teil in die Prozesse selbst kennzeichnet den Wandel von kundenorientierten hin zu kunden-integrierten Prozessen.

Die After-Sales-Service kann in die Prozesse

- Kundenbetreuung,

- Produktbetreuung,

- Ersatzteilversorgung,

- Reparaturservice,

- Produktberatung,

- Anwendungsbetreuung und

- Aktivitätenservice

gegliedert werden. Zu allen Prozessen gehören Logistikteilprozesse. Für die Kundenbetreuung fällt der Vor-Ort-Support als Logistikteilprozess an. Die Produktbetreuung enthält die Teilprozesse Wartung und Instandhaltung sowie Produkterweiterung und -update. Innerhalb der Produktberatung sind die Logistikberatung und die Logistiksystem-konzeption zu nennen. Ein umfassender und eigenständiger Logistik-prozess ist die Ersatzteilversorgung, die sich in die Teilprozesse Standardversorgungsablauf-Zuordnung, Verpackung, Auslieferung, Produktersatzlieferung, Ersatzteilbedarfsplanung und Auftrags-Controlling gliedert. Innerhalb des Reparaturservice sind die Produktabholung, Produktersatzlieferung, Reparaturbearbeitung und

-versorgung, Produktlieferung und das Auftrags-Controlling zu nennen. Unter Aktivitätenservice sind vorwiegend Veranstaltungen für die Kunden zu verstehen, die nicht unbedingt einen direkten Bezug zum Produkt aufweisen müssen, aber einen Nutzen für den Kunden generieren. Die Event-Logistik und das Termin-Controlling sind hier als Teilprozesse zu nennen. Die Anwendungsbetreuung könnte beispielsweise aus Vor-Ort-Schulungen bestehen. Die dargestellten Prozesse und Teilprozesse zeigen deutlich auf, dass hier große Potentiale für neue Leistungen mit einer Integration des Kunden und damit dessen Bindung an das eigene Unternehmen zu finden sind.

Der After-Sales-Service, die Auftragsabwicklung und die kundenspezifische Produktentwicklung bieten zur Integration des Kunden das größte Potential. Aber auch die Entsorgung läßt sich kundenintegriert gestalten - beispielsweise in der kostenlosen Abnahme von Altprodukten durch den Hersteller in Verbindung mit einem Neukauf durch den Kunden.

Für die Kundenintegration, insbesondere im Business-to-Business-Bereich, kommen nicht nur Logistikleistungen aus den produktbegleitenden Prozessketten, sondern auch unternehmens-begleitende Prozesse in Betracht. Die diesbezüglich angesprochenen Logistikleistungen können weitestgehend der strategischen Unternehmensplanung zugeordnet werden. Beispiele hierfür sind der Entscheidungsprozess zur Logistiktiefengestaltung, Standortplanungen von Produktionsstätten, prozesskettenübergreifende Informationssysteme und Logistik-Software-Tools sowie Planung logistischer Systeme. Diese Prozesse werden aufgrund der inhaltlichen Nähe in eine neue Prozesskette Strategische Logistikplanung eingebettet. Diese Prozesskette durchdringt alle anderen Prozessketten.

Alle Prozessketten zusammen ergeben einen Kreislauf, den sogenannten kundenintegrierten Prozesskreislauf. Hierzu werden die Prozessketten After-Sales-Service der jeweils vom Kunden bezogenen Produkte mit-einander verknüpft.

### Kundenintegrierter Supply-Cycle-Ansatz

Die Supply Chain umfasst alle Prozessketten Auftragsabwicklung und Versorgung - gegebenenfalls auch unter Einbeziehung der Entwicklung - vom Kunden des Kunden über den Hersteller, den Lieferanten bis hin zu den Sublieferanten. Das Supply Chain Management hat nun die Aufgabe, sämtliche Informations-, Material- und Werteflüsse als Gesamtprozess der unternehmensübergreifenden Leistungserstellung zu optimieren. Unter Berücksichtigung des Trends zum Global Sourcing sowie zu globalen Vermarktungsstrategien entstehen dadurch welt-umspannende Logistiknetzwerke, die optimal gestaltet und gesteuert werden müssen. Die ansteigende Komplexität kann durch eine Stan-dardisierung der Prozesse, ein strategisches Outsourcing von Logis-tikleistungen sowie den Einsatz moderner Informations- und Kommuni-kationssysteme im Rahmen des Supply Chain Management reduziert werden. Insbesondere die Weiterentwicklung bei den Informations- und Kommunikationssystemen mit den Advanced-Planing-and-Scheduling-Systemen ermöglicht die effiziente Steuerung und Beherrschung der gesamten Supply Chain.

Hierbei werden die Supply Chain, endend bei der Prozesskette After-Sales-Service mit dem integrierten Endkunden, und die Prozesskette Entsorgung, die Wertschöpfungsstufen übergreifend, miteinander vernetzt. Durch die unternehmensübergreifende Entsorgung entstehen ausgehend von jeder Wertschöpfungsstufe verschiedene Supply Cycle. Dieser Ansatz ermöglicht erstmalig eine nachhaltige Kreislaufwirtschaft, bei der die Einsteuerung von wiederaufbereiteten Komponenten und Teilen sowie recycelten Materialien bedarfsgerecht in die Supply Chain erfolgen kann. Somit ist auch das Entstehen eines Sekundärmarktes möglich. Die Einsteuerung auf der entsprechenden Stufe in der Wertschöpfungskette kann durch eine unternehmensübergreifende Entsorgung wesentlich zielgerichteter erfolgen als bei zergliederter Betrachtung der Entsorgungskette. Da Industrie- und Handelsun-ternehmen die Entsorgung in der Regel nicht als Kerngeschäft einstufen, sondern oftmals an Dienstleister übertragen, ist die organisatorische Abbildung der unternehmensübergreifenden Entsorgung durch einen spezialisierten Dienstleister leicht möglich. Der Entsorgungsdienstleister hat seinerseits vielfältige Möglichkeiten, die Endnutzer von Produkten servicefreundlich in seine Entsorgungsprozesse zu integrieren und andererseits die potenziellen Nutzer seiner wiederaufbereiteten Teile und Komponenten bedarfsgerecht zu versorgen. Für die Steuerung derartiger Supply Cycle sind jedoch noch leistungsfähige Informations- und Kommunikationssysteme zu entwickeln.

Fazit

Die Steigerung der Kundenorientierung durch Kundenintegration in logistische Prozessketten eröffnet Unternehmen neue Erfolgspotenziale. Mit der resultierenden Erhöhung der Kundenzufriedenheit und folglich der Kundenbindung erreichen Unternehmen eine Steigerung der Rendite, des Wachstums sowie der Wettbewerbsfähigkeit. Unternehmen sind in der Lage, durch den spezifischen Einsatz verschiedener Instrumente der Kundenorientierung ein effektives Kundenbindungsmanagement zu implementieren. Neue Dienstleistungen und ein gesteigerter Kundenservice lassen wettbewerbsentscheidende Differenzierungsmerkmale zu Leistungen der Konkurrenz entstehen.

Die ehemals hohe Integration von Leistungen entlang der Wertschöpfungskette in einem Unternehmen orientierte sich zwar am Endkunden und somit dem Nutzer der Leistung, vernachlässigte aber die internen Kunde-Lieferant-Beziehungen. Diese sind aber für die erfolgreiche Leistung am Ende der Wertschöpfungskette zwingend notwendig. Die zunehmende Aufteilung der Wertschöpfungskette verändert nun maßgeblich das Verhältnis zum Kunden. Die Kunde-Lieferant-Beziehungen innerhalb einer Wertschöpfungskette werden in den Vordergrund gerückt. Jedoch findet nun oftmals der Endkunde bei mehrfach vorgelagerten Stufen der Wertschöpfungskette keine Berücksichtigung. Unternehmen müssen daher eine weiter gefaßte Sichtweise erlernen, indem sie sich nicht nur auf die direkten Kunden sondern auch auf alle nachgelagerten Kunden - insbesondere den Endkunden - ausrichten.

Die kundenintegrierte Gestaltung logistischer Prozessketten eröffnet den Unternehmen neue Geschäftsfelder. Allein im After-Sales-Service liegen so viele Leistungsfelder, dass es Jahre dauern kann, bis Unternehmen diese Prozesskette durchgängig konzipiert und durch ein aufeinander abgestimmtes Leistungsspektrum abgedeckt bekommen. Logistikberater erhalten hiermit ebenso ein neues Geschäftsfeld. Zwecks Beschleunigung der Einführung innovativer Leistungsprozesse werden Unternehmen verstärkt auf das Berater-Know-how zurückgreifen. Da ein Unternehmen in der Regel nicht alle Leistungsprozesse im After-Sales-Service mangels erforderlicher Kernkompetenzen wahrnehmen kann, ist frühzeitig über das Make or Buy dieser Leistungen strategisch nachzudenken und zu entscheiden. Aus diesem Grund werden auch Logistikdienstleister, die mit der Distribution von Produkten betraut sind, zukünftig verstärkt individuelle After-Sales-Services in ihr Leistungsspektrum integrieren müssen, um wettbewerbsfähig zu bleiben. Dies wird förderlich für die Bildung strategischer Allianzen in der Distributionslogistik sein.

Auch wenn Unternehmensnetzwerke noch damit beschäftigt sind, ihr Supply Chain Management zu konzipieren bzw. umzusetzen, sollte deren Blick auf die Zukunft gerichtet sein. Bereits jetzt sollte an Möglichkeiten zur Steuerung ganzer Supply Cycle gedacht werden. Nach der Optimierung der Prozessketten Versorgung und Auftragsabwicklung folgen die Professionalisierung und individuelle Ausgestaltung des After-Sales-Service sowie die nachhaltige Einbeziehung einer netzwerkumspannenden Entsorgung. Alle Prozessketten gemeinsam ist die Maxime der Kundenintegration.

Literaturempfehlungen:

(1) Baumgarten, H.: Prozesskettenmanagement;in; Kern, W.; Schröder, H.-H.; Weber, 1. (Hrsg.): Handwörterbuch der Produktionswirtschaft; Schäffer-Poeschel Verlag; Stuttgart; 1996; S. 1669-1682.

(2) Baumgarten, H.: Trends und Strategien in der Logistik 2000. Analysen - Potentiale -Perspektiven; Ergebnisse einer Untersuchung des Bereiches Materialflusstechnik und Logistik der Technischen Universität Berlin; Berlin; 1996.

(3) Baumgarten, H.: Prozesskettenmanagement in der Logistik; in: Weber, 1.; Baumgarten, H. (Hrsg.): HandbuchLogistik - Management von Material- und Warenflussprozessen; Schäffer-Poeschel Verlag; Stuttgart; 1999; S. 226-238.

(4) Baumgarten, H.; Darkow, I.: Gestaltung und Optimierung von Logistiknetzwerken; in: Hossner, R. (Hrsg.): Jahrbuch der Logistik 1999; Verlagsgruppe Handelsblatt; Düsseldorf; 1999; S. 146-151.

(5) Baumgarten, H.; Wolff, S.: Versorgungsmanagement - Erfolge durchIntegration von Beschaffung und Logistik; in: Hahn, D.; Kaufmann, L. (Hrsg.); Handbuch industrielles Beschaffungsmanagement: internationale Konzepte -innovative Instrumente - aktuelle Praxisbeispiele; Betriebswirtschaftlicher Verlag Dr. Th. Gabler; Wiesbaden; 1999;K S. 321-342.

(6) Emmermann, M.: Beitrag zur Entwicklung der Prozesskette „Entsorgung" auf der Basis einer managementorientierten ganzheitlichen Entsorgungslogistik; in: Baumgarten, H.; Ihde, G.H. (Hrsg.): Schriftenreihe der Bundesvereinigung Logistik; Band 40; Huss-Verlag; München; 1996.

(7) Homburg,k C.: Kundennähe von Industriegüterunternehmen: Konzeption - Erfolgsauswirkungen- Determinanten; Neue betriebswirtschaftliche Forschung, Band 147; Betriebswirtschaftlicher Verlag Dr. Th. Gabler; Wiesbaden; 1998.

(8) Meyer, A.; Dornach, F.: Das Deutsche Kundenbarometer 1998 - Qualität und Zufriedenheit: Jahrbuch der Kundenzufriedenheit in Deutschland 1998; Deutscher Marketing-Verband, Deutsche Post AG (Hrsg.); Verlag ServiceBarometer AG; München; 1998.

(9) Peter, S. I.: Kundenbindung als Marketingziel; Identifikation und Analyse zentraler Determinanten; Neue betriebswirtschaftliche Forschung, Band 223; Betriebswirtschaftlicher Verlag Dr. Th. Gabler; Wiesbaden; 1997.

(10) Reichheld, F. F.; Sasser, W. E.: Zero-Migration - Dienstleister im Sog der Qualitätsrevolution; in: Bruhn, M.; Homburg, C. (Hrsg.): Handbuch Kundenbindungsmanagement - Grundlagen, Konzepte, Erfahrungen, Betriebswirtschaftlicher Verlag Dr. Th. Gabler; Wiesbaden; 1998; S. 135-150.

(11) Straube, F.: Best-Practice-Konzepte europäischer Logistikführer; in: Hossner, R. (Hrsg.): Jahrbuch der Logistik 1999; Verlagsgruppe Handelsblatt; Düsseldorf; 1999; S. 152-155.

(12) Tominage, M.: Die kundenfeindliche Gesellschaft - Erfolgsstrategien der Dienstleister; ECON Verlag; Düsseldorf; 1998.

(13) Wolff, S.: Zeitoptimierung in logistischen Ketten - Ein Instrumentarium zum Controlling von Liefer- und Durchlaufzeiten bei kundenspezifischer Serienproduktion; in: Baumgarten, H.; Ihde, G.H. (Hrsg.): Schriftenreihe der Bundesvereinigung Logistik; Band 35; Huss-Verlag; München; 1995.

(14) Wolff, S.: Supply Chain Management in Europa erfolgreich realisiert; in: Hossner, R. (Hrsg.): Jahrbuch der Logistik 1999; Verlagsgruppe Handelsblatt; Düsseldorf; 1999; S. 156-159.

(15) Zadek, H.: Kundenorientierung in logistischen Prozessketten - Ein Instrumentarium zur Entscheidungsunterstützung und zum Controlling für die strategische Logistiktiefengestaltung in Industrieunternehmen: Dissertation an der Technischen Universität Berlin; Bereich Logistik; Berlin; 1999"
(vgl. BAUMGARTEN, H., ZADEK, H., Jahrbuch der Logistik 2000, Verlagsgruppe Handelsblatt, Düsseldorf, 2000, S. 128-133).

### 3.2.3. Virtuelle Unternehmen

"Jungunternehmer Kai Petersen drückt dem Taxifahrer 50 Schweizer Franken in die Hand, schnappt sich Tasche und Notebook und steigt aus. Er kommt von einem wichtigen Geschäftstermin bei einem Dienstleistungsunternehmen der Textilbranche in der Züricher City. Diskussion über die richtige Internetstrategie für den weltweiten Auftritt des Kunden und Brainstorming mit der Geschäftsführung waren heute angesagt. Jetzt eilt er suchenden Blicks durch die Abfertigungshalle des Flughafens Zürich-Kloten: „Wo ist bloß das Internetcafé", fragt sich der Geschäftsmann. Sein Flug zurück nach Düsseldorf geht in einer Stunde. Genug Zeit also, sein virtuelles Büro aufzuschlagen.

Die linke Hand an der Cola-Flasche, die rechte an der Maus, ruft Petersen routiniert seine elektronische Post ab und lädt sie auf sein Notebook. Rund 100 E-Mails fluten jeden Tag auf die portable Festplatte: Lösungskonzepte für Kunden, Mitarbeiterberichte, Finanzdaten, Bewerbungen, Persosnalsachen. Nur er selbst liest seine Mails, nichts wird vorgefiltert durch sein Sekretariat: „Jeder Mitarbeiter oder Kunde soll sich auf Vertraulichkeit verlassen können", lautet Petersens Geschäftsphilosophie. Entsprechend aufwendig ist die Aufarbeitung: Manchmal dauert sie bis zu zwei Stunden. Die wichtigsten Nachrichten werden sofort beantwortet, die anderen im Flugzeug formuliert und später per Knopfdruck versendet.

40 bis 50 Prozent seiner Arbeitszeit - Handy und Notebook immer in Griffweite - ist der 32-jährige studierte Informatiker und Betriebswirtschaftler unterwegs. Als Chef der Düsseldorfer Niederlassung von marchFirst, einem führenden Full-Service-Internetdienstleister, ebnet er Firmen den Weg in den elektronischen Handel. Jeweils ein Drittel seiner Reisen absolviert er mit Auto, Bahn oder Flugzeug. Dabei will Petersen telefonieren, E-Mails schicken und Geschäftskorrespondenz lesen und schreiben.

Seine Kunden, mittlere und große Unternehmen aus allen Branchen, suchen den Kontakt auf Geschäftsführerebene: Internetstrategie ist Chefsache. Ohne den schnellen Draht per Handy, Notebook und Internet zu den Kunden und seinen 100 Mitarbeitern in der Düsseldorfer Niederlassung könnte Petersen sein Arbeitspensum nicht leisten. Doch ganz ohne den Gang ins Internetcafé kommt der mobil arbeitende Manager noch immer nicht aus. Denn die Möglichkeit, unterwegs via Mobiltelefon und Notebook Internetinhalte und E-Mails abzufragen, ist begrenzt. Der Grund: die schlappe Übertragungsrate von 9600 Zeichen pro Sekunde des zurzeit gültigen GSM-Standards (Global System for Mobile Communications).

Viele Marktbeobachter gehen davon aus, dass die Zukunft des eCommerce Mobile-Commerce heißt. Nicht nur die Giga Information Group, auch die ARC Group geht davon aus, dass im Jahr 2004 weltweit mehr Menschen eCommerce über mobile Terminals (Handys, Handhelds) als über stationäre Geräte (Pcs) betreiben. Ein weiterer Indikator für den Erfolg von Mobile Commerce ist die Einschätzung von Radicchio: Die globale Initiative zur Schaffung von Sicherheit bei eCommerce-Transaktionen in Mobilfunknetzen geht von weltweit über 600 Millionen transaktionsfähigen Mobilfunkgeräten im Jahr 2004 aus. Die technologischen Errungenschaften der mobile Kommunikation wie WAP, GPRS, UMTS, Wireless LAN, Bluetooth etc. werden nachhaltig den Business-to-Business- und den Business-to-Consumer-Bereich verändern. Im Business-to-Business-Bereich wird sich der Prozentsatz der Firmenmitarbeiter, die mobil über Wireless Networks an ihre Firmennetze und das Internet angebunden sind, nach Einschätzung der META Group bis zum Jahre 2003 auf 40 Prozent erhöhen. Die wesentlichen Applikationen, die von den Firmenmitarbeitern genutzt werden, sind unternehmenseigene Anwendungen wie Messaging, Knowledge Management, Datenbankabfragen sowie der Zugang zum Internet.

Trotz aller Unkenrufe - WAP spielte eine dominierende Rolle

Man kann von einer „Wireless Euphorie" sprechen, die durch das explosive

Wachstum der GSM-Netze ausgelöst wurde - im April 2000 wurde die Grenze von 25 Millionen GSM-Teilnehmern in Deutschland überschritten. Neue Technologien wie HSCSD (High-Speed Circuit-Switched Data) und GPRS und besonders die Netze der 3. Generation (UMTS) ermöglichen Datenübertragungsraten von bis zu 2 Mbit/s und damit einen schnellen Zugang auf Inhalte des mobilen Internets. Als das dominierende Zugangsprotokoll für mobile Endgeräte hat sich in kürzester Zeit das Wireless Application Protocol (WAP etabliert, welches das Internet, Intra- und Extranets für den mobilen Nutzer verfügbar macht. Für die Unternehmen bedeutet die Mobilität eine neue Herausforderung an die IT-Infrastruktur. Der anwenderspezifische Portalzugang zum Intra-/Extranet mit den Business-Applikationen und der Knowledge Base muss strategisch neu geplant werden, um die Inhalte für den mobilen Anwender in endgerätegerechter Weise für unterschiedliche Endgeräte verfügbar zu machen. Der Anwender kann dabei sowohl eigener Mitarbeiter als auch ein Kunde oder Geschäftspartner sein. Die Infrastruktur muss vor allem durchgängige Geschäftsprozesse unterstützen und den besonderen Sicherheitsanforderungen genügen.

Marktentwicklung von drei Faktoren getrieben

Die Marktentwicklung des mCommerce wird laut den Marktforschern von Forit von drei zentralen Faktoren getrieben:

- Die Zahl der Handynutzer nimmt explosionsartig zu. Im Jahr 2004 erwarten wir annähernd 60 Millionen Handybesitzer.

- Internet-taugliche Handys auf WAP-Basis werden in wenigen Jahren zum Standard. Die Handyhersteller werden spätestens im Jahre 2001 eine durchgängige WAP-Strategie verfolgen.

- Im Consumerbereich wird Geld ausgegeben und Bereitschaft zum mobilen Commerce gezeigt. Schon heute würden 30% der Handybesitzer mobil einkaufen. Diese Bereitschaft wird zunehmen, wenn die Geräte in ausreichender Zahl vorhanden sind und nutzerfreundliche Dienste angeboten werden. Bis zum Jahr 2004 wird jeder zweite Handybesitzer mobil einkaufen.

Viele Firmen aus den unterschiedlichsten Bereichen werden versuchen, in diesem heißen Markt Fuß zu fassen"(vgl. Next,W., New Economy 1/2001, Skriptum AKA. Kassel, 2000).

### 3.2.4. Virtuelle Marktplätze

"Handel im Internet bedeutet wie anderswo auch in erster Linie die Zusammenführung von Angebot und Nachfrage - nur hier eben auf einer elektronischen Basis. Verschiedene Formen virtueller Märkte, die oft auch als elektronische Märkte bezeichnet werden, haben Sie bereits kennengelernt:

- Lieferantendatenbanken.
- Tradepages/Bulletin-Board-Services.
- Purchasing-Homepages.
- Das Usernet.

Für alle vier gelten die typischen Merkmale des virtuellen Handels, die dem Ideal eines vollkommenen Marktes näher kommen, als es in der realen nicht-elektronischen Welt jemals möglich war:

- Jeder kann am Marktgeschehen teilnehmen. Der Zugang zu den Märkten ist einfach, billig und unterliegt im Allgemeinen keinen Beschränkungen.
- Die Nutzung des neuen Mediums und der auf ihm bauenden Märkte ist einfach und leicht erlernbar. Es bildet sich kein „Herrschaftswissen".
- Der Einfluss der Komponente „Zeit" auf Handelsaktivitäten sinkt. Der Ablauf von Informationen und die Kontaktaufnahme mit Unternehmen sind 7x24 Stunden möglich.
- Der Einfluss der Komponente Ort auf Handelsaktivitäten verringert sich auf fast null. Entfernungen spielen im Internet keine Rolle und können daher weder Vor- noch Nachteil sein.
- Virtuelle Märkte sind extrem transparent. Jeder Marktteilnehmer kann sich umfassend informieren. Angebote verschiedenster Anbieter können einfach miteinander verglichen werden.

Wenn wir uns die oben aufgezählten vier Formen des Internethandels genau ansehen, dann stellen wir fest, dass gewisse Tätigkeiten fehlen, die ein Geschäft auch im Internet erst komplett machen. Dabei kann man an die Bezahlung denken, an die Lieferung, die Bestellorder etc. Die vier Beispiele von oben sind daher nur Vorstufen eines Handels im Internet. Es fehlen anders ausgedrückt Elemente, die im Internet normalerweise mit dem Schlagwort E-Commerce einhergehen, denn auch beim E-Commerce kommen Nachfrage und Angebot im virtuellen Raum zueinander. Damit sind die Grundanforderungen an einen virtuellen Markt erfüllt. E-Commerce induziert aber in seiner herkömmlichen Form gemeinhin ein Geschäftsmodell, bei dem das Angebot eines Verkäufers mit der Nachfrage mehrerer Käufer zusammenkommt. Für die Definition eines virtuellen Marktes ist dies allein aber auch nicht ausreichend. Er scheint vielmehr eine Kombination der oben genannten Vorstufen mit Aspekten des E-Commerce zu sein. Wir können uns deshalb auf folgende Definition einigen:

> Virtuelle Märkte sind virtuelle Orte im Internet, auf denen Angebot und Nachfrage vieler Parteien zusammenkommen und an dem sich Geschäfte nicht nur anbahnen, sondern komplett abwickeln lassen.

Es leuchtet ein, dass neben Anbietern und Nachfragern auch Dienstleister eine große Tolle spielen müssen. Dabei ist beispielsweise an Banken zu denken, die den Zahlungsverkehr möglich machen oder an Verzeichnisdienste, die den Nutzern den nötigen Überblick im Markt ermöglichen.

Virtuelle Märkte sind keine Zukunftsmusik. Sie existieren bereits in den verschiedensten Formen und sind die am weitesten in Richtung der digitalen vernetzten Welt fortgeschrittene Anwendung im Internet. Wir unterscheiden drei Typen an der Art ihrer Marktteilnehmer.

- Virtuelle Märkte Consumer-to-Consumer.
- Virtuelle Märkte Business-to-Consumer.
- Virtuelle Märkte Business-to-Consumer.

Natürlich interessieren uns die Business-to-Business-Märkte am stärksten. Um diese aber richtig einschätzen zu können, werfen wir zuvor einen Blick auf die anderen beiden Typen von virtuellen Märkten.

Beispiele für virtuelle Märkte

Virtuelle Märkte Consumer-to-Consumer

Im realen, nicht virtuellen Raum haftet Plätzen, auf denen Privatleute miteinander Geschäfte machen, immer etwas nicht erst zu nehmendes, spielerisches oder gar anrüchiges an. Vor dem geistigen Auge tauchen feilschende Gestalten auf, die mit dem Schraubenzieher in Rostlauben herumstochern oder auf Flohmärkten Wirtschaftswunderwaren auf Tapeziertischen präsentieren. Vielleicht liegt es auch nur an der Umgebung, in der das private Geschäftemachen stattfindet. Auf einem Möbelhausparkplatz wirkt eben der organisierteste Gebrauchtwagenmarkt immer noch dubios.

Im Internet sind die Rahmenbedingungen für den privaten Handel besser. Dienstleister bieten professionelle Plattformen an, auf denen der Handel vonstatten gehen kann. Natürlich wollen diese Anbieter damit Geld verdienen und verlangen deshalb für die Benutzung der Plattform Provisionen oder andere Gebühren.

Gute Beispiele für virtuelle Märkte im Privatbereich sind die in den letzten
Monaten wie Pilze aus dem Boden geschossen virtuellen Auktionshäuser, von
denen einige ausdrücklich nur Privatleuten das Versteigern erlauben, wie
beispielsweise ebay.de.

www.ebay.de
In jedem Keller finden sich Dinge, die keiner mehr braucht aber auch keiner
entsorgt, weil sie für den Sperrmüll viel zu schade sind. Vielleicht würde ja
irgend jemand sogar Geld dafür bezahlen"(vgl.

Der Kunde des virtuellen Unternehmens

Für das virtuelle Unternehmen ist es lebenswichtig, seine Kunden zu halten und
auch mit ihnen - wie mit den Lieferanten - eine „co-destiny" einzugehen. Es muss
eine ständige Rückkopplung vom Endverbraucher zum Hersteller stattfinden.
Dies gilt nach beiden Richtungen: Abgesehen von Massegüterkonsumenten
suchen auch die Verbraucher die langfristige Beziehung mit wenigen Anbietern,
um besseren Service zu erhalten. Das ist besonders bei erklärungsbedürftigen
Elektronikprodukten wichtig. So wird der Käufer eines neuen Computers sehr
schnell feststellen, dass er auf den Hersteller angewiesen ist, um die Hardware zu
verstehen und die Software wirksam zu nutzen. Aber auch in der Reisebranche
spielen Datenbanken eine Schlüsselrolle für den Kundenservice. Im
Hotelgewerbe werden Stammgäste mit Zimmern auf der ruhigen Seite bevorzugt,
bei Fluggesellschaften erhalten treue Kunden mehr Freiflüge.

Um seine Kunden langfristig zu binden, muss das virtuelle Unternehmen auf
höchste Qualität seiner Produkte achten. Die Kunden zufrieden zu stellen wird
immer schwieriger, weil konkurrierende virtuelle Unternehmen diese
Zufriedenheitsschwelle immer höher schieben. Deshalb benötigen sie riesige
Datensysteme. Daten von Zulieferern, Vertriebsagenten, Groß- und
Einzelhändlern, Vertragsunternehmen oder Marktforschungen müssen gesammelt,
bewertet und genutzt werden, um die Kundenbedürfnisse nicht nur einmal,
sondern immer wieder zu erfüllen. Ein virtuelles Unternehmen muss in der Lage
sein, seinen Kunden zu dienen, ohne fragen zu müssen. Ein solches Programm zur
Informationsbeschaffung ist umfangreich und teuer. Weil nur begrenzt Zeit und
Geld zur Verfügung steht, muss das virtuelle Unternehmen seine Zielgruppen
sorgfältig auswählen. Es muss also - genau wie bei den Lieferanten - die Liste
seiner Kunden verkleinern. Dabei gilt es vor allem diejenigen Kunden zu
behalten, die treu sind, weil sie dem Verkäufer vertrauen"(vgl.SIMON, H, Das
grße Handbuch der Strategie-Konzepte, S.156-209, a.a.O.).

**3.2.5.E-Commerce meets Customer!**

"König Kunde - im Zeitalter von Internet und schneller Datenkommunikation erhält dieser Begriff eine neue Bedeutung. Dabei geht es um sehr viel mehr als um den Abruf von Informationen per Mausklick, die Online-Bestellung von Büchern oder die Buchung von Last-Minute-Reisen über das World Wide Web. Josef Brauner, Vorstand Vertrieb und Service der Deutschen Telekom AG, zeigt, wie mit der Realisierung von umfassenden Electronic-Commerce-Anwendungen die Weichen für eine neue Dimension der Dienstleistungsqualität und der Serviceleistung gestellt werden.

Die Kunden werden die Gewinner der Ära des Electronic Commerce sein. Zwei der wesentlichen Gründe für diese Einschätzung: Je mehr Unternehmen das Internet als Vertriebskanal für Produkte und Dienstleistungen nutzen, desto weitreichender ist die Transparenz der globalen Angebotspalette für die Kunden. Bequem von zu Hause aus kann der Kunde Angebote vergleichen und die für ihn optimale Leistung auswählen. Anwendungen des Electronic Commerce in und zwischen Unternehmen (Business-to-Business) zielen auf eine nachhaltige Optimierung der Prozesse entlang der Wertschöpfungsketten - die Kunden profitieren davon beispielsweise durch eine bessere Verfügbarkeit der Angebote und durch schnellere Innovationszyklen, das heißt durch Produkte, deren Entwicklung enger an den Anforderungen des Marktes erfolgt.

Service über alles

Die positiven Effekte des Electronic Commerce für König Kunde reichen noch sehr viel weiter. Die Märkte und die Player im Markt verändern sich. Der elektronische Marktplatz verändert die Spielregeln. Um die Vermarktung ihrer Produkte und Dienstleistungen über das Internet zu fördern und sich gleichzeitig von der globalen Konkurrenz zu differenzieren, werden die Unternehmen ihre Serviceleistungen für die Kunden deutlich ausbauen. Schnelle Lieferung umfassender Kundendienst, optimale Beratung beim Kauf und bei Nutzung der Produkte, kundenorientierte Empfehlungen für die Nutzung weiterer Angebote - die Etablierung von E-Commerce-Szenarien und die Entstehung einer neuen Servicekultur werden weitgehend parallel verlaufen.

Dabei bietet das Internet selber künftig die weitreichende Möglichkeit, neue Service-Dienstleistungen rund um die Produkte anzubieten, Kunden zu gewinnen und zu binden. Es transportiert nicht nur riesige Datenmengen und zieht immer mehr Nutzer an - es krempelt die

Konsumgewohnheiten um. Die Telekommunikation der Zukunft ist die Multimedia-Kommunikation in breitbandigen Netzen. In absehbarer Zeit werden Multimedia-Call-Center für die Bildkommunikation zwischen Kunden und Service-Personal ebenso selbstverständlich sein wie multimedia-gestützte Teleberatungen etwa in der Finanzbranche und multimediabasierte Dienstleistungen in der Telemedizin oder der Betreuung älterer Menschen im heimischen Umfeld.

Wohin die Reise geht

Entscheiden ist: Wer die Entwicklungstrends im Bereich des Electronic Commerce skizzieren will, der muss die vor dem Hintergrund des rasanten Fortschritts im Bereich der Informationstechnik und der Telekommunikation tun. Bei der Übertragungskapazität der Netze, bei der Leistungsfähigkeit der Rechnersysteme und der Software innerhalb der Netze oder bei der Intelligenz der Telekommunikations-Anwendungen stehen wir in den kommenden Jahren vor Quantensprüngen. Die Möglichkeiten, die sich damit für Electronic-Commerce-Anwendungen ergeben, sind heute sicherlich erst in Ansätzen erkennbar.

Ein Trend ist allerdings bereits jetzt vorgezeichnet: Wie in der gesamten Telekommunikation werden auch beim Electronic Commerce die „Anwendungspakete" immer präziser auf die individuellen Anforderungen jedes Nutzers zugeschnitten sein. Künftig werden beispielsweise spezialisierte Dienstleistungs-Unternehmen im Internet laufend Produkt- und Dienstleistungsangebote recherchieren und diese Angebote dem Kunden entsprechend zum von ihm definierten Interessenschwerpunkt präsentieren. Die themenspezifischen Portale im Internet sind nur ein erster Schritt in diese Richtung.

E-Commerce erlaubt dann den Aufbau und die Pflege neuartiger Kundenbeziehungen. Viele Firmen gelingt es dank E-Commerce, ihre traditionell rückwärtigen Administrationsabteilungen, die sogenannten Back Office, in einen direkten Dialog mit den Kunden einzubinden. Dadurch verbessern sich Kundendienst und Kundenbindung bei gleichzeitiger Kostenersparnis. Dem Electronic-Commerce gehört die Zukunft. Für die Unternehmen eröffnen sich neue Chancen zur kundenorientierten Bündelung ihrer Angebote und die Realisierung maßgeschneiderter Serviceleistungen. Für die Kunden fällt mit dem E-Commerce der Startschuss für ein neues Servicezeitalter"(vgl. Mattes, F. E-Commerce B2B, Bd. II, S.83-112, a.a.O.).

### 3.2.6. Effectives SCM und gesteigerte Geschäftsleistung

"Effective supply chain management and enhanced business performance

As the European Supply Chain Management survey has clearly underlined, the advent of new business challenges and new technologies has led to a renaissance in supply chain management - both in SCM techniques and in growing business awareness of their value. As the pace of change increases and markets become more dynamic, those businesses which respond by implementing advanced SCM will be the clear winners.

The business challenges which have sparked this SCM revival include the increased pace of globalization, the growing trend towards mergers and acquisitions, widespread deregulation, more demanding shareholder expectations (ROCE) and the need for new „differentiating factors" (traditional differentiators have often become qualifiers). The increasing need to form partnerships with other organizations, the arrival of hyper-competition and unprecdented intense pressures on costs and profits have also played a part.

At the same time, technological developments have created an number of golden opportunities to improve supply chain manaagemenht. These include the development of SCM software, the emergence of a global logistics infrastructure, the advent of the Internet and e-commerce, and the creation of high-speed broadband data networks. All management in ways hitherto undreamed of.

SCM focuses on three operational targets

Confronted with these parallel sets of challenges and opportunities, advanced SCM focuses on three operational targets:

- Cost reduction
- Higher sales and margins
- Reduction of capital employed.

These three target categories are each influenced by different SCM levers.

Cost reduction targets can be met by cutting the costs of manufacturing, materials, transportation and administrative processes. The SCM levers used to chieve these reductions include improving manufacturing stability, creating partnerships with suppliers and securing consequent cost reductions, improving manufacturing yield and cutting waste, partnering with logistics service providers, and redesigning exsting usiness processes.

In terms of sales improvements, SCM techniques focus on improving the planning process to avoid shortages of stock, cutting response times, offering more attractive service packages, establishing ans supporting new sales channels such as e-commerce, and working to achieve „preferred supplier" status.

SCM also has a vital role to play in reducing capital employed, by seeking to consolidate the manufacturing network and outsource non-core activities. It also focuses on cutting the cash to cash cycle time through better logistics performance and reducing working.

Business fall into five SCM „types"

In SCM terms, Arthur D. Little`s experience shows that there are five different business „types", each characterized by the extent to which it has adopted SCM techniques. For each type, specific SCM concepts can be prescribed which will enable it to overcome ist dominant business problems. The five types are set out below.

The Desperado - As the name implies, the Desperado has a diffused, fragmented and uncoordinated supply chain structure and poor return on capital employed (ROCE) of around 4%. His dominant business problems are a steady erosion of sales, low service quality, high stock levels and low efficiency.

The SCM actions required are steps to ensure greater manufacturing stability and to improve planning and the management of suppliers. The Desperado also needs to close the gaps in his ICT systems, install a system of SCM metrics and begin measuring supply chain efficiency. Together, these actions will lift the Desperado into the next category.

The Integrator - The Integrator typically has ROCE of some 8%, but capacity utilization is disappointingly low and stock levels remain high. The parts of the chain are beginning to work together, but efficiency is still low and service quality, though better than the Desperado, is not yet competitive.

The relevant SCM prescription is to design an entirely new supply chain structure, with centers of manufacturing specialization and competence. The Integrator also needs to install seamless, company-wide ICT systems, and to initiate data exchange with external partners. The aim of the Integrator should be to achieve transparency for all participannts in the supply chain. Successfully implementing these changes will transform the Integrator into the Architect.

The Architect - The Architect enjoys a typical ROCE of around 16%. The key business issues he faces are a requirement to establish a coordinated global presence and a pressing need for capital for expansion. Suffering from slow growth and margin erosion in a competitive market, he is under intense pressure to innovate.

SCM actions appropriate to this stage focus on developing new sales channels - particularly using e-commerce opportunities, designing new modular product concepts to allow more flexibility, and customizing the product to order. Delivery should be direct to the customer. The Architect should also be seeking to integrate customers and suppliers within his ICT network.

The Core Focus - At this stage, the business experiences a leap in ROCE, from the Architect's 16% to a typical 45%. Even here, however, life has ist problems. The Core Focus business finds itself confronted by markets which are not growing. ROCE expectations, meanwhile, are rising and the business has limited access to capital.

Advanced SCM solutions would aim to increase outsourcing - there by reducing capital employed, strengthen partnership agreements and improve market position b intensifying the focus on branding, marketing, sales and R&D.

The Virtual - The Virtual business enjoys ROCE of a startling 50% or above. The Virtual organization, as its name implies, barely exists in physical form. While not necessarily appropriate for all companies to aspire to, this stage brings a number of important opportunities, including high potential ROCE and very low capital needs. Being virtual, it enjoys easier exchangeability of partners and can enter numerous sales channels and micromarkets.

By its virtual nature, however, this business also faces several threats. It is highly dependent on partners, the risk of reputation damage is high.

These business types illustrate the five key stages of SCM integration. It is important to stress, however, that while businesses should certainly aim to move up the ladder from Desperado to Core Focus, the Virtual stage is not necessarily one all businesses should aim for. For many, Core Focus will represent the optimum SCM integration.

Effective SCM depends on four key success factors

The successful implementation of advanced supply chain management requires four crucial succes factors to be in place - and in balance:

- Collaboration
- Technology
- Structural „backbone"
- Functional excellence

Good collaboration lies at the heart of good supply chain management. Every participant in the chain must be prepared to share information and to work with all other participants. Successful collaboration requires partners to be open and to share not just information but also targets and benefits.

Technology is the key tool, which enables collaboration and integrated management. This includes not only the production technology, but also the extended IT systems and support. and the increasingly vast range of E-technology, which underpin the management of the supply chain, from start to finish.

The structural „backbone" comprises all the processes and metrics, which ensure standardization along the entire chain. It is these which give the supply chain ist distinctive identity, making it a single, coordinated whole. As well as encompassing the processes and metrics, the structural backbone must also include the clear setting out of responsibilities, both for the overall supply chain structure and for operations.

Functional excellence is the fourth key requirement for successful SCM. Individual functions within the supply chain must clearly be operated professionally and efficiently if the whole chain is to be effective. This excellence must be achieved in every function - purchasing, manufacturing, delivering and planning"(vgl. Arthur D. Little Survey, S.33-36, London, 10/2000).

### 3.2.7.E-Business Plattform und Betreiberkonzept

"Dem Transportauftrag online auf der Spur

Heutzutage müssen moderne Logistikunternehmen prozessübergreifende - internetbasierte/web-fähige - Systeme anbieten, die Bestandsabfragen, Kundendatenüberprüfungen, Transportlaufzeiten, Transportkosten etc. online im Internet abfragen können und dem Kunden eine hohe Transparenz von der Bestellung bis zur Auslieferung bieten. Hier sind neue Systeme gefordert, die sowohl für Logistikdienstleister als auch den Empfänger und den Versender online eine Begleitung der unterschiedlichen Prozesse ermöglichen, den Auftrag also von der Bestellung bis hin zur Auslieferung verfolgen.

Insbesondere die Komplexität der logistischen Prozesse in Zusammenhang mit allen Geschäften des so genannten E-Commerce bewirkt einen Paradigmenwechsel bei den klassischen Logistikanbietern. Stand bislang, vor allem der Transportpreis im Umgang mit den Kunden an allererster Stelle, so rücken heutzutage andere Parameter insbesondere für Großversender in das zentrale Augenmerk.

Die Einbindung der unterschiedlichen Versandstellen/-orte und unterschiedlicher Produktlinien und/oder Versandarten mit den jeweils beauftragten Dienstleistern ist hier an erster Stelle zu benennen.

Schematisch lassen sich die Kommunikationsverbindungen selbst bei mittelständischen Unternehmen darstellen. Diese komplexe Situation löst auf Seiten der Versender signifikante Kosten aus.

Aus der Sicht der Versender sind diese zahlreichen Probleme schlicht-weg unnötig:

- Neben den reinen Transportkosten verursachen sie signifikante administrative Kosten (bis zu 2,5 EUR pro Sendung für die Erfassung und Beauftragung, die Übermittlung der entsprechenden Daten an den Dienstleister, die Kontrolle der Lieferungen und last but not least für die Abrechnung beziehungsweise Kontrolle der Rechnungsstellung).

- Trotz verbreiteter Nutzung der PC-Technologie kommt es zwischen der Bestellung von Waren und ihrer Zustellung häufig zu Medienbrüchen, wie zum Beispiel dem Avisieren von Aufträgen per Fax. Dies wirkt sich deutlich auf die Performance der logistischen Prozesse aus.

- Nach wie vor besteht keine Transparenz in Bezug auf Kosten, Geschwindigkeit und/oder Zuverlässigkeit der Kep-Dienstleister im Markt und, fast noch wichtiger:

- Alle notwendigen Informationen sind - wenn überhaupt - nur umständlich und mit hohen Aufwand zu ermitteln.

Zwar verweisen viele Kep-Dienstleister auf ihre IT-Lösungen; bei näherer Betrachtung zeigt sich dann jedoch schnell, dass die angebotenen DV-Lösungen entweder jeweils dienstleisterspezifisch sind, oder, wenn ein Multicarrier-Ansatz erkennbar ist, ein übergreifender Einsatz durch die zu starke Anlehnung an eigene Prozesse behindert wird; ein Austausch von Informationen über verschiedene Dienstleister hinweg ist nicht möglich. Für den Versender bedeutet dies die Notwendigkeit der Eigenentwicklung der benötigten DV-Systeme, wodurch die Kostenspirale weiter intensiviert wird.

Vor dem Hintergrund der sich mittlerweile deutlicher abzeichnenden Inanspruchnahme von E-Commerce-Services und dem daraus resultierenden Kostendruck der Verlader stellt es sich also als zwingend dar, nicht nur die reinen Transportpreise zu kontrollieren beziehungsweise zu reduzieren, sondern auch die gesamte Kommunikation als System zu prüfen!"(vgl. WEBER, P., DVZ, Nr. 138, 18.11.2000, S. 13, DVZ Verlag Hamburg).

### 3.2.8. Entwicklungstendenzen zwischen Kurier- und Briefdiensten

"Alles deutet auf Kooperationen hin

Die zahlreichen Zukäufer der großen europäischen Postgesellschaften auf der einen und die Aktivitäten der kleinen Kurier- und Briefdienste - um beide Entwicklungsstränge geht es im nachfolgenden Beitrag.

Das Wort „Logistik" erlangt zur Zeit einen großen Bekanntheitsgrad. Ein berühmter Moderator und sein Bruder sorgen dafür mit dem Ziel, die Aktie Gelb bekannt zu machen. Die Botschaft lautet vereinfacht: In der Logistikbranche brummt es und das ist gut so und vor allem gut für die Aktie. Der Deutschen Post AG, inzwischen vom altbackenen Behörden-apparat zum Weltkonzern geläutert, sei einmal Dank gesagt, weil ihr Werbeetat einer ganzen Branche zugute kommt. Ihre Werbestrategien, um die Postaktie für den Börsengang gut zu plazieren, manchen das im Volksmund bisher unbekannte Wort „Logistik" allen bekannt. Man weiß jetzt, dass es mit einer Vielfältigkeit von Aufgaben im Zusammenhang mit Transporten zu tun hat und dass nichts mehr ohne Logistik funktioniert.

Gleichzeitig kommt auch zum Ausdruck, dass sich die Deutsche Post AG konkurrenzlos auf dem Markt sieht. Sie fühlt sich daher keiner Branche zugehörig, sondern meint, sie selbst sei eine Branche, und geht entsprechend gegen Mitbewerber vor. Auf der einen Seite hat sie durch ihre Käufe von Transportfirmen im Ausland nahezu alle europäischen Postgesellschaften verärgert, allen voran die französische Post, zu der einst eine sehr starke

Partnerschaft bestand. Das Ergebnis ist, dass die deutsche Regierung sich nun überlegen muss, ob sie am eingeschlagenen Weg der vollständigen Liberalisierung des Briefversandes festhält (wie andere europäischen Staaten auch) und keine Änderung des Postgesetzes in den Bundestag einbringt, oder ob sie auf eine Änderung des Post-gesetzes drängt mit dem Argument des Gleichschritts in Europa. Denn Europa scheint nach dem Wildern der Deutschen Post AG in fremden Revieren zur vollständigen Liberalisierung des Briefbereichs vorläufig nicht mehr bereit zu sein.

Auf der anderen Seite geht sie in Deutschland gegen Wettbewerber mit einem Umsatzvolumen von 35 bis 50 Mio. DEM (0,2 bis 0,5 Prozent ihres eigenen Umsatzes) vor mit allen ihr zur Verfügung stehenden Mitteln eines reichen und mächtigen Weltkonzerns.

Gerechterweise aber muss gesagt werden, dass nicht nur die Deutsche Post AG kauft und kauft. Nein es sind auch andere Postgesellschaften, die ihre Gewinne aus dem staatlich geschützten Geschäft mit Briefen nutzen, um Paketdienste, Direktmailingfirmen und Speditionen zu erwerben; allen voran die britische Post, die niederländische Post und auch die französ-ische Post. Es gibt kaum noch einen Expressdienstleister, der nicht in den Besitz irgendeiner staatlichen Post übergegangen ist. So gibt es im Express- und Paketbereich im wesentlichen nur noch zwei Weltfirmen, die unabhängig sind, UPS und Federal Express, wobei letztere kürzlich mit der französischen Post ein Kooperationsabkommen abgeschlossen hat.

Wird es zukünftig nur drei bis fünf Logistikgesellschaften (Kurier- und Postfirmen) für Europa geben? Wenn man lediglich auf den kapitalen Gigantismus schaut, sicherlich. Doch keine Branche kommt ohne die unzähligen kleinen und mittelständischen Betriebe aus, die bestimmte Lücken des Angebots schließen und häufig mehr als nur ein Nischendasein führen. Der Blick auf die Giganten verstellt die Sicht auf unzählige Möglichkeiten der Existenz im Wettbewerb.

Der städtische Kurierbereich hat es vorgemacht. Die Stadtkurierdienste sind in den achtziger Jahren gewachsen und haben brauchbare und kostendämpfende Größenordnungen erreicht. Sie stehen den Großen in der Logistikdienstleistung in nichts nach, ja, sie bieten häufig besonders qualitativ höherwertige Leistungen an. Sie haben bundesrepublikanische Transportnetze aufgebaut, bis ins angrenzende Ausland reichend, die manch höhere Präzision des Transports bieten als die Netze der Giganten. Sie haben sich auf Grund deutlich geringerer Sendungszahlen die Fähigkeit erhalten, individuell Lösungen anbieten zu können.

Die vernetzten Kurierdienste sind selbst noch an die Ballungszentren gebunden.

Doch das Internet beziehungsweise generell die elektronischen Kommunikationsmöglichkeiten schaffen hier einen Wandel. Das Auftrags- undAusliefervolumen verdichtet sich im kleinstädtischen und ländlichen Bereich. Die Wirtschaft hat vielfach die teuren Ballungszentren und auch ihre längst schon teuren Randgebiete verlassen und sich dorthin begeben, wo es noch Arbeitskräfte gibt: in die Gewerbegebiete der unzähligen kleineren Gemeinden.

Der Anschluss an die weite Welt - heute dank der Kurier- und Paketdienste - ist kein Problem mehr. Garantierte Lieferung innerhalb von 24 Stunden. Oder soll es schneller sein? Auch kein Problem. Bei einer weltweiten Vernetzung der Kommunikation und parallel einer weltweiten Vernetzung der Warenströme, besonders durch die Express- und Paketdienstleister sind Standorte austauschbar geworden. Ist für Banken für den Geldtransfer offenbar die Präsenz in den Metropolen noch wichtig, so sind andere Unternehmen längst aufs Land gegangen wie zum Beispiel Call Center und Druckereien und, und,.............

Die Vernetzung schreitet voran. So erleben wir zurzeit eine neue überraschende Entwicklung. In dem Maße, wie sich die Deutsche Post AG aus dem ländlichen und kleinstädtischen Bereich zurückzieht und „nur noch" über Agenturen präsent ist, stoßen hier neue Briefdienstfirmen mit Dienstleistungen vor. die die Versender in Erstaunen versetzen: Full Service. Das hatte man im Briefbereich noch nie gesehen - zumindest nicht seit der vollständigen Monopolisierung zum 1. April 1900. Es sind Dienstleistungen rund um die schriftliche Kommunikation, im Augenblick noch ausschließlich regional orientiert.

Während Kurierdienste auf städtische Ballungsräume von mindestens 100000 besser noch 200 000 Einwohnern angewiesen sind, so die bisherige Erfahrung, um genügend Sendungsmengen für ihren Kosteneinsatz zu bekommen und sich immer noch nur ungern ins flache Land hinein bewegen, so ist dies im Briefbereich genau umgekehrt.
20000 Einwohner sind eine durchaus brauchbare Größe für ausreichende Sendungszahlen. Für Städte mit mehr als 100 000 Einwohnern ist für die Briefdienstfirmengründung allzuoft das notwendige Kapital nicht da.

Was liegt näher, als über das Zusammenwachsen von Entwicklungen innerhalb der Branche nachzudenken. Es deuten sich Möglichkeiten der Kooperation zwischen den Kurier- und Briefdiensten an!"(vgl. PFEIFFER, R. DVZ Nr. 138, S. 14 , 18.11.2000, DVZ-Verlag Hamburg).

### 3.3.ECR (Efficient Consumer Response) Projekte/Instrumente

"Seit Beginn der 80er Jahre hat die Logistik in den Unternehmen in Form von vertikalen Kooperationen an Bedeutung gewonnen, weil die

Beteiligten erkannt haben, dass allein durch die gemeinsame Gestaltung der Geschäftsprozesse und den sukzessiven Ersatz von Insellösungen durch allgemeingültige Anwendungen hohe Rationalisierungspotenziale realisiert werden können. Efficient Consumer Response (ECR) ist eine Form der vertikalen Kooperation, bei der die effiziente Reaktion auf die Kundenwünsche im Mittelpunkt steht. Die ECR-Initiative Deutschland sowie andere nationale und internationale ECR-Organisationen erarbeiten gemeinsam mit ihren Mitgliedern Standards für diese ECR-Methoden und -Techniken und Enabling Technologies, um die möglichen Rationalisierungspotenziale offenzulegen. Auch für weitere Prozesse der Supply und Demand Side werden noch in diesem Jahr neue Empfehlungen fertiggestellt.

Die Ergebnisse des aktuellen ECR-Monitors der CCG zeigen, dass zahlreiche Unternehmen aus Handel, Industrie und Dienstleistungen in den zurückliegenden Jahren aktiv die Umsetzung der gemeinsam erarbeiteten Ergebnisse forciert haben. Der ECR-Monitor ist eine regelmäßige Beobachtung der ECR-Aktivitäten in den Unternehmen der deutschen Konsumgüterwirtschaft, die einmal jährlich von der CCG durchgeführt wird.

Enabling Technologies als Werkzeuge

Zu den ECR-Aktivitäten der beteiligten Marktpartner gehören vor allem die Umsetzung der Enabling Technologies und die Anwendung der ECR-Methoden und -Techniken mit neuen Partnern. Diese neuen Partnerunternehmen sind in letzter Zeit immer häufiger kleine und mittelständische Firmen.

Die Enabling Technologies sind die notwendigen Werkzeuge zur Umsetzung der ECR-Methoden und -Techniken. Sie dienen der eindeutigen und effizienten Identifikation und Kommunikation im Waren- und Informationsfluss der Wertschöpfungskette und sind daher für die Unternehmen und den Erfolg des ECR-Konzeptes von ganz entscheidender Bedeutung.

Im einzelnen gehören dazu die UCC/EAn Identifikationsstandards für Lokationen, Artikel, Dienstleistungen und logistische Einheiten, das Stammdatenmanagement (Sinfos, Pricat, Partin) und der elektronischen Datenaustausch der Bewerbungsdaten, wie z.B. Bestelldaten, Lieferdaten oder Rechnungsdaten. Bei der Umsetzung der Efficient-Replenishment-Methoden gilt bei den befragten Unternehmen Cross Docking, also die Summe aller anfallenden Umschlagprozesse, als die wichtigste Methode.

ECR beginnt beim Lieferanten des Lieferanten

Darüber hinaus haben bereits annähernd zwei Drittel der Unternehmen Continuous-Replenishment-Methoden /CRP) umgesetzt oder planen dieses in den nächsten 12 Monaten. Für den Prognosedatenaustausch, der die Wünsche des Konsumenten für alle Beteiligten der logistischen Kette noch transparenter machen soll, werden im Rahmen des Projektes „Joint Forecasting" Anwendungsempfehlungen erarbeitet, deren Fertigstellung noch im Herbst 2000 vorgesehen ist.

Bisher wurden von der ECR-Initiative-Deutschland unter dem Dach der CCG Efficient-Replenishment-"Downstream"-Empfehlungen erarbeitet. ECR beginnt jedoch nicht erst am Warenausgang des Suppliers sondern bereits beim Lieferanten des Lieferanten. Hierzu werden derzeit ebenfalls Empfehlungen gemeinsam mit Vertretern der Konsumgüterindustrie und ihren Rohstoff- und Verpackungslieferanten erarbeitet. Auch der Abschluss dieses Projektes ist noch im Herbst 2000 vorgesehen.

Zusammenhang zwischen Waren- und Informationsfluss

Bei den genannten ECR-Methoden sind der physische Warenfluss in den gemeinsam vereinbarten Prozessabläufen und die diesen begleitenden Informationen in einem engen Zusammenhang zu betrachten. Auf der Basis der gemeinsam abgestimmten Prozessbeschreibungen werden die Informationsprofile als Grundlage für den elektronischen Datenaustausch und die Inhalte des EAN 128 Transportetikettes erarbeitet.

Dem Stammdatenmanagement und dem Austausch der Artikelstammdaten über den zentralen Stammdatenpool Sinfos wird ebenfalls große Bedeutung beigemessen, die sich auch in der Umsetzungsquote befragten Unternehmen widerspiegelt. Heute nutzen bereits 70% der befragten Hersteller und 42% der Handelsunternehmen den Sinfos-Pool. Die Trendabfrage zeigt, dass Sinfos fester Bestandteil der Planung bei den Unternehmen ist, denn in den nächsten 12 Monaten werden bei Planerfüllung 78% der Hersteller und 74% der Handelsunternehmen Sinfos nutzen. Das am häufigsten elektronisch ausgetauschte Bewegungsdatum ist die Bestellung. Sie wird bereits heute von mehr als zwei Drittel der Befragten umgesetzt - diese Zahl steigt voraussichtlich bis Mitte 2001 auf über 90% an. Eine ähnlich hohe Umsetzung ist für die Rechnung und die Liefermeldung.

Zukünftiger Themenschwerpunkt: E-Logistics

Daher wurden für diese Informationen bereits Empfehlungen für alternative Übertragungswege über das World Wide Web - genannt Web-EDI - erarbeitet. Für die Übertragung von Informationen über das Internet im XML-Format hat die Global Commerce Initiative (GCI) erste Empfehlungen für die betreffenden Informationen erarbeitet, die derzeit von Unternehmen und den nationalen EAN-Gesellschaften weltweit geprüft werden. Bei all diesen Entwicklungen ist die Kompatibilität der zu übertragenden Informationen sicherzustellen. Denn der Informationsaustausch ist immer im Zusammenhang mit den zugrundeliegenden Prozessen zu sehen.

Ein Cross-Docking-Prozess beispielsweise ändert sich schließlich nicht, wenn die Informationen per XML ausgetauscht werden. Für die Durchführung von Cross-Docking-Prozessen auf elektronischen Marktplätzen kann diese Aussage jedoch noch nicht getroffen werden. Dieses gilt es - wie auch für die übrigen ECR-Methoden und -Techniken - kurzfristig zu prüfen. Diesen Auftrag hat die CCG übernommen. Themenschwerpunkt im Jahr 2001 wird daher „E-Logistics" (B2B, B2C) sein. ECR-Konzepte sind in B2C-Prozessen oder beim traditionellen Kauf in stationären Einzelhandelsgeschäften ebenso von elementarer Bedeutung wie in den vorgelagerten Supply-Chain-Prozessen - traditionell oder B2B - die zur Bereitstellung der Produkte und Dienstleistungen erforderlich sind.

Bewährte Standards - neue Technologien

Notwendigerweise sind aber für die Abbildung neuer Geschäftsprozesse oder die Anpassung bestehender Geschäftsprozesse in neuen Umgebungen Anwendungsempfehlungen auf der Basis der bewährten Standards und unter Einbeziehung neuer Technologien und Handelsformen zu entwickeln.

Aufgrund der zunehmenden Internationalisierung der Unternehmen, auch vorangetrieben durch die Nutzung neuer Medien für die Abwicklung von Geschäftsprozessen, steht das Jahr 2000 unter dem Motto „Globalisierung" und hiermit eng verbunden ist der stärkere Fokus auf die weltweite Harmonisierung durch die Global Commerce Initiative. Als einen weiteren Schritt in diese Richtung ist auch das im Juli gegründete ECR-D-A-CH einzuordnen. Dieses ist eine gemeinsame Initiative von ECR Deutschland, ECR Austria und ECR Schweiz mit dem Ziel gemeinsame Empfehlungen zu erarbeiten und die Position der Länder in den Arbeitsgremien von ECR Europe zu stärken"(vgl. TREECK, S. , in:

Logistik Heute Nr. 10/2000, S. 98-101, Huss-Verlag München 2000).

### 3.4. Trends und Strategien

"E-Business ist Herausforderung und Chance zugleich für die Dienstleister. Das gilt auch (und gerade) für die Unternehmen, die sich im klassischen Feld der Sammelgutspedition tummeln.

Das Schlüsselwort der Zukunft heißt „Integration". Die Partner, die es in den Logistikunternehmen zu integrieren gilt, sitzen „auf der anderen Seite des Tisches": im Produktionsabsatzprozess unserer Kundschaft. Intranet, Extranet und Internet können uns zwar nicht den Transport der Waren von A nach B abnehmen. Sie bieten aber die Chance, diesen notwendigen Integrationsprozess zu beschleunigen und Einsparpotenziale für alle Beteiligten zu erschließen.

Für Cargo Line und die 43 Partnerunternehmen zwischen Kiel und Kempten ist dies keine neue Aufgabe, sondern vielmehr ein Prozess, der angesichts der öffentlichen sowie der unternehmensinternen Vernetzungen neue Perspektiven erhält.

Die Rahmenbedingungen sind klar. Das E-Business, mit dem vor allem EDV-Handel und -Dienstleister mit Hilfe von Kep-Diensten in das elektronische Zeitalter durchgepresscht sind, hat dort für rasant wachsende Marktpotenziale gesorgt. Mit den größer werdenden Märkten stieg die Wettbewerbsintensität erheblich. Damit ergaben sich jedoch auch neue Möglichkeiten der überregionalen und internationalen Arbeitsteilung.

Kaum ein Produkt, eine Dienstleistung oder Information, die nicht mehr unmittelbar in den Zusammenhang mit einem Online-Angebot gestellt wird. Nach den gleichen Standards werden Intranet und Extranet defi-niert - sie integrieren Vertriebslinien, halten Kunden-Informationsnetze bereit oder werden schlichtweg dazu geknüpft, um Transparenz in alle Bereiche eines Unternehmens zu bringen.

Vor allem die im produzierenden Gewerbe sinkenden Gewinnmargen haben dazu geführt, dass in allen Verzweigungen der Wirtschaft nach Automatisierungs- und Rationalisierungspotenzialen Ausschau gehalten wird. Die Hinterführung der Logistikverwaltung in die Datenbanken, in denen auch die Kundeninformationen auf aktuellem Stand gehalten werden, ist ein Beispiel für derartige Potenziale.

Die besonderen Möglichkeiten der Logistik ergeben sich dort, wo mit der

Formulierung „Schnittstelle" eigentlich schon eine viel zu deutliche Trennung suggeriert wird. Unabhängig davon, ob es sich um „business to consumer"-Kontakte handelt, sollten diese Schnittstellen aus der Sicht des Nutzers gar nicht erst existieren - beziehungsweise durch „Andockstationen" ersetzt werden.

Ein Beispiel für den integrierten Warenfluss ist die Ersatzteilversorgung des Fachhandels. Über einen kennwortgeschützten Internetzugang oder über das Intranet gelangt der Fachhändler einer Einkaufskette in den Produktkatalog des Herstellers. Er identifiziert einzelne Geräte, ihre technischen Daten und die logistische Verfügbarkeit und nutzt die Informationen zur kompetenten Ausgestaltung des Kundengesprächs.

Gleichzeitig ist auch der Zugriff auf die Ersatzteilversorgung durch den Produzenten möglich. Die Geräte oder auch nur Ersatzteile werden in einen virtuellen Warenkorb geleitet. Unmittelbar am Bildschirm kann sich der Kunde für unterschiedliche Transportkonditionen entscheiden - zum Beispiel „Zustellung bis 10 Uhr oder bis 12 Uhr", wie es Cargo Line (gegen Aufpreis) mit „Night Line Plus" bietet. Gleichzeitig wird der Warenkorb kommissioniert und fakturiert, der Kunde erhält eine automatische E-Mail als Bestätigung des Sendungsausgangs und im vereinbarten Zeitraum die Anrechnung seiner Online-Bestellung.

Für den Handel mit Soft- oder Hardware sind derartige Abläufe längst das übliche Tagesgeschäft. In anderen Branchen, die weniger „online-minded" sind, stößt die absolute Integration der Logistikaufgaben in die Kunde-Versender-Beziehung jedoch auf traditionelle Transparenzgrenzen, die es zukünftig - losgelöst vom absoluten Transportvolumen - zu überwinden gilt.

Enorm herausgefordert sind die Transporteure, die im traditionellen Systemverkehr tätig sind. Bei „Sammelgut" hört noch immer sehr oft die Vernetzung auf. Dort sind bei großen Verladungsmengen die Grenzen von EDI und Supply-Chain-Management schnell erreicht. Der Service für die Endkunden aber muss nicht darunter leiden, wie erste Modelle zeigen: Wer statt 100 t „nur" 100 kg von A nach B zu transportieren hat, erhält den gleichen Akut-Status per Internet und erfährt schon kurz nach der Bestellung per E-Mail, wann sein Produkt über die Rampe gegangen ist und in welchem Zeitfenster er mit dem Eintreffen rechnen darf.

„Service" wird hier ein weiteres Mal sehr groß geschrieben und hilft dennoch, Aufwand zu reduzieren. Denn wo vom Fax abgetippt oder gar per Telefon aufgenommen werden muss, sind Fehlerquoten stets höher als beim Weitertransport direkt eingegebener elektronischer Daten. Außerdem müssen Informationen zur Bestellung, der Verpackung, Fakturierung und zum Versand das Unternehmen nicht mehr auf dem Papier oder dem Datenübertragungsweg verlasse: Der Zugriff des Logistikdienstleisters erfolgt direkt auf den Intranet-Service des Produzenten.

Herausforderung und Hürde zugleich stellt beim E-Commerce eigentlich nur die Zahlungssicherheit dar. Möglicherweise wird ein formatiertes Online-Zahlungssystem, dessen Einführung in Europa nach Aussagen von Wissenschaftlern und Bankern bevorsteht, diesen Part der Warenwirtschaftssysteme zusätzlich absichern.

Schon jetzt tummeln sich allerlei Anbieter auf dem Markt, die Bestellmanagement und Online-Shop, verbunden mit Lagerhaltung, Verpackung, Zahlungsabwicklung und Versand „aus einer Hand" propagieren. Für ein bestehendes Netzwerk wie Cargo Line, in dem 3800 Mitarbeiter mehr als 3100 Wechselbrücken auf 2100 Fahrzeugen im Systemverkehr manövrieren, bietet E-Commerce die Chance, die Kompetenz der 43 - zumeist inhabergeführten - Unternehmen noch näher an die verladene Wirtschaft heranzuführen. „Das Rad neu erfinden" müssen wir deshalb nicht - sondern die vorhandene Kompetenz den tollen Möglichkeiten anpassen, die uns die Vernetzung bietet.

Die Chancen von E-Commerce bestehen vor allem darin, unserer Kundschaft zusätzliche Dienstleistungen zu bieten: zum Beispiel Broker-Dienste bei der Abwicklung der Direktbestellungen oder Data-Warehouse-Management als Fortschreibung schon bisher praktizierter Angebote.

„Sie bestellen bis 20 Uhr - wie liefern am nächsten Tag" wird zukünftig nicht mehr nur die Werbebotschaft von Handelsunternehmen bleiben, sondern unmittelbar die Dienstleistung zeitgemäßer Logistik beschreiben - so rationell wie möglich und so individuell wie nötig. Wer täglich mehrfach in der Fläche unterwegs ist, hat dabei einen gewichtigen Marktvorteil. Die Systemlogistiker von Cargo Line werden ihn zu nutzen wissen"(vgl. KAADTMANN, P., in DVZ Nr. 124/2000, S. 61, DVZ-Verlag, Hamburg 2000).

### 3.5. BSL Studie

"Lange verschmäht, mittlerweile fast schon geliebt: Spediteure forcieren die Logistik, die für sie inzwischen längst zu einem Kerngeschäft gewor-den ist.

Alle fünf Jahre veröffentlicht der Bundesverband Spedition und Logistik (BSL) die Ergebnisse seiner Strukturanalyse und stellt dabei die aktuellen Trends der Speditionsbranche vor. Beleuchtet werden sowohl das klassische Leistungsangebot der Spediteure als auch aktuelle Entwicklungen in der Logistik. Das darin verarbeitete Zahlenmaterial wurde aus einer schriftlichen Umfrage bei rund 3.300 Betrieben der Branche gewonnen. Während bei der klassischen Speditionsdienstleistung die Organisation der Güterversendung im Vordergrund steht, sind im Logistikgeschäft „schlüsselfertige Lösungen" aus einer Hand gefragt. Immer häufiger kaufen Industrie und Handel auch sogenannte Value Added Services ein, die das logistische Basisangebot „veredeln".

Die deutsche Volkswirtschaft mit ihrer hochgradigen Arbeitsteilung ist auf eine leistungsfähige Logistik angewiesen. Die Spedition hat sich darauf eingestellt. Das Logistikgeschäft ist für sie ein Feld mit riesigem Wachstumspotenzial.

Logistikkosten bei 3 bis 5%

Unabhängig von konjunkturellen Schwankungen wächst das Marktvolumen ungebremst. War 1995 erst jeder vierte Betrieb in der Absatzlogistik und jeder fünfte Betrieb in der Beschaffungslogistik tätig, hat sich dieses Bild binnen weniger Jahre dramatisch verändert. Heute erbringen bereits zwei Drittel der 3.300 Speditionsbetriebe im BSL nach eigenen Angaben logistische Dienstleistungen. Von diesen „Logistikbetrieben" sind 55% sowohl in der Beschaffungs- als auch in der Absatzlogistik tätig, 30% erbringen „nur" beschaffungslogistische Dienstleistungen.

Die Gesellschaft für Verkehrsbetriebswirtschaft und Logistik (GVB) hat 1999 in der Studie „Die Top 100" auch Potenzialabschätzungen der Logistikmärkte vorgelegt. Danach hat der Markt der TUL-Logistik (TUL=Transport-, Umschlag- und Lagerkosten) in Deutschland ein Volumen von 170 Mrd. DM. Nach dem erweiterten Logistikbegriff, der auch die Auftragsabwicklungs-, Administrations- und Beständekosten umfasst, sind es 243 Mrd. DM. Die Logistikkosten am Bruttoinlandsprodukt betragen bei enger TUL-Definition 3,7%, bei erweiterter Definition 5,3%.

Nach Expertenschätzungen wird der Umsatzanteil der Logistikdienst-leister am TUL-Markt von heute 51% in den nächsten fünf Jahren auf über 60% wachsen, mit weiter ansteigender Tendenz. Mit der Kontraktlogistik wird das Outsourcing auf das Auftrags- und Bestandsmanagement ausgedehnt.

Neben den vielen Spediteuren weiten auch Carrier und Umschlag-betriebe in den See- und Flughäfen ihr Transport- oder Umschlag-geschäft auf logistische Dienstleistungen aus. Lieferdienste oder ausgegliederte Logistikabteilungen aus Industrie und Handel operieren als Logistikdienstleister. Ausgelöst durch E-Commerce steigen nun auch Unternehmen mit ausgeprägtem Internet-Know-how oder Medienunter-nehmen in die E-Logistik ein. Das gilt auch für den traditionellen Ver-sandhandel und die Paketdienste.

Outsourcing auf dem Vormarsch

Durch E-Commerce erhält die Supply-Chain-Koordination durch den Spediteur jetzt eine neue Dimension. Das Supply Chain Management (SCM) soll die Transparenz verbessern und dadurch Bestände reduzieren, die Durchlaufzeiten senken, die Flexibilität steigern sowie Produktivität und Auslastung erhöhen.

In der Automobilindustrie haben sich neue Formen überbetrieblicher Zusammenarbeit entwickelt, sie zeichnen sich aus durch eine verringerte Fertigungstiefe, Auslagerung von Produktentwicklungen der die Fertigung kompletter Baugruppen und die Einschaltung von Zulieferern und Subzulieferern. Die Kooperation von Produktions- und Dienstleistungsunternehmen nimmt zu. Auch bei ECR (Efficient Consumer Response) in der Konsumgüterwirtschaft geht es im Kern darum, durch neue Formen der Kooperation den Grad der Lieferbereitschaft mit geringeren Kosten zu erhöhen. Durch die Bündelung von Lieferungen und Sendungen (Cross Docking) soll die Logistikkette effizienter gestaltet werden. Die Spedition ist dafür prädestiniert, über so genannte „Transshipment Points" oder Umschlaglager den Lieferprozess bei verringerter Lagerhaltung zu beschleunigen.

Teilmärkte prägen das Geschäft

Wer auf den logistischen Märkten agieren will, muss über ausgeprägte Kenntnisse der Prozessketten in Handel und Industrie verfügen. Die kommunikative Kompetenz des Logistikdienstleisters wird von Handel und Industrie erwartet. Nach der BSL-Strukturanalyse ragen einzelne Teilmärkte heraus: Automobile, Konsumgüter, Nahrungs- und Genussmittel, Ersatzteile, Hightech-Produkte, Chemie, temperaturgeführte Güter und Textilien.

Selbstverständlich gibt es weitere logistische Anwendungsfelder, mit zum Teil hochgradiger Spezialisierung wie Baulogistik, Baumarktlogistik, Gefahrgutlogistik, Kauf- und Warenhauslogistik, Kosmetik- und Pharmalogistik, Messelogistik, Papierlogistik, Pflanzenlogistik oder Printmedienlogistik. Entsprechend den Kundenanforderungen bilden sich ständig neue Dienstleistungen heraus.

Unter dem Schlagwort „Logistik" hat sich der häufig als nachrangig eingeschätzte Güterverkehr zu einer hochtechnischen, für die Produk-tionsunternehmen unverzichtbaren Dienstleistungsbranche mit eigener Innovationsdynamik entwickelt. Dieser Prozess ist - auch unter dem Gesichtspunkt der veränderten Verkehrs- und Güterströme in Europa - längst noch nicht abgeschlossen.

Systemverkehre entwickeln sich zügig

Die „industrielle" Produktion von Transport- und Logistikdienst-leistungen innerhalb definierter Rahmenbedingungen (z.B. Laufzeiten, Maß- und Gewichtsrestriktionen) mit leicht handhabbaren Preisstrukturen, wie in den Paketdiensten oder den so genannten Systemverkehren, entwickelt sich zügig. Dies ist eine Antwort auf die sich zunehmend differenzierenden logistischen Anforderungen, die aus Branchenbesonderheiten, Güteranforderungen oder Vertriebsformen resultieren. Beispiele hierfür sind die Textillogistik, Lebensmittellogistik, Gefahrgutlogistik, Ersatzteillogistik, Automobillogistik, Hightech-Logistik oder Paketdienste.

Spediteure gestalten zunehmend solche Teilmärkte, um durch die Bündelung von Gütern und die Homogenisierung der Anforderungen Stückkostendegressionen zu erzielen.Dies setzt selbstverständlich ein entsprechendes Gütervolumen voraus. Wächst das Marktvolumen nicht im entsprechenden Tempo, verstärkt sich der Konzentrationsdruck auf der Anbieterseite. Eine alternative hierzu ist das „Pooling" durch Kooperation. Und gerade in den Systemverkehren finden sich viele Speditionskooperationen. Davon gibt es nach Beobachtungen des BSL mehr als 35.

Auslagerung an Spediteure

Das Outsourcing logistischer Funktionen soll dazu beitragen, steigende Anforderungenan die Unternehmenslogistik kostenoptimal zu bewältigen. Es sind vor allem synergetische Effekte, die eine Ausgliederung von Funktionen auf die Spedition begründen. Durch den Kunden- und Branchenmix lässt sich eine bessere saisonale und regionale Auslastung der Kapazitäten erreichen (Ausgleichseffekt). Logistikdienstleister können Bündelungseffekte durch die Konsolidierung von Sendungen und Packstücken realisieren, die sich in der Ausschöpfung von Stückkostendegressionen niederschlagen können (Economies of Scale). Durch das Outsourcing entstehen dem Kunden nur leistungsabhängige Kosten (Variabilisierungseffekt). Die Nutzung des Logistikdienstleisters erhöht die logistische Flexibilität des Kunden (Entlastung von Sprungkosten, stufenlose Anpassung an die Absatzentwicklung). Der Einkauf logistischer Dienstleistungen setzt außerdem zusätzliches Kapital frei, die Logistikdienstleister verfügen im Wege der vertieften Arbeitsteilung über spezielles Know-how, das dem Kunden zugute kommt.

Zusammenarbeit mit Industrie und Handel

Mit kundenspezifischen Verbundleistungen in Beschäftigung und Absatz, neuen Umschlag- und Lagertechniken, neuen Organisationsformen, neuen Informations- und Kommunikationstechniken oder der gezielten Aus- und Weiterbildung der Mitarbeiter stellt sich die Spedition auf das Arbeitsfeld Logistik ein. Ihm ist heute der gleiche Stellenwert einzuräumen wie etwa dem Marketing, dem Verkauf, der Produktion oder den Finanzen. Das beflügelt auch die Zusammenarbeit zwischen der Spedition und ihren Kunden, die immer stärker als Partnerschaft begriffen wird.

Eine leistungsfähige Logistik beeinflusst auch die Wettbewerbsfähigkeit der Volkswirtschaft. Vor dem Hintergrund eines in den nächsten Jahren stark wachsenden Verkehrsaufkommens wird es deshalb auch darauf ankommen, die bestehenden Verkehrs- und Logistiksysteme noch effizienter und umweltfreundlicher zu gestalten. Hierzu gehört auch, dass Industrie- Handel und Spedition logistische Konzepte gemeinsam entwickeln"(vgl. Logistik Heute, Nr. 10/2000, S. 28-29, o.V., Huss-Verlag München).

### 3.6. Europa-Logistik – Trends

",,Es geht um Prozesse und Positionen..."

"Mit welchen Logistiktrends befassen sich europäische Logistikmanager? Wir sprachen mit Dr.-Ing. Frank Straube - ein ausgewiesener Kenner der deutschen und europäischen Logistikszene.

Logistik>HEUTE<: Herr Dr. Straube, welches logistische Thema steht bei den europäischen Industriemanagern ganz oben auf der Tagesordnung?

Straube: Es geht mehr denn je um die Beherrschung der globalen, kundenindividuellen Variantenproduktion.

>Wie lässt sich die Anforderung bewältigen?

Straube: Wirtschaftlich ist das längerfristig nur mit einem Produktionssystem durchführbar, das auf Make-to-Order anstelle von Make-to-Stock ausgerichtet ist. Ein primär mit Kundenaufträgen gefahrenes Produktionsprogramm mit einem durchgängigen Pull-Prinzip stellt aber höhere Anforderungen an die Inbound-Logistik. Dies betrifft vor allem die informatorische Anbindung der Lieferanten. Hier besteht das Ziel, Zulieferer online in Available-to-Promise-Abfragen einzubinden.

>Soviel zur Produktion. Was beschäftigt die Industrie in Sachen Warendistribution?

Straube: In der Outbound-Logistik ist infolge des direkteren Kundenkontaktes zum Hersteller langfristig mit einer Veränderung der Distributionsstruktur zu rechnen. Die traditionelle Händlerstruktur wird sich zunehmend mit einem

Direktvertrieb über Dienstleister auseinander setzen müssen. Insofern ist hier das Logistikmanagement der Hersteller gefragt. Dies um so mehr, wenn man berücksichtigt, dass Liefertermintreue höher priorisiert wird als eine extrem kurze Lieferzeit.

>Und die Handelsunternehmen? Mit welchen Themen befassen sich hier die europäischen Logistikmanager?

Straube: In ganz Europa sind der Handel sowie seine Lieferanten in einer Fusions- und Konsolidierungsphase. Vorrangig geht es immer um strategische Positionen und Marktgrößen. Damit sind automatisch logistische Fragestellungen ganz oben auf der Agenda. Für die Realisierung potenzieller Synergien, ob sie im Bereich Einkauf, Beschaffung, Warenbewirtschaftung, Distribution oder E-Commerce liegen, ist die Logistik entscheidend.

>Womit beschäftigt sich der Handel noch?

Straube: Aktuell bemüht sich der Handel, die Grenzen der Selbstabholung zu erweitern, um somit beispielsweise die Anzahl der Rampenkontakte zu reduzieren. Mit der Entwicklung hin zu einem durchgängigen Pull-Prinzip und der damit einhergehenden Abnahme der Versendungsgrößen steht das Logistikmanagement auch vor der Aufgabe, Zentralläger zu Gunsten von Cross-Docking-Einrichtungen abzubauen. Darüber hinaus dominieren heute IT-nahe Themen den Arbeitsplan europäischer Handelsmanager.

>Sind die deutschen Handelsunternehmen in Sachen Logistik führend in Europa?

Straube: Nein, hier gelten Frankreich und England als Benchmark. Fallweise existieren natürlich auch Logistikführer in anderen europäischen Ländern.

>In welchen Logistikbereichen steht Deutschland ganz vorn in Europa?

Straube: In der Entwicklung von Logistikmanagementkonzepten kann Deutschland als führend angesehen werden. Dies resultiert aus dem breiten Logistik-Ausbildungsangebot insbesondere an Hochschulen wie der TU Berlin, Europas größter Ausbildungsstätte für Logistiker. Die Einrichtung sogenannter Logistik-Kompetenzzentren in Nordrhein-Westfalen und Berlin-Brandenburg zeigt, dass auch die Politik in Logistik einen strategischen Wettbewerbsfaktor erkannt hat. Die Logistiklösungen Deutschlands werden daher zukünftig auch verstärkt als Produkt in andere Länder vermarktet werden können.

>Es heißt immer, in Deutschland sind die Logistikkosten zu hoch? Stimmt dies?

Straube: Nein, eigentlich nicht. Zwar fallen in Deutschland die Logistikkosten im weltweiten Vergleich immer noch recht hoch aus. So war laut der International Road Transport Union 1997 ein Transport im Straßengüterverkehr um 38% teurer als in den USA. Auf Europa beschränkt weisen allerdings neue Studien darauf hin, dass sich Deutschland hinsichtlich der Transport-, Umschlag-, Kommissionierungs- und Lagerkosten mittlerweile im westeuropäischen Mittelfeld bewegt. Erstaunlich ist aber, dass durchschnittlich gerade 30% der Unternehmen über eine Prozesskostenrechnung verfügen. Diese Technik ist Voraussetzung für die Identifizierung von Kostenein-sparpotenzialen.

>Welche quantitativen Trends sehen Sie in Deutschland und Europa?

Straube: Im Bereich der Beschaffung wird auch weiterhin vor allem in Europa das Ziel der Reduzierung der Zulieferanzahl verfolgt. Laut einer aktuellen Studie werden rund drei Viertel der europäischen Unternehmen eine entsprechende Reduzierung innerhalb der nächsten fünf Jahre vornehmen.

>Und im Bereich Distribution?

Straube: Hier ist nach wie vor die Reduzierung der Lieferzeiten ein zentrales Thema. Mehr als 80% der europäischen Unternehmen sehen vor allem bei grenzüberschreitenden Lieferungen Handlungsbedarf. National wird der Bedarf geringer eingeschätzt, allerdings gewinnt hier das Thema vor dem Hintergrund des B2C eine eigene Dynamik.

>Welche Veränderungen in der Logistik erwarten Sie durch das Thema E-Business?

Straube: Die elektronische Geschäftsabwicklung über das Internet führt im Geschäft mit den Endverbrauchern (B2C) dazu, dass Konsumenten häufiger und in kleineren Mengen bestellen. Insofern hat sich die Logistik auf den Trend zur Atomisierung der Sendungen einzustellen. Gleichzeitig verbindet der Konsument mit dem sekundenschnellen Bestellvorgang per Mausklick höhere Erwartungen an Lieferzeiten und Verfügbarkeiten als bei einer traditionellen Bestellung. Die Logistik steht aber nicht nur durch eine hierfür aufwendigere Auslieferlogistik, sondern auch durch die Übernahme von After-Sales-Dienstleistungen vor neuen Herausforderungen.

>Und im B2B-Bereich

Straube: Die elektronische Geschäftsabwicklung zwischen Lieferanten und Herstellern wird durch die Einführung und den Ausbau elektronischer Marktplätze zu einer teilweisen Modifizierung der innerbetrieblichen Abläufe führen, die auch die Logistik betreffen. Vor allem ermöglicht die zunehmende Integration der Supply-Chain-Beteiligten über den Einsatz neuer Informationstechnologien die Schaffung einer gläsernen Pipeline. Aber gerade diese neue Transparenz erfordert ein effizientes Monitoring und Controlling um so avisierte Kosteneinsparpotenziale auch tatsächlich umzusetzen.

>Wie stark sind die europäischen Logistikdienstleister auf dem Weltmarkt?

Straube: In der Dienstleisterbranche - und hier spreche ich von den 2PL-Providern - sind die europäischen Unternehmen in Bezug auf die internationale Präsenz und Abwicklung führend. Die amerikanischen Unternehmen konzentrieren sich hier tendenziell eher auf den nordamerikanischen Wirtschaftsraum. Sowohl in den USA als auch in Europa gab es in der Vergangenheit ordentliche Wachstumsraten von jährlich rd. 10%, die durch die aktuellen Entwicklungen im B2C in den nächsten Jahren in den entsprechenden Segmenten auch problemlos überschritten werden.

>Wie sieht Ihre Version eines europäischen Wertschöpfungspartners in der Logistik aus?

Straube: Vor dem Hintergrund der Globalisierung handelt es sich hierbei um einen weltweit operierenden Serviceprovider mit einem ausgeprägten logistischen Prozess-Know-how. Dies bezieht sich im übrigen nicht nur auf die klassischen Funktionen Transport und Lagerhaltung sondern geht vielmehr in Richtung eines umfassenden Supply Chain Management. Damit ergibt sich für den logistischen Dienstleistungsbereich eine völlig neue Qualität seines Leistungsspektrums. Dieses erfordert allerdings eine zusätzliche Abstimmung der physischen Fulfilment und informatorischen Prozesse. Letztere erfordern überdies eine Integration der Frontend- und Backend-Systeme, wie zum Beispiel Warenwirtschafts- und Lagerverwaltungssysteme. Nicht zuletzt infolge dieses erweiterten Leistungsumfangs vollzieht sich im logistischen Dienstleistungssektor eine Spezialisierung in 3PL- und 4PL-Provider.

>Was ist ein 4PL?

Straube: Ein 4PL ist ein Supply-Chain-Manager, der seine eigenen Technologien, Resourcen und Kapazitäten sowie die anderer kooperierender Dienstleister managt, um dem Kunden eine vollständige Supply-Chain-Lösung anbieten zu können. Somit steuern und überwachen 4PL-Provider als Netzwerk-Integratoren alle organisatorischen Prozesse und Informationsflüsse, die in der Supply Chain anfallen, oder ermöglichen ein Application-Outsourcing durch die Anwendung von Best-Practice-Lösungen für bestimmte Teilprozesse der Supply-Chain-Leistungssteigerungen des gesamten Netzwerks. 4PL-Provider übernehmen bei

Erbringung eigener Wertschöpfung Teile der Supply Chain und bilden unter Einbeziehung von anderen Dienstleistern, die Third-Party Logistics Provider (3PL) oder IT-Solution Providern, das Business Process Management ab und entwickeln Gesamtlösungen für das Management komplexer Netzwerke oder für das Management von Teilprozessen dieser Netzwerke.

>Welche Unternehmen zählen zu den 4PLs?

Straube: Untersuchungen der ZLU und der TU Berlin haben gezeigt, dass aktuell kein Dienstleistungsunternehmen den Kriterien der 4PL genügt. Es gibt jedoch mehr als sechzig Unternehmen in Europa, die auf dem Wege sind, 4PL-Unternehmen für spezifische Teilprozesse zu werden. Häufig sind dies Ausgründungen von klassischen Dienstleistungsunternehmen der Logistik- bzw. IT-Branche oder als Start-up gegründete Unternehmen.

>Welche Veränderungen kommen durch die EU-Osterweiterung auf die Logistik zu?

Straube: Bei den anstehenden Veränderungen durch die Osterweiterung muss man die Veränderungen im Markt der Logistikdienstleister trennen von den Veränderungen in den Distributionssystemen von Industrie und Handel. Im Dienstleistungsmarkt Logistik hat in den vergangenen Jahren schon ein Verschmelzen der Regionen begonnen. Dies wird sich durch die faktische Erweiterung zwar verstärken, aber die aktuelle Entwicklung widerspiegeln. Europaweit agierende Dienstleister werden ihr Netzwerk auf die neuen EU-Mitglieder schneller ausdehnen und der hiesige Markt wird sich noch stärker auf das Dienstleistungsangebot und die Preise aus den neuen Ländern einstellen müssen. Von Seiten der Regierungen und der EU sind vor allem Anstrengungen beim Ausbau der Infrastruktur zu erwarten. Hier ist im Vergleich zu den bisherigen Erweiterungen der EU eine sehr viel größere Aufgabe zu bewältigen.

>Und bei den Distributionssystemen?

Straube: Für Industrie und Handel ergibt sich die Herausforderung, das Eurologistik-Netzwerk, das viele Unternehmen in den letzten Jahren aufgebaut haben, auf die neuen Länder auszubauen. Es wird zum Aufbau neuer Distributionswege und Logistikzentren kommen. Die hierfür notwendigen Investitionen werden aber durch den verstärkten Absatz in den neuen Ländern getragen.

>Was müssen die Eisenbahngesellschaften tun, um das steigende Güterverkehrsaufkommen in einem sich ausdehnenden europäischen Binnenmarkt zu bewältigen?

Straube: Die strategische Ausrichtung der europäischen Bahnen muss die logistische Systemführerschaft durch ein Kooperationsmanagement mit Partnern beinhalten. Der reine Langstreckentransport ist für die Bahnkunden nur ein Teil der logistischen Wertschöpfung - und zwar der einfachere. Die Visitenkarte für die Leistungsfähigkeit von Dienstleistern ist eine zügige Angebotserstellung bei hoher Qualität. Die geringe Reaktionsgeschwindigkeit der europäischen Bahnen im Vergleich zu Spediteuren kann nichts als systembedingt gegeben angesehen werden. Ein neuer Princing-Prozess ist hier gerade in Bezug auf die Antwortzeiten, die durch das E-Business gefordert werden, zwingend notwendig. Der Systemvorteil der Bahn im internationalen Verkehr mit großen Entfernungen wird gegenüber den anderen Verkehrsträgern durch die in der Regel nationale Organisation der europäischen Bahnen mit entsprechender Schnittstellenproblematik und unterschiedlichen Verantwortlichkeiten nicht ausgespielt.

>Gibt es positive Entwicklungen?

Straube: Ja, erste Erfolge sind z.B. im Kesselwagenmanagement sichtbar. Hier gibt es eine One-Stop-Shop-Lösung für Kunden, bei der die Steuerung und Verantwortung für Kesselwagenflotten im nationalen und internationalen Verkehr zentral in einer Hand liegt. Die europäischen Bahnen müssen bereit sein, sich durch weit über den Schienentransport reichende, innovative Logistikdienstleistungen in die Wertschöpfungskette der Kunden zu integrieren und dafür auch Risikobereitschaft bei Investitionen und Akquisitionen einzugehen.

>Die ELA ist Integrationsplattform der europäischen Logistik. Welche Ziele verfolgt der Logistikdachverband?

Straube: In der Zukunft wird die ELA mit einer ausgebauten Geschäftsstelle in Brüssel und einem voll verantwortlichen Geschäftsführer weitere Services anbieten, wie z.B. die Organisation europäischer Logistik-Events gemeinsam mit den nationalen Verbänden, dem Brokering europäischer Informationen aus Großprojekten oder EU-Ausschreibungen, dem Aufbau gleichgewichtiger Partnerschaften mit dem amerikanischen CLM, asiatischen und südamerikanischen starken Verbänden. Andere Zukunftspläne betreffen den gezielten Einsatz europäischer Experten-Groups für die Logistik, der Organisation professioneller Logistikbenchmark-Besuche in europäischen Unternehmen, der Zertifizierung von IT- und E-Business Systemen sowie der Förderung des europäischen Nachwuchses. Die ELA wird bei ihrem diesjährigen europäischen Logistikkongress am 20. November in Brüssel weitere Initiativen vorstellen.

>Herr Dr. Straube, vielen Dank für das Gespräch"(vgl. Logistik Heute Nr. 10/2000, S. 46-49, Huss-Verlag München).

## 3.7. Globalisierung

"Ganzheitliche Logistik:
Ein Erfolgsfaktor für Europa

"Viele Analysen und Trendaussagen zeigen, dass der ganzheitlichen Logistik bei der Versorgung des gesamteuropäischen Marktes eine Schlüsselrolle zukommt. Der Aufbau effizienter Produktions- und Distributionsnetze, die einen schnelleren und kostengünstigeren Service bieten, wird genauso wichtig wie gute Produkte und schlagkräftige Vertriebsorganisationen. Der Einsatz moderner Instrumentarien sowie die partnerschaftliche Zusammenarbeit mit Lieferanten und Dienstleistern muss von der Logistik geplant, gesteuert und kontrolliert werden.

Veränderte Rahmenbedingungen

Globalisierung

Der erste Anstoss zu einer verstärkten Globalisierung in Europa war die Schaffung des europäischen Binnenmarktes ab 1993. Durch die Öffnung der Grenzen und Entstehung eines freien Verkehrsmarktes konnten kürzere Transportzeiten erzielt und kostengünstigere Distributionssysteme eingeführt werden.

Der zweite Anstoss zu einer zunehmenden Globalisierung kommt jetzt durch die Integration der EFTA-Staaten und insbesondere auch durch die Öffnung der Ostmärkte. Diese Entwicklung kann zu einem erheblichen Wachstum für exportorientierte international operierende Unternehmen führen, wenn diese neuen Märkte richtig bedient werden. Allerdings ist dieser gesamteuropäische Markt nicht homogen, so dass trotz vernetzter Logistik-Strukturen grosse Flexibilität für länderspezifische Logistik-Prozesse und Dienstleistungen verlangt wird.

Informations- und Kommunikationstechniken

Die rasantesten Veränderungen ergeben sich bei der Entwicklung immer leistungsfähigerer DV-Systeme und insbesondere bei deren globaler

Vernetzung. Die Möglichkeiten des elektronischen Datenaustausches (EDI) über E-Mail oder Internet fördern den Informationsaustausch für grenzüberschreitende Abwicklungen. Die Benutzung von Edifct mit den inzwischen standardisierten EDI-Normen (z.b. Odette, Sedas, Cefic) erleichtert die Realisierung von Informationsverbunden und erhöht deren Qualitäten. Weiterhin sind in diesem Zusammenhang neue internationale Softwarepakete zu nennen (z.b. Datenbank- und Warenwirtschaftssysteme), die diese Zusammenarbeit in vernetzten Strukturen noch verbessern. Erste Modelle für virtuelle Unternehmen, d.h. rechtlich unabhängige, DV-technisch heterogen ausgestattete Partnerfirmen in einem Liefer- und Leistungsverbund, werden mit diesen Möglichkeiten z.Zt. erprobt.

Dienstleister

Die Situation hinsichtlich Märkten sowie technischer und organisatorischer Möglichkeiten führt dazu, dass externe Logistikdienstleister einen immer besseren Service bei grosser Flexibilität anbieten können. Neben dem Einsatz bei kompletten Beschaffungs- und Distributionssystemen haben sich spezielle Dienstleister, wie z.B. Kurier-Express- und Paketdienste, europaweit etabliert und können wesentlich kürzere und garantiertere Lieferzeiten realisieren. Dazu gehören auch die Bestrebungen der City-Logistik sowie die Entsorgungslogistik für Industrie- und Handelsunternehmen.

Kundenbedürfnisse

Die Faktoren für die Kaufentscheidungen der Kunden haben sich geändert. In der Vergangenheit war ein niedriger Preis ausschlaggebend, in Zukunft werden die Qualität der Produkte und insbesondere der Servicegrad (schnell, pünktlich, vollständig, korrekt abgerechnet) Kaufentscheidung sein. Hinzu kommt noch ein höheres Umweltbewusstsein mit all seinen Konsequenzen auf Produkt, Lieferung und Entsorgung.

Anforderungen an Industrie und Handel

Die veränderten Rahmenbedingungen erfordern einen umfangreichen Strukturwandel für die Bereiche Produktion, Beschaffung und Distribution. Von den beteiligten Personen wird dazu eine andere Denk- und Vorgehensweise verlangt: Multinationales asymmetrisches Denken ist erforderlich. Europäisch denkende und operierende Manager, die Euro-Manager, die sowohl Sprachen wie Landesgepflogenheiten beherrschen, werden dazu benötigt. Die zunehmende Globalisierung führt zu einer

Steigerung der grenzüberschreitenden Rohstoffen, Lieferströme von Rohstoffen, Zulieferteilen und Fertigwaren. Höhere Komplexität für Material- und begleitende Informationsflüsse ist die Folge.

Die sich verändernden Kundenbedürfnisse verlangen eine stärkere Kundenorientierung.

Bei der Realisierung dieses Strukturwandels kommt der ganzheitlichen Logistik eine zentrale Bedeutung zu. Nur mit einer optimierten Eurologostik ist die Logistik-Führerschaft in Bezug auf Kosten, Zeit und Qualität im globalen Wettbewerb zu erreichen. Erfolgreiche Unternehmen zeichnen sich neben guten Produkten vor allen Dingen durch eine höhere Logistikqualität aus, d.h. erheblich niedrigere Logistikkosten, kürzere Lieferzeiten, wesentlich bessere Qualitätsmerkmale.

Zusammengefasst werden folgende Anforderungen an Industrie- und Handelsunternehmen gestellt:

- Erhöhung der Produktivität

- Senkung der Kosten

- Verringerung der Bestände

- Verbesserung des Lieferservices

- Qualitätsmanagement für die Logistikkette (insbesondere im Hinblick auf Kundenorientierung).

Massnahmen und Verbesserungspotentiale

Als Schwerpunkte zur Erfüllung der neuen Anforderungen lassen sich allgemein aufführen:

- Europaweite firmenübergreifende Integration der Logistikfunktionen

- Distributionskonzepte für Gesamteuropa (incl. EFTA und Osteuropa)

- Konzentration auf sinnvolle Standorte für Produktion und Logistikzentren

- Optimierung der Logistikketten durch Nutzung heutiger

Möglichkeiten und Kooperationen mit Lieferanten und Dienstleistern

- Überwachung der Kundenzufriedenheit.

Als Voraussetzung zur erfolgreichen Durchführung sind verschiedene organisatorische und technische Massnahmen erforderlich. Dazu gehören die Einführung klarer Aufbau- und Ablauforganisationen für die Logistik. Die Zusammenarbeit mit allen betroffenen Funktionsbereichen, insbesondere auch Beschaffung und Vertrieb, muss dabei geregelt sein.

Weiterhin müssen zur Bewältigung des Informationsflusses moderne durchgängige DV-Systeme, Netzwerke sowie die zugehörigen EDI-Standards und Softwarepakete zur Verfügung gestellt werden. Dazu muss ein Prozesssteuerungs- und Controllingsystem für die Logistik eingeführt werden. Die Philosophie des Qualitätsmanagements, bisher meistens nur für das Produkt selbst angewandt, muss auf die Logistikkette ausgedehnt werden.

Neben diesen Massnahmen darf aber insbesondere der Mitarbeiter nicht vergessen werden. In einer Epoche des Wandels kommt der Flexibilität und Lernfähigkeit eine entscheidende Bedeutung zu. In diesen „Disziplinen" ist der Mensch von keinem der Systeme, seien sie „hard" oder „soft", zu überbieten. Deshalb ist neben aller Technik der Mensch in der Logistikkette die Nummer 1. Qualifizierter Mitarbeiter, die durch laufende Schulungsprogramme „ájour" gehalten werden, sind somit noch stärker zu einem Wettbewerbsfaktor geworden.

Die erfolgreiche Umsetzung dieser Massnahmen beinhaltet hohe Verbesserungspotentiale.

Die Logistikkosten haben einen hohen beeinflussbaren Anteil an den Gesamtkosten (ca. 11% in der Industrie und ca. 20% im Handel). Dabei können die Logistikkosten auch durch ein besseres Bestandsmanagement gesenkt werden. Die Reduzierung dieser Kosten bewirkt direkt eine Ergebnisverbesserung.

Die Verbesserung der Logistikqualität führt zu zufriedeneren Kunden und mittelfristig zu höheren bzw. abgesicherten Umsätzen. Die Kooperationen im Verbund mit Lieferanten und Dienstleistern ergibt bessere Effizienz, grössere Flexibilität und geringere Anfälligkeit bei Absatzschwankungen. Das betrifft in der Industrie die Zusammenarbeit in der Beschaffungslogistik und speziell bei JIT-Projekten sowie im Handel die ECR-Projekte.

Fazit

Alle Massnahmen sollen zur Optimierung der ganzheitlichen Logistikals Bindeglied zwischen Beschaffungs- und Absatzmärkten führen. Diese ganzheitlichen Logistikkonzepte mit marktüblichen Leistungen und wettbewerbsfähigen Kosten sichern erst den wirtschaftlichen Erfolg in dem gesamteuropäischen Markt.

Problematik bei der Beratung und Planung von Europaprojekten

Die Bearbeitung von Eurologistik-Projekten ist wesentlich aufwendiger als die von Inland-Projekten. Zu sprachlichen Hemmnissen kommen national unterschiedliche Strukturen und Begriffsbestimmungen. Die Auswertung von Daten für grenzüberschreitende Distributionssysteme wird dadurch erheblich erschwert. Einheitliche Konzepte für DV-Systeme und Abrechnungsverfahren bei zentralisierter Distribution (z.B. in einem europäischen Distributionszentrum) sind schwierig einzuführen. Die Planung der Erschliessung und Versorgung der Ostmärkte steht wegen fehlender Vergangenheitswerte und Zukunftsprognosen auf einer unsicheren Basis.

Wegen dieser Komplexität und der langfristigen Bedeutung solcher Konzepte für die Eurologistik sollten die erforderlichen Massnahmen durch systematische Planungen für Produktlogistik, Beschaffungslogistik, Produktionslogistik, Distributionslogistik und Entsorgungslogistik vorbereitet werden.

- Informations- und Kommunikationstechniken bieten beste Voraussetzungen zur Globalisierung
  Information an communication technologies offer the best preconditions for globalisation

- Externe Logistik-Dienstleisster optimieren den Service
  External logistic service providers optimise the service

- Strukturwandel bei Produktion, Beschaffung und Distribution
  Structural change in production, procurement and distribution

- Hohe Verbesserungspotenziale und Möglichkeiten der Kostenreduzierung
  High improvement potentials and possibilities for cost reduction

- Komplexität der Eurologistik erfordert ganzheitliche Planung
  Complexity of Eurologistics requires complete planning"(vgl.
  HEPTNER, K., in: Logistikjahrbuch 2000, S. 139-140, Handelsblatt-Verlag Düsseldorf 2000).

### 3.8. Betreiberkonzepte für Electronic Business

"Electronic Business bringt massive Herausforderungen für das Management aller Unternehmen einer Wertschöpfungskette. Die Entwicklung des E-Business ergeben eine Reihe von Konsequenzen für die Logistik und speziell für Unternehmen der Logistikbranche. Zwei Betreiberkonzepte für Elektronische Märkte schälen sich heraus. Ihre Bedeutung belegen zwei Fallstudien. Das Ziel elektronischer Märkte ist die Realisierung eines signifikanten Mehrwertes für alle Beteiligten. Durch die bessere Markttransparenz erhöht sich die Vergleichbarkeit und Objektivität während des Auswahl- und Entscheidungsprozesses. In Zukunft ergibt sich für alle Unternehmen und insbesondere für KMU der Zwang zu einer verstärkten Leistungsdifferenzierung über nicht-preisliche Kriterien.

Aktuelle Herausforderungen

Der organisatorische und technologische Wandel beeinflusst die Logistik stark. Nicht mehr Unternehmen sondern Wertschöpfungsketten stehen im Wettbewerb. Den gestiegenen Marktanforderungen muss durch Flexibilität bei gleichzeitiger Effizienz entsprochen werden. Durch Electronic Business gewinnen innovative Organisationsformen wie „Elektronische Märkte" und „Virtuelle Unternehmen" an Bedeutung. Dies stellt besondere Herausforderungen sowohl an Logistikdienstleister als auch an die Nachfrager logistischer Leistungen.

Neue Geschäftsmodelle

Elektronische Märkte

Elektronische Märkte sind mit Hilfe der IKT realiserte Marktplätze, die alle Phasen einer Markttransaktion, d.h. die Informations-, Vereinbarungs- und Abwicklungsphase unterstützen (Schmid 1993, S. 468). Ein Elektronischer Markt ist eine Austauschplattform für den marktlichen Tausch von Gütern und Leistungen (Schmid 1999, S. 31 ff). Im konkreten Branchenumfeld der Logistik gibt es zwei Ausprägungen:

- Logistische Leistungen für elektronische Märkte (z.B. Electronic Shopping Malls)

- Elektronische Märkte für logistische Leistungen (z.B. elektronische Frachtenbörsen)

Aufgaben der physischen Logistik treten beispielsweise in der Abwicklungsphase Elektronischer Märkte auf, wenn die Zustellung eines Produktes erfolgt. Es existieren aber auch bereits Elektronische Märkte für logistische Dienstleistungen, auf denen mit Hilfe von Marktmechanismen die Dienstleistungen gehandelt werden. Ein Fallbeispiel ist der unten beschriebene Transportmakler „SmartShip".

Elektronische Märkte versprechen für Anbieter von logistischen Dienstleistungen aber auch für Nachfrager/Anbieter anderer Produkte viele Vorteile:

- Globale und permanente Präsenz/Absatzmöglichkeit
- Senkung von Transaktionskosten
- Erschließung neuer Märkte
- Informationstransparenz und Vergleichsmöglichkeit
- Erweiterung des Kundenservices

Wesentliche Voraussetzung für Elektronische Märkte ist die Verfügbarkeit leistungsfähiger IKT-Infrastrukturen, die neue Formen der Vernetzung innerhalb und zwischen Unternehmen ermöglichen. Der Prototyp einer - in den möglichen Anwendungen weitreichenden - globalen IKT-Plattform ist das Internet.

Virtuelle Unternehmen

Virtuelle Unternehmen sind zwischenbetriebliche Unternehmensnetzwerke mit intensiver Nutzung moderner Informations- und Kommunikationstechnologie (IKT). Kleine und mittlere Unternehmen (KMU) können durch solche Verbünde Grössennachteile ausgleichen. Grosse Unternehmen können damit die Nachteile ihrer Grösse überwinden, um flexibler und effizienter zu agieren. Zentral für diese Form ist eine Kombination von Kooperation und Wettbewerb („Coopetition") Jedes Unternehmen konzentriert sich auf seine Kernfähigkeiten und bringt sie in die Kooperation ein. Die Vorteile liegen auf der Hand:

- Erschließung neuer Märkte
- Gemeinsame Beschaffung
- Verteilung von F&E-Kosten
- Bessere Kapazitätsauslastung
- Einfaches Benchmarking
- Partnerschaftliche Hilfe
- Wissensaustausch

Obgleich noch viele KMU Kooperationen scheuen, wird durch die Vernetzung von Unternehmen auch im Mittelstand die Entwicklung virtueller Unternehmen zunehmen. Insbesondere im Beschaffungsbereich bieten virtuelle Kooperationen viele Vorteile für KMU. Ein erstes Fallbeispiel ist durch die unten beschriebene Einkaufsplattform „www.buy2gether.com".

Expertenbefragung

In einer Expertenbefragung untersuchte das Kompetenzzentrum Elektronische Märkte (CCEM) der Universität St. Gallen die Kenntnisse, Einstellungen und Erwartungen von 22 Experten bezüglich Logistik und E-Business in einem Elektronischen Markt (Hoffmann/Lindemann 1998, S. 45 ff). Mittels strukturierter Experteninterviews und einer Fragebogenaktion wurde das Konzept eines Elektronischen Marktes in seiner Gestaltung und zukünftigen Entwicklung diskutiert.

Bei elektronisch handelbaren Logistik-Dienstleistungen wird unterschieden zwischen der reinen elektronischen „Handelbarkeit" einer Dienstleistung und der eigentlichen elektronischen Durchführung. Natürlich ist der physische Transport oder die Lagerung eines Gutes durch elektronische Medien nicht ersetzbar. Jedoch werden logistische Kerndienstleistungen wie Transport, Umschlag und Lagerung durch komplementäre Dienstleistungen elektronisch unterstützt. Dazu zählt der elektronische Austausch von Prognose-, Lager-, Bestell- oder Sendungsdaten mit EDI, die elektronische Kennzeichnung, Identifikation und Verfolgung von Ladungsträgern sowie die elektronische Zahlungsabwicklung. Wichtige Anforderungen sind für die Experten die Standardisierbarkeit und die damit eng verbundene Beschreibbarkeit und Modularisierbarkeit von Dienstleistungen. Konkrete Beispiele sind die einfachen Transport- und Informationsdienstleistungen der Integratoren wie FedEx, DHL oder UPS.

Potentieller Betreiber eines Elektronischen Marktes für Logistikdienstleistungen sind nach Meinung der Befragten zunächst etablierte Anbieter von Informations- und Kommunikationstechnologie wie Systemhäuser oder Softwareunternehmen, aber auch Speditionen oder Handelsbetriebe. Wenn bestehende Unternehmen ihre Chancen auf elektronischen Märkten nicht erkennen, entstehen neue Unternehmen, die elektronische Märkte aufbauen und betreiben. Hierunter fallen auch neue Kooperationen und Konsortien zwischen Logistikdienstleistern, Verbänden und Branchenfremden.

Die Befragung ergab folgende Anforderungen an einen erfolgreichen Betreiber eines elektronischen Marktes:

- Neutralität hinsichtlich potentieller Eigeninteressen („Makler-Image")
- Ausreichende Größe und Kapitalausstattung für Marktdurchbringung
- Vertrauensbasis durch Reputation und Markenimage
- Logistikkompetenz sowie Branchen-Know-how
- Informations- und kommunikationstechnische Kompetenz und Ausstattung

Betreiberkonzepte

Im Forschungsprojekt „Logistik und Electronic Commerce (LogEC)" wurden aufgrund dieser Erkenntnisse zwei konkrete Betreiberkonzepte entwickelt (Hoffmann/Lindemann 1998, S. 93 ff) :

- „Dezentrales Modell"
- „Kooperatives Modell"

1. Das erste Betreiberkonzept betrifft jeweils einen Ausschnitt in der Wertschöpfungskette. Das „Dezentrale Modell" beschreibt die spontane Bildung und Koordination von Logistikbeziehungen mit dem Ziel, eine umfassende logistische Dienstleistung auf einer bestimmten Wertschöpfungsstufe mit den Mechanismen des Elektronischen Marktes zu ermöglichen.

Für die Betreiberrolle sind hier branchenfremde Konzerne mit vorhandenem IKT-Know-how zur Vermittlung zwischen Anbieter und Nachfrager geeignet.

2. Das „Kooperative Modell" betrachtet die gesamte Wertschöpfungskette. Durch geeignete Kooperationspartner entsteht ein stabiles Netzwerk, aus dem sich bei Bedarf ein virtuelles Unternehmen bildet, das den speziellen Anforderungen jedes einzelnen Falles bzw. Auftrages nachkommt.

Die Rolle des Koordinators können bezogen auf Transportlogistik beispielsweise etablierte, Logistikdienstleister übernehmen, da diese auf vorhandenem Know-how im Logistikbereich aufbauen und bereits etablierte Partnerschaften und Kooperationen nutzen.

In beiden Fällen kann ein Dokument der computerintegrierten Logistik (CIL-D) von großem Nutzen sein. Das CIL-Modell wurde am Kompetenzzentrum

Elektronische Märkte an der Universität St. Gallen entwickelt. Im „Kooperativen Modell sind CIL-Dokumente Bestandteil eines Value-Chain-Dokuments (VC-D). Das VC-D begleitet einen Kundenauftrag von seiner Initiierung über die gesamte Wertschöpfungskette bis zu dessen Erfüllung. In ihm werden auch alle für die Logistik relevanten Daten des CIL-D gespeichert (z.B. Stammdaten: Verlader, Empfänger; Sendungsdaten; Statusdaten: aktueller Standort, Zustand; Vorgangsdaten: Aufgabenablauf, Entscheidungskriterien). Zu betonen ist, dass die Inhalte des CIL-D zunächst auch durch traditionelle Eingaben (Telefon, Fax, E-Mail, Brief, EDI) erzeugt werden können, das CIL-D aber in einer Weiterentwicklung für die Elektronischen Märkte als funktionales elektronisches Dokument Berücksichtigung finden sollte.

Fallbeispiele

Zwei Fallbeispiele beschreiben die Realisierung der Betreiberkonzepte im Bereich Logistik und Electronic Business. Weitere Beispiele sind verfügbar.

SmartShip

Ein konkretes Beispiel für das Dezentrale Modell in der Transportlogistik ist Smart-Ship, ein neuartiger Intermediär im Integratoren-Bereich.

„Who has the best rate for you?" „Where is your package?" - Dies sind die Kernfragen für die Lösung der Firma SmartShip, einem neuen web-basierten Intermediär im Integrators-Bereich. SmartShip ist damit der erste virtuelle Kurier-, Express- und Paketdienst (KEP). SmartShip hat keinen eigenen Fuhrpark, sondern bedient sich vorhandener bekannter Carriers und vergleicht diese im Internet. Damit ist SmartShip ein neutraler, unabhängiger Dienst für Verlader und Spediteure, der zudem jederzeit global verfügbar ist. Carriers, deren Services zur Zeit bei SmartShip in Anspruch genommen werden können sind:

- Airborne Express
- Federal Express
- Golden State Overnight
- United Parcel Service
- United States Postal Service

SmartShip stellt den Nachfragern von Transportdienstleistungen im Bereich des Versands von Paketen auf der Basis des Internets ein bestmögliches Angebot zusammen. Verschiedene Anbieter, zu denen ein Kunde auch ohne die Smart-Ship-Plattform Zugang hätte, offerieren ihre Leistungen anonym auf der Internet-Seite www.smartship.com.

Der Kunde kann die einzelnen anbietenden Unternehmen zunächst nicht identifizieren. Erst nachdem er seine Wahl getroffen hat, wird er von SmartShip zum passenden Anbieter weitergeleitet.

Der Kunde erhält somit nach verschiedenen, von ihm ausgewählten Kriterien wie Ankunfts- bzw. Aufgabezeit oder dem Preis das jeweils beste Angebot aus dem Pool der vertretenen Unternehmen. Die Registrierung der Kunden ist gratis, und die Bezahlung der Services kann seit neuestem mittels Kreditkarte ebenfalls über das Internet erfolgen.

Der Vorteil für den Kunden besteht darin, den Vergleich mehrerer Anbieter in Bezug auf Preise und Pläne, aber nur einen Ansprechpartner zu haben. Weiterhin kann er auf ein übergreifendes Tracking und Tracing zurückgreifen. Auch wenn mehrere Logistikdienstleister am Transport beteiligt sind, erfolgt die Sendungsverfolgung aus einer Hand, ohne Installation weiterer Tracking-Software. Lediglich die Tracking-Nummer und das Versanddatum sind nötig, um die Information jederzeit abzurufen. Versender und Empfänger erhalten via E-Mail Statusberichte über den derzeitigen Ort und den Zeitplan einer Sendung. Zu diesen Statusberichten zählen am Ende auch die Empfangsbestätigung bei durchgeführter Lieferung. Die Berichte können dabei via Internet von überall auf der Welt empfangen werden.

Folgende Ausbaustufen mit zusätzlichen Vorteilen bei SmartShip sind vorgesehen:

- One-stop-Einkaufen und -Versenden: Diese Funktion erlaubt es, den besten KEP-Dienst für jedes einzelne Paket zu wählen und alles über ein Konto bei SmartShip zu verschicken. Es ist also nicht mehr notwendig, verschiedene Konten, Rechnungen und Zahlungsanweisungen zu verarbeiten. Von Smart-Ship erhält man eine monatliche Gesamtrechnung.

- Personalisierung: Auf den einzelnen Kunden angepasste Masken unter Berücksichtigung des eigenen Kundenprofils.

- ClickRewards$^{TM}$. Ein Bonusprogramm, bei dem man für jeden Dollar, den man über SmartShip ausgibt, eine ClickMile erhält. Diese Meilen sind bei acht großen Vielfliegerprogrammen und ähnlichen Institutionen einlösbar.

- Niedrigere Preise. Das Zusammenführen von mehreren Dienstleistern soll niedrigere Preise ermöglichen.

Das Fallbeispiel zeigt, dass neuartige Intermeditäre etablierte große Anbieter in der KEP-Branche mit allen ihren Vor- und Nachteilen vergleichbar machen.

## buy2gether

Ein Beispiel für das kooperative Modell in der Beschaffungslogistik ist die Internet-Plattform

www.buy2gether.com

Dieser neuartige Intermediär richtete sich an Einkäufer von mittelständischen Unternehmen, die gemeinsam die Möglichkeiten des Internets für die Optimierung ihrer Beschaffung nutzen wollen (12). Die Plattform wird vom Institut für Technologiemanagement (ITEM) an der Universität St. Gallen betrieben. Schwerpunkte von buy2gether sind zum einen der Informations- und Erfahrungsaustausch zwischen den Einkäufern und zum anderen die Stärkung der Nachfrage macht durch unternehmensübergreifende Bündelung von Einkaufsvolumina.

Die Internet-Plattform buy2gether verbessert die unternehmensübergreifende Zusammenarbeit von Einkäufern. Kommunikation und Erfahrungsaustausch zwischen den KMU finden kontinuierlich und intensiviert statt. Dies ist eine wesentliche Basis für die Optimierung der Beschaffung und eröffnet völlig neue Möglichkeiten für Kooperationen im Einkauf.

Die Internet-Plattform buy2gether ist für die Einkäufer der beteiligten KMU das Medium für den allgemeinen internen Informations- und Erfahrungsaustausch über Einkaufsthemen sowie für das Pooling von Nachfrage und Koordination gemeinsamer Beschaffungsprojekte. Über Internet werden weitere Unternehmen für eine Teilnahme an der Kooperation interessiert und potenzielle Lieferanten über Anfragen und Ausschreibungen angesprochen.

Die Internet-Plattform buy2gehter besteht aus einem öffentlichen Bereich sowie einem nur für bestimmte Benutzergruppen zugänglichen Bereich, der über Login und Passwort geschützt ist. Die verschiedenen Zielgruppen, die über die Internet-Plattform buy2gether angesprochen werden sollen, haben definierte Zugriffsrechte, die ihren jeweiligen Informationsbedürfnissen und dem Grad ihrer Einbindung entsprechen.

Ziel von buy2gether ist die Erschließung von Kooperationspotenzialen für KMU in der Beschaffung durch:

- Gemeinsame Nutzung des Internet, dem Beschaffungsmarkt der Zukunft
- Beschaffungsmarketing der Position als attraktiver Nachfragerpool
- Steigerung der Beschaffungsmarkttransparenz und der Effektivität im Einkauf
- Realisierung von Einkaufsvorteilen mittels Bündelung der Nachfragemacht
- Networking und Etablierung eines dauerhaften Erfahrungsaustausches

Hintergrundinformationen

Der vorliegende Beitrag beruht auf den Ergebnissen des Projektes „Logistics und Electronic Commerce (LogEC)", vgl.:

http://www.businessmedia.org/,

das am Institut für Medien- und Kommunikationsmanagement (mcminstitute) an der Universität St. Gallen (HSG) unter der Leitung von Prof. Beat Schmid im Zeitraum 1997-99 durchgeführt wurde.Projektpartner waren die DANZAS Stiftung für Logistik sowie das Institut für Technologiemanagement (ITEM) an der Universität St. Gallen, Abteilung Logistik unter Leitung von Dr. Daniel Corsten.

Der Bereich Logistik wird im Zusammenhang mit Informations- und Kommunikationstechnologie (IKT) wird am mcminstitute (vormals Institut für Wirtschaftsinformatik - IWI4) seit 1991 in verschiedenen Projekten und Kooperationen erforscht. Die Arbeitsberichte der beiden Projektperioden „Logistik und Electronic Commerce" - LogECI & II (1997/98 und 1998/99) können für je CHF 80, am mcminstitute
bestellt werden.

- Elektronische Märkte für logistische Dienstleistungen
  Electronic markets for logistic services
- Entwicklung virtuelle Unternehmen im Mittelstand

Development of virtual medium-sized companies

- Betreiberkonzepte im elektronischen Markt
  Operator concepts in the electronic market

- Virtueller Kurier-, Express- und Paketdienst
  Virtual courier, express and parcel service

- Unternehmensübergreifende Zusammenarbeit von Einkäufern
  Company interrelated co-operation of buyers

Literatur

(1) Alt, R.: Interorganisationssysteme in der Logistik, Wiesbaden: DUB Deutscher Universitäts Verlag, 1997

(2) Alt, R.: Cathomen, I.; Klein, S.; CL-computerintegrierte Logistik, Arbeitsbericht IM2000/CCEM/21, Universität St. Gallen: Verlag Institut für Wirtschaftsinformatik, 1995

(3) Göransson, A.; Schuh, G.: Das Netzwerkmanagement in der virtuellen Fabrik, in: Müller-Siewens, G. (Hrsg.): Virtualisierung von Organisationen, Stuttgart/Zürich: Schäffer-Poeschel Stuttgart/Verlag Neue Züricher Zeitung, 1997, S. 61-81

(4) Hirn, W.: Starke Bande. Management Kooperationen, in: Manager Magazin, Mai 1998, S. 134-146

(5) Hoffmann, C.P.; Lindemann, M.A.: Logistik und Elextronic Commerce - LogEC, Arbeitsbericht BusinessMedia/60/LogEC, Universität St. Gallen: Verlag mcminstitute, Juni 1998

(6) Hoffmann, C.P.;K Lindemann, M.A.: Zimmermann, H.-D.: Logistik-Ressourcen im World Wide Webb, in: Wirtschaftsinformatik, Heft 3, Juni 1998, 40. Jg., S. 245-250

(7) Klein, S.: Kompetenzzentrum „Strategische Potentiale des elektronischen Handels" CC EM3, Arbeitsbericht IM HSG/CCEM/30, Universität St. Gallen: Verlag Institut für Wirtschaftsinformatik, März 1996

(8) o.V.: SmartShip, www.smartship.com, Zugriff: August 1999

(9) Schmnid, B.: Elektronische Märkte, in: Wirtschaftsinformatik, 35. Jg., Nr. 5/1993, S. 465-480

(10) Schmid, B.: Elektronische Märkte - Merkmale, Organisation und Potentiale, in: Hermanns, S.; Sauter, M. (Hrsg.): Handbuch Electronic Commerce, München: Franz Vahlen Verlag, 1999, S. 31-48

(11) Schmidt, B.; Lindemann, M.A.: Elemente eines Referenzmodells Elektronischer Märkte, Arbeitsbericht IM SHG/CCM/44, Universität St. Gallen: Verlag Instritut für Wirtschaftsinformatik, Februar 1997

(12) Carsten, D./Zagler, M.: Purchasing Consortia and Internet Technology, in: Proceedings of the 8th International IPSERAA Conference, Dublin/Belfast 1999, S. 139-148"(vgl. HOFFMANN, C. u. CARSTEN, D., in : Logistik Jahrbuch 2000, S. 150-154, Handelsblatt-Verlag Düsseldorf).

### 3.9. Hoffnungsträger E-Commerce

E-Business und IT abstimmen

"Neue Technologien und Standards wie UMTS bringen die Entwicklung von M-Commerce und E-Commerce weiter voran. Ob Mitarbeiter, CRM, Fertigung oder Netzwerk-Infrastrukturen mitsamt ihren Servern - alles muss künftig nahtlos ineinander greifen können. Eine mögliche Lösung für diese Aufgabenstellung heißt Meta-Directory und etabliert sich derzeit in vielen modernen Unternehmensstrukturen.

Grosse Mengen an elektronischen Daten werden Tag für Tag in allen Unternehmen bearbeitet. Bei kleineren Betriebsgrößen lassen sich solche Vorgänge in der Regel aufgrund der überschaubaren Datenmenge relativ problemlos abwickeln. Schwierig wird es jedoch, wenn in mittleren bis großen Unternehmen Informationen aus unterschiedlichen Datenquellen jedem Mitarbeiter auf unternehmensweiter Ebene zur Verfügung stehen sollen. Innerhalb aus unterschiedlichen Datenquellen jedem Mitarbeiter auf unternehmensweiter Ebene zur Verfügung stehen sollen. Innerhalb großer Strukturen sind oftmals eine Fülle von benötigten Informationsquellen auf verschiedenen Systemen abgelegt. Diese häufig unsynchronisierten Datenquellen führen oft dazu, dass eine unternehmensweite Aktualität der Datenbestände nicht oder nur in beschränktem Umfang gegeben ist.

Ein Abgleich, manuell oder gar automatisch, findet höchstens in begrenztem Ausmaß statt. Was nützt beispielsweise einem mit Notebook oder mit Palmtop ausgestatteten Außendienstmitarbeiter der Verkaufspreis oder der Tarif von gestern Viele - und nicht nur mobile - Konzepte sind wegen veralteter Datenbestände und des umständlichen Handlings von Updates gescheitert. Dazu kommt noch der Umstand, dass es nicht nur eine zentrale Sammelstelle für Informationen über Benutzerdaten, Hard- und Softwaresysteme, Netzwerkkomponenten oder Applikationen gibt, sondern Verzeichnisse in großen Organisationen nicht nur in immenser Zahl, sondern auch in den unterschiedlichsten Formaten existieren. Telefondaten werden häufig in elektronischen Telefonbüchern erfasst und die meisten E-Mail-Systeme verfügen über ihren eigenen Adressdatenbestand im eigens dafür kreierten Format und sind untereinander keineswegs problemlos zu aktualisieren.

Stets aktuelle Datenbestände

Die Lösung, um die Vielzahl an vorhandenen Verzeichnissen „unter einen Hut" zu bringen, ist ein Meta-Directory. Ein Meta-Directory muss folgende Voraussetzungen erfüllen:

- Integration von unterschiedlichen Informationsquellen,
- Synchronisation aller Verzeichnisse,
- Referenz aller Daten über ein standardbasiertes, hierarchisches Modell,
- Koexistenz von alten und neuen Directories sowie
- Zusammenführung aller relevanten Geschäftsdaten zu einem einzigen globalen Informationspool.

Ein Meta-Directory setzt somit die Integration unterschiedlichster Netzwerkbetriebs-, E-Mail-, Datenbank- und sicherheitssysteme mit Hilfe der Standard-Protokolle DAP beziehungsweise LDAP u. Die Verzeichnis-Synchronisation auf unternehmensweiter Ebene erfolgt, indem die Daten in ein standardisiertes, hierarchisches Datenmodell übertragen werden. Entscheidend ist in diesem Zusammenhang, dass die Daten aus den verschiedenen Directories integriert und nicht durch ein Meta-Directory ersetzt werden. Das Meta-Directory fügt hier zusammen, was proprietäre Anwendungen trennen. Die eigentliche Zusammenführung der unternehmensweiten Netzwerkdatenbanken mit dem Unternehmens-Directory. Hierzu ein kurzes Beispiel: Die Mitarbeiterdaten stammen in den meisten Unternehmen aus der SAP-Welt. Weitere Daten, wie E-Mail-Adresse, Telefonnummer oder Faxnummer, werden auf anderen Systemen verwaltet. Verlässt ein Mitarbeiter das Unternehmen, müssen diese Daten Stück für Stück, quasi manuell in den einzelnen Systemen gelöscht werden. Verwendet ein Unternehmen aber ein Meta-Directory, entfallen diese einzelnen Schritte. Vielmehr wird das Ausscheiden des Mitarbeiters beispielsweise nur noch im Personalsystem vorgenommen, und das Meta-Directory gleicht die Informationen mit den anderen Directories automatisch ab. Dieser Informationsabgleich erhöht die Sicherheit im Unternehmen in beträchtlichem Umfang, da es somit ausgeschlossen ist, dass nicht mehr genutzte Accounts bestehen bleiben.

Das Ziel ist also die Rationalisierung vorhandener Verzeichnisdienste durch die Bereitstellung eines einzigen Zugangspunkts für alle Formen von Daten. Meta-Directories fungieren daher tatsächlich als übergeordnete, virtuelle Instanz für die Vielzahl unterschiedlicher Verzeichnisse vor allem in große Organisationen. Aufgrund der einfachen hierarchischen Struktur der Meta-Directories können so verstreute Datenbanken, sogenannte Informationsinseln, zu einem Datenpool zusammengeführt werden. Die Datenpflege erfolgt wahlweise nur noch in diesem Datenpool oder in den einzelnen Datenquellen.

Mittlerweile ist ein deutlicher Trend zu Gunsten übergeordneter Verzeichnisse erkennbar, wenngleich noch keine gesicherten Untersuchungen diesen manifestieren können. Großkonzerne aus den unterschiedlichen Bereichen, wie die Züricher Credit Suisse, setzten bereits 1996 auf eine Optimierung der Kommunikationsstrukturen, in deren Verlauf auch eine Meta-Directory-Lösung zum Einsatz kam. Auch branchenintern wurden in jüngster Vergangenheit deutlich, dass sich die Anbieter derartiger Lösungen auf einen weiteren Anstieg der potentiellen Kunden gefasst machen.

Schritt für Schritt zum Meta-Directory

Ab einer bestimmten Unternehmensgröße, die bei rund 500 Mitarbeitern liegt, existiert oftmals ein Wust von Verzeichnissen und Informationspools, die über die verschiedenen Unternehmensstrukturen, Systeme und Applikationen verteilt sind. Insbesondere vor dem Hintergrund der heute vielfach gewünschten E-Business-Struktur sind stets aktuelle Informationen eine der technologischen Grundvoraussetzungen. Insofern ist die Installation der Meta-Directory-Technologie früher oder später ein Themenfeld, mit dem sich jedes größere Unternehmen auseinandersetzen muss. Um ein Meta-Directory zu implementieren, können folgende vorbereitende Schritte durchgeführt werden:

- Lokalisation der verschiedenen „Informationspools", wie Mail-Systeme, Telefonverzeichnisse oder Datenbanken,
- Selektion der „Informationspools" mit anschließender Erhöhung des Standardisierungsgrades,
- Definition der bestimmenden, übergeordneten Informationsinseln
- Erhöhung des Standardisierungsgrades,
- Festlegung der künftigen Zugriffsberechtigungen sowie
- Bestimmung der Rangfolge, innerhalb derer die Eingliederung von

Datenbeständen in das Meta-Directory erfolgen soll.

Zur Realisierung der Anbindung von unterschiedlichsten Datenquellen an ein Meta-Directory setzt sich zunehmend die von Critical Path entwickelt „Konnektoren-Strategie" durch. Zwei verschiedene Versionen von Basis-Konnektoren werden angeboten, ein universeller PERL-Konnektor und ein universeller Datenbank-Konnektor.

Beiden Konnektoren ist gemeinsam, dass sie sowohl über eine Daten- als auch über eine Managementschnittstelle verfügen. Die Datenschnittstelle fungiert dabei als Tor zwischen dem Meta-Directory und der zu integrierenden Datenquelle.

Neben den universellen Konnektoren enthält die MetaConnect-Produktpalette auch spezielle Konnektoren, beispielsweise für Applikationen oder Betriebssysteme. Diese kommen dort zum Einsatz, wo eine proprietäre API der geeignetere, performantere Weg zur Anbindung von Verzeichnissen ist. Vor allem für umfangreichere, häufiger zu replizierende Datenbestände wie Personalstammdaten in größeren Unternehmen kann dies sinnvoll sein, da diese Verzeichniseinträge von großer Mächtigkeit enthalten. Weiterhin ist selbstverständlich das Einbringen von Daten mittels standardisierter Schnittstellen wie LDAPv3 möglich.

Neben Personaldaten können im übrigen auch andere Datenbestände in einer hierarchischen Directory-Struktur abgelegt werden, hierzu zählen Geschäftsdaten und - prozesse, Produkte, Produktgruppen und - komponenten.

Management, MetaView und DCNS

Die Managementschnittstelle ermöglicht es dem Meta-Directory-Server, eine MetaView zu erzeugen und diese nach außen hin darzustellen beziehungsweise zu propagieren. MetaView bedeutet eine einheitliche Sicht auf Daten unterschiedlichster Herkunft. Gebildet wird eine MetaView durch einen „JO-IN" - durchaus vergleichbar mit dem entsprechenden Datenbankmechanismus verschiedener Datenbestände.

Ein Beispiel: Das Directory A (beispielsweise Daten einer Applikation für die Personalverwaltung) wird mit einem Directory B (beispielsweise Mail-Adressen oder Telefonlisten) im Meta-Directory zu einem „DATA-JO-IN" verbunden. Die Bildung einer MetaView - einer übergreifenden Sicht - auf Daten, die sich vorher in unterschiedlichsten Verzeichnissen befanden, ist die eigentliche Leistung des Meta-Directory-Servers, kurz MDS.

Die bidirektionale Synchronisation von Datenbeständen des MDS mit

„untergeordneten" Verzeichnissen, Applikationen und Datenbanken wird über den durch die Kooperation namenafter Meta-Directory-Hersteller entwickelten Directory-Change-Notification-Service, kurz DCNS, realisiert. Sämtliche Änderungen werden hierbei sofort erfasst und dem Meta-Directory oder den untergeordneten Verzeichnissen bekannt gegeben. Im MDS selbst sind über grafische Interfaces, die Management-GUIs, alle zur Interkommunikation der Konnektoren notwendigen Einstellungen, wie Events oder Replikationsprofiles, realisierbar.

Dynamische Attribute sind ein weiteres Merkmal fortgeschrittener Meta-Directory-Lösungen. Mit diesen ist es möglich, Daten, die zeitkritischen Änderungen unterliegen, sofort im untergeordneten Verzeichnis abzufragen. Dynamische Attribute stellen somit einen aktuellen Link zu realen Daten dar. Dies ist vor allem für das Hinterlegen von Statistiken über Applikationen, Geräte und Betriebssysteme sinnvoll.

Als zentrales Repository kommen beispielsweise für die MetaConnect-Produktpalette nur LDAP-Server in Frage, die eine DCNS-Architektur aufweisen. Im Moment sind dies:

- Critical Path Global Directory Server,
- Microsoft Active Directory sowie
- Netscape Directory.

„Das Gut „Information" kann erst wirklich gewinnbringend eingesetzt werden, wenn der Zugriff auf alle Daten permanent gewährleistet ist."

Die genannten LDAP(v3)-Server verfügen über DCNS-Plug-Ins, mit denen ein Meta-Directory realisiert werden kann. Die Änderungen in „angeschlossenen" Verzeichnissen werden dem Meta-Directory entsprechend initialer Konfigurationen (Events, Event-Verknüpfungen und aufbauender Regeln) mitgeteilt.

Im heutigen Umfang der Meta-Directory-Lösungen sollte ein SAP-R/3-Konnektor für HR-Daten enthalten sein. Die Leistung dieses Konnektors umfasst initiale und inkrementelle „Uploads" - das bedeutet auch das Einbringen großer Datenbestände aus Personalstammdaten in ein hierarchisch organisiertes Verzeichnis. Für SAP R/2 gilt prinzipiell die selbe Herangehensweise, die Anbindung kann via „Report-Schnittstelle" analog zu R/3 erfolgen.

Der Weg der Einbringung von RÄ/2-Daten in das Directory in der folgende:

- Der R/2-Report beziehungsweise der Input-Files des R/2-Host-Systems wird durch das SAP-System generiert.
- Der Konnektor generiert basierend auf dem R/2-Input den Directory Information Tree (DIT).
- Die R/2-Attribute werden auf Standard-LDAP-Attribute gemappt.
- Dann erfolgt das Einbringen der Daten per LDAP in das Directory.

Noch mehr Connectivity

Mit modernen Meta-Directory-Konzepten ist auch das Erzeugen einer Notes-ID möglich. Außerdem wird Notes 5 unterstützt. Bei MetaConnect 1.0 wird beispielsweise auch ein Lotus Notes-Konnektor angeboten, der Adressen aus Lotus Notes in ein Directory einbringt beziehungsweise ausliest. Dieser Konnektor verfügt jedoch noch nicht über die Möglichkeit, Lotus-Notes-Accounts auf einem Notes-Server anzulegen. In diesem Sinn handelt es sich um einen Lotus-Notes-Adress-Konnektor.

In einer späteren Version von Meta-Connect wird es einen entsprechenden Konnektor mit Account-Fuktionalität geben. Dieser wird sich jedoch in jedem Fall auf MailAccounts von Lotus-Notes beziehen. Es wird - zumindest mittelfristig - keinen Konnektor von Critical Path geben, der datenbankspezifische User-Settings von Lotus-Notes realisiert, da dies zur originären Lotus-Notes-Funktionalität gehört, die durch ein Meta-Directory-Produkt nicht ohne erheblichen aufwand abbildbar ist. Sinnvolle Meta-Directory-Lösungen sollten in all ihren Bestandteilen und Teilprodukten auch für Active-Directory-Umgebungen entwickelt sein. Active-Directory kann somit ebenfalls eine Basis eines Meta-Directorys sein. Hauptziel bei der Integration von NT 4.0 ist die Nutzerverwaltung über Domänengrenzen hinweg. Mit entsprechenden Produktkomponenten - das heißt NT-Domain-Konnektoren - wird die Nutzerverwaltung auch in gemischten Umgebungen, beispielsweise bestehend aus NT 4.0 und NT 5.0 möglich sein.

Neue Applikationen und Services werden in nächster Zeit die Leistungsfähigkeit der Meta-Directories noch besser ausschöpfen können. Erste Felder sollten Calendaring-, Sicherheits-, Kommunikations-, Business-, E-Commerce- und Administrations-Anwendungen sein. Solche Anwendungen werden mit den Meta-Directories in einem interaktiven Dialog stehen und sich nicht mehr auf reine Abfragemechanismen konzentrieren.

Verzeichnisdienst fürs One Net - Alles unter Dach und Fach

Moderne Unternehmensnetze vereinen eine Vielzahl von die Nutzern,

Applikationen und Ressourcen. Für die parallele Verwaltung all dieser Elemente arbeiten Unternehmen mit einer Vielzahl von Verzeichnissystemen. Der Einsatz eines einzigen zentralen Verzeichnisdienstes oder Directory bringt all diese Elemente unter Dach und Fach und reduziert so nicht nur den administrativen Aufwand und die Kosten.

Die zunehmende Bedeutung von Informationstechnologie und Internet stellen Unternehmen und Verbraucher vor immer neue Herausforderungen. Firmen haben das Problem, dass ihre ehemals übersichtlichen EDV-Landschaften immer häufiger einem Labyrinth aus Betriebssystemen, Verzeichnissen und Daten unterschiedlichster Herkunft gleichen. Den IT-Verantwortlichen wiederum fällt die Aufgabe zu, diesen Dschungel nicht nur überschaubar und einfach administrierbar zu gestalten. Zudem solleine wachsende Anzahl sowohl interner als auch externer Benutzer über das Internet sicher auf das jeweilige Netz zugreifenkönnen. Aber auch Konsumentensind durch das Internet auf gänzliche neue Weise gefordert: Beabsichtigen sie, am Online-Handel teilzuhaben, müssen sie oftmals hochsensible Personendaten übermitteln - meist ohne zu wissen,was mit diesen Daten geschieht und ob sie sicher aufgehoben sind. Darüber hinaus fällt es ihnen angesichts der Vielzahl von Internet-Seiten zunehmend schwerer, jene Informationen herauszufiltern,die sie tatsächlichinteressieren.

In der schönen neuen Welt des Internet-Zeitalters offenbaren sich demnach noch viele Hürden und Hindernisse, die es zu überwinden gilt. Immer mehr Firmen setzen daher auf Verzeichnisdienste. Sie machen Netzwerke über Betriebssystem- und Netzwerkgrenzen hinweg sicherer und leichter administriebar. Zudemsind sie für den Endnutzer einfacher zu nutzen sowie persönlicher und sicherer gestaltet.

Insbesondere in Firmen mit heterogenen Netzwerken kommen Administratoren ohne einen Verzeichnisdienst nicht mehr aus. Heute laufen beispielsweise Applikationsserver unter Windows-NT und -2000, File- und Printserver unter Netware und Webserver unter Solaris. Dies erfordert nicht nur, wie in diesem Fall vier unterschiedliche Betriebssysteme parallel zu verwalten, sondern zusätzlich auch die Nutzer, Applikationen und Ressourcen. Wie die Gartner Group ermittelte, setzen Großunternehmen in einem einzigen Netz durchschnittlich 180 Verzeichnisdienste zur Administration des Netzwerkes und der einzelnen geschäftskritischen Applikationen ein. Der hiermit verbundene Verwaltungsaufwand ist nicht nur immens, er ist vor allem teuer.

Der Einsatz eines einzigen zentralen Verzeichnisdienstes oder Directory leistet in dieser Situation Erstaunliches. Er reduziert den administrativen Aufwand und senkt die Kosten. Lösungen wie das NDS eDirectory von Novell erfüllen die drei wichtigsten Anforderungen an einenzentralen Verzeichnisdienst in Unternehmen.

Es arbeitet zum einen plattformübergreifend und unterstützt alle wichtigen Betriebssysteme, wie Solaris, Linux, Windows-NT, Windows-2000 oder Netware. Zudem baut NDS eDirectory auf offenen Standards auf. So unterstützt es etwa LDAPv3, um Verzeichnisse anderer Hersteller zu synchronisieren. Hersteller, die eine kompatible Lösung bieten wollen, erhalten dadurch eine sichere und offene zugängliche Basis sowohl für Software- als auch Hardwarelösungen. Schließlich ist Novell eDirectory hoch skalierbar und erlaubt außerdem die komfortable Verwaltung von 50 oder auch über einer Milliarde Objekten.

Vorteile der Verzeichnisdienste

Die Umstellung einer EDV-Landschaft auf einen zentralen Verzeichnisdienst ist ein relativ teures Unterfangen und mit Aufwand verbunden. Warumsollte ein Unternehmendies tun, wenndie bestehende Datenverarbeitung doch läuft, zumindest einigermaßen? Verzeichnisdienste schaffen eine gemeinsame Verwaltungsplattform für alle gängigen Betriebssysteme und Daten,die ein Unternehmeneinsetzt. Damit müssen Daten nur einmal zentral erfasst werden. Die mehrfache Datenhaltung gehört damit ebenso der Vergangenheit an wie die Notwendigkeit,die Datenbestände aus bis zu 180 Verzeichnissen zu synchronisieren.

Da auch alle administrativen Daten nur einmal zentral in Verzeichnisdiensten wie dem NDS eDirectory vorhanden sein müssen, wird das Netzwerk sowohl für die Administratorenals auch für die Endnutzer erheblich transparenter. So sorgen verzeichnisbasierende Lösungen wie Novells Single Sign-On dafür, dass Mitarbeiter nur ein einziges Passwort benötigen, um sich an allen für sie relevanten Applikationen anzumelden. Der Zwang, sich viele verschiedene Passwörter merken zu müssen, entfällt. In der Folge sinkt nicht nur die Fehlerquote bei der Anmeldung, auch das Helpdesk bleibt von unnötigen Anrufen verschont. Dies entlastet die IT-Abteilung,die sich somit stärker auf strategische Aufgaben konzentrieren kann. Die Kostenvorteile, die sich durch verzeichnisbasierende Lösungen erzielen lassen, sind erheblich: Den Stadtwerken Duisburg etwa ist es gelungen, eine der kostengünstigsten IT-Landschaften aller kommunalen Versorgungsunternehmen aufzubauen.

Netzwerkgrenzen überwinden

Auch dort, wo Kunden und Geschäftspartner im Rahmen des E-Commerce über das Internet Zugriff auf Unternehmensnetze erhalten, spielen Verzeichnisdienste eine besondere Rolle. Sie ermöglichen es, einzelne Benutzergruppen oder Unternehmen genau definierte Zugriffsrechte einzuräumen, die für die Zusammenarbeit nötig sind. Zulieferbetriebe, die auf diese Weise mit Teilen des

Netzwerkes ihrer Auftraggeber verzahnt sind, agieren weitaus eigenständiger, da sie ständig auf die für sie entscheidenden Informationen zugreifen können. So ist der Zulieferer in der Lage, jederzeit den Lagerbestand seines Kunden abzurufen. Gehen bestimmte Artikel zur Neige, unterbreitet er sofort ein Angebot. Verzeichnisdienste tragen somit nicht nur dazu bei, bisher bestehende Grenzen zwischen internen und externen Netzwerken abzubauen. Darüber hinaus entsteht ein zusammenhängendes Netzwerk, das alle bisherigen Netze in sich vereint: Das „One Net".

Immer mehr Unternehmen setzen auf zentrale und betriebsystemübergreifende Verzeichnisdienste im eigenen Haus oder bauen sie in ihre Produkte ein. Novell entwickelt ihre gesamte Net Service Software künftig auf Grundlage der Directory-Enabled-Network-Infrastructure-Modell-Arcvhitektur, kurz DENIM. Aber auch Partner setzen immer stärker auf Verzeichnislösungen. Sie integriert zum Beispiel Norcom das NDS eDirectory von Novell in Norcom Global Security, kurz NGS. Damit können Anwender von NGS - einem End-to-End-Sicherheitssystem für Geschäftsprozesse in großen heterogenen Netzwerken - künftig zwischen Norcoms eigenem Verzeichnisdienst Security Information Base (SIB) und NDS eDirectory als Datenhaltungssystem wählen. Auch die Computer Sciences Corporation erschließt die Vorteile verzeichnisbasierender Systeme für ihre Kunden. Als Partner der Novell Consultant & Systems Integrator Alliance CSI nutzen Consulting-Partner wie CSC, IBM Global Services oder Marchfirst das Novell NDS eDirectory, um Unternehmen eine globale Web-Präsenz zu verschaffen. Dies garantiert den Kunden hohe Sicherheit, Skalierbarkeit und eine einfache Verwaltung. Aber auch IT-fremde Branchen erkennen zunehmend die Vorteile von Lösungen auf Basis des NDS eDirectory: Zusammen mit dem Bayerischen Bauernverband-Computer-dienst (BBV-CD) hat Novell innerhalb von zwei Monaten eine verzeichnisbasierende E-Business-Lösung auf der Grundlage von Novell iChain und NDS eDirectory realisiert. Die 180 000 Mitglieder des Bayerischen Bauernverbandes haben über diese Lösung künftig zentralen Zugriff auf eine Vielzahl von Leistungen.

Endverbraucher verlangen Sicherheit

Aber nicht nur Unternehmen, auch Verbraucher profitieren von verzeichnisbasierenden Lösungen. Sie stoßen vor allem bei der Teilnahme am Online-Handel auf bisher unbekannte Sicherheitsrisiken, die sich daraus ergeben, dass sie dem Anbieter persönliche Daten über das Internet zur Verfügung stellen müssen. Zudem sind Verbraucher gefordert, sich in der Informationsflut des Internets zurecht zu finden.

Digitale Identitäten wie das verzeichnisbasierende „digitalme" von Novell verschaffen hier Abhilfe. Digitalme enthält alle relevanten Angaben einer bestimmten Person, wie Name, Adresse, E-Mail, aber auch wichtige Informationen, wie Kreditkartennummer oder Bankverbindung. Diese Daten erlauben es dem Online-Shop, den Anwender eindeutig zu identifizieren. Umgekehrt erfährt der Kunde, welche Daten er wann an welchen Online-Shop weitergegeben hat. Dadurch gewinnt er die Kontrolle über seine digitale Identität. Der Kunde muss seine Daten zudem nur ein einziges Mal an zentraler Stelle speichern. Je nach Bedarf kann er diese den Online-Shops selektiv zur Verfügung stellen. Einem Online-Buchhändler kann er beispielsweise eine Liste seiner englischen Lieblings-Krimiautoren zukommen lassen, um so schneller zum Roman seiner Wahl zu gelangen. Solche Systeme bieten dem Kunden außerdem den Vorteil, sich nach der Übermittlung der persönlichen Daten und Interessen personalisierte Webseiten anzeigen zu lassen. CNN hält diesen Service bereits für Ihre Kunden bereit. Nach Eingabe des Passwortes und des Namens erhält der Nutzer aufgrund des hinterlegten Interessenprofils beispielsweise nur noch Informationen zu politischen und kulturellen Themen, nicht aber über Wissenschaft und Sport.

Methoden der sicheren Authentifizierung

Unternehmen sind gefordert, diese zum Teil hochsensiblen Daten sicher zu verwahren. Noch immer melden sich Nutzer in einem Netzwerk jedoch überwiegend mit Hilfe eines Passwortes an. Die Sicherheit dieser Methode ist direkt abhängig von der Qualität des Passwortes. Gleichwohl sind Länge und Komplexität eines Passworts in der Praxis Grenzen gesetzt. Ist es zu lang, läuft der Anwender Gefahr, es zu vergessen.

Stärkere Authentifizierung erreichen Firmen durch den Einsatz von Smart-Cards, physikalischen Tokens oder biometrischen Merkmalen. Gleichwohl erfordern diese Methoden mehr als nur die entsprechende technische Infrastruktur wie Chipkartenlesegeräte oder Kameras. Darüber hinaus bedürfen sie der Unterstützung durch das Netzwerkbetriebssystem oder den Verzeichnisdienst. Dies leistet etwa die Integration der Novell Modular Authentification Services NMAS in das NDS eDirectory. Der Vorteil ist, dass dem Administrator für die Authentifizierung nun alle Methoden zur Verfügung stehen. Je nach Anforderung kann er Fingerabdruck, Gesichts-, Stimm- und Unterschriftserkennung, Iris-Abtastung sowie Token, Smart-Cards und Passwörter wählen. Zudem lassen sich einzelnen Nutzern, Benutzergruppen, Applikationen und Zugriffsmethoden dynamisch Authentifizierungsregeln zuweisen. Aus Smart-Cards, Tokens, Biometrie, X.5009-Zertifikaten oder Passwörtern wählt er dann die geeignete Methode für die Authentifizierung des Anwenders.

Im Falle sehr hoher Sicherheitsanforderungen besteht die Möglichkeit, gleich mehrfach zu authentifizieren. Hierbei führt der Anwender verschiedene

Authentifizierungen nacheinander durch. So legitimiert er sich zunächst über eine Smart-Card; im Anschluss daran folgt eine zusätzliche Identifizierung, etwa durch Iris-Abtastung. Dieses Prozedere stellt sicher, dass die Smart-Card zwischenzeitlich nicht in falsche Hände geraten ist. Überdies besteht die Möglichkeit, abgestuft zu authentifizieren. Hierbei erfolgt der Zugriff auf das Netzwerk zunächst über eine Smart-Card oder ein Passwort. Möchte der Anwender jedoch auf sensible Daten zugreifen, muss er sich zunächst einer weiteren biometrischen Authentifizierung unterziehen, zum Beispiel einer Stimmerkennung.

Ein hohes Sicherheitsniveau ist immer mit großem Aufwand verbunden. Trotzdem lassen Berichte über eklatante Sicherheitslücken bei Online-Anbietern die Verbraucher immer wieder aufhorchen. Gute Angebote allein reichen daher längst nicht mehr aus, um Kunden auf ein Online-Unternehmen aufmerksam zu machen. Auch die Sicherheit der Daten muss garantiert sein. Ein überzeugendes Sicherheitskonzept auf Basis von Verzeichnisdiensten hilft, Kundenbedenken abzubauen und so Wettbewerbsvorteile in einem hart umkämpften Markt zu erlangen.

DirX Meta Directory - Always up to date

Es wird gerne geredet über die New Economy, wobei klar ist, dass eine Voraussetzung für die neue Wirtschaft der Umstieg auf globale Netzwerktechnologien ist. Der IT-Verantwortliche weiß allerdings, dass technologisch betrachtet hier noch einiges zu tun und zu investieren ist. Dies gilt insbesondere für die Directory-Systeme.
Directories sind ein Meilenstein in punkto Verbesserung der Infrastruktur. In großen Unternehmen existieren an zahlreichen Stellen sogenannte „Verzeichnisse", neudeutsch „Directories", - ähnlich wie in einem Telefonbuch sind darin Einträge über Personen oder auch über Anwendungen, Netzadressen und Geräte im Firmennetz aufgelistet. Rund 180 verschiedene Verzeichnisse haben Marktforscher im Durchschnitt in großen Unternehmen identifiziert; mit vielen redundanten oder gar fehlerhaften Informationen. DirX Meta Directory, die Directory-Lösung von Siemens, synchronisiert und konsolidiert die im Unternehmen verstreuten Verzeichnisse: E-Mail-Adressen, Personen- oder Geräteinformationen werden dabei in einem übergreifenden System erfasst. Meta-Directories verbessern so nicht nur die Informationsinfrastruktur im Unternehmen, sondern schließen Fehler aus und tragen entscheidend zur Kostenminimierung bei. Beim Übergang in webbasierte Anwendungen - notwendig fürs E-Business - sind sie sogar eine Grundvoraussetzung.

Der Markt zeigt seit einiger Zeit ein verstärktes Interesse an Directories: „Die Unternehmen nehmen das Thema Directories sehr ernst, als Folge des Intranet-

Phänomens und der Verbreitung von E-Commerce", kommentiert Bob Lewin, ehemals Direktor und Chefanalyst bei Dataquest. „Das Bewusstsein über die Potenziale dieser Technologie ist gestiegen, nachdem die Unternehmen erkannt haben, dass sie über immer mehr inkonsistente Informationsquellen verfügen." Prognosen, innerhalb welchen Zeitraums sich die Installation eines Meta-Directory-Systems auszahlt, hängen von verschiedenen Parametern ab. Faktoren wie die Größe eines Unternehmens und die Zahl seiner Mitarbeiter spielen dabei eine entscheidende Rolle. Sara Radicadi, Geschäftsführerin und Analystin der Radicati Gruppe, meint, dass eine Organisation mit 50 000 Mitarbeitern innerhalb der ersten drei Jahre nach der Einführung des Meta-Directory einen Return on Investment von 300 Prozent erwarten kann. Weitere Studien sagen aus, dass die Einsparung bei Unternehmen mit über 5000 Mitarbeitern mehrere Millionen Dollar pro Jahr betragen. Das größte Einsparungspotential liegt in den Verwaltungskosten. Probleme wie Datenpflege durch unterschiedliche Administratoren, unzureichende Verwaltungswerkzeuge sowie die Synchronisation identischer Daten fallen weg. Die Eliminierung gedruckter Verzeichnisse dürfte ein zweiter wichtiger Faktor sein, der die Kosten vehement reduziert. Mit Hilfe von DirX Meta Directory reduzierte beispielsweise die kanadische Regierung ihre gedruckten Listen mit 160 000 Anwendern von 20 000 Kopien auf 7000.

Ein Beispiel aus dem deutschen Markt: Ein deutsches Industrieunternehmen hat 7000 Angestellte an 90 Standorten, von denen 3800 PC-Nutzer sind. In dem Unternehmen sollten folgende Anwendungen mit personenbezogenen Daten in die Meta-Directory-Lösung eingebunden werden: das SAP HR-Modul, das elektronische Telefonbuch, die Microsoft-Exchange-Benutzerdaten und die Microsoft-NT-Administrationsdaten. Das bisher vom Unternehmen eingesetzte System hatte drei Problempunkte, die mit einem Meta-Directory gelöst werden sollten. Von der zentralen Anwenderbetreuung, wo die Änderungen der Verzeichnisse durchgeführt werden, bestand keine Verbindung zum SAP-HR-Modul. Die Vergabe der detaillierten Rechte und Zulassungen für einzelne Benutzer musste schriftlich vom Fachbereichsleiter bei der Anwenderbetreuung beantragt werden, die dann die Änderung durchführte. Außerdem wurden diverse Daten wie Namen, Organisationseinheit, Kostenstelle und Kontaktnummern in unterschiedlichen Systemen parallel gehalten. Die Ziele des Unternehmens waren: Vereinfachung der Anmeldevorgänge und eine schnelle und zielgerichtete Beseitigung von überflüssigen Einträgen. Mit einem Meta-Directory konnte das Unternehmen das SAP-HR-Modul in die Prozesse einbinden. Durch ein Workflow-System und den Einsatz von Masken konnten bestimmte Änderungen einfach von Anwendern vorgenommen werden, und viele weitere Prozesse wurden optimiert.

Ein Consulting-Unternehmen stellte fest, dass für dieses Unternehmen beim Kauf der Meta-Directory-Lösung von Siemens der ROI bei 111 Prozent in fünf Jahren liegt. Ein paar konkrete Zahlen: Die Kosten für die Anschaffung eines Meta-Directories, Schulung, Spezifikation und Systemintegration betragen rund 700 000 Mark. Dazu kommen monatlich 15 200 Mark Wartungs- und Leasingkosten inklusive Upgrades. Mit rund 50 Prozent nehmen die Installations- und Integrationskosten den größten Anteil bei der Beschaffung ein. Bezogen auf den einzelnen Arbeitsplatz sind dies durchaus wirtschaftliche Zahlen. Hinzu kommen qualitative Effekte, wie die Vermeidung von Falschinformationen, die höhere Aktualität sowie die Verkürzung der Durchlaufzeiten. Die Alternative: nichts unternehmen, laufend Geld bei der Administration zusetzen und den Anschluss an die New Economy verlieren.

Die Lösung von Siemens hat in vielerlei Hinsicht Vorteile aufzuweisen. Doch zunächst zu den allgemeinen Forderungen an ein Directory beziehungsweise Meta-Directory. Die Gartner Group hat die folgenden Anforderungen für ein unternehmensweites Directory definiert:

> Hohe Skalierbarkeit,
> einfache Installation,
> übersichtliches Management und einfache Administration,
> Multi-Plattform-Unterstützung,
> standardisierte Schnittstellen,
> Integrations- und Migrations-Tools,
> LDAP-v3-Unterstützung,
> Report- und Diagnostik-Tools,
> hohe Verfügbarkeit,
> vertretbare Kosten für Service und Support,
> genügend große Zahl bereits installierter Systeme des Anbieters,
> direkte Anwendungs-Unterstützung sowie
> Synchronisations-Software für unterschiedliche NOS- und E-Mail Directories.

Was die Lösung von Siemens auszeichnet sind ihre Marktreife und der grundlegende Aufbau auf die Standards X.500 und LDAP. Unbestritten ist LDAP der wichtigste Standard für die Interaktion mit Directories, also zum Beispiel für die Informationsabfrage aus Directories. Bei Einsätzen in heterogenen Umgebungen bietet LDAP heute allerdings keine standardkonforme Unterstützung der Server-Server-Kommunikation. Hier kommt der Vorteil des Siemens-Ansatzes zur Geltung. Da sowohl LDAP also auch C.500 unterstützt werden, kann eine standardisierte Verbindung zwischen den Systemen aufgebaut werden.

Gerade die Fähigkeiten von DirX rund um den X.500 Standard werden in den USA besonders geschätzt, weil damit auch die Anbindung von Telefonzentralen -

Stichwärter sind Call-Center und Customer-Relationship-Management - erleichtert wird. Analysten bestätigen die Qualität Made in Germany, so etwa die Burton Group: „Der Directory-Server DirX von Siemens bietet eine gute Unterstützung von X.500 und hohe Leistung und Zuverlässigkeit. Die Server-Architektur von DirX - besonders seine Datenbank-Architektur - stellt einen soliden, performanten X.500-Server zur Verfügung, mit vielen guten Eigenschaften, wie etwa guten Rollback-Mechanismen. Siemens hat einfach mehr Erfahrung im Bereich X.500, als es andere Firmen haben."

Meta-Directory ist die Bezeichnung für ein „Verzeichnis über den Verzeichnissen", das eine Verbindung zwischen den zahllosen weltweit verteilten Verzeichnissen im Firmennetz darstellt. Es wird im einzelnen durch folgende Eigenschaften charakterisiert:

> „Directory join" - Integration der Daten aus den angebundenen Verzeichnissen in den LDAP/X.500 Server. Das heißt, das Meta-Directory identifiziert, filtert und transformiert alle Informationen aus den angeschlossenen Verzeichnissen, die zu einem globalen Directory-Eintrag gehören, konsolidiert sie und stellt sie im Standardformat eines Meta-Directory zur Verfügung. Anwender und Applikationen greifen auf diese konsistenten und aktuellen Datensätze zu.

> „Single point of administration" - Änderungen werden nur an einer einzigen Stelle eingegeben und in allen angebundenen Verzeichnissen sofort nachgezogen. Dies gilt auch für Untermengen eines Datensatzes.

> „Single point of access" - Der universelle Zugang zu allen Daten ist aus jeder Arbeitsumgebung heraus möglich, beispielsweise aus Exchange, Internet/Intranet oder SAP R/3.

> Bidirektionale Synchronisation zwischen Meta-Directory und angeschlossenen Verzeichnissen.

Siemens versteht unter einem Meta-Directory nicht nur die Synchronisation von mehreren Directories. DirX Meta Directory ermöglicht ein einheitliches, globales Firmenverzeichnis, das alle vorhandenen Directories synchronisiert - von Betriebssystem-Directories über Telefonvermittlungsanlagen bis hinzu Kassen- und Produktionssystemen -, die Daten in einem einheitlichen, standardisierten Pool zusammenführt und sie automatisch aktualisiert. Das heißt, DirX Meta Directory holt sich die Attribute anwendungsspezifischer Directories und stellt sie so zur Verfügung, als wären sie in einem einzigen Verzeichnis gespeichert, mit schnellerem Zugriff auf Daten sowohl für Endbenutzer als auch für Administratoren: Namen von Mitarbeitern, ihre Telefon- und Faxnummern, E-Mail-Adressen, Produktinformationen ebenso wie Daten über Server und

Netzwerke.

Der Directory Server DirX kann als eigenständiger Verzeichnisdienst eingesetzt werden. Ergänzt um die Meta-Engine DirX metahub dient er als globales Meta-Directory. Drei Clinets zur Informationsabfrage ergänzen die DirX Meta Directory-Familie.

Wie gezeigt, kann die DirX Meta Directory-Produktfamilie in einem Unternehmen wertvolle Dienste leisten, wenn es um die Konsolidierung der vielfältigen Adressdaten eines Unternehmens geht. Auch für die vielbeschworene New Economy setzen Unternehmen heute bereits Anwendungen ein. Eine zentrale Anwendung rund um die Internet-sicherheit - die Public-Key-Infrastructure (PKI) - zeigt das abschließende Beispiel: Einer der internationalen Anwender der DirX Meta Directory-Lösung ist das Unternehmen Tradelink in Hongkong, ein Service-provider für elektronische Handelstransaktionen der Regierung von Hongkong. Es setzt das Meta-Directory aus dem Hause siemens beispielsweise innerhalb seiner Internet-E-Commerce-Solution als zentralen Punkt für den Zugriff auf Informationen und - was besonders bemerkenswert ist - für die Veröffentlichung von Public-Keys (X.509-Zertifikate) ein.

Zur Realisierung einer solchen E-Commerce-Lösung muss eine Zertifizierungsstelle für die PKI aufgebaut werden. Diese digitalen Zertifikate dienen zur Signatur und Verschlüsselung der Handelspapiere.Die Grundlage einer PKI bildet das PKI-Verschlüsselungsverfahren. Jeder Nutzer besitzt dazu ein Schlüsselpaar. Diese Schlüssel sind so miteinander kombiniert, dass mit dem öffentlichen Schlüssel eine Nachricht chiffriert und mit dem privaten wieder dechiffriert werden kann. Die einzelnen Teilnehmer müssen ihren Privat-Key geheim halten und machen den Public-Key allen übrigen Teilnehmern bekannt. Der Public-Key wird in diesem Szenario einer vertrauenswürdigen Instanz, in diesem Falle Tradelink, gegeben, damit sich die Teilnehmer sicher sein können, dass der öffentliche Schlüssel tatsächlich dem Kommunikationspartner gehört und nicht einem unbefugten Dritten, der den Datenverkehr abhören oder fälschen möchte.

Die Technologie von DirX Meta Directory auf Basis des LDAP-Standards und des X.500-Informationsmodells bietet dafür laut JürgenBiermann, Geschäftsführer iC-Consult, Bereich Verzeichnisdienste, der die DirX Meta Directory-Lösung in Hongkong realisiert hat,die besten Voraussetzungen: „Die Replikation realisiert auch ohne aufwendiges Clustering eine hohe Verfügbarkeit des Dienstes, was ja eine zwingende Voraussetzung für die Einführung einer Public-Key-Infrastruktur ist. Da die LDAP-Server flexibel konfigurierbar sind, beispielsweise dediziert für Lesezugriffe, bieten sich weitere Skalierungsmöglichkeiten." Neben den Zertifikaten zur Signierung und

Verschlüsselung der Import- und Export-Handelspapiere verwaltet Tradelinks Meta-Directory auch die dazugehörigen Vertragspapiere, Export-Lizenzen sowie die E-Mail-Adressen, Firmenzugehörigkeiten und Telefonnummern der beteiligten Personen.

Die Eignung der Directory-Services von Siemens besonders für sensible PKI-Anwendungen wird auch von Partnern anerkannt. Es bestehen Technologie-Partnerschaften mit allen führenden Anbietern von Security-Lösungen. Ebenso hat Siemens mit zwei Unternehmen, die zu den wesentlichen Technologie-Treibern einer New Economy zählen dürften, nämlich Sun Microsystems und Oracle, Partnerschaften vereinbart.

Die DirX Meta Directory-Produktfamilie

Die Produkte DirX, DirXmetahub, DirXweb und der Windows-basierte LDAP-Client DirX-discover sowie neuerdings DirXwap von Siemens bildendie Grundlage für Directory- und Meta-Directory-Lösungen, die auf die Kundenanforderungen zugeschnitten werden. Mit dem Directory Server DirX lässt sich ein verteilter/replizierter Directory-Dienst aufbauen. Verteilt bedeutet, dass Informationen auf verschiedenen Servern im Netz gespeichert werden. Suchanfragen werden von DirX zu anderen Directory-Servern im Netz weitergeleitet. Repliziert bedeutet, dass Informationen auf andere Directory-Server im Netz kopiert werden, um schnelleren Zugriff zu ermöglichen.

Die Meta Engine DirXmetahub ermöglicht den Aufbau eines Meta-Directory mit Daten aus existierenden Directories, Adressverzeichnissen, Datenbanken oder strukturierten Dateien.

DirXweb ermöglicht Benutzern den Zugriff auf Daten in LDAP- oder X.500-Directories mit LDAP-Zugang über einen beliebigen Web-Browser.DirXweb verbindet den DirX-Server mit Standard-Internet- oder Intranet-Webservern.

DirXdiscover ist sowohl ein Produkt zur netzweiten Verwaltung von Benutzer- und Betriebsmitteldaten als auch ein komfortables Directory-Recherche-Tool für den Endbenutzer. DirXdiscover ist als 16- und als 32-Bit-Anwendung verfügbar.

DirXwap ermöglicht Anwendern entsprechend ihres Nutzerprofils jederzeit auf aktuelle Informationen aus Verzeichnissen, wie Personaldaten oder Yellow-Pages, per Handy zuzugreifen. Bei einer Corporate-Directory-WAP-Lösung mit DirXwap können Mitarbeiter aktuelle Informationen wie Telefonnummern oder E-Mail-Adressen der Kollegen abrufen und per Tastendruck E-Mails und Faxe versenden"(vgl. NAUNHEIM, M. u. MAYER, K.H., in : Network Computing

Advertorial, 11/2000, S. 22-30).

## 3.10. Marketing und Internet

"Die Nutzungsmöglichkeiten von Internet im Marketing sind in den letzten vier Jahren sprunghaft angestiegen, was vor allem an den rasanten Weiterentwicklungen in den Branchen Software, Hardware und Telekommunikation liegt. Das birgt große Herausforderungen für Unternehmen. Vielfältig sind die Beispiele und bereits realisierten Anwendungen in der Praxis. In kurzen Zyklen werden Entwicklungen von heute bereits wieder überholt sein, die Technik schreitet ständig voran.

Die Einführung von Internet als Instrument des Marketings ist für ein Unternehmen mit großen Chancen, aber auch mit Risiken verbunden. Die Chancen liegen unter anderem in der Sammlung von Erfahrungen mit einem sehr interessanten und zukunftsweisenden Medium als Instrument modernen Marketings. Die Risiken können zum einen in mangelnder Akzeptanz bei den Zielgruppen, den Nutzern, liegen, aber auch in den zu Beginn sehr schwer einschätzbaren Investitionskosten für die Realisierung von Internet-Anwendungen.

Bevor wir nun in die Praxis einsteigen, ist es wichtig, einige Grundlagen zu schaffen und Definitionen beziehungsweise Abgrenzungen vorzunehmen.

Der Benutzer (User) als Bestandteil<br>eines multimedialen Systems

Definition Multimedia

Der Begriff „Multimedia" ist vielschichtig. Grundsätzlich bedeutet „Multimedia" den Einsatz mehrerer unterschiedlicher Medien im Verbund. Die Basis multimedialer Entwicklungen bildet heute die Verschmelzung der Telekommunikations-, Software-, Hardware- und Medienbranche zur Multimedia-Branche. Verwendet wird auch die folgende Definition: Multimedia ist die Zusammenführung von Text, Grafik, Bewegtbildern, Sprache und Klang in einer Anwendung. Diese Komposition ist bereits vom Fernsehen her bekannt. Neu ist, daß diese Zusammenstellung auf „Neuen Medien", auch „elektronische" bzw. „digitale Medien" genannt, gespeichert wird: Die Inhalte werden in digitalisierter Form bereitgestellt beziehungsweise abrufbar in das System integriert. Neu ist auch, daß der Nutzer mit dem System im Dialog kommuniziert und somit den individuellen Weg, den das System gehen soll, bestimmt.

Kommunikation des Benutzers mit den neuen Medien

Die Neuen Medien werden kategorisiert in „Offline"-Medien und „Online"-Medien. Für den Einsatz von Multimedia im Marketing heißt das:

Offline-Medien:

Ein Kunde greift auf Daten/Informationen zu, die entweder auf Diskette, Wechsellaufwerk (vorwiegend bei „Stand-alone-Lösungen") oder auf CD-ROM gespeichert sind. Hier ist der Kunde per Datenleitung mit dem Anbieter verbunden.

Online-Medien:

Ein Kunde greift auf Daten/Informationen zu, die er per Datenleitung direkt vom Anbieter erhält. Der Begriff „online" ist immer im Zusammenhang mit dem sogenannten „Information Highway", und hier vorwiegend mit dem Internet, zu sehen.

Multimedia charakterisiert nicht nur die multiple Präsentation von Daten und Informationen, sondern schließt auch die Rechnerintegration, sprich Rechnerunterstützung, die für diese Darbietung zwingend notwendig ist, mit ein. Wichtig hierbei ist, daß der Nutzer jederzeit die Wahl hat, über den PC Informationen aufzunehmen oder dies abzulehnen.

Der einzelne Benutzer (Kunde) entscheidet vollkommen unabhängig darüber, welche Informationen von welchem Anbieter er sich in welchem Umfang und zu welcher Zeit auf den hauseigenen Bildschirm holt. Der Nutzer ist der Agierende. Er ist somit integraler Bestandteil des Multimediasystems"(vgl. Mattes, F., E-Commerce B2B, S.8-10, a.a.O.).

## 4.0. E-Business für Güterverkehr und Logistik

"Internet, Multimedia, Electronic-Commerce und viele andere Begriffe rund um die neuen Medien sind inzwischen ständiger Gegenstand unterschiedlicher Betrachtungen in Presse, Funk und Fernsehen. Die kommerzielle Nutzung all dieser Entwicklungen steht in Zusammenhang mit Electronic Business. Darunter ist die Abwicklung von Geschäftsprozessen über Informationsnetze zu verstehen. Electronic

Business beinhaltet die Verzahnung und Optimierung von Geschäftsprozessen durch Informationstechnik (VDMA, 98, S.6). Diese Entwicklung ist seit Jahren in den unterschiedlichsten Branchen Praxis. In der jüngsten Zeit sind jedoch insbesondere jene Formen in den Blickpunkt der Öffentlichkeit gerückt, die in Zusammenhang mit dem Internet und Multimedia stehen. Der Grund dafür mag vor allem im spektakulären Wachstum der Nutzerzahlen zu suchen sein.

Schon heute sind 80 der Top 100 Unternehmen der deutschen Industrie im Internet mit einer eigenen Web-Site präsent (VDI, 98). Auch die Zahl der Internet-Auftritte von Unternehmen aus dem Bereich Güterverkehr und Logistik nimmt ständig zu. Nun sind nicht alle Nutzer des Internet potentielle Kunden von Verkehrs- oder Logistikleistungen und nicht jede Entwicklung auf dem Sektor Multimedia ist für alle Fachgebiete von gleichem Interesse. Eine differenzierte Betrachtung erscheint daher zweckmäßig.

Electronic Business

Sehr unterschiedliche Geschäftsprozesse werden zwischen verschiedenen Partnern über Informationsnetze abgewickelt.

Geschäftsprozesse im Güterverkehr und Logistik sind u.a.:

- Entwicklung von Leistungsangeboten,
- Beschaffung von Kapital, Personal, Material/Dienstleistungen,
- Abwicklung von Investitionen,
- Instandhaltung,
- Leistungserbringung,
- Service sowie
- strategische und operative Unternehmensführung.

An jedem Geschäftsprozeß sind unterschiedliche Partner beteiligt. Die Beschaffung von Material vollzieht sich zwischen Lieferanten und Bestellern, die Beschaffung von Personal zwischen dem Personal suchenden Unternehmen und den Bewerbern usw. Daraus lassen sich grundliegende Relationen ableiten, die bei Geschäftsprozessen eine Rolle spielen können. Theoretisch können zwischen allem Partnern Geschäftsbeziehungen bestehen.

Beim Business-to-Consumer ist die Frage zu beantworten, wer die Consumer von Güterverkehrsleistungen bzw. logistischen Dienstleistungen sind.

Es ist zu unterscheiden zwischen einem großen Teil der Leistungsangebote, die ausschließlich von Industriekunden in Anspruch genommen werden, und Angeboten, die sich an den Endkunden im privaten Bereich wenden.

Zu letzteren zählen zweifellos die KEP-Dienste, die zum großen Teil aktiv die Möglichkeiten des Electronic Business im Internet nutzen. Mit fortschreitender Liberalisierung der Postmärkte ist damit zu rechnen, daß neben der Wirtschaft auch der Privatkunde mehr als bisher Versender, d.h. Auftraggeber, sein wird.

Geschäftsbeziehungen zu Consumern im industriellen Bereich sind dem Business-to-Business zuzuordnen. Das Internet ist hier nicht die erste und einzige Möglichkeit für Electronic Business. In einigen Branchen werden seit Jahren umfangreiche Geschäftsprozesse über elektronische Netze abgewickelt. LAN und WAN auf der Basis eigener oder gemieteter öffentlicher und privater Netze sind seit längerer Zeit Praxis. Das Internet stellt hier eine sinnvolle Ergänzung dar. Jedoch ist in diesen Bereichen mit der Gestaltung interessanter Web-Sites und der Zunahme der Internet-Nutzer nicht automatisch eine Steigerung des Umsatzes bzw. eine Ausweitung der Handelsbeziehungen zu erwarten.

Neben klassischen Leistungen wie Fahrplan- und Preisinformationen gewinnen neue Angebote an Bedeutung. Genannt sei hier das Tracking und Tracing (z.B. Strampp, 97). Interessant ist die Möglichkeit, den Stand der Auftragserfüllung per Internet kontrollieren zu können. Teilweise werden diese Angebote als Differenzierungsmöglichkeit zwischen den Anbietern genutzt. In anderen Fällen kann zusätzlicher Nutzen durch vorausschauendes, flexibles Handeln auf der Basis aktueller Informationen generiert werden. Diesen Service bieten nicht nur viele KEP-Dienste. Einige Speditionen und Bahnen ermöglichen z.B. ihren Kunden, den aktuellen Standort ihrer Sendung bzw. Wagen mit ihren Sendungen per Internet festzustellen.

Elektronische Kataloge und Messen stellen Entwicklungen dar, die insbesondere für die Fahrzeughersteller, Infrastruktur- und Instandhaltungsunternehmen interessant sein können (z.B. http://www.ebb.de und http://www.bme.de).

Ein weiteres Gebiet ist Electronic bzw. Teleservice (vergl. Westkämpfer, H. 98). Teleservice kann an unterschiedlicher Stelle im Geschäftsablauf integriert sein. Eine besonders interessante Form könnte der after-Sales-

Service im Fahrzeugbau werden. Fernwartung, Ferndiagnose und Unterstützung im Betriebsablauf sind mögliche Einsatzgebiete. In Hinblick auf die zunehmende Bedeutung niedriger Life-Cycle-Costs als Grundforderung der Betreiber erscheint diese Anwendungsmöglichkeit des Electronic Business für zukünftige Entwicklungen besonders bedeutsam.

Für unternehmensinterne Geschäftsläufe (internal business) können multimediale Anwendungen für Aus- und Fortbildung interessant sein (Computer Based Training - CBT). Fahr- und Flugsimulatoren sind hier bekannte Beispiele. Aber auch die Einführung komplexer Softwaresysteme kann durch entsprechende Schulungssoftware unterstützt werden. Dadurch wird individuelles Training am Arbeitsplatz oder am privaten PC ermöglicht. Die konsequente Fortsetzung dieser Entwicklung ist die Nutzung multimedialer Bedienungsanleitungen in Fertigung und Instandhaltung. Beispiele aus dem Maschinenbau sind dazu bereits bekannt (Kippels, 98).

Unter Business-to-Public Authorities ist nicht nur vordergründig der direkte Handel zu verstehen. Es gibt weitere Möglichkeiten über Angebote in elektronischen Netzen kommerziellen Nutzen zu ziehen. Dazu zählen:

- die Informationsgewinnung im Vorfeld, z.B. Recherchen für Beschaffungsaktionen öffentlicher Einrichtungen,
- die Bereitstellung von Ausschreibungsunterlagen, aber auch
- die Information über Fördermöglichkeiten für Unternehmen.

Bei Fachgebieten mit besonders hoher Regelungsdichte, wie z.B. im Gefahrguttransport, stellt die Information über aktuelle Änderungen der Rechtsgrundlagen bis zu deren Bereitstellung als Online-Dokument einen weiteren wichtigen Aspekt dar (z.B. http://hazmat.dot.gow und http://www.bfs.de). Hierzu kommen Verbände und Vereine, die Aufgaben für bestimmte Bereiche der Wirtschaft und gegenüber der Öffentlichkeit wahrnehmen und dazu auch neue Medien nutzen.

In Zukunft sind auch die Informationsbeziehungen zwischen Privatpersonen (Private-to-Private) unter kommerziellen Gesichtspunkten anders als bisher zu beurteilen. Die Möglichkeit, via Internet in Foren und Newsgroups mit Gleichgesinnten Informationen auszutauschen, kann wirtschaftlich an Bedeutung gewinnen, wenn diese Gruppen Interesse an Produkten bzw. Leistungen von Unternehmen haben. Plumpe Werbung ist bei diesen Nutzern meist unerwünscht. Teilweise führen die

Gruppenmitglieder selbst Listen mit aus ihrer Sicht interessanten Links. Auf diese Weise werden andere Interessenten aufmerksam gemacht. Insbesondere bei den Bahnen finden sich deshalb häufig auf den Homepages auch Informationen und Angebote für Fans (z.B. http://www.bahn.de). Eine direkte Steigerung des Umsatzes im Kerngeschäft ist damit sicher nicht zu erreichen. Für das Image und die Bekanntheit des jeweiligen Unternehmens sind diese Informationsbeziehungen aber bestimmt nicht zu unterschätzen.

Nutzung neuer Medien

Zur Abwicklung der Geschäftsbeziehungen stehen in allen genannten Relationen unterschiedliche Informations- und Kommunikationssysteme zur Verfügung.

Neben konventionellen Mitteln (z.B. Schriftverkehr) werden zunehmend elektronische Systeme genutzt. Viele dieser Systeme sind inzwischen weit verbreitet und aus der Wirtschaftspraxis nicht mehr wegzudenken (z.B. Telefax, Datenübertragung über eigene und gemietete Datennetze). Entwicklung wie z.b. Supply Chain Management und ECR sind ohne moderne Informations- und Kommunikationssysteme nicht umsetzbar.

Eine der neueren elektronischen Formen ist Multimedia. „Mit Multimedia ist die zeitbasierte, interaktive steuerbare Integration unterschiedlicher Medien am Computer gemeint." (Klimsa, 98, S. 269).

Die Möglichkeit, mehrere Medien gleichzeitig und benutzergesteuert, d.h. interaktiv zu nutzen, eröffnet für ausgewählte Geschäftsprozesse sehr vielversprechende Perspektiven. Dazu zählen zweifellos der elektronische Handel und elektronische Marketing (vergl. dazu Vorwerk, 98).

Dabei werden auch im Bereich Güterverkehr und Logistik bereits verschiedene Möglichkeiten erfolgreich genutzt. Stand alone-Anwendungen als Infosäulen und Präsentationen sind auf den Fachmessen allgegenwärtig. Aber auch CD-ROM-Produkte werden bei weitem nicht mehr nur von Fahrzeugherstellern für die Produktpräsentation genutzt (z.B. FORD, 98). So stellen z.B. einige Behörden umfangreiche Fachinformationen auf CD-ROM (Nortard, 98) zur Verfügung bzw. betreiben mit solchen Produkten Marketing (z.B. NRW, 98).

Bei den netzbasierten Anwendungen befinden sich die Anwendungen für Breitbandnetze noch in der Entwicklungsphase. Sobald die entsprechende Systembasis zur Verfügung steht, werden sicher auch in diesem

Bereich in größerem Maß innovative Anwendungen entstehen, die für das betrachtete Fachgebiet interessant sind. Unter den Anwendungen auf der Basis der schmalbandigen Netze dominieren Formen des Electronic Commerce bzw. des Electronic Marketing, beginnend mit der Unternehmens- und Produktpräsentation, sowie die Nutzung von Internetdiensten als Kommunikationsplattform, wie z.B. Electronic Mail und FTP (File Transfer Protocol).

Nur bei Beachtung der spezifischen Anforderungen im Rahmen des jeweiligen Geschäftsprozesses ist die optimale Auswahl der zweckmäßigsten Mittel möglich. Anhand von Beispielen soll verdeutlicht werden, welche Lösungen bisher bekannt sind.

Ausgewählte Geschäftsprozesse

Bei näherer Betrachtung der bisher bekannten Anwendungen wird deutlich, daß die Möglichkeiten des Elextronic Business sehr unterschiedlich genutzt werden. Die Gründe dafür sind sicher nicht nur im konventionellen Denken der jeweiligen Entscheidungsträger zu suchen. Ursachen können sein, daß nicht alles, was technisch multimedial umsetzbar, auch wirtschaftlich sinnvoll ist, und die einzelnen Geschäftsprozesse in sehr unterschiedlichem Maß wirkungsvoll unterstützt werden können.

Hierzu kommt sicher, daß neue Wege dort beschritten werden, wo die größten Effekte zu erwarten sind oder der Leidensdruck am größten ist.

Bezogen auf die neuen Medien scheinen insbesondere hinsichtlich des elektronischen Handels und des elektronischen Marketings große Erwartungen zu bestehen.

Nach Gatz, 98, versteht man unter E-Commerce „"...sämtliche Formen des Online-Handels. Er beinhaltet sowohl den Informationsfluß (Angebot, Bestellung, Bezahlung) über Netze als auch den dadurch veranlaßten Fluß von Waren und/oder Dienstleistungen."

Ausgehend von dieser Definition wird deutlich, daß mit der Ausweitung des Internets und der steigenden Anzahl seiner Nutzer die Basis für Electronic-Commerce wächst. Grundsätzlich ist jedoch zu unterscheiden, zwischen welchen Partnern Handel betrieben wird, d.h. welche Relation des Electronic Business betrachtet wird.

Daraus wird ersichtlich, daß für die einzelnen Formen die Ausweitung der technischen Möglichkeiten unterschiedlich bewertet werden muß. Neben der Frage nach den Partnern und der jeweiligen Geschäfts-beziehung ist zu berücksichtigen, welche Phasen des Handels online und welche Phasen offline, d.h. auf konventionelle Weise abgewickelt werden. Die detaillierte Beschreibung der einzelnen Phasen am Beispiel des Maschinenbaus in VDMA, 98, läßt sich durchaus auf Problem-stellungen in Güterverkehr und Logistik übertragen.

Nutzen und Effekte des Electronic Business

Betrachtungen zu Nutzen und Effekten des Electronic Business werden vielfach auf die Aktivitäten im Internet bezogen. Sinngemäß können diese Überlegungen jedoch auf andere Formen übertragen werden.

So sieht Isermann die Bedeutung des Internet bezogen auf die Erstellung logistikrelevanter Dienstleistungen in der Verfügbarkeit von

- Informations-
- Kommunikations- und
- Transaktionsleistungen.

Begründet wird dies mit der Möglichkeit, schnell kostengünstige, qualitativ bessere und aktuelle Informationen zu erhalten (Informationsleistungen), individuell kommunizieren zu können (Kommunikationsleistungen) und virtuelle Kaufhäuser und Kataloge aufzubauen (Isermann, 97, S. 53).

Im konkreten Anwendungsfall muß der Nutzen aus der Sicht des Anbieters und des Kunden betrachtet werden. Aus der Sicht des Anbieters entsteht Nutzen, wenn die Wertschöpfung durch den Einsatz neuer Medien verbessert werden kann. Dazu ist es erforderlich, für die jeweilige Stufe der Wertschöpfung den Nutzeffekt zu bestimmen.

Das kann durch den Vergleich der entsprechenden Kennzahlen vor und nach der Installation der Homepage geschehen oder dadurch, die Zielvorgaben zu definieren und die Zielerreichung zu messen. Das setzt klare Zielvorstellungen und deren konsequente Umsetzung voraus.

Die Wirkung kann gemessen werden durch

- die Anzahl der Seitenbesuche,
- die Fachspezifik der Besucher,
- die Anzahl konkreter Kontaktaufnahmen durch Kunden,

- die Anzahl der Bestellungen und
- die Steigerung des Umsatzes.

Für den Kunden entsteht ein Nutzen immer dann, wenn über das Internet gegenüber herkömmlichen Medien ein Vorteil generiert werden kann. Solche Vorteile können sein:

- schneller Zugang zu aktuellen Informationen (Informationsvorsprung).
- unkompliziertes Finden wesentlicher Fachinformationen (Zeiteinsparung).
- besseres Handhaben der Informationen, z.B. Download maschinenlesbarer Daten statt Postversand von bedrucktem Papier (Zeit- und Kosteneinsparung).
- Zugang zu internationalen Märkten (Internationalität),
- Arbeitserleichterung durch den bequemen Zugriff auf Informationen von verschiedenen Arbeitsplätzen innerhalb und außerhalb der Unternehmen (Erhöhung der Flexibilität) und
- Verbindung über Links zu weiterführenden Angeboten, fachspezifischen Informationsplattformen oder Suchmaschinen.

Alle Beteiligten an elektronischen Geschäftsprozessen sind an deren schneller und rationeller Abwicklung interessiert. Daher scheint sich der Trend zu fachspezifischen Informationsplattformen bis hin zu Extranets mit spezifischen Zugangsberechtigungen zu verstärken. U.a. bieten auch einige Fachverlage und Verbände fachgebietsbezogene Informationsplattformen. Dazu zählen für den Problemkreis Gefahrgut http://gefahrgut-online.de und für die Transportbranche http:L//transportweb.de. Die Entwicklungen auf dem Gebiet des Electronic Business führen zu internen und externen Effekten.

Unternehmensinterne Effekte ergeben sich aus der veränderten Informationsorganisation. Die Verfügbarkeit digitalisierter Informationen über die einzelnen Stufen des Handels ermöglicht den Aufbau neuer, effektiverer Organisationsstrukturen. Durch die Nutzung des Internet für Electronic Business kann auf ein (fast) weltweit rund um die Uhr verfügbares Netz zugegriffen werden. Aktualität und Schnelligkeit sind gegenüber konventionellen Formen größer. Damit ergeben sich Voraussetzungen für die erfolgreiche Teilnahme am globalen Wettbewerb. Als externe Effekte sind nachhaltige Auswirkungen auf die Distributionskonzepte zu erwarten, vor allem die Verstärkung des Güterstruktureffektes. Die Konsequenz davon dürfte ein weiteres Wachsen des Marktes für KEP-Dienste sein. Als Folge des Electronic

Business ist der Aufbau von Kommisionierlagern denkbar, von denen aus entsprechende Dienstleister die Privatkunden direkt beliefern.

Durch das Internet wird die Verbreitung der Sendungsverfolgung, von Frachtbörsen, elektronischen Katalogen, Märkten und Yellow Pages forciert. Die kostengünstige Verfügbarkeit der Netzinfrastruktur wird dem elektronischen Datenaustausch zu noch größerer Verbreitung verhelfen. Darüber hinaus ist davonauszugehen, daß die Beherrschung der entsprechenden Technologien zunehmend zur Differenzierung im weltweiten Wettbewerb dienen wird (vergl. Klaus in NN, 98).

Zusammenfassung

Auch in Güterverkehr und Logistik werden in zunehmendem Maß die Möglichkeiten genutzt, welche die neuen Medien bieten. Es zeigt sich jedoch, daß bei der Wahl der Mittel für die elektronische Abwicklung von Geschäftsprozessen zu unterscheiden ist, welche Geschäftsprozesse zwischen welchen Partnern ablaufen.

In jedem konkreten Anwendungsfall müssen Anbieter und Kunden beim Electronic Business einen Nutzen gegenüber konventionellen Formen der Durchführung von Geschäftsprozessen sehen. Aus der Sicht des Anbieters entsteht Nutzen, wenn die Wertschöpfung durch den Einsatz neuer Medien verbessert werden kann. Dazu ist es erforderlich, für die jeweilige Stufe der Wertschöpfung den Nutzeffekt zu bestimmen und zu bewerten.

Tendenziell führen die Entwicklungen auf dem Gebiet des Electronic Business zu internen und externen Effekten im Transport- und Logistikbereich.

Literatur

Ford: Focus - interaktives Spiel mit „live action"-Video. CD der Ford Motor Company Limited. 1998

Gatz, R.: Online Handel: Rosarote Zukunft für Electronic Commerce. In: VDI-Nachrichten (1998) 42 S. 3

Isermann, H.: Internet und sein Einsatzpotential für die Produktion von Logistik-Dienstleistungen. In: Pfohl H.-C. (Hrsg.): Informationsfluß in der Logistikkette: EDI - Prozeßgestaltung - Vernetzung, Berlin: Erich Schmidt Verlag (1997) S. 47-61

Kippels, D.: Mit Multimedia zu mehr Produktivität. In: VDI-Nachrichten (1998) 21, S. 28

Klimsa, P.: Desktop Video-Videos digital bearbeiten. - Reinbek bei Hamburg: Rowohlt Taschenbuch Verlag (1998) S. 269-271

NN, 98: Modell-Markt USA. In: KEP-Spezial (1998) 1, S. 35

NORTAD - North American Transportation Atlas Data 1998: A. Collection of Geospatial Data for Use in GIS-based Applications. CD-ROM, US Department of Transportation, Bureau of Transportation Statistics

NRW, 98: Zukunftnetz Schiene - Regionale Bahnen in NRW. CD des Kommunalverbands Ruhrgebiet. 1998

Strampp, J. M.: Gläserne Logistik im Internet. In: Güterverkehr (1997) 11, S. 32-34

VDI: Die Top 100 im Internet. In: VDI-nachrichten (1998) 47, S. 9

VDMA: Electronic Commerce - Chancen für den Mittelstand. Frankfurt am Main: VDMA-Verlag 1998

Vorwerk, J.: Das Internet als neues, innovatives Tool im Marketing, In: Drees, N. (Hrsg.): Erfurter Hefte zum angewandten Marketing. Nr. 2, Erfurt 1998

Westkämpfer, E.: Zukünftig bleiben Maschinen lebenslang am Infonetz des Herstellers. In: VDI-nachrichten (1998) 41, S. 2"(vgl. BERNDT, T, Internationales Verkehrswesen(51) 9/99, S. 368-372, DVZ-Verlag Hamburg).

"Der Internethandel bietet cleveren Logistikdienstleistern neue Vertriebsplattformen.

Elektronische Marktplätze, auf denen Transportleistungen gehandelt werden, lösen bei den Anbietern dieser Branche eher Besorgnis als Euphorie aus. Die Furcht vor einer Verschärfung der Wettbewerbsintensität dürfte hier im Regelfall stärker ausgeprägt sein als die Freude über die Gelegenheit, ohne zusätzliches Vertriebspersonal neue Kunden gewinnen zu können. Bei einer strategischen Bewertung elektronischer Marktplätze zum Handel mit Ware überwiegen für

Logistikanbieter dagegen die Chancen. Die Realisierung dieser Chancen bedingt allerdings eine neuartige Positionierung im Markt.

Insbesondere auf solche Marktplätzen, auf denen Güter mit dem Charakter von „Commodities" gehandelt werden, gestalten sich die Geschäftsbeziehungen zwischen den Handelspartnern durch das Internet unbeständiger. Die Vorteile einer Nutzung des Wettbewerbs werden bei austauschbaren Produkten höher gewichtet als die Vorteile eng vernetzter Arbeitsabläufe und Planungsprozesse, die auf vertikaler Integration aufbauen.

Mit der häufigen Nutzung des Marktmechanismus im Internet sind keine prohibitiv hohen Kosten mehr verbunden. Deshalb macht es Sinn, die benötigten Produkte auch in kürzeren Perioden immer wieder erneut auszuschreiben - und dann gleich weltweit. Diese Vorgehensweise führt normalerweise zu einem häufigeren Wechsel der Lieferanten.

Für Logistkunternehmen, die an dem Aufbau dauerhafter Geschäftsbeziehungen interessiert sind, scheinen solche virtuellen Märkte kein attraktiver Ort für Akquisitionstätigkeiten zu sein. Tatsächlich kann man jedoch gerade hier attraktive Marktpositionen aufbauen. Das Erfolgsgeheimnis besteht darin, im ersten Schritt nicht den einzelnen Verlader, sondern den jeweiligen Marktplatzbetreiber von der eigenen Leistungsfähigkeit zu überzeugen und als Partner zu gewinnen.

Der Einkauf über virtuelle Marktplätze wird dazu führen, dass ein zunehmender Anteil des Handels über die Frankatur „ab Werk" abgewickelt wird. Insbesondere von Lieferanten aus ferneren Ländern wird man kaum verlangen können, dass sie bei einzelnen, einkäufergetriebenen Auktionen schon im Vorfeld eines noch unsicheren Vertragsabschlusses Frei-Haus-Preise für Empfangsorte kalkulieren, an die sie noch nie geliefert haben.

Mit Ab-Werk-Preisen verbindet sich aber aus Sicht der Einkäufer ein Problem: Er kann die Attraktivität der über das Internet eingeholten Angebote nicht unmittelbar mit den Konditionen der bisherigen Bezugsquellen vergleichen. Es wundert daher nicht, dass sich im Internet entsprechende neue Dienstleistungsangebote entwickeln, die Einkäufer bei der Herstellung von Vergleichbarkeit unterstützen.

Internetbasierte Serviceprovider wie etwa Clearcross (www.clearcross.com) bieten die Möglichkeiten, im Rahmen einer „Landed Cost Calculation" die vollständigen Kosten des Erwerbs der

Verfügungsgewalt über ein Produkt am Bildschirm zu ermitteln. Dabei kann man sich gleichzeitig über eventuell relevante Importrestriktionen informieren und gegebenenfalls auch die für die Einführung notwendigen Dokumente erzeugen. Anbieter wie Clearcross ermöglichen insoweit per Mausklick das Outsourcen von Dienstleistungen, für die man früher eigene Versandabteilungen vorhalten musste.

Ein Wechsel von einem Marktplatz auf die Website eines solchen Dienstleisters ist jedoch unbequem, wenn man als Wareneinkäufer eine „Reverse Auction" angestoßen hat und sehr schnell zwischen den Angeboten verschiedener Lieferanten wählen muss. Deshalb entwickeln auch die Betreiber elektronischer Marktplätze selbst zur Abrundung ihres Serviceangebotes Leistungen wie eine Umrechnung von Ab-Werk-Konditionen in Frei-Haus-Kosten oder das Erzeugen von Dokumenten für den internationalen Handel. Tradematrix von i2-Technologies ist diesen Weg zum Beispiel mit dem Erwerb des Serviceproviders Capstan gegangen. Clearcross bietet Marktplatzbetreibern an, den Service jeweils unter ihrem eigenen Logo laufen zu lassen.

E-Marktplätze vermitteln Logistikdienstleistungen

Die Probleme des Einkäufers sind allerdings mit der bloßen Kalkulation der von ihm zu tragenden Logistikkosten noch nicht gelöst. Wenn er auf der Basis dieser Daten einen bestimmten Hersteller als gesamtkostenminimalen Anbieter ausgewählt hat, muss er als Frachtzahler einen Logistikpartner finden, der die Transportleistung zu den kalkulatorisch unterstellten Tarifen tatsächlich erbringt. Elektronische Warenmarktplätze operieren deshalb zunehmend auch als Vermittler logistischer Dienstleistungen.

Genau hierin liegt die eingangs angesprochene Chance für Logistikdienstleister, zu einem völlig neuen Marktzugang zu kommen. Sie können sich auf den neu entstehenden virtuellen Handelsplätzen mit ihren komplementären Ressourcen als Allianzpartner der Marktbetreiber positionieren. Damit gewinnen sie unter Umständen die Kontrolle über ein an sich vollständig fragmentiertes Marktgeschehen, bei dem Versender und Empfänger permanent wechseln. Auf diese Weise haben sich beispielsweise Schenker bei grownex.com Kühne & Nagel bei fastenerexchange.com und Danzas bei efoodmanager.com etabliert.

Das letztgenannte Beispiel zeigt freilich auch, dass die Betreiber von Internetmarktplätzen zögern, Logistikdienstleistern mit der Position eines „bevorzugten Lieferanten" eine Quasimonopolstellung zuzubilligen.

Efoodmanager hat bereits die Adressen von 60 Logistikanbietern auf seiner Website, geplant sind 200. Im Anschluß an eine Warentransaktion werden jeweils mehrere Logistikanbieter per E-Mail zur Abgabe eines Angebotes aufgefordert. Dieser nur schwach integrierte „Workflow" scheint allerdings noch nicht mit der Geschwindigkeit zu funktionieren, mit der Kunden im Internetzeitalter ihre Transaktionen abwickeln möchten.

Das parallele Vorhalten von mehreren Anbietern ist im Übrigen nicht der einzige Ansatz zur Lösung des Problems, Logistik unter Wettbewerbsbedingungen zu vermitteln. Ein anderes Modell besteht darin, Marktplätze für Warengeschäfte und Marktplätze für die Vermittlung logistischer Dienstleistungen direkt miteinander zu koppeln. Eine Lösung dieser Art bietet die bereits erwähnte Firma i2-Technologies, die verschiedene, von ihr entwickelte Warenmarktplätze wie etwa hightechmatrix.com mit dem Marktplatz freightmatrix.com vernetzt, auf dem die Logistik dann selbst als „Ware" verauktioniert werden kann.

Schließlich kann man den Nachteil einer reduzierten Wettbewerbsintensität im Transporteinkauf als Marktplatzbetreiber in bestimmten Fällen dadurch entschärfen, dass man sich mit einem internetbasierten „Navigator" wie letmeship.com vernetzt, der als Preisvergleichsmaschine fungiert und aus entsprechend publizierten Katalogangeboten das jeweils preisgünstigste herausfischt.

In diesem Sinne katalogisierbare Transportleistungen wird man allerdings nur bei Standardprodukten finden, wie sie etwa von Kep-Diensten angeboten werden.

Ein Modell, das den Einkauf von Logistikprozessen in der Internetarena ebenso dem Wettbewerb aussetzt wie den Wareneinkauf, macht freilich

nur dann Sinn, wenn die Logistikkosten die Auswahl des Warenlieferanten nicht beeinflussen. In denjenigen Fällen, in denen es einen solchen Einfluss gibt, braucht man eine stabile „Landed Cost Calculation" und damit vorverhandelte Transportkonditionen mit einer entsprechenden Verpflichtung eines Dienstleisters sowie vorkonfigurierte Transportnetze.

Diese Arbeit müssen die Betreiber von virtuellen Marktplätzen nicht unbedingt selbst leisten. Sie kann vielmehr auch arbeitsteilig von Logistik-Intermediären neuer Prägung erbracht werden. Wenn die Intermediäre über keine eigenen Kapazitäten in der Logistik verfügen, können sie völlig neutral und unabhängig von eigenen Vermarktungsinteressen „Best-of-breed"-Lösungen konfigurieren.

Neue Chance für Intermediäre

Dazu wählen sie für einzelne Teilleistungen (zum Beispiel bestimmte geographische Zonen) besonders qualifizierte Partner aus und ermöglichen über eine geeignete IT-Plattform für die Verlader ein One-Stop-Shopping. Gegenüber Großspeditionen, die entsprechende Teilleistungen selbst aus einer Hand anbieten, wäre ein solches Angebot mit einem Qualitätsvorteil verbunden. Jedenfalls so lange, wie diese Giganten nicht jede der angebotenen Teilleistungen jeweils auf dem Niveau der besten Spezialisten anbieten können.

Ob sich solche Intermediäre entwickeln werden und ob sie sich gegen die auf der Grundlage eigener Kapazitäten operierenden Logistikdienstleister durchsetzen können, bleibt abzuwarten. Schließlich müssten die Marktplatzbetreiber, die solche IT-Integratoren als Partner auf ihre Website holen, auch einen Teil ihrer möglichen Wertschöpfung an diese Intermediäre abtreten. Wie immer sich die Wettbewerbslandschaft im Einzelnen verändern wird: Das Internet erweist sich auch in der Logistik als Brutstätte für innovative Geschäftsmodelle"(vgl. BRETZKE, W.R., DVZ Nr. 144 12/2000, S. 3, DVZ Verlag Hamburg).

## 4.1.Neu-Positionierung der Logistik

"Durch digitales Business und Virtualisierung der Prozesse verändern sich viele Geschäftsabläufe - und damit auch die Anforderungen an die Logistik und schließlich die Logistik selbst.

Die Welt ist durch moderne Informations- und Kommunikationstechnologien, insbesondere durch das World Wide Web weiter zusammengewachsen. Internet, Intranet und Extranet suggieren eine schnelle und problemlose Auftragsabwicklung - der Informations-austausch zwischen Anbietern und Nachfragern wird beschleunigt, intensiviert und globalisiert. Kundenansprüche bezüglich Funktionalität und Qualität von Produkten steigen kontinuierlich, gleichzeitig sinkt jedoch vielfach die Bereitschaft, für verbesserte Produkte auch höhere Preise zu zahlen. Markteinführungszeiten und Produktlebenszyklen werden drastisch verkürzt.

Aus diesem Umfeld wird die Aufgabe der Logistik definiert, unter extremen Zeitrestriktionen und schnelllebigen Prozessen Güter im weltweit gestreuten Beschaffungs-, Produktions- und Distributionsprozess zuverlässig und bedarfsgerecht zu optimierten Kosten bereitzustellen.

Durch Informations- und Kommunikationsmöglichkeiten hat die ganzheitliche Planung, Steuerung, Durchführung und Kontrolle des internationalen Güteraustausches ein Niveau erreicht, das die Logistik zum Treiber und gleichzeitig zum Nutznießer einer weiterhin steigenden internationalen Arbeitsteilung macht. Logistik hat sich zu der unterdisziplinären Querschnittsfunktion entwickelt, die als Rückgrat der internationalen Arbeitsteilung bezeichnet werden kann.

Logistik schafft nicht nur die Möglichkeit für weltweite Strukturen, virtuelle Unternehmen, globale Kooperationen und strategische Allianzen, sondern profitiert auch von dieser Entwicklung, die Chance und Herausforderung zugleich ist.

Ermöglicht wurde die Globalisierung durch logistische Dienstleistungen, die es so in quantitativer und qualitativer Form vor 20 Jahren noch nicht gab. Durch die Bereitstellung diversifizierter Transportmöglichkeiten sind die Kosten für den weltumspannenden Gütertransport gesunken, gleichzeitig ist die Qualität der logistischen Leistungspalette angestiegen.

Produzierende Unternehmen konzentrieren sich zunehmend auf ihre Kernkompetenzen und lagern alle Tätigkeiten aus, die nicht unmittelbar dazugehören. Outsourcing bedingt mehr Arbeitsteilung, mehr Arbeitsteilung bedingt mehr Networking, und mehr Networking bedingt letztendlich mehr Logistik - sowohl in informatorischer als auch in physischer Hinsicht.

Große Unternehmen der Logistikbranche haben die Globalisierung als strategisches Ziel identifiziert und sind bestrebt, eigene globale Netze zu schaffen, während es anderen ausreicht, den Zugang zu diesen Netzen zu haben. Die Globalisierung bedingt auf jeden Fall ein enges Zusammenwirken der einzelnen Logistikunternehmen, damit weltweit schnell und zuverlässig geliefert werden kann. Diese weltweiten Transportnetze stellen eine Notwendigkeit dar, die allen Beteiligten strategischen Mehrwert sichern.

Der weltweite Logistikmarkt ist jedoch geprägt durch ländertypische Spezifika. Jedes Unternehmen, jedes Netzwerk wird für sich Kern- und Randmärkte definieren müssen, und es ist sehr unwahrscheinlich, dass sich der Weltmarkt mit all seinen Teilmärkten für irgendein Unternehmen als Kernmarkt definiert. Bei der Bedienung von Randmärkten oder regionalisierten Teilmärkten wird auch in Zukunft nicht auf den örtlichen Mittelstand verzichtet werden können - sei es im Rahmen der Kontraktlogistik, als Subunternehmer oder als spezialisierter Nischenanbieter.

Logistikunternehmen müssen sich neu positionieren, um eine partnerübergreifende Koordination logistischer Prozesse zu erreichen. Die Verringerung der Fertigungstiefe durch zunehmende Verlagerung ursprünglicher Produktionsaufgaben in den Bereich der Beschaffung und der daraus resultierende Zuwachs an Modul- und Systemlieferanten steigert die Bedeutung der Logistik als Systemintegrator verschiedener Unternehmen.

Die verstärkte Integration der Logistiksysteme von Unternehmen, Zulieferern, Logistikdienstleistern und Kunden mit dem Ziel der Gesamtoptimierung der Wertschöpfung findet ihren Ausruck vor allem im „Supply-Chain-Management". Die möglichst weitreichende Integration reicht im Idealfall vom Endkunden bis zum Rohstofflieferanten, vom Warenwirtschaftssystem des Handelsunternehmens bis zum Transportplanungssystem der Logistikdienstleisters.

Geschwindigkeit und Flexibilität sind zentrale Anforderungen an die Logistik. Sprunghaft gestiegene Rechnerleistungen und optimierte Softwarelösungen entwickeln sich zunehmend zum Treiber der physischen Logistik. Die informatorische Logistik als planendes, steuerndes und kontrollierendes Instrument qualitativ und quantitativ stetig anwachsender Güterströme schafft neue Dimensionen in den Bereichen der Simulation, Anwendung und Verfolgung logistischer Aktivitäten, um Synergiepotenziale erschließen zu können.

Die allgemeine Entwicklung hinzu kleineren Sendungen mit erhöhter Variantenvielfalt ist Indikator für weiter abnehmende Bevorratung in dezentralen Versorgungszentren bei gleichzeitig gesunkener Lieferzeit. Ohne entsprechend ausgereifte Logistiksteuerungssysteme wären derartige Entwicklungen nicht denkbar.

Eine größere Heterogenität der Bedürfnisse sowie das zunehmend wechselhafte verhalten der Verbraucher erlaubt Unternehmen heute immer seltener eine feste Zuordnung ihrer Kunden zu Verbrauchergruppen. Als Folge sinkt die Zahl der Märkte, die mit Massenprodukten bedient werden können.

„Mass-Customization" - die Individualisierung in Großserien gefertigter Produkte

- zwingt zu einer wesentlichen Ausweitung des Produktionsprogramms. Eine konsequente Anwendung des Baukastenprinzips, die spätestmögliche Produktdifferenzierung oder die vollständig auftragsbezogene Fertigung sind Strategien, mit denen Mass-Customization wirtschaftlich bewältigt werden kann. Doch hierfür reichen selbst in der „Old Economy" herkömmliche Logistiksysteme nicht mehr aus.

Verschärfte Bedingungen gelten in der „New Economy", wo bekanntlich die Konkurrenz nur einen Mausklick entfernt ist. Nur wer im Fulfillment hält, was er online im Web verspricht, wird dauerhaften Erfolg vorweisen und schwarze Zahlen schreiben können. Vor allem Kurier-, Express- und Paketdienstleister (Kep-Dienste) werden in diesem Zusammenhang neue Aufgaben übernehmen, da ihr Leistungsangebot speziell auf den Transport von kleinvolumigen Sendungen abgestimmt ist.

E-Logistics ist somit die Antwort auf E-Business, wobei das eine ohne das andere undenkbar wäre. Bisher hat die Logistik Informations- und Kommunikationssysteme zur effizienten Gestaltung der physischen Logistik genutzt - nun muss sie sich auf die geänderten Prozesse der virtualisierten elektronischen Geschäftsabwicklung einstellen.

E-Logistics beginnt bereits bei der Konzeption und Realisation von Online-Shop-Systemen sowie integrierten Warenwirtschaftssystemen. E-Logistics umfasst die physische Auslieferung und reicht über die Zahlungsabwicklung bis hin zum Inkasso. Logistiksystemlösungen sind im Idealfall bereits mit der Website von Online-Shops vernetzt und ermöglichen so eine reibungslose und zügige Erfüllung der logistischen Leistungen.

Global vernetzte Wirtschaftsstrukturen erfordern effiziente Logistiksysteme, die die physische und informatorische Verbindung in und zwischen Unternehmnen sowie mit ihren Kunden und Lieferanten gewährleisten. Das ist auch eines der Ergebnisse der neuen BVL-Studie „Trends und Strategien in der Logistik 2000+", die von der Bundesvereinigung Logistik und dem Bereich Logistik der Technischen Universität Berlin unter Leitung von Prof.Dr.-Ing. Helmut Baumgarten zum diesjährigen Kongress herausgegeben wird.

Also verändert nicht nur E-Business die Logistik, die in der gesamten Wirtschaft ein strategisches Instrument der Unternehmensführung darstellt. Es gilt die Erkenntnis, dass durch konsequente Weiter-entwicklung und Umsetzung ganzheitlicher Logistikstrategien Wettbewerbsvorteile auf- und ausgebaut oder nachhaltig gesichert werden können"(vgl. WITTEN, P., DVZ Nr. 124, 10/2000, S. 1, DVZ Verlag Hamburg)..

## .1. E-Commerce braucht die Logistik

"E-Commerce braucht Logistik - und verändert sie gleichzeitig. Wer sich erfolgreich als Dienstleister einschalten will, muss sich rechtzeitig darauf einstellen. Die Rudolph Logistik Gruppe in Baunatal hat speziell für den Bereich B2C ein „E"-Konzept erarbeitet.

16 Mio. Deutsche nutzen derzeit das Internet - in zunehmendem Maße auch als Einkaufsstätte: Experten gehen davon aus, dass der E-Commerce-Absatz in Europa von gegenwärtig 3 Mrd. DEM in den kommenden fünf Jahren auf bis zu 800 Mrd. DEM explodieren wird. Bereits im nächsten Jahr soll sich der B2C (Business-to-Consumer)-Umsatz in Deutschland verzehnfachen.

Noch sind es hauptsächlich standardisierte, kleingewichtige Produkte wie Bücher, Musik-CD und Computer-Hardware, die online bestellt werden. In Zukunft wird aber auch die Nachfrage nach großvolumigen Produkten steigen. Deshalb planen nun auch traditionell stationäre Handelsunternehmen den Einstieg in das E-Business.

„Logistik und Service hinken oft hinter der rasanten Entwicklung des Internets her"

Doch, ob Roman, T-Shirt oder Waschmaschine: Für den Online-Käufer heißt das Ergebnis nach der Bestellung oft „schnell bestellt - lang gewartet". Grund: Ein Internet-Shop ist zwar meist in kurzer Zeit und für wenig Geld eingerichtet.

Was aber häufig fehlt, ist eine professionelle Abwicklung der Aufträge: Logistik und Service hinken oft hinter der rasanten Entwicklung des Internets her. Päckchen packen und Rechnungen schreiben - scheinbar leichte Aufgaben, denen aber viele Start-up-Unternehmen nicht gewachsen sind. Ihre Kernkompetenzen liegen in den Bereichen Sortimentsgestaltung, Marketing und Controlling, nicht in der Warenwirtschaft und der Distribution.

60 Prozent aller Online-Käufer sind mit dem Fulfillment unzufrieden - ermittelte eine E-Commerce-Studie der Boston Consulting Group (BCG. Jeder vierte von ihnen kauft nicht wieder in dem Online-Shop. Dies verdeutlicht die Bedeutung einer effektiven Logistik für den langfristigen E-Commerce-Erfolg.

Deshalb sollten Online-Händler bei Lagerung, Kommissionierung und

Versand auf das Know-how von Logistikdienstleistern zurückgreifen. 56 Prozent der reinen Internet-Shops sind bereits diesen Weg gegangen.

„60 Prozent aller Online-Käufer sind mit dem Fulfillment unzufrieden - ermittelte eine E-Commerce-Studie der Boston Consulting Group"

Häufig werden jedoch immer noch die konventionellen Logistikprozesse für die Abwicklung von Online-Bestellungen genutzt. Diese sind meist nicht flexibel und schnell genug, um die durch eine Online-Bestellung ausgelösten Prozesse effizient abzuwickeln. So benötigt die Abwicklung von internet-Bestellungen neue Kommunikationstechniken, Same-day-delivery erfordert kurze Reaktionszeiten, und die Belieferung mit kleinen Mengen erhöht die Lieferfrequenz.

Um diesen Faktoren Rechnung zu tragen, muss die Logistik in das E-Commerce-Gefüge integriert werden. Ein Beispiel für eine solche E-Commerce-Komplettlösung ist Logeon. Dieses von der Rudolph Logistik Gruppe entwickelte E-Logistics-Konzept zur Abwicklung sämtlicher Logistikaufgaben rund um Internet-Bestellungen wurde vom Institut für Technologietransfer an der Hochschule für Technologie und Wirtschaft, Saarbrücken, als beste E-Logistics-Anwendung mit dem „log@istics award 2000" ausgezeichnet.

Logeon ist modular aufgebaut und gliedert sich in die Hauptbereiche Bestellung, Lager, Versand und Zahlungsverkehr. Selbst die Erstellung des Internet-Shops, die Bereitstellung einer Kunden-Hotline und die Abwicklung von Retouren übernimmt der Logistikdienstleister.

Durch den Einsatz von Logeon schafft Rudolph es beispielsweise, für den Kunden zooplus.com - das erste europäische Internet-Portal für Haustierfreunde - 97 Prozent der zurzeit rund 500 täglichen Internet-Bestellungen innerhalb von 24 Stunden auszuliefern. Und das bei einem gelagerten und verwalteten Sortiment von 6500 Artikeln.

E-Commerce braucht aber nicht nur die Logistik, sondern verändert sie mit den Geschäftsprozessen auch. Die besonderen Anforderungen gehen in diesem Bereich weit über das reine Warenhandling hinaus. Die Palette, die ein Dienstleister beim E-Commerce-Fulfillment anbieten muss, reicht von Data Warehousing über Payment, Buchhaltung und Webhosting bis hin zu Komplettlösungen. Mit Logeon hat sich Rudolph darauf eingestellt"(vgl.

RUDOLPH, W., DVZ Nr 124, S. 63, 10/2000, DVZ Verlag Hamburg).

### 4.2.1. Logistische Anforderungen des E-Commerce

"Grundsätzlich mit denen des klassischen Versandhandels vergleichbar
Der Logistikdienstleister ist Service-Provider:
- Kompetenz erforderlich in:  -Logistik
  -Marketing und Publishing
  -IuK-Technologien und/oder
  Fernsehen

Kompetenzraum potentieller Service-Provider:

3 mögliche Strategien für Logistikdienstleister:

- LDL als Komponentenspezialist:
  - wenn bereits in der Vergangenheit als Spezialist tätig
  - wenn der LDL fachlichen und/oder finanziellen Beschränkungen unterliegt
  - wenn die Nachfrage dies verlangt
  - insbesondere für kleinere und mittlere LDL interessant, da sich hier Nischen auftun
  - <u>aber</u>: Gefahr der Austauschbarkeit der Leistung

- LDL als Logistikmodulanbieter:
  - entweder durch Kooperation von Komponentenspezialisten oder durch Logistiksystemanbieter
  - entweder direkt für einen Händler/Hersteller oder für einen Gesamtsystemanbieter
  - sinnvoll für LDL, die bereits heute komplette Logistiksystemdienstleistungen erstellen oder auf dem Weg der Entwicklung dorthin sind
  - kommt dem Trend zu logistischen Gesamtlösungen entgegen

- LDL als Systemanbieter:
  - wenn viele/alle Aufgaben durch den Handel/Hersteller abgegeben werden sollen
  - kein Unternehmen ist heute in der Lage, alle notwendigen Leistungen zu erbringen
  - Erforderlich: entweder Kompetenz erwerben oder Partnerschaften eingehen!
  - Unterscheidung:  -kundenindividuelle Lösung für umsatzstarke Händler/Hersteller

-offene, standardisierte Plattform für kleine und mittlere Händler/Hersteller"(vgl. GÖPFERT, I., Gutachten E-Commerce, S. 23-28, a.a.O.).

## 4.2.2. Lieferzusagen müssen eingehalten werden

"Produkte und Dienstleistungen werden heute über Internet in Sekundenschnelle bestellt. Aber: Von fünf Sendungen ist derzeit oft nur eine pünktlich. Vier Kunden sind also verärgert, ihre Sendungen sind länger als versprochen unterwegs, die Bereitschaft zum Retournieren nimmt zu. Welche Anforderungen E-Commerce an die Logistik stellt, erläuterte Rudolf Schretter, Vertriebsleiter Fulfillment der servicelogiQ GmbH, gegenüber der DVZ.

„Die meisten betrachten die Anforderungen von E-Commerce an die Logistik aus der Sicht der Kostenoptimierung", umriss Schretter die Problematik des neuen Marktes für Logistikdienstleistungen. Wesentlich wichtiger sei es jedoch, den Blickwinkel des Endkunden und die Position des Handels zu verstehen.

So erwartet der Käufer von der Logistik, dass er sein Produkt zur richtigen Zeit in der richtigen Qualität bekommt. Wichtig ist für ihn dabei eine „Bestandsauskunft", also die Gewissheit darüber, dass der Versender auch in der Lage ist, bestellte Mengen auszuliefern.

Diese Bestandsauskunft online zu gestalten, also so, dass der Kunde direkten Zugriff auf die Datenbanksysteme der Logstikdienstleister hat, ist der „Idealfall". Manche Firmen setzen hierbei auf die „Ampellösung", erklärte Schretter: „Grün heißt verfügbar, gelb steht für paar Tage warten, und rot ist erst in mehreren Wochen versandfertig."

Hinsichtlich des Verpackungsservice ist die Erwartungshaltung der Käufer in den verschiedenen Branchen sehr unterschiedlich, erklärt der Vertriebsleiter: „Ein Buch muss durch Karton geschützt sein, ein Geschenk wiederum nett eingepackt sein und bei Spielwaren erwartet der Kunde eine Schauverpackung." Wichtig ist dem Kunden außerdem Tracking % Tracing zur Sendungsverfolgung und die termingerechte Lieferung. Außerdem ist eine kurze Lieferzeit und eine einfache, möglichst kostenfreie Retournierung gefordert.

Zusätzlich sei es wichtig, dass der Kunde Hilfe bekommt, wenn er mit dem Medium Internet ein Problem hat. In solchen Fällen muss ein Medium herkömmlicher Art angeboten werden, zum Beispiel ein

Callcenter, das bei der Navigation auf der Homepage hilft und gleichzeitig sogar eine Bestellung entgegennimmt. Auch dem hohen Sicherheitsgedanken im Internet werde so Rechnung getragen: Wenn der Käufer zum Beispiel Angst hat, seine Kreditkartennummer einzutippen, kann er dies durch den persönlichen Kontakt mit dem Kundenservice auch konventionell erledigen. Techniken wie Autoresponse Mail oder Status Mail seien heute in den meisten Häusern Standard. Ebenso verschiedene gängige Zahlungsarten, die bequem sind und erwartet werden.

Noch eine ganze Menge mehr als der Kunde erwartet der Handel von der Logistik. Allem voran die Möglichkeit der Kooperation mit anderen Unternehmen. Denn, so Schretter, im heutigen Umfeld ist es sehr schwierig, „alle Leistungen aus einer Hand zu bekommen." Der Aufbau muss modular sein, so dass es möglich ist, „mit verschiedenen Kooperationspartnern eine datentechnisch durchgängige Lösung zu schaffen". Dies könne bedeuten, dass man Standardschnittstellen zu gängigen Shop-Systemen einrichtet. Es könne aber auch heißen, dass man bei den Kooperationen mit verschiedenen Dienstleistern zusammenarbeitet - auf der einen Seite mit den Kep-Dienstleistern und Speditionen, auf der anderen Seite mit Call Center, Kundenservice und Debitorenbuchhaltung. Darüber hinaus verlangt der Handel eine Retourenbearbeitung und eine entsprechend gute Lagerhaltung: Qualitätsprüfung am Wareneingang, sortimentsspezifische Lagerstätten, das Aufrüsten der Artikel, Assembling und Konfektionieren.

„ Rund um die Logistik gibt es auch hier Value-added Services," betonte Schretter. Dazu zählen zum Beispiel die Bonitäts- und Kreditprüfung, die Kreditkartenautorisierung, das Post-Ident-Verfahren für Dokumente oder Value-added Service rund um die LogistikVerträge, das Debitorenmanagement sowie das Adressmanagement. Ebenso fordern Handelsunternehmen auch mandatenfähige Rechnungen. Das heißt, dass das Rechnungslayout den Kundenwünschen entspricht, der Dienstleister verschwindet im Hintergrund und erscheint höchstens noch in einer Rücklliefer- oder Auslieferungsadresse.

Vom Warenwirtschaftssystem schließlich erwartet ein Handelsunternehmen, dass es über Barcode-Scanning oder EDI-Schnittstellen einen durchgängigen Datentransfer gewährleistet. Schretter: „Die Flexibilität der IT-Systeme wird Dreh- und Angelpunkt der nächsten Jahre sein. Je besser die IT funktioniert und je besser die Durchgängigkeit der Systeme ist, desto effizienter wird die Leistungs-kette insgesamt sein."

Abschließend verdeutlichte er den Unterschied zum klassischen Versandhandel: „Die häufig zu hörende Aussage, dass nach dem Mausklick alles Versandhandel ist, weil das Medium Katalog durch das Medium Internet ersetzt wird, ist nur bedingt richtig." Der Grund: „Beim E-Commerce haben wir uns auf schneller wechselnde Sortimente und vor allem drauf einzustellen, dass der Kunde eine stärkere Informationsdichte hat. Er erwartet einfach, dass flexibel und schnell auf seine Wünsche reagiert wird". "(vgl. MENKE, J. DVZ Nr. 68, S. 28. 6/2000, DVZ Verlag, Hamburg)

### 4.3. E-Business verändert die Logistik

"Bis zum Jahr 2004 sollen die Umsätze im E-Commerce in Westeuropa auf etwa 1500 Mrd. EUR anwachsen. Zusätzlich zum heutigen Angebot werden Dienstleistungen in den Vordergrund rücken, welche die Einbindung der logistischen Kette fordern.

Schon heute verzeichnen die Versandhäuser und Auktionsplattformen die höchsten Zuwachsraten. Es ist davon auszugehen, dass in den nächsten Jahren nahezu alle Produkte, die heute über Versandhäuser oder Einzelhandelsunternehmen beschafft werden, auch über das Internet bezogen werden können. Im Business-to-Consumer-Geschäft (B2C) werden kleinvolumige, als Paket versendbare Artikel dominieren. Die Tendenz geht eindeutig zu höherwertigen Produkten, die auf Grund ihrer Marge ausreichend Spielraum für eine aufwendige logistische Abwicklung bieten. Alle Transportdienstleister werden durch die Entbündelung von Warenströmen im E-Business ein erhöhtes Versand- und Transportaufkommen haben.

Aber auch die Kosteneinsparungseffekte durch den Einsatz des Internets für zum Beispiel Web-EDI oder zur Unterstützung von Arbeitsablauf-Prozessen bringen erhebliche Vorteile. So wird erwartet, dass das Rationalisierungspotenzial im Bereich der gesamten Transportindustrie zwischen 15 und 20 Prozent liegen wird. Die Anforderungen durch das E-Business machen deutlich, welchen Stellenwert die Logistik in diesem Bereich einnehmen wird. Das Thema E-Logistics wird damit zum erfolgskritischen Moment in der gesamten logistischen Kette.

Es gibt einige generelle Anforderungen an die Konzeption einer E-Commerce-Lösung in der Logistik: So werden an die eingesetzten IT-Systeme hohe Anforderungen gestellt. Auf Grund der zu erwartenden verschiedenen Frontenentwicklungen ist eine Systemintegration aller Kommunikationskanäle zum Kunden eine absolute Notwendigkeit für eine reibungslose Auftragsabwicklung. Systembrüche zwischen den verschiedenen beteiligten Systemen innerhalb der Auftragsbearbeitung müssen vermieden werden, um das volle Potenzial des Internets zu nutzen.

Da das Internet Geschäftsprozesse beschleunigt und beim Kunden auch eine hohe Erwartungshaltung an eine schnelle physische Abwicklung schaffen wird, ist die rasche Bearbeitung von Aufträgen innerhalb eines Distributionszentrums eine Grundvoraussetzung. Durch die - nur wenige Positionen umfassenden - Aufträge entstehen häufig paketdienstfähige Sendungen.

Nicht nur die schnelle und zuverlässige Zustellung spielt eine Rolle, sondern auch differenzierte Services. wie zum Beispiel die Zustellung nach Vereinbarung in den Abendstunden. Das Problem, dass der Kunde während der Ablieferzeit abwesend ist, könnte in Zukunft durch zentral gelegene Abholdepots, die an gut zugänglichen Plätzen aufgestellt werden, gelöst werden.

Der Privatkunde im Internet wünscht eine Umsetzung von „Promise to Delivery". Dies bedeutet, dass direkt bei der Auftragsvergabe online eine verlässliche Auskunft über die Lieferung gegeben wird. So gehört auch eine Online-Bestandsprüfung, die bis in das Warenwirtschaftssystem reicht, zu den Zielen einer E-Busniess-Lösung.

Internationale Netze sind ein Muss

Will ein Unternehmen diese Anforderungen alle erfüllen, so ergeben sich daraus einige Kriterien zur Auswahl der Logistikdienstleister. Der Partner sollte in der Lage sein, verschiedene Services anzubieten, von der Standard- bis zur Expresszustellung. Die Verfügbarkeit von internationalen Netzwerken ist dabei ein absolute Muss.

Für den Betreiber eines Fulfillment-Centers ergeben sich unterschiedliche Netzwerkalternativen für die Distribution. Zwei Basisvarianten sind dabei in Betracht zu ziehen. Die erste Variante setzt auf ein zentrales Distributionszentrum, über das die Sendungsmengen in das nächstgelegene Hub des Netzwerkes eingespeist werden. Die zweite Alternative ist der länderspezifische Betrieb eines Centers und die Einspeisung in die entsprechenden nationalen Netzwerke. Daneben gibt es eine Reihe von Mischformen, die die Komplexität in der Abwicklung jedoch erheblich erhöhen können.

Ein Unternehmen, das beim Eintritt in den E-Commerce in einigen
Ländern noch kein eigenes Netzwerk unterhält, kann eine Auslieferung ab
Zentrallager mit einer alternativen Expresszustellung kompensieren. Diese
Alternative eignet sich natürlich nur für den Aufbau des Geschäfts. Ab
einer gewissen Größenordnung überwiegen die Transportkosten, so dass
eine nationale Lagerung notwendig wird.

In einer Strategiestudie müssen Entscheidungen über die Trennung von
Produktgruppen getroffen werden. Kriterien sind hierbei Größe und
Gewicht der Produkte, Handhabbarkeit, Wert, Bestellmenge pro Auftrag
und Bestandsmenge. Produkteigenschaften, der Lieferservicegrad und die
Kosten entscheiden über die Anzahl der benötigten Distributionszentren.
Von dem Standort aus sollten die Ballungsräume erreichbar sein.
Daneben gibt es zahlreiche Anforderungen an die Systemgestaltung von
solchen Zentren wie zum Beispiel eine modulare und dadurch
erweiterbare Struktur.

Es ist schon jetzt abzusehen, dass einige Internet-Geschäftsmodelle für
den Handel mit physischen Waren nicht positiv enden werden. So sehen
die Prognosen auch für dieses und das kommende Jahr eine Reihe von
Zusammenbrüchen voraus, die belegen, dass ein Eintritt ins
Internetgeschäft wohl überlegt sein muss. Nur durch ein gutdurchdachtes
Geschäftsmodell lassen sich Fehlentscheidungen vermeiden" (vgl.
BÖCKER, T. , DVZ Nr. 68, 6/2000, S. 24, DVZ Verlag Hamburg)..

### 4.4. Kostenfalle Internet

"Schreckten früher viele Unternehmen vor den hohen EDV-Kosten
zurück, ist heute klar, dass man mit E-Commerce die gesamte
Geschäftsprozesskette beschleunigt und damit Transaktionskosten
erheblich senkt. So meldete die Lebensmittelzeitung kürzlich, dass nach
Metro nun auch Karstadt seine Geschäftsprozesse via e-Mail abwickelt.
Im B-2-B zwischen den Unternehmen investieren die großen und
mittleren Unternehmen zur Zeit mehr als im Bussiness-to-Consumer (B-2-
C-) Bereich, resumieren die befragten Experten. In diesem
Zusammenhang sind auch die B-2-B-Plattformen (virtuellen Marktplätze(
zu sehen, die sich zur Zeit bilden. So bringt die als eigenständiges
Unternehmen agierende Händler-Plattform World Wide Retail Exchange
(WWRE) 25 Handelskonzerne und 100.000 Lieferanten aus der ganzen
Welt zusammen, mit dem Ziel die Effizienz der Lieferkette zu steigern.
auch die Edeka Zentrale AG, Hamburg, will sich daran beteiligen.

Immer offensichtlicher wird, dass sich Unternehmen dem E-Commerce nicht entziehen können, wenn sie bestehen wollen. Da heißt es, sich umfassend über die auf dem Markt angebotenen IT-Geschäftslösungen zu informieren. Dank der Internet-Technologie kann heute auf die Finanzierung eigener Rechnersysteme verzichtet werden. Neben den klassischen IT-Dienstleistern formiert sich in den USA seit einigen Jahren das Konzept des application Service Provisioning (ASP). Dahinter steckt die auf dem europäischen Markt noch relativ unbekannte Idee, Software von großen Rechenzentren zu mieten und nur die Funktionen bezahlen zu müssen, die im Betrieb benötigt werden. „Damit haben auch kleine und mittelständische Unternehmen die Möglichkeit, kostengünstig und schnell an die neuesten IT-Anwendungen zu kommen," meint Peter Loh, Geschäftsführer der Siennax GmbH.

Seit Juni ist das auf ASP spezialisierte Unternehmen, eine 100prozentige Tochter der Siennax in Kassel tätig.

Der gesamte Handel orientiert sich zur Zeit um, obwohl er sich anfangs enorm gewehrt hat und E-Commerce als Angriff sah. „Ich zähle mich zu denjenigen, die jahrelang Aufklärungsarbeit gemacht und den weltweiten betriebswirtschaftlichen und volkswirtschaftlichen Strukturwandel prognostiziert haben. Jetzt sind wir in der Situation, daß es passiert," beschreibt Dr. Luigi Carlo seine Erfahrung. Der Fokus des international tätigen Softwareunternehmens liegt auf der Entwicklung von online-Shopsystemen und Shopping Center, sog. Malls. „Das Internet ist nichts anderes als Werkzeug und Infrastruktur und das gilt es als Unternehmer ohne Emotionalität zu nutzen, denn die Geschwindigkeit ist die unternehmerische Tugend der Zukunft," plädiert De Micco. Als Einstieg rät er mit der eMail anzufangen und Schritt für Schritt den Nutzen im eigenen Betrieb auszuloten.
Die Nachfrage nach professionellen e-Shops von Seiten der regionalen kleinen und mittelständischen Einzelhändler beschreiben befragte regionale Softwareentwickler und IT-Dienstleister als eher zögerlich. Hingegen habe die Nachfrage für E-Commerce Lösungen im B-2-B insbesondere bei mittelständischen Unternehmen deutlich zugenommen. „In den kleinen Unternehmen fehlt oft noch das Wissen um die Möglichkeiten. Wenn allerdings Offenheit da ist, gelingen unseren Kunden gerade mit Nischenprodukten oft erstaunliche Erfolge," erklärt Dirk Dreher.

„Die Grundeinstellung, es darf nichts kosten, führt nicht weiter," meint Torben Ullmann, Das junge Geschäftsfeld müsse strategisch geplant werden, so wie die Eröffnung eines neuen Geschäftes. Einzelhandelsunternehmen, die als Franchise-, Filialbetrieb oder im Verbund mit einer großen Handelsorganisation geführt werden, können schon aufgrund der Verträge nicht einfach einen e-Shop betreiben. Ullmann hat da seine Erfahrung: „Wir haben für den Betreiber eines Rewe-Marktes in Kassel bereits vor über zwei Jahren einen online-Shop entwickelt, der auch gut lief, aber von Seiten der Rewe-Zentrale wurde der online-Verkauf dennoch gestoppt."

Kundenfreundlichkeit

Die Kunden wünschen sich transparente und bedienungsfreundliche Lösungen, wenn sie im Internet einkaufen. „Dieser Gesichtspunkt wird von vielen Unternehmen, die einen e-Shop betreiben wollen, unterschätzt," meint Bernd Rudolf. „Je beratungsintensiver und vielfältiger die Produkte im Shop sind, desto wichtiger ist eine dialogfähige, kundenorientierte Software, die schnell zu dem gewünschten Produkt führt." Gerade bei e-Shops seien leicht zu pflegende Lösungen wichtig. „Optimal ist, wenn täglich aktualisiert wird. Dies ist mit der Entwicklung der sogenannten dynamischen Internetseiten" deutlich einfacher geworden," rät Rudolf.

Die online-Shops sind das weltweite Schaufenster eines Unternehmens, deren Öffentlichkeitswirkung sich viele Geschäftsleiter nicht bewußt machen. Die Kunden wollen wissen auf was sie sich einlassen. Stephan Daniel betont: „Die Shops gehen erst ans Netz, wenn alles stimmt, so auch die „Allgemeinen Geschäftsbedingungen", da sind die Händler gefordert diese zu formulieren." Immer wieder werde von geschädigten Internet-Shoppern berichtet, „für gerade für kleine Unternehmen ist jedoch die Integrität des Kunden ebenso wichtig." Er empfiehlt eine Absicherung mittels Kundenregistrierung.

Die Antwort auf die Frage „Ja, wie finden mich meine regionalen Kunden denn in den unendlichen Weiten des Internet?" bleibt für manche Händler noch etwas unbefriedigend, weil sich hier ein Angebot erst entwickelt"(vgl. BRINKHOFF, B., Nordhessische Wirtschaft Nr. 9/2000, S.23-24, Prints Mediengesell., Kassel).

## 4.5. ASP (Application Service Providing)

"Application Service Provider (ASP) verwalten eine Vielzahl von Anwendungen auf einem zentralen Server. Sie bieten dem Kunden die Möglichkeit, gegen Gebühren über das Internet oder über ein privates Netzwerk auf die gewünschten

Anwendungen zuzugreifen. Der Kunde muss die benötigte Software nicht mehr selbst kaufen, einführen und betreuen, sondern mietet sich die gewünschten Anwendungen bei einem sogenannten Application Service Provider.

Die Giga Information Group prognostiziert ein boomendes Wachstum für das Application Service Probiding. Schon in zwei Jahren soll der weltweite ASP-Markt ein Volumen von rund 4,5 Milliarden Euro aufweisen. Beinahe eine Milliarde Euro davon sollen auf Europa entfallen. Das globale Marktpotenzial beziffert Giga im Report „Measuring the ASP Market Today and Tomorrow" längerfristig auf rund eine Billion Euro, wenn man davon ausgeht, dass die Mehrzahl der Unternehmen künftig die Informationstechnologie (IT) an einen ASP auslagern wird. Dennoch darf man das Thema ASP nicht durch die rosarote Brille betrachten.

Viele Experten gehen von einem regelrechten Boom von ASP aus. Der wichtigste Grund dafür: das immense einsparungspotenzial für Unternehmen. Nach Schätzungen der Marktforscher von Forit können durchschnittlich etwa 30% des IT-Budgets eines Unternehmens eingespart werden. Eine Hauptrolle bei der Auslagerung von Software spielen Anwendungen im eBusiness. Für den Erfolg eines ASP ist zunächst das Marketing mitverantwortlich. Application Service Provider müssen bei ihren Kunden das nötige Vertrauen schaffen. Immerhin bestehen schon bei relativ einfachen eBusiness-Anwendungen große Sicherheitsbedenken, die bei ASP-Lösungen in noch stärkerem Maße auftreten dürften. Vor allem, weil das Apllication Service provider-Modell einen fundamentalen Wandel innerhalb der IT-Branche einläutet: Kunden erwerben in der nahen Zukunft keine Software-Lizenzen, sondern mieten sich die gewünschten Anwendungen bei einem ASP. Und inwieweit unternehmenskritische Daten über das Web verwaltet werden möchten, steht noch in den Sternen...Für die Anwendung von ASP im eBusiness ergeben sich zusammengefasst drei kritische Faktoren:

- Der wichtigste Bestandteil einer ASP-Lösung ist der zentrale Server, auf dem die Anwendungen abgelegt sind, die dann von einem Kunden über das Internet genutzt werden können. Trotz umfangreicher Firewall- und Sicherheitskonzepte können sich viele nicht vorstellen, kritische Anwendungen über das Internet zu betreiben. Ziel muss es deshalb sein, Sicherheitsstandards zu erarbeiten, die den Anforderungen der Anwender entsprechen.

- Neben der Sicherheit der Daten und Applikationen stellt sich bei einer ASP-Lösung die Frage, wie der Application Service Provider die Verfügbarkeit der Anwendungen sicherstellt und wie er bei Nichtverfügbarkeit dafür in die Verantwortung genommen werden kann. Hier steht der Abschluss eines Service Level Agreements (SLA) im Mittelpunkt. Ein SLA im ASP-Bereich muss über mehrere Bereiche definiert werden und erfordert Zeitaufwand. Verschiedene Unternehmen und Verbände versuchen bereits, einen gemeinsamen Stadard zu definieren, auf Grund unterschiedlichster Bedürfnisse dürfte sich dieser Vorgang aber als schwierig erweisen.

- Application Service Providing bedeutet Software-Nutzung auf Mietbasis und stellt das bisherige Lizenzierungsverfahren der Software-Anbieter auf den Kopf. Werden die Software-Anbieter ihre Anwendungen in Zukunft nur noch Application Service Providern zu Verfügung stellen? Und zweitens: Wieviel muss der Anwender in Zukunft für die Nutzung seines Office-Pakets, seiner ERP- Anwendung oder seines CRM-Systems bezahlen und rechnet sich dieses Miet-Modell gegenüber dem traditionellen Lizenzierungsmodell?

Diese drei Problembereiche werfen eine weitere Frage auf: In welchem Bereich wird sich das ASP durchsetzen? Eine aktuelle Studie der META Group über den deutschen ASP-Markt sieht vier wahrscheinliche Anwendungsmodelle:

- Messaging ASP (eMail, Unified Messaging)
- Business Process ASP (Gehalts-/Reisekostenabrechnung, Mitarbeiter Self Service)
- ERN/CRM ASP (weitestgehend standardisierte ERM/CRM- Anwendungen)
- eCommerce ASP (Web Site Hosting, Shop-Systeme, Content Management)

Community-Tools über ASP

Ein Beispiel für ASP liefert die Exitec AG. Produkte und Leistungen für eine bessere Kommunikation im Internet zur Verfügung zu stellen - das war der Anspruch, mit dem die Firma Anfang 1999 an den Start ging. Heute bietet man als Application Service Provider mit Community-Tools Instrumente für das Management von Kundenbeziehungen über das Internet an. Nicht ohne Grund entwickeln sich Communities zum tragenden Element der „Customer Relationship", die virtuellen Treffpunkte sind ideale Foren für den Gedankenaustausch. Communities eignen sich auch sehr gut als Plattform für Tests, z.B. bei der Einführung, Überprüfung und Optimierung bestehender Produkte und Leistungen. Die Flensburger Firma ermöglicht mit ihren Tools jedem Unternehmen, über das Internet den feedbackorientierten Kontakt zu seinen Zielgruppen aufzunehmen. Dadurch kommt ein wirklicher Austausch zustande, und es wird eine direkte Beziehung aufgebaut. Das Team entwickelte in rund einem Jahr die Basis-Technologie der Exitec Community Tools, die „Network Entertainment and Communication Serving Technology", kurz: NECST, sowie die zugehörigen Applikationen. Im Frühjahr 2000 konnte die Firma eine große Herausforderung annehmen: die NECST-Technologie wurde die Basis der offiziellen Community des wohl meistbeachteten Medienprojekts der letzten Zeit: Bis Brother. Im Laufe des Medienprojekts entwickelte sich in den Chats und Diskussionsforen, erweitert um weitere attraktive Angebote wie Gästebuch, Grußkartenfunktion, Flirt-Ecke, Abstimmungen mit Echtzeitauswertung und vieles mehr, eine aktive Community. Die Flensburger bieten ihre Community Tools Endkunden kostenlos an. Die Refinanzierung erfolgt durch die Beteiligung an Erlösen, die zum Beispiel durch Werbeeinnahmen oder eCommerce-Angebote mit den jeweiligen Communities erzielt werden. Die Verwaltung der Community-Eleemente erfolgt über Server direkt bei Exitec, die entsprechenden Daten kann der Kunde jederzeit einsehen. Die inhaltliche Pflege kann sowohl von Exitec übernommen als auch vom Kunden durchgeführt werden. Dazu werden Tools zur Verfügung gestellt, welche die inhaltliche Pflege der Community stark erleichtern. So können auch kleinere und mittelständische Unternehmen die Möglichkeiten der Technologie nutzen.

Technisch sind alle Applikationen durch ein System von geclusterten Servern auf Linuxbasis autark. Das schafft ein Höchstmaß an Sicherheit und Zuverlässigkeit. Die Server sind mit 155 mBit/s an das Internet angebunden, um maximale Performance zu gewährleisten. Durch das Clustering werden nicht nur hohe Geschwindigkeiten, sondern auch eine extrem hohe Ausfallsicherheit erreicht - gerade bei Communities sind dies unabdingbare Voraussetzungen für den Erfolg.

Webhosting über ASP

Bislang gibt es laut dem Giga Report „Application Outsourcing and ASPs" nur einen einzigen ASP in Europa, der mit einer 100-prozentigen Verfügbarkeit wirbt: Integra. Diese Firma ist auf komplexes Webhosting großer eApplikationen spezialisiert und kommt dennoch bei komplexen Anwendungen nicht völlig ohne eine vorgeplante Downtime aus. Zudem gilt die 100-Prozent-Garantie nur während der Hauptlastzeiten der Server, in denen jeder Ausfall besonders schmerzhaft ist. Allerdings sei Integra zugute zu halten, dass sich die per Service Lebel Agreement (SLA) vertraglich zugesicherte Gewährleistung auf das komplette Anwendungssystem bezieht, nicht nur auf einen Webserver oder die technische Basisinfrastruktur, und das die SLA-Verträge beträchtliche Schadensersatzansprüche im Fehlerfall vorsehen.

ASP ist kein Kinderspiel

Einen anderen Weg geht der ASP Conxion mit einer 99,999-prozentigen

Verfügbarkeitsgarantie völlig ohne Ausfallzeiten. Voraussetzung hierfür ist allerdings, dass die Firmenkundschaft selbst weitreichende Sicherheitsmaßnahmen trifft (z.B. vollständige Spiegelung an mehreren Orten über die Erdkugel verteilt). Gravierender: Wenn es schief geht, zahlt Conxion lediglich die Hostingkosten für einen Monat zurück. Weitergehende Schadensersatzforderungen sind ausdrücklich ausgeschlossen. Die geringe Zahl der Verfügbarkeitsangebote führt die Giga Information Group auf einen stark fragmentierten ASP-Markt insbesondere in Europa zurück.

Notwendig wird in Zukunft also vor allem Eines: Vertrauen in die Entwicklung und das ist den Angang von allem...@

## SIEMENS.COM mobil zum Erfolg im WEB

Bei Siemens gibt es eine neue Devise. Und die heißt: „eBusiness hat erste Priorität". Vorgegeben wurde die Marschrichtung von Siemens-Boss Dr. Heinrich von Pierer. Schon in ein bis zwei Jahren will Siemens ein Viertel des Konzernumsatzes - das sind mehr als 15 Mrd. Euro - online erwirtschaften.

Siemens hat seinen Gewinn im zweiten Quartal des Geschäftsjahres 1999/2000 mehr als verdoppelt. Damit hat der Technologiekonzern die Erwartungen der Analysten übertroffen. Alle Bereiche hätten im zweiten Quartal positive Gewinne vorgelegt, teilte der Technologie-Riese mit.

Einen hohen Beitrag zum Unternehmenserfolg leistet der Geschäftsbereich I&C Mobile. Im letzten Geschäftsjahr wurden über 300 Millionen Mark über das Internet umgesetzt. Angeschlossen sind allein in Deutschland über 700 Geschäftspartner. In I&C Mobile sind seit erstem April 2000 alle Produkte und Services zusammengefasst, die mit Telefon zu tun haben. Der Schwerpunkt liegt dabei auf der Mobiltelefonie. I&C Mobile verdoppelt seine Produktlinie im Mobilgeräte-Bereich derzeit um 100% pro Jahr. Damit wächst der Geschäftsbereich überpropotional im Vergleich zum Markt, der mit einer Wachstumsrate von 30% zu den Boom-Branchen gehört.

## eBusiness ist die Zukunft

Um das rasante Wachstum bewältigen zu können und weitere Möglichkeiten zu erschließen, rationeller zu arbeiten, hat I&C Mobile eines erkannt: Die Lösung liegt im Internet. eBusiness im Geschäftskundenbereich ist bei I&C Mobile an der Tagesordnung. Durch eine konsequente Umsetzung der IT-Strategie mit Microsofts Site Server Commerce Edition für den B2B- und B2C-Internet-Auftritt und SAP R/3 als ERP-System werden in Deutschland bereits über 60% aller Aufträge mit Geschäftspartnern online abgewickelt. „Der weltweite Rollout der im Hause Siemens erstellten Lösung wurde bereits gestartet", meint Wolfgang Schmidt, zuständiger Director Organitzation, Information Processing, Processmanagement.

Die eCommerce Site werden hardwareseitig durch den Datenbankserver Microsoft SQL 7.0 auf einer 4-Prozessor Primergy Maschine mit RAID5 Plattensubsysteme und 2 Promergy Application Server realisiert. Eingesetzt werden zudem der Multiprozessor Server von SNI (inzwischen FujitsuSiemens), die SAP-Umgebung basiert auf einem EMC2 Hochverfügbarkeits-Cluster mit 4 Application Server.

Als Betriebssystem für alle Server dient MS Windows NT 4.0 Server, ein Umstieg auf Windows 2000 ist für die nahe Zukunft geplant. Die Webanwendungen basieren auf dem Microsoft Internet Information Server 4.0 mit Active Server Pages und SiteServer Commerce Edition 3.0, die Commerce Datenbank ist ein MS SQL Server 7.0. Der Datenaustausch zwischen dem SAP-System und der eCommerce-Datenbank erfolgt durch das Business Application. Programming Interface DAPI. Dabei handelt es sich um eine COM-Komponente von SAP, die als Transaktionsschnittstelle dient.

Kürzere Wartezeiten für Kunden

Diese Architektur ist eine hochperformante und skalierbare Basis für alle eBusiness Sites. Durch die Pufferung der Bestelldaten wird das SAP-System weniger belastet und die Antwortzeiten zum Kunden wesentlich verkürzt. Sie erlaubt Bestellungen und Auftragsverfolgung rund um die Uhr, selbst wenn das SAP-System mal wegen Releasewechsel, Wartung oder Euro-Umstellung für ein Wochenende heruntergefahren werden muss. Die Lösung profitiert von der engen Kupplung zum SAP-System. Dabei sind auch Entzeitzugriffe auf SAP, beispielsweise zu Preisanfragen, möglich.

Ein weiterer wesentlicher Vorteil ist aber auch die Flexibilität durch die eingesetzte Technologie von Microsoft. So kann das Onle-Verfahren an beliebige Warenwirtschaftssysteme angekoppelt werden, bis hin zu rein Web-basierender Auftragsabwicklung, was beim B2C-Partnervertrieb im Ausland eine wesentliche rolle spielt. Wichtig ist dies deshalb, weil im Ausland kein Direktgeschäft gemacht wird.

Lösungen mit Sprachtalent

Die Lösung ist Multilingual, sie kann in jede beliebige Sprache ohne Änderung des Source-Codes online übersetzt werden. Damit kann die Pflege des Shops durch Muttersprachler im jeweiligen Land erfolgen. Derzeit werden im B2B-

Bereich schon die fünf Sprachen Deutsch, Englisch, Spanisch, Französisch und Mandarin angeboten. Selbst ein anderes Alphabet stellt dabei kein Problem dar. Kein Wunder also, dass demnächst auch das Russische mit seinem kyrillischen Buchstaben mit von der Partie sein wird. Im Bereich B2C kommen noch sämtliche skandinavischen Sprachen dazu.

## Boom mit eBusiness im B2B-Bereich

Im B2B-Bereich sollen dieses Jahr über das Internet 1,5 Milliarden Mark umgesetzt werden. Die Händler und Handelspartner von I&C Mobile können online über Katalog, strukturierte Listen und Volltextsuche bestellen. Darüber hinaus können sie ihren Einkauf in verschiedenen Tranchen planen, was wiederum I&C Mobile in die Lage versetzt, die Produktion der Geräte dementsprechend darauf abzustimmen. Die eingegangenen Aufträge werden dann vollautomatisch verbucht und in Rechnung gestellt.

Sämtliche Aufträge können verfolgt werden: So können offene Positionen und Rückstände, summiert nach Material über alle Aufträge, eingesehen werden. Infos über offene Rechnungen lassen sich auch einholen. Dazu gibt es ein Kundenkonto mit Retouren und Gutschriften, das an ein Forderungsmanagement gekoppelt ist. Im Informationssystem können die Händler Rundschreiben downloaden, Service-Hinweise erhalten und Marketinginformationen zu Werbeaktionen sowie Produktankündigungen abfragen. Natürlich stehen auch sämtliche technische Daten samt Bildmaterial zur Verfügung. Dazu wird ein Grunddatenexport im frei konfigurierbaren CSV-Format garantiert. So können die Partnersysteme mit Daten versorgt werden.

Darüber hinaus werden durch das System die I&C Mobile-Außendienstmitarbeiter unterstützt: Es besteht ein Bestell- und Informationssystem zu allen zugeordneten Kunden über das Internet. Auch Auswertungsmöglichkeiten hinsichtlich der Auftragseingänge und des Bestellverhaltens sind möglich.

Die Service-Partner haben den selben Leistungsumfang wie Handels-Partner. Das Produktspektrum entspricht jeweils einem Berechtigungs-Typen. Dabei gibt es drei verschiedene Service-Level: So ist ein Typ von Handels-Partner dazu berechtigt, Geräte zu tauschen. Dieser kann dann online Geräte bestellen, was in Deutschland derzeit an die 200 Positionen umfasst. Eine weitere Handelspartner-Gruppe ist zudem dazu berechtigt, die Siemens Mobilgeräte selbst in geringem Maße zu „reparieren". Dementsprechend können diese Partner online Baugruppen bestellen. Aus einem bestellbaren Angebot von bis zu 6.000 verschiedenen Elementen können sie diejenigen Service-Partner auswählen, die den höchsten Level für den Service-Bereich vertreten. Sie sind dazu berechtigt, einzelne Baugruppen selbst zu löten oder ganze Bauelemente auszutauschen.

## So funktioniert die B2C-Lösung

Im deutschen B2C-Web-Angebot stehen dem Endkunden etliche Services zur Verfügung. Der Vertrieb von Kleinteilen und Ersatzteilen für alle Modelle ist ein Teil davon. Und so funktioniert's: Der User bestellt im eShop ein Siemens Handy S35. Im Interface gibt er alle benötigten Daten wie Name und Anschrift ein. Sobald der Endkunde auf den OK-Button klickt, wird die Bestellung ausgelöst. Eine eMail geht zur Bestätigung der Bestellung an den Mail-Account des Kunden. Der Auftrag wird automatisch nach SAP R/3 verbucht. Bei Verfügbarkeit macht die Software dann den Lieferanstoß. Der erste Mensch, der mit der Bestellung in Kontakt kommt, ist der Packarbeiter, der das Handy verpackt und dem Paket Lieferschein, Rechnung und Nachnahmeformular beilegt. Und falls der Endkunde Fragen hat, kann der sich Unterstützung bei einer Hotline holen.

## Garantierte Sicherheit

Sicherheit ist im eBusiness ein Thema mit höchster Priorität. Darum hat Siemens I&C Mobile ein Netzwerk für den sicheren Dokumentenaustausch aufgebaut. So gibt es nicht nur speziell verschlüsselte Uploads und Downloads von Dokumenten, sondern auch noch ein eigenes Trustcenter. Für die eShops im B2B- wie im B2C-Bereich wird mit der aktuellsten 128bit-SSL-Verschlüsselungs-Technologie gearbeitet, die auch von Banken eingesetzt wird, um Internet-Transaktionen zu sichern.

## Perfekte Partner:
## Microsoft und Siemens

Die Zusammenarbeit mit Microsoft hat eine lange Historie: „Wir arbeiten lange mit Microsoft zusammen und kennen alle Produkte sehr gut. Als wir anfingen war unsere IT-Landschaft zu heterogen", mein Nicolas Hildebrandt, Chef-Entwickler bei I&C Mobile. Der wurde dann zu einer Art „Landschaftspfleger". Das nötige Werkzeug dazu kam von Microsoft: Sämtliche Office-Anwendungen kommen von Microsoft, für die Kommunikation wird Microsoft Exchange als Groupware eingesetzt. Auch das Backoffice kommt von Microsoft, ebenso wie die Serverlandschaft Microsoft WINDOWS NT ist. Alles, wann in den betriebswirtschaftlichen Bereich fällt, wird mit SAP R/3 gelöst.

Der Vorteil liegt laut Hildebrandt auf der Hand: „Alle Technologien und Produkte kommen aus einer Hand. Zudem bietet Microsoft gute Supportverträge und im Selectvertrag gute und zugleich einfache Lizenzierung. Zudem ist Microsoft nicht nur innovativ, sondern bietet ein absolut gutes Pricing. Und die offene Architektur ist prima skalierbar." Stellt sich die Frage, was man künftig besser machen könnte: „Natürlich können wir immer etwas noch besser machen, das ist keine Frage. Aber wir würden uns wieder für die Technologie entscheiden", meint Hildebrandt. Etwa dreimal im Jahr werden die Microsoft Consulting Services in Anspruch genommen. „Dabei erhalten wir nicht nur Produkt-Info, sondern erfahren auch Wichtiges über die Microsoft-Strategie", meint Hildebrandt. „Und so können wir auch entwicklungsseitig mit Microsoft in die gleiche Zielrichtung arbeiten." Pläne für die Zukunft sind es, das eBusiness bei I&C Mobile auszubauen. Geplant ist vor allgemeine XML-Anbindung, damit sich künftig Verfahren und Systeme miteinander unterhalten können.

Vorsprung durch News

Die Vorteile eines eBusiness-Geschäftsmodells liegen auf der Hand: Dem Personal bei I&C Mobile bleibt mehr Zeit, sich um die Kundschaft intensiv zu kümmern, weil Routine-Arbeitsvorgänge automatisiert worden sind. So entfällt beispielsweise eine aufwendige Erfassung von Fax-Daten, da der Kunde I&C Mobile sozusagen zuarbeitet. Zudem kann I&C Mobile nun direkter und schneller nicht nur seine Händler, sondern auch den Endkunden informieren. „eCommerce-Lösungen bieten ein riesiges Dialog-Potenzial mit den Kunden", meint Schmidt.

Genutzt hat das Internet-basierende System vor allem der Kundenbindung. So wird die Frage „Wer ist für mich zuständig?" gezielt auf den Websites beantwortet. Und auch das Bestellwesen wird transparenter, indem beispielsweise offene Positionen abgerufen werden können. Und last but not least: Das System steht 24 Stunden zur Verfügung. Die beste Voraussetzung, um Global eBusiness zu betreiben. Und auch in Sachen Reporting findet eine weltweite Qualitätssicherung statt. Die Chancen stehen gut, dass Siemens mit seinem Engagement im eBusiness das Etikett „Made in Germany" ein weiteres Mal zum Gütesiegel macht, diesmal in der elektronischen Variante.

„Die Verbesserung der Kundenzufriedenheit ist eines unserer wichtigsten Anliegen."

Große Ziele mit eCommerce

Ziel ist, bis Ende des Jahres 90% aller Aufträge in Deutschland elektronisch abzuwickeln: 75% über eCommerce Internet, 15% über EDI und 10% über FAX und Telefon. „Wir wollen allen Kunden die Möglichkeiten geben, bei uns auf jedwelche Art zu bestellen. Und ein Rest von manueller und analoger Bestellung wird immer bleiben", meint Wolfgang Schmidt. „Durch unser Online-Verfahren reduzieren wir die Kosten und erhöhen die Transparenz sowohl auf unserer Seite als auch auf der Kundenseite. Die Verbesserung der Kundenzufriedenheit ist eines unserer wichtigsten Anliegen." Dann klappt's auch weiterhin mit dem rasanten Wachstum: „Im B2B-Bereich werden derzeit an die 3.000 Aufträge im Monat bewältigt. Zusätzlich haben wir derzeit 4.000 bis 5.000 Anmeldungen neuer Kunden im selben Zeitraum", sagt Schmidt. Tendenz steigend.

Sicherheit statt Liebesgrüsse

Alle Jahre wieder hält die Welt den Atem an, wenn heimtückische Viren, Würmer oder Trojaner sich in Windeseile in den unendlichen Weiten des Internets verbreiten. Erst vor wenigen Monaten zwang ein gefährlicher Liebesgruss erneut innerhalb weniger Stunden die Mailserver zahlreicher großer Konzerne in die Knie und verursachte weltweit Schäden in Millionenhöhe. Nur durch wirksame Sicherheitsvorkehrungen und eine stabile Infrastruktur können Angriffe dieser Art zukünftig abgewehrt werden.

Ein Junge sitzt daheim in seinem Zimmer am Computer, hackt sich versehentlich in geheime Akten des US-Verteidigungsministeriums, startet unwissentlich kriegerische Handlungen und die Welt entgeht nur um Haaresbreite einem atomaren Overkill. Was 1983 in dem Film „War Games" noch als reine Phantasie galt, wird mit zunehmender Verbreitung des Internets mehr und mehr zu einer denkbaren Realität. Wenn auch die Sicherheitslücken der vernetzten Welt bislang keine derartig gravierenden Folgen hatten, greift die angst vor Hackern und Viren-Attacken doch zunehmend um sich - und das mit gutem Grund, werden nach Errechnungen des US-Fachmagazins „Information Week Research" Computerviren doch allein in diesem Jahr die Welt schätzungsweise 3,3 Billionen DM kosten.

Das Gold liegt auf dem Daten-Highway

Dennoch ist der Siegeszug der „New Economy" auch in der Bundesrepublik nicht mehr aufzuhalten. Bereits im Jahr 2002 - so ergab eine Studie des Marktforschungsinstituts FORIT - werden allein in Deutschland 70 Milliarden DM beim Einkauf im World Wide Web ausgegeben. Die Analysten von Forrester Research entwerfen sogar ein noch lukrativeres Bild. Nach ihrer Einschätzung wird Deutschland spätestens im Jahr 2004 mit Abstand der größte eCommerce-Markt in Westeuropa sein. 406 Milliarden Euro sollen zu diesem Zeitpunkt bundesweit über das Internet umgesetzt werden. Und nicht nur die erwarteten Online-Erträge sind nach Auffassung der Auguren ein Argument für eine Internet-Präsenz. Die Kostenreduzierungen, die in einem vernetzten Unternehmen langfristig erreicht werden können, werfen weiteres Gewicht in die Waagschale. Bis zu 90 Prozent der Aufwendungen, so die Auffassung der amerikanischen Giga Information Group, können Unternehmen zukünftig allein im Bereich des Bestellwesens einsparen, würden Bestellungen nicht per Post oder Telefon, sondern über das Internet abgewickelt. Fazit: Wer das Potenzial des Daten-Highways nicht nutzt, wird über kurz oder lang in der Sackgasse landen.

Derzeit jedoch kranken eCommerce- wie eBusiness-Angebote noch allzu häufig an mangelnden Sicherheitsvorkehrungen. Dies weiß auch Hans-Dieter Ernst, CEO (Chief Executive Officer) bei Bull Zentraleuropa: „Etliche eCommerce-Umsätze scheitern allein daran, dass der Kunde seine Kreditkartennummer nicht über das Netz preisgeben will." Ernst sieht in der Bewältigung der Sicherheitslücken eine der größten Herausforderungen für die New Ecconomy. Schließlich ist mangelhafte Sicherheit für die Endverbraucher auch heute noch dritthäufigstes Argument gegen den Einkaufsbummel auf dem Daten-Highway - erst wenn diese Angst der Online-Shopper überwunden ist, werden Internet-Handel und eBusiness-Strategien florieren.

Firewalls auf dem Vormarsch

Diese Erkenntnis ist nicht neu - längst wird fieberhaft an Lösungsangeboten für mehr Sicherheit in der vernetzten Welt gearbeitet. Inzwischen steht für rund 94 Prozent der Verantwortlichen in der IT-Branche - so eine Studie der Information Technology Association of America (ITAA).

Zahlreiche kleine und mittlere Logistikunternehmen stecken in einer strategischen Klemme: Sie wollen und müssen die enormen Marktpotenziale nützen, die sich für sie aus den E-Business-Aktivitäten von Industrie- und Handelsunternehmen ergeben. Doch die Einstiegshürden sind hoch. Old und New Economy verlangen von ihren Logistikpartner moderne IT-Strukturen und Software-Systeme im Industriestandard, denn der reibungslose Datenfluss ist heute die Voraussetzung für logistische Aufgabenstellung.

Das kostet Geld, und Investitionsmittel sind in der mittelständisch geprägten Branche knapp. Hier bietet Application Service Providing (ASP) kleineren und mittleren Unternehmen die Chance, informations- und kommunikationstechnische Lösungen einzusetzen, die bisher nur den Großen der Branche mit hohen IT-Budgets zur Verfügung stehen. Und noch ein weiteres Problem lässt sich mit ASP elegant umgehen: die zurzeit fast aussichtslose Suche nach geeigneten IT-Fachkräften.

Application Service Provider vermieten über das Internet oder andere Netze Anwendungen von einfachen Lösungen wie

- Speicherplatz im Web
- Büroprogramme zur Verarbeitung von Texten, Tabellen, Grafiken, Datenbanken
- Kommunikationslösungen wie Mail, Web, Fax, Telefon, Videokonferenzen
- Reisekostenabrechnungen bis hin zu umfassenden, integrierten Lösungen für
- Kundenbeziehungen (Customer Relationship Management),
- Enterprise Ressource Planning (ERP-Systeme wie SAP R/3)
- elektronische Geschäftsprozesse (E-Business, E-Logistics, Supply-Chain-Management).

Dieses Angebot nehmen immer mehr Unternehmen an. ASP ist ein Wachstumsmarkt. Werden die Umsätze im deutschsprachigen Raum bis zum Jahresende 2000 rund 74 Mio. EUR betragen, steigen sie bis zum Jahr 2005 bereits auf 5,8 Mrd. EUR, prognostizieren die Marktforscher der Forit Internet Research GmbH, Frankfurt. 69 Prozent der DV-Entscheider in den Unternehmen erwarten laut Forit durch ASP-Anwendungen hohe Kosten- und Zeitersparnisse, 58 Prozent eine geringere IT-Administration.

ASP bietet Kostenvorteile

Kosteneinsparungen ergeben sich allein schon dadurch, dass der Auftraggeber keine Software-Lizenzen mehr kaufen muss. Die Lizenzrechte erwirbt der Application Service Provider, die Kunden zahlen lediglich eine Gebühr für die Nutzung der Programme. Darin enthalten sind in der Regel Lizenzkosten, Aufwendungen für Rechner-, Festplatten- und Netzwerkkapazitäten sowie Wartungs- und Supportkosten.

ASP: Worauf Sie achten sollten

Nicht alle ASP-Anbieter sind gleich gut für eine Zusammenarbeit geeignet. Folgende Punkte sollten hinterfragt werden, bevor sich ein Unternehmen an einen Dienstleister bindet:

- Technische Infrastruktur: Es muss gewährleistet sein, dass der ASP-Anbieter leistungsfähige Produkte einsetzt, die auf dem neuesten Stand der Technik sind.

- Leistungsfähigkeit: Das Rechenzentrum des ASP muss die ständige Abrufbarkeit der Leistung garantieren. Das setzt hohe Bandbreiten der Netzinfrastrukt zur und hochleistungsfähige Server voraus - in doppelter Ausführung, um teure Ausfallzeiten zu vermeiden.
- Datenspeicherung: Aktuelle Datenspeicherungssysteme und Lösungen für ein regelmäßiges Backup sowie ein Desaster-Recovery-Konzept sind Pflicht.
- Sicherheit: Weil der ASP-Zugriff über das Internet erfolgt, ist der Einsatz bewährter Firewalls erforderlich. Ebenso werden klare Richtlinien für eine Identifikation der Anwender und Regelungen benötigt, wer auf welche Daten zugreifen darf.
- Support: Der Ausfall von IT kann teuer werden. Deshalb müssen klare Vereinbarungen vorliegen, welche Maßnahmen bei Störungen greifen, um die Ausfallzeiten so gering wie möglich zu halten.

Gute ASP umfasst auch die Unterstützung der Nutzer

ASP rechnet sich, weil es billig geworden ist, Daten über Leitungen zu schicken. Über einen T-DSL-Anschluss können kleinere Unternehmen mit eingeschränkten Ansprüchen an die Verfügbarkeit durchaus 10 bis 20 Mitarbeiter mit Büroprogrammen versorgen und müssen dafür jährlich weniger als 1000 DEM auf die Kosten für den Telefonanschluss aufschlagen. Selbst für hochprofessionelle, intensive Nutzung gedachte Datenverbindungen sind bei Größenordnungen von 10.000 DEM jährlich für viele mittelständische Logistikunternehmen keine Kostenhürde mehr.

Der technische Support ist folgendermaßen geregelt: Der ASP-Provider sorgt sich fachmännisch um den Betrieb der Software. Treten trotzdem Probleme mit der Bildschirmoberfläche auf, so kann er auf einen Help-Desk zurückgreifen, dessen Mitarbeiter den Bildschirminhalt sehen und sofort helfen können.

Application Service Providing setzt nicht auf aufwendige, individuelle Lösungen, sondern auf Standardisierung. Die Software-Applikationen werden beispielsweise bei dem ASP-Anbieter Sycor in einem leistungsfähigen, sicheren Rechenzentrum abgelegt, auf einem zentralen Server zur Verfügung gestellt und von den Unternehmen über das Internet oder Virtual Private Networks (VPN) abgerufen. Für diesen Zugriff benötigt der Nutzer lediglich einen Computer mit Internet-Anbschluss und Web-Browser. Die Standardisierung und die günstige Internet-Nutzung machen den wesentlichen Unterschied zum klassischen Outsourcing von

Software aus.

Für Transport- und Logistikdienstleister bietet sich ASP-Nutzung in folgenden Bereichen an:

- Auftragsabwicklung
- Angebots- und Kostenkalkulation
- Disposition
- Fuhrparkmanagement inklusive Tourenplanung und Bordcomputeranbindung
- Datenfunk
- Informationssystem
- Frachtabrechnung
- Lagerverwaltung
- Controlling und
- Online-Angebote.

Weitere typische ASP-Anwendungen sind Messaging (E-Mail, Unified Messaging), E-Commerce (Website Hosting, Shop-Systeme), ERP und CRM (Customer Relationship Management), normale Büroapplikationen, aber auch Branchenlösungen.

Durch ASP-Lösungen können sich Logistikdienstleister auf ihre Kernkompetenzen konzentrieren. Nutzen sie beispielsweise SAP R/3 für ihre Finanz-, Personal- oder Vertriebssysteme, sorgt der Application Service Provider dafür, dass stets die aktuelle Version der benötigten Software zur Verfügung steht - und zwar mit einem Schlag unternehmensweit. Das kosten- und zeitaufwendige Upgraden aller Unternehmensrechner entfällt. Ebenso muss das Hardware-Equipment nicht ständig an resourcenfressende Programme angepasst werden. Weiterer Vorteil: Teilen sich mehrere Kunden die Infrastruktur einer Anwendung, sinken in den Unternehmen die Kosten für den Einsatz moderner Informationstechnologie.

Übersichtliche Abrechnung

Auch die Kostenkontrolle wird einfacher. Bei einem ASPVertrag wird normalerweise nach zwei Modellen abgerechnet: Entweder wird eine monatliche Gebühr je Nutzer entrichtet, oder die in Anspruch genommenen Applikationen werden nach Transaktionen bezahlt. In dem Abrechnungsbetrag sind nicht nur die Lizenzgebühren, sondern die Gesamtkosten - so genannte Total Costs of Ownership (TCO) - enthalten.

Dazu gehören neben den Lizenzkosten auch die Aufwendungen für den Endanwender-Support und die Ausgaben für Fehlerbeseitigung. Forit Internet Research geht beispielsweise davon aus, dass Unternehmen mit Hilfe von ASP etwa 30 Prozent ihres IT-Budgets einsparen können.

Die ASP-Anwendungen ermöglichen Transport- und Logistikdienstleistern zudem deutliche Verbesserungen in der Kundenbetreuung. So können Vertriebsmitarbeiter jederzeit und von jedem Ort aus per Notebook eine Online-Verbindung zum Server herstellen: Kundendaten, Frachttarife, Angebote oder E-Mails stehen somit augenblicklich zur Verfügung"(vgl. BOTTLER,S. u. WEINRICH, M., DVZ e-com Logistik Magazin 2/2000, S.35-38, DVZ Verlag Hamburg; WELSCH-LEHMANN, F. E-Business-Magazin, S. 44-50, Siemens, München 2000).

### 4.6. KEP-Dienste

"Das Internet verändert das Konsumverhalten grundlegend. Und das erfordert eine tief greifende Anpassung der logistischen Prozesse. Speziell die Kurier-, Express- und Paketdienste, kurz Kep-Dienste werden von der Zersplitterung der klassischen Transportströme profitieren.

Im Sommer 1995 bereitete die amerikanische Federal Express (Fedex) Wettbewerbern und der Fachöffentlichkeit eine Überraschung. Das Unternehmen kündigte an, künftig große Teile der Kommunikation mit seinen Kunden über das damals neue Medium Internet abwickeln zu wollen. Dass Fedex mehr als 1 Mrd. USD jährlich für das neue System ausgeben wollte. rief seinerzeit selbst bei Fachleuten Bedenken hervor. Als wenig später auch die Wettbewerber - beispielsweise DHL, UPS oder Airborne - mit ähnlichen Systemen nachzogen, zeichnet sich deutlich die Konturen des neuen IT-Zeitalters in der Transportbranche ab.

Schätzungsweise 25 Mrd. USD wurden weltweit in die neue Technologie investiert. Allein UPS hat seit 1995 knapp die Hälfte dieses Betrages ausgegeben. Doch kein Unternehmen investiert solche gewaltigen Summen, nur um mit dem Wettbewerb Schritt halten zu können.

Die Integrators hatten frühzeitig die Potenziale erkannt, die in einer konsequenten Nutzung des weltumspannenden Computer-Netzwerkes liegen. Heutzutage, wo zahlreiche Handelsprozesse zunehmend über das Internet abgewickelt werden, wird die Strategie der Expressanbieter sichtbar.

Mittlerweile hat sich die Erkenntnis durchgesetzt, dass der Sektor der Kurier-, Express und Paketdienste (Kep) vom E-Commerce profitieren wird. Doch werden alle Kep-Dienste zu den Gewinnern zählen? Müssen die firmen - ähnlich wie die Integrators - Milliarden investieren, um an der Logistik des E-Commerce partizipieren zu können? Und welche Trends werden die Entwicklung in den kommenden drei Jahren bestimmen?

Ideale Partner für E-Commerce

Kep-Dienste mit ihren engen Zeitfenstern und der permanenten Servicebereitschaft stellen die ideale Ergänzung, ja vielleicht sogar die Voraussetzung für langfristig erfolgreiche E-Commerce-Projekte dar. Aus der Sicht der Kep-Anbieter lässt sich die zukünftige Entwicklung des E-Commerce grundlegend durch vier Thesen beschreiben:

- E-Commerce wird Normalität.
- Kept-Dienste sollten den Strukturwandel auch innerbetrieblich vollziehen. Nur durch geschicktes Agieren können zusätzliche Sendungsvolumina gewonnen werden.

Tatsache ist, dass bislang keine Technologie so schnell eine so intensive Marktdurchdringung erreichen konnte wie das Internet: Dennoch reicht das Spektrum der Einschätzungen von eindeutig positiven Erwartungen bis hin zu eher zurückhaltenden Beurteilungen.

So rechnet zum Beispiel Dr. Klaus Zumwinkel, Chef der Deutschen Post AG, im Jahr 2003 für sein Unternehmen mit zusätzlich 250 Mio. Sendungen, generiert durch E-Commerce. Rico Back, Chef von German Parcel, dagegen erwartet wenig zusätzliches Sendungsvolumen durch E-Commerce. Er sagt lediglich eine Verlagerung der Geschäftsabwicklung auf elektronisch gestützte Medien voraus. Übereinstimmend gehen diese Kep-Firmen jedoch davon aus, dass ihre Branche die zusätzlichen Sendungen zwangsläufig transportieren wird.

Zu welcher Meinung man auch tendiert, Tatsache ist, dass zahlreiche

Unternehmen die Internet-Technologie intensiv nutzen. Sie ist - im Gegensatz zu den komplexen Edifact-Lösungen - die Basis für eine zentral installierte und daher leicht zu wartende und anzupassende Software. So kann jeder User auf das System zugreifen und Funktionen wie Preisabfragen, Auftragserteilung, Sendungsverfolgung, Berichtswesen, Web-EDI, Reports oder Retourenbeauftragung nutzen.

Neben der permanenten Verfügbarkeit lassen sich so auch für kleinere Versandvolumina komfortable Bestell- und Kommunikationslösungen zu günstigen Konditionen realisieren. Das Internet übernimmt quasi die Funktion eines weltweit nutzbaren Großrechners. Es eröffnet die Möglichkeit, durchweg alle Unternehmen - unabhängig von deren Größe beziehungsweise Bestellvolumen - mit den Systemen der Produzenten und Händler zu verbinden. Das bedeutet insbesondere auch für kleinere Besteller einen erheblich gesteigerten Nutzwert.

Hohes Einsparungspotenzial

Einen Eindruck der möglichen Kostensenkungen bei Kep-Firmen vermittelt eine Veröffentlichung von Dereal Express: Der Integrator bestätigt, dass allein durch die Online-Sendungsverfolgung jährlich bis zu 7,5 Mio. USD eingespart werden. Zur Bewertung der Einsparungen muss man wissen, dass Federal Express 1994 für die Schaffung der Schnittstellen zum DV-System und die Programmierung des Erstauftritts lediglich rund 100.000 USD aufgewendet hat.

Mittlerweile werden nach Fedex-Angaben bereits mehr als zwei Drittel aller Sendungen über das Internet beauftragt. Damit ersetzt das globale Netzwerk nahtlos die klassische DFÜ (Datenfernübertragung); eine Entwicklung, die in der näheren Zukunft nicht zum Stillstand kommen wird.

Die Erfolgsgeschichte der Kep-Dienste lässt sich durch die konsequente Nutzung von moderner Technologie begründen. So waren die Integrators die ersten Anbieter von Internet-Services. Die erstmalig Mitte der 90er Jahre angebotene Sendungsverfolgung via Internet (Tracking & Tracing/T&/) zählt heute zu den populärsten Anwendungen, die sowohl bei Verladern als auch Kep-Anbietern zu Einsparungen und Serviceverbesserungen geführt hat.

Allerdings werden die sich aus diesem Service ergebenden Möglichkeiten bislang noch wenig genutzt. So werden die T&T-Daten nur vereinzelt systemtechnisch weiterverarbeitet und zum Beispiel in der Warenrechnung an den Empfänger aufgenommen. Alle Prozesse im Unternehmen auf die neue Technologie hin abzustimmen und anzu-passen, ist die Anforderung an alle Kep-Dienste.

Die Marktführer werden Funktionen wie den Zugriff auf individuelle Konditionen, automatisiertes T&T (Abruf von Tracking-Daten über Web-Schnittstellen) oder elektronische Abrechnung in absehbarer Zeit über Internet-Technologie zur Verfügung stellen. Die Frage für alle anderen Kep-Anbieter ist folglich nicht ob, sondern wann sie ihren Kunden entsprechende Angebote machen. Jeder Kep-Dienst wird die Technologie für sein Unternehmen adaptieren müssen, oder er wird vom Markt getrieben.

Der Güterstruktureffekt geht weiter

Just-in-Time-Lieferungen zählen bereits seit Jahren zum festen Bestandteil der europäischen Wirtschaft. Die seit Anfang der 80er Jahre zunehmende Nutzung der zeitgenauen Kep-Services basierte darauf, und so wurden immer mehr Speditionssendungen durch kleinere, aber schnellere Lieferungen ersetzt. Ausschlaggebend für die Verwender war die flexible Steuerung ihrer Volumina.

Als logische Konsequenz der intensiven Verbreitung von E-Commerce wird sich dieser Prozess weiter beschleunigen. Sendungsgewichte werden weiter abnehmen und große Sendungen durch mehrere kleinere Sendungen substituiert. Bei der mengenmäßigen Bewertung dieser Entwicklung (Zusatzvolumen aus der Entwicklung E-Commerce) ist allerdings zu berücksichtigen, dass nur ein Teil des durch E-Commerce generierten Sendungsvolumens tatsächlich zusätzlich erzeugt wird.

In welchem Bereich also werden Kep-Dienste Sendungsvolumina gewinnen? Die Handelsprozesse im E-Commerce lassen sich in drei Segmente aufteilen:

- Den Handel zwischen Privatpersonen; Consumer to Consumer oder auch C2C;
- Das Geschäft mit Endkunden, wie zum Beispiel im Versandhandel; Business to Consumer oder B2C;
- Den Handel zwischen Unternehmen; Business to Business oder B2B.

Diese Segmente werden durch eine unterschiedliche E-Commerce-Entwicklung gekennzeichnet sein. Im Bereich C2C wird zum Beispiel durch die Entstehung von Tauschbörsen und Auktionshäusern, über die Privatpersonen Waren anbieten, ein vergleichsweise kleiner Markt entstehen, der lediglich für Transportanbieter mit flächendeckenden Netzwerken (Postgesellschaften) attraktiv ist.

Im B2C-Sektor wird - nicht zuletzt durch die bereits eingeläutete Verschmelzung von Fernseh- und PC-Technik - ein größeres Marktvolumen durch E-Commerce freigesetzt. Der Einsatz von Internet-Technologie in den verschiedenen

Handelsstufen wird zweifelsohne zu einer verstärkten Belieferung von Privathaushalten führen. Abhängig davon, ob und welche Handelsstufe übergangen wird, entsteht ein jeweils größeres Potenzial für Kep-Dienste, die sich auf Endkundenbelieferungen spezialisieren.

Zu einer nahezu revolutionären Entwicklung wird es im B2B-Handel kommen, da durch die vereinfachten Prozesse Einsparungen von bis 85 Prozent vorausgesagt werden. Die wohl wichtigste Frage für alle Kep-Dienste ist, welche konkreten Sendungsmengen sich nun aus dem E-Commerce heraus - zusätzlich - erwarten lassen.

Das MRU e-KEP-Barometer

Um eine pragmatische und fundierte Basis für die Planung der Kep-Anbieter zu liefern, hat die Manner-Romberg Unternehmensberatung auf der Basis anerkannter Prognosezahlen der Marktforscher von Forrester-Research das e-KEP-Barometer zur genaueren Berechnung der Sendungsentwicklung des E-Commerce im Kep-Markt erarbeitet.

Ausgehend von den insgesamt im E-Commerce erzielten Umsätzen in Europa, zeigt die Hochrechnung des auf den Kep-Markt entfallenden Sendungsvolumens deutlich die unterschiedliche Dynamik der Segmente auf. Bemerkenswert sind auch die differierenden Entwicklungen in verschiedenen europäischen Ländern. Das mit Abstand höchste Sendungspotenzial wird für den deutschen Markt errechnet, gleichzeitig der größte Kep-Markt Europas.

Das Potenzial des französischen Marktes, zurzeit zweitgrößter Kep-Markt Europas, liegt den Berechnungen zufolge jedoch hinter dem, britischen Markt.

Rosige Zukunft für Kep-Dienste durch E-Commerce?

Welchen Prognosen man auch immer folgen will; Kep-Dienste scheinen als Gewinner aus dieser Entwicklung hervorzugehen. Durch die Zunahme des E-Commerce besonders im Bereich B2B und B2C wird aller Voraussicht nach ein nahezu unabdingbarer Anstieg des Kep-Volumens stattfinden.

Zusammenfassend lassen sich die grundlegenden Tendenzen auf wenige Thesen reduzieren:

- Obwohl Kep-Dienste für den E-Commerce prädestiniert erscheinen, ist eine Verschiebung der Transporte hin zu Kep-Anbietern nicht zwangs-läufig. Nur wenn die Service-Provider ihre Prozesse an die durch das Internet veränderten Abläufe anpassen und lückenlos an die interne Kommunikation adaptieren, werden sie eine rapide ansteigende Nachfrage registrieren können. Ansonsten werden die zu erwartenden Sendungsströme über alternative neue Serviceanbieter wie zum Beispiel Internet-Lieferdienste abgewickelt werden. Diese neuen Wettbewerber werden von vornherein auf die Anforderungen der neuen Technologie ausgerichtet sein.

- Die Anpassung des eigenen Unternehmens an die neue Technologie lohnt sich jedoch, denn die möglichen Zuwächse sind enorm hoch. Die sich für die Jahre 2002 bis 2004 abzeichnenden zusätzlichen Volumina entsprechen einem Prozentsatz von ungefähr 20 bis 30 Prozent des gesamten Kep-Marktes.

- Sowohl Newcomer als auch mittelständische Anbieter haben gute Chancen. Denn die notwendigen Investitionen können vergleichsweise gering gehalten und zudem durch Einsparungen im innerbetrieblichen Ablauf amortisiert werden.

- Des Weiteren können sich gerade die kleineren Kep-Firmen im Bereich der Last-Mile-Lieferung, zum Beispiel durch regelmäßige Zustell-Zeitfenster, ihre Marktlücken erschließen beziehungsweise die Position absichern. Die hierzu notwendige Flexibilisierung der Systeme muss wiederum mit einer Veränderung der bestehenden Technologie einhergehen.

- Langfristig müssen sich die im E-Commerce involvierten Kep-Anbieter allerdings auch mit den ökologischen Gesichtspunkten der Verlagerung auseinandersetzen. Die kleineren Sendungsgrößen und die damit zusammenhängende Erhöhung des Sendungsvolumens wird zu einem signifikant stärkeren Verkehrsaufkommen führen. Deshalb sind die Anbieter gefordert, durch eine sinnvolle Planung der Auslieferrouten und Beförderungsmittel sowie möglicherweise durch Kooperationen der Problematik in Angriff zu nehmen"(vgl. GRIMM, C., DVZ E-com Magazin , 1/2000, S. 14-17, DVZ Verlag, Hamburg).

## 4.7. KEP-LOG im Zeitalter des E-Commerce

"Marktnähe und Flexibilität sind mehr denn je gefragt

Gewusst haben es alle, doch entsprechend gehandelt? Viele Beobachter sehen in den gravierenden Mängeln im Fulfillment eine der Ursachen dafür, dass die tatsächlichen Erträge des E-Commerce hinter den optimistischen Prognosen zurückbleiben. Offenbar unterschätzt mancher

Anbieter die Bedeutung der Frage, wie oder mit wem er seine Logistik abwickelt. Dabei ist es zu einem Gutteil die letzte Meile, die über Erfolg oder Misserfolg der einzelnen Versandaktion entscheidet.

Fehler werden auf beiden Seiten gemacht: beim E-Commerce-Anbieter, der die Auswahl des Transportlogistikpartners als Sekundäraufgabe ansieht, aber auch auf Seiten der Kep-Dienstleister, die ihre Strukturen nach allen möglichen Gesichtspunkten zu optimieren versuchen. So ist es natürlich auf den ersten Blick einleuchtend, wenn ein Anbieter an strategisch ausgewählten Standorten Umschlagzentren auf der grünen Wiese plaziert. Das funktioniert in der Theorie. Aber in der Praxis?

E-Commerce-Kunden erwarten heute eine schnelle und an den Bedürfnissen des Empfängers ausgerichtete Zustellung. Das erfordert von den Kep-Dienstleistern eine ausgeprägte Marktnähe, um mit späten Abholzeiten, kurzen Laufzeiten und einer wirtschaftlichen Kostenstruktur aufwarten zu können. Gleichzeitig müssen sich die Logistikanbieter so flexibel aufstellen, dass auch größere Mengenschwankungen von System aufgefangen werden können.

„E-Commerce-Kunden erwarten heute eine schnelle Zustellung"

Der Deutsche Paket Dienst (DPD) verfügt über ein fein ausdifferenziertes Logistiknetz, das sich über knapp 25 Jahre kontinuierlich entwickelt hat und genau diesen Anforderungen entspricht. In Deutschland besteht es aus 65 Versand- und Empfangsdepots (in der Regel in Doppelfunktion), drei nationalen Netzknoten, den Hauptdepots, sowie vier regionalen Knoten. Dieses Netz wird durch Direkt- und Systemverkehre verknüpft und ist mit seiner Flächenabdeckung in hohem Maße auf Kundennähe ausgerichtet. Das bringt funktionale Vorteile beim Weg- und Zeitaufwand und ermöglicht damit vergleichsweise späte Abholzeiten. Zusätzlich sorgt es für Flexibilität und Reagibilität, vor allem auch im Tagesgeschäft, in dem auch mal außergewöhnlich große Paketmengen zu bewältigen sind.

Darüber hinaus bietet das Logistiksystem des DPD auch die Möglichkeit, aktuellen Marktentwicklungen kurzfristig zu folgen. Denn im Bedarfsfall können vergleichsweise schnell zusätzliche Depots mit einer angemessenen Kapazität eingerichtet oder bestehende Depots erweitert werden. Kurz, die Depotstruktur ist wandelbar, ohne dass die Gesamtorganisation durchbrochen werden müsste.

Prinzipiell bündelt der DPD seine nationalen Paketströme in drei Hauptdepots, über die auch der internationale Umschlag erfolgt. Jedes

Versand- und Empfangsdepot ist regional an eines der Hauptdepots angeschlossen. Die vier Regionaldepots haben dagegen einen kleineren Einzugsbereich. Sie konsolidieren Transportmengen im direkten räumlichen Umfeld. Über die Haupt- und Regionaldepots laufen in den Systemverkehren heute etwa 35 Prozent des gesamten Paketvolumens. Damit können Paketmengen zu wirtschaftlichen Transportvolumen zusammengefasst werden.

Knapp zwei Drittel der gesamten inländischen Paketmenge des DPD werden in Direktverkehren zwischen den Versand- und Empfangsdepots transportiert. Sie werden eingerichtet, sobald auf einer Relation ein bestimmtes Transportvolumen gesichert erscheint. Dafür müssen die Depots aber eine hohe Zahl an Versandrelationen sowie umfangreiche Be- und Entladekapazitäten vorhalten. Die großen Vorteile bestehen jedoch in der Ersparnis eines Umschlages sowie erhöhter Sicherheit und Flexibilität des Systems.

Genau diese Flexibilität ist entscheidend für die langfristige Sicherung der Qualität und der Wirtschaftlichkeit eines Kep-Dienstleisters. Denn eines darf angenommen werden: E-Commerce wir die Transportströme verändern. Dann hat derjenige gute Karten, der sich den Entwicklungen am schnellsten anpassen kann"(vgl. HOFFMANN, P., in: DVZ Nr. 138, 11/2000, a.a.O.).

## 4.8. Geschäftsmöglichkeiten für Spedition u. KEP-Dienste

"E-Commerce ist mit einem Eisberg vergleichbar: Ein großer Teil von ihm bleibt verborgen. Dieser „größere Brocken" ist, um im Bild zu bleiben, die Logistik.

Anders als beim B2C, wo mancher Online Shop die Back-End-Geschäftsprozesse, die Logistik, einfach unterschätzt hat, ist die Logistik im B2B natürlich nichts grundlegend Neues. Der Outsourcing-Prozess - ein Megatrend, wie die Experten sagen - lässt sich bis weit in die 80er Jahre zurückverfolgen.

Im B2B-Geschäft praktizieren Spediteure heute bereits E-Logistics in Form des Elektronischen Datenaustauschs (EDI), des Barcoding und der mobilen Datenkommunikation. Statusberichtssysteme, das Tracking und Tracing von Sendungen und Packstücken, sind dabei ein wichtiger Bestandteil. Diese Produkt- und Prozessinnovationen wurden schrittweise seit Mitte der 80er, verstärkt in 90er Jahren für Stückgutverkehre (Consolidation), Absatz- und Beschaffungslogistik eingeführt.

Nur so konnten wir rasch auf der E-Commerce-Welle mitschwimmen. Dies soll keine Selbstzufriedenheit signalisieren. Es soll zeigen, dass ich E-Commerce eher als einen evolutionären Prozess begreife.

Mit dem Internet eröffnen sich neue Möglichkeiten der Kommunikation, die wir kreativ nutzen werden. Erstmals wird eine durchgängige Vernetzung greifbare Realität. Die „Elektronisierung" der Geschäftsprozesse schreitet voran.

Wir wissen von der Automobilindustrie, einer der wichtigsten Kundengruppen unserer Branche (29 Prozent der Spediteure, die logistische Dienstleistungen anbieten, nennen die Automobilindustrie als Auftraggeber, Quelle: aktuelle BSL-Strukturanalyse), dass die Verkürzung der Entwicklungszyklen (Time-to-market) und die Senkung der Produktionszeiten (Time-to-customer) eine immer größere Tolle spielen. Durchgängige Kommunikationsketten sind dafür ein bestimmender Faktor. Die neuen I+K-Techniken erlauben eine bessere Integration der Logistikdienstleister in die Gesamtsteuerung der Logistikkette. Verbesserungspotentiale werden z.B. in einer höheren Dispositionsgenauigkeit, in einer höheren Liefergenauigkeit oder in weniger Sonderaktionen gesehen. Was schon Ende der 70er Jahre, mit der beginnenden JIT-Belieferung, formuliert wurde, erhält mit der Internettechnologie neue Chancen: Information ersetzt Bestände!

Mit dem Supply Chain Management verbinden unsere Kunden folgende Ziele:

- Eine schnellere Markteinführung ihrer Produkte,
- eine bedarfsgesteuerte Produktion,
- kürzere Durchlaufzeiten von der Bestellung über die Produktion bis zur Auslieferung der Produkte.

Hieraus leiten sich bereits Zielvorgaben für Spediteure und Logistikdienstleister ab. Die elektronischen Handelsplätze sollen die Durchlaufzeiten und Prozesskosten senken helfen. Die Anforderungen an die Logistikdienstleister steigen; wer will schon das mögliche Rationalisierungspotenzial elektronischer Marktplätze in den Lager-, Umschlag- oder Transportprozessen verlieren? Die Erwartungen an das Monitoring der Geschäftsprozesse nehmen zu. Informationen über Lagerbestände und Lagerbewegungen, über den Kommissionier- und Versandstatus sollen bis hin zur Packstückverfolgung über den gesamten Warenfluss aktuell verfügbar sein.

Vorstellbar ist auch, dass das Postponement Management an Bedeutung gewinnt. Damit soll die kundenspezifische Bestückung eines Artikels möglichst weit am Ende der Logistikkette zum Kunden geschehen (Anmerkungen: Standardbeispiel ist hier Dell Computer).

Schritt für Schritt haben sich Spediteure zum Logistikdienstleister entwickelt. Die sogenannten Value Added Services, die Mehrwertdienste, führen zu einer starken kundenspezifischen Differenzierung der Leistungspalette. Hierzu gehören Dienstleistungen wie:

- Die Abrufsteuerung,
- das Bestandsmanagement,
- die Bestellabwicklung,
- das Kommissionieren und Verpacken,
- das Konfektionieren,
- die einfachen Vormontagen,
- der Regalservice,
- das Tracking und Tracing,
- das Call Center.

Dieser Prozess wird sich mit dem E-Commerce eher noch verstärken.

Dreh- und Angelpunkt ist der Einsatz neuer Informations- und Kommunikationssysteme. Kein Wunder, dass vereinzelt Spediteure bereits die Kooperation mit einschlägigen Softwarehäusern und Systemanbietern suchen.

Die Verkettung und Vernetzung der Geschäftsprozesse wird häufig in Verbindung mit E-Commerce genannt. Aber vergessen wir nicht, dass das Ganze durch unterschiedliche Geschäftsprozesse, durch Software und Datenschnittstellen erschwert wird. Die Kompatibilitätsprobleme können nicht auf „Knopfdruck" beseitigt werden. Eine Umstellung bzw. Anpassung und Verknüpfung der Geschäftsprozesse dauert länger als manchem Propheten des E-Commerce lieb sein mag. Eine Lösung hierfür könnte das gemeinsame Bemühen um die Anwendung standardisierter Schnittstellen für die vielen Kommunikationsbeziehungen sein"(vgl. BOES, B., Statement des BSL zum europ. Logistiktag bei der IAA, Frankfurt 26.9.2000).

### 4.9. City-Log wird zur E-Log

"Steigende Umsätze helfen E-Commerce-Unternehmen wenig, solange sie keine Gewinne machen. Als wichtiger Faktor auf der Kostenseite steht die Logistik, die selten optimal gelöst ist.

Die Zahlen sprechen für sich: Laut Forester Research wird der webbasierte Umsatz in Europa von 83 Mrd. Euro im Jahr 2000 auf 1.550 Mrd. Euro bis 2004 steigen. Doch viele Unternehmen haben schon heute Probleme, das zu halten, was sie auf ihren Webseiten versprechen, nämlich die schnelle, zuverlässige

Belieferung des Endkunden. 1999 z.B. erreichten nur 64% der Onlinebestellungen den Kunden vor Heilig Abend. Mit steigenden Umsätzen rächen sich die Versäumnisse in der Logistik. Fazit: Ohne Logistik läuft auch im Internet nichts.

Die Frage, die sich Neueinsteiger stellen müssen, ist: Soll ich das Fulfilment selbst übernehmen oder übergebe ich es an einen Dienstleister? Die Frage nach der Kommissionierung, Store-basiert oder im Kommissionierzentrum, entscheidet sogar oft über Erfolg oder Misserfolg im E-Commerce. Langfristig gesehen bedeutet die von Startups favorisierte dezentrale Struktur bei zunehmenden Orders eine erhebliche Belastung des Personals im Geschäft. In sowieso schon teuren City-Lagen müssen Lagerkapazitäten zur Verfügung gestellt werden.

Outsorcing: ja - nein?

Die Logistikkosten für E-Commerce addieren sich auf die bestehenden Kosten der konventionellen Logistik. Kurz: es ist schwer, dann noch Geld zu verdienen.

Das teilweise sehr starke Wachstum im E-Commerce stellt besonders für junge Unternehmen eine große Herausforderung dar. Enorm wichtig sind hier skalierbare Lösungen hinsichtlich des Wachstums. Liquiditätsprobleme und Unzuverlässigkeiten entsprechender Wertschöpfungskette sind in diesem noch jungen Markt ein K.o.-Kriterium. Verstärkt werden die Anforderungen an die Flexibilität der Logistikkette durch starke Nachfrageschwankungen: Erfahrungen zeigen, dass die Regel entweder Leerläufe oder Engpässe sind.

Eine mögliche Lösung sind flexiblere Lieferzeiten zumindest bei nicht-zeitkritischen Produkten: Kann der Kunde auf seine Ware drei bis fünf Tage warten, wird mit schwchen Ordereingängen kombiniert.
So wählen Sie den richtigen Logistikdienstleister aus:

√ Welche Erfahrungen hat der Dienstleister im Bereich E-Commerce, bzw. in der betroffenen Branche (z.B. Lebensmittel: MHD- Problem /FEFO)?
√ Welche Software nutzt der Dienstleister, hat er Erfahrungen mit Ihrem Onlineshop-System? Auf Integration in Warehouse-Management-Systeme achten!
√ Welche Kommissioniertechniken benutzt der Dienstleister? Bietet er leistungsfähige Kommissionierstrategien an (z.B. Pick-to-Light / beleglose Kommissionierung)?
√ Wie hoch ist die Flexibilität bei starken Nachfrageschwankungen und hohen Wachstumsraten?
√ Kann der Dienstleister ein Multimandatenwarehouse bieten

(empfehlenswert!). Die Lösung sollte skalierbar sein hinsichtlich des zu erwartenden Wachstums.
√   Je nach Zielgebiet ist ein zentraler Standort des Lagers wegen Nachtsprung wichtig.
√   Kann der Logistikdienstleister eine eventuelle Expansion in Europa mitgehen?
√   Die Kostenverrechnung mit einem Dienstleister sollte auf Basis der tatsächlichen Umschlagzahlen basieren (Minimierung der Fixkosten!)

Das neue Fernabsatzgesetz ermöglicht Kunden, über das Internet, per Telefon oder Fax bestellte Waren innerhalb von zwei Wochen zurückzuschicken. Liegt der Warenwert über 40 Euro muss das Unternehmen die Kosten dafür tragen. Die hieraus resultierenden Rückläufer bedeuten einen erheblichen Erfahrungsvorteil für den traditionellen Versandhandel. Dieser hat über Jahrzehnte ein gut funktionierendes Retourenmanagement aufgebaut und kann somit das Internet eigentlich problemlos als einen weiteren Vertriebskanal zu den bestehenden nutzen.

Im Unklaren bleibt der Kunde auch bei Versandhändlern nicht selten darüber, auf welchem Weg - ob per Kep-Dienst oder in Eigenregie- und in welchem Zeitraum die Ware ankommen soll. Oft ist die Diskrepanz zwischen den Zustellwünschen des Kunden und den von Kep-Diensten angebotenen Zustellzeiten groß: Ein Berufstätiger möchte seine Ware abends, wenn er nach Hause kommt, in Empfang nehmen. Die in Amerika schon verbreiteten wählbaren Zeitfenster für die Zustellung zu Abendzeiten vermisst man - auch wegen der fehlenden Infrastruktur bei einigen Kep-Diensten - häufig.

Greift der Kunde mit Fragen zum Telefonhörer, so erwartet ihn ein durchwachsener Service im Call Center: Einige bieten umfassende, kompetente Beratung, andere müssen bei manchen Fragen in die Zentrale verbinden. Bei einem Anbieter landet der Kunde mit der „Service-Nummer" direkt bei der Kasse eines stationären Geschäfts.

Die Auswahl von B2C-Shops aus den verschiedenen Branchen gibt einen Überblick über den Stand der Dinge.

Vor allem bei nicht börsennotierten Startups ist es schwer, an Zahlen zu Umsatz, Aufwand und Ertrag zu kommen. Bei den Unternehmen, die ihre Zahlen veröffentlichen, wird deutlich, dass viele noch ein gutes Stück von einer erfolgreichen - nämlich gewinnbringenden - E-Com-merce-Aktivität entfernt sind. Laut einer Studie der Unternehmensbe-ratung Bain & Company zeichnet sich aber ein positiver Trend unter den Start-ups ab; die Professionalität seitens des Managements, so Bain, steigt"(vgl. SIEBEL, L., Logistik Heute Nr. 9/2000, S.

29-30, Huss-Verlag, München).

## 5.0. Wert – Marketing

### 5.1. Das logistische Informationssystem

"DV-gestützte Kommunikationssysteme realisieren bereits heute den ständigen Informationsaustausch eines Unternehmens mit seinen Kunden, Zulieferanten und logistischen Dienstleistern und sind wichtiger Bestandteil fortschrittlicher, ganzheitlicher Logistikkonzepte. Das effiziente Management der internen und externen Informationsbeziehungen ist damit zu einer strategischen Aufgabe der Unternehmensführung geworden. Das spiegelt sich im Einsatz von Informationssystemen (IS) wider. Informationssysteme werden in Industrieunternehmen hauptsächlich auf der Management- und Logistikebene zur Planung, Steuerung und Überwachung logistischer Prozesse eingesetzt.

Folgende Definitionen bilden die Grundlage für weitere Betrachtungen:

- Daten

    Daten sind eine Folge von Zeichen aus einem Zeichenvorrat, die sich in einem Code darstellen und maschinell verarbeiten lassen.

- Information

    Informationen sind zweckorientierte Daten über den Zustand von betrieblichen Systemen bzw. den Verlauf betrieblicher Prozesse in Vergangenheit, Gegenwart oder Zukunft. Sie sind immer mit einer Funktion zur Planung, Steuerung und Überwachung eines Systems verbunden.

- Informationssystem

    Ein Informationssystem faßt die Daten aus einer abgeschlossenen organisatorischen Einheit in einer Datenbasis zusammen, wo sie von vielen Stellen aus, möglichst im direkten Zugriff, jederzeit erreichbar sind.

    Ein logistisches Informationssystem ist ein Informationssystem in einem Logistik-Unternehmen. Die abgeschlossenen organisatorischen Einheiten werden durch die autonomen Subsysteme entlang der logistischen Prozeßkette repräsentiert.

Innerhalb dieser Subprozesse übernimmt ein logistisches Informationssystem die Erfassung, Speicherung, Verdichtung und Aufbereitung von Daten mit dem Ziel, Informationen in der richtigen Menge, am richtigen Ort, zum richtigen Zeitpunkt und in der richtigen Qualität zur Verfügung zu stellen. Dabei sind alle Informationsbedarfe entlang der logistischen Prozeßkette (u.a. von Planung, Beschaffung, Produktion, Distribution und Entsorgung) zu decken. Hierzu ist u.a. die Transparenz und Beurteilbarkeit der den Unternehmenserfolg beeinflussenden Prozesse (z.b. Fertigungs- und Materialflußprozesse) mittels geeigneter Monitoring-Verfahren und Interpretationstechniken zu ermöglichen, damit Entscheidungen erleichtert sowie Fehler- und Schwachstellen frühzeitig aufgedeckt werden. Daraus resultieren dann Maßnahmen zur Verbesserung von Planung und Betrieb der Prozesse.

Heute reichen Ist-Analysen für eine zukunftssichere Planung nicht mehr aus, da sich aus der Fülle von Randbedingungen und konkurrierenden Zielen ständig Änderungen an die Planungsvoraussetzungen ergeben. permanente Planungsbereitschaft aus den „lebenden", validierten Datenbeständen des Unternehmens ist aber für die Logistik unabdingbar und muß deshalb durch ein logistisches Informationssystem sichergestellt werden. Die Vergleichsbasis für jedes Planungsergebnis kann nur der gemessene, bewertete Betrieb oder Prozeß sein. Daher dürfen Planung und Betrieb logistischer Systeme nicht länger getrennt voneinander betrachtet werden. Aufgabe und Ziel ist es, aus der Planung resultierende Betriebskenngrößen als Führungsgrößen des Unternehmens laufend zu erfassen und mit der Zieldefinition der Planungsaufgabe oder des Fabrikbetriebs abzugleichen. Somit lassen sich bereits bei geringfügigen Abweichungen zwischen dem geplanten Soll-Zustand und dem vorliegenden Ist-Zustand korrigierende Maßnahmen einleiten. Insbesondere kann frühzeitig festgestellt werden, auf welcher Planungsebene der Logistikplaner aktiv werden muß:

- Strategieanpassung oder -änderung,
- Planungsaktivität in der Systemstruktur oder
- Steuerungseingriff in die Systeme.

Grundlage für ein ganzheitliches logistisches Informationssystem bildet somit die Integration aller zur Planung, Steuerung und Überwachung des Logistikbetriebes erforderlichen Daten einer gemeinsamen Datenbasis, dem Unternehmensdatenmodell (UDM), mittels unternehmensweiter Datenmodellierung. Voraussetzung für die Integration sind normierte Schnittstellen zu den Subsystemen, normierte Datensätze und Dateninhalte sowie der Einsatz von Standard-software für die

Administration der Datenbasis und der Kommunikation mit den Subprozessen des Systems.

## Attribute, Maßstäbe und Meßgrößen für Datenqualität

Die Ermittlung qualitätsbeeinflussender Attribute verdeutlicht die Schwerpunkte, auf die eine Datenqualitätsanalyse auszurichten ist. Maßstäbe und daraus abzuleitende Meßgrößen machen darauf basierend eine Bewertung der Datenqualität möglich, transparent und nachvollziehbar.

Zur methodischen Unterstützung der Ermittlung qualitätsbeeinflussender Parameter und zur Ableitung von Maßstäben und Meßgrößen in der betrieblichen Anwendung ist es Aufgabe des Datenmanagements, entsprechend geeignete Richtlinien und Leitsätze z.B. in Form von Checklisten, Organisationsanweisungen zu erstellen.

## Methoden und Verfahren des Datenmanagements

Grundlage für die Bestrebungen zur Sicherstellung von Datenqualität ist eine einheitliche Datenbasis aufbauend auf einem unternehmensweit gültigen Datenmodell, welches anwendungsunabhängig ein komplettes Abbild der für das Unternehmen relevanten Daten repräsentiert. Die Tauglichkeit einer Datenbasis hängt wesentlich von der Struktur des Modells ab; somit ist eine anwendungsunabhängige Datenmodellierung als strategische Aufgabe im Datenmanagement anzusehen.

Kundenanforderungen wird außerdem durch die relativ große Diskrepanz zwischen Kundenzufriedenheit und Wichtigkeit unterstrichen.

Die Untersuchung der Komponenten des Lieferservices hinsichtlich ihrer Wichtigkeit für den Kunden zeigt die zentrale Rolle der Logistik-Prozeß-Qualität zum Beispiel dadurch, daß Lieferzuverlässigkeit als die wichtigste Lieferservicekomponente weit vor Lieferschnelligkeit aus der Umfrage hervorging.

## Logistikstrategie als Grundvoraussetzung des Qualitätsmanagements

Hewlett Packard hat traditionell eine hervorragende Reputation hinsichtlich Produkt- und Produktionsprozeßqualität. Neu ist die Ausdehnung des Qualitätsbegriffs auf alle Austauschbeziehungen zwischen Hersteller und Kunden. Einer der Schlüsselprozesse zwischen Anbieter und Kunde ist der Prozeß der Auftragserfüllung.

Voraussetzung für erfolgreiches Qualitätsmanagement ist immer eine feste Verankerung des Qualitätsgedankens in der Unternehmensstrategie. Die folgende Abbildung gibt einen Überblick des bei Hewlett Packard erfolgreich verwendete Prozesses der Strategieentwicklung.

Der vierte Schritt auf dem Weg zur Logistikstrategie, d.h. die Formulierung strategischer Ziele, eignet sich hervorragend zur Einbindung des Qualitätsgedanken. Wichtig ist hierbei, nicht nur ein allgemeines Ziel vorzugeben, sondern dieses Ziel durch quantifizierbare Meßgrößen zu konkretisieren.

TQC (Total Quality Commitment) im Prozeß der Auftragserfüllung

Das Ziel von TQC ist die kontinuierliche Qualitätsverbesserung von Produkten, Dienstleistungen und Prozessen. Für die Erreichung dieses Ziels sind

- die Ausrichtung an Kundenbedürfnissen,
- Management-Verantwortung und -Engagement,
- statistische Qualitätskontrolle,
- systematische Problemlösungsprozesse und
- die Beteiligung aller Prozeßteilnehmer

Grundvoraussetzung.

Die Ausrichtung an Kundenbedürfnissen sowie Management-Verantwortung und Engagement sind schon in den ersten Abschnitten besprochen worden. Im folgenden möchte ich auf die Messung von Qualität und Cycle Time, die Beteiligung aller Prozeßteilnehmer und ein Beispiel zur Problemlösung eingehen.

Messung von Cycle Time

Als Cycle Time wird die Zeitspanne von der Plazierung des Auftrags durch den Kunden bis zum Eintreffen der Ware beim Kunden definiert. Gemessen wird nicht nur die gesamte Cycle Time sondern auch ihre Komponenten. Hierfür werden alle bei HP plazierten Aufträge nach Durchlaufen von Auftragserfüllungsteilprozessen mit elektronischen „Zeitstempeln" versehen"(vgl. KUHN; A., Qualitätsmanagement im logistischen Informationssystem, S.141-182, in: PFOHL, H.C., Total Quality Management in der Logistik, Erich Schmidt Verlag, Berlin 1992).

## 5.2. Kernprozesse des QM - Qualität und Logistik

"Hohe Anlagenverfügbarkeit, hohe Produktqualität, hohe Flexibilität - dies sind Forderungen, die sich nur mit einer systematischen Planung, Steuerung und Überwachung der Prozesse in der Logistik erreichen lassen. In vielen Unternehmen fehlt jedoch das hierfür erforderliche leistungsfähige, qualitätssichernde Informationswesen. Dieser Beitrag schildert den Einfluß der Qualität der Daten und Informationen auf die Leistungsfähigkeit eines Unternehmens und gibt Hinweise, wie das Informationswesen durch ein effizientes Qualitätsmanagement den Anforderungen der heutigen Zeit gerecht werden kann.

Qualität und Logistik

Die Unternehmensprozesse logistischer Systeme werden heute durch viele Faktoren entscheidend beeinflußt. Unter anderem sind dies:

- hohe Innovationsgeschwindigkeit,
- zunehmende Ressourcenknappheit,
- zunehmende Anlagenkomplexität,
- steigende Automatisierung,
- steigende Kundenanforderungen,
- steigende Produktvielfalt,
- sinkende Produktlosgrößen,
- zunehmender Wettbewerb durch Internationalisierung der Märkte und
- steigende gesellschaftliche Verantwortung (Umweltschutz, Datenschutz, Produkthaftung, Ergonomie).

Dadurch gewinnt die schnelle Einführung neuer Technologien in Produktion und Logistik als Prozeß der Übernahme von Forschungs- und entwicklungsergebnissen mehr und mehr an Bedeutung. Der Einsatz moderner Technik kann jedoch nicht allein den heutigen Anforderungen gerecht werden. Erfolgreiche Unternehmen setzen daher auf eine Strategie, die bei konsequenter Kundenorientierung das Denken und Handeln auf die kontinuierliche Verbesserung der Produkte, Dienstleistungen und Prozesse ausrichtet. Diese Hinwendung zu einem ganzheitlichen Qualitätsmanagement erfolgt parallel zu den technologischen und gesellschaftlichen Veränderungen der letzten Jahrzehnte und soll im folgenden kurz beschrieben werden.

Bis in die fünfziger Jahre dominierte die von Frederick Winslow Taylor (1856 - 1915) aufgestellte Theorie der wissenschaftlichen Betriebsführung

(Scientific Management). Sie umfaßt Maßnahmen zur weitmöglichsten Arbeitsteilung, die zu einer Trennung von Planung, Steuerung, Kontrolle und Ausführung der Arbeitsprozesse führten.

Diese funktionale Aufteilung manifestierte sich in der Aufbau- und Ablauforganisation der Unternehmen. Die Informationen über die Geschäftsprozesse waren auf Karteikästen, Aktenordner, Journalbücher und die Köpfe der Mitarbeiter in den entsprechenden Teilbereichen der Unternehmen verteilt. Mit der Komplexität der Unternehmen wuchs auch der Tatbestand, da die einzelnen Teilbereiche eigene Konzepte und Strategien zur Speicherung und Administration ihrer Daten entwickelten. Dies hatte zur Folge, daß viele Daten redundant gehalten wurden und die unterschiedliche Datenorganisation den Zugriff für Außenstehende nahezu unmöglich machte. Eine Nutzung aller Informationen wurde dadurch ausgeschlossen.

Die Qualität der Produkte und Dienstleistungen wurde im wesentlichen durch die Endkontrolle der Produkte und Dienstleistungen sichergestellt. Die Fehler wurden dort behoben, wo sie entdeckt wurden, also am fertigen Produkt. Diese Form der Qualitätsprüfung wird heute „klassische! Qualitätskontrolle genannt. Nachbearbeitung oder Verschrottung war die Reaktion auf Qualitätsmängel. Eine Verbesserung der Qualität konnte im tayloristischen System nur durch die Einengung der Prüfspezifikationen erreicht werden. Die Folge waren steigende Kosten. Ein fehlendes Feedback führte dazu, daß der eigentliche Verursacher der Qualitätsprobleme in den seltensten Fällen mit den Auswirkungen seiner Arbeit konfrontiert wurde und nahm ihm die Chance und das Interesse, sich mit der Qualität seiner Arbeit auseinanderzusetzen. Geringe Arbeitszufriedenheit bis hin zur Demotivation der Mitarbeiter, unzureichende Flexibilität, zeit- und kostenintensive Schnittstellen sowie hohe Komplexität als Folge des Taylorismus schränken die Funktionsfähigkeit der Unternehmensorganisation ein"(vgl. KUHN, A. S. 143-144, a.a.O.).

### 5.3.TQM (Total Quality Management) als Wettbewerbsvorteil

"Das Total Quality Management zeichnet sich durch eine starke Mitarbeiterorientierung aus. Aufbauend auf dem TQC-Konzept bezieht es alle Mitarbeiter des Unternehmens vom Top-Management bis zu den Arbeitern ein. In Qualitätszirkeln haben Mitarbeiter die Möglichkeit an Qualitätsverbesserungen mitzuwirken. Schulungen sollen dazu dienen, Mitarbeiter von dem Qualitätsgedanken zu überzeugen und Quali-tätsverbesserungen der Leistungsprozesse herbeizuführen. Ein weiteres Merkmal des TQM ist die

Qualitätsorientierung am Kunden. Lieferanten-Kunden-Beziehungen beinhalten dabei jedoch nicht nur die externe Kundenorientierung, sondern projizieren dieses Verhältnis auch auf die einzelnen Arbeitsschritte im Unternehmen. Jeder Mitarbeiter hat dadurch den nachfolgenden Prozeß zum Kunden. Diese interne Kundenorientierung trägt zur Erfüllung externer Kundenwünsche bei, indem sie externe Kundenerwartungen in interne Anforderungen umsetzt. Außerdem integriert das TQM-Konzept die Unternehmensumwelt in die Qualitätspolitik des Unternehmens. So können Kundenanforderungen z.b. auch Auswirkungen auf das ökologische Umfeld beinhalten. Das TQM versteht sich dabei als Teil der Unternehmensphilosopie bzw. Unternehmenskultur, der von allen Mitarbeitern getragen wird"(vgl.PFOHL, H.C., Total Quality Manage-ment S.6-7, a.a.O.).

### 5.4. TQM in der Logistik

"Besonderheiten aufgrund des Dienstleistungscharakters der Logistik

Nach den Grundsätzen des Total Quality Managements orientiert sich die Qualität einer betrieblichen Leistung an den Kundenanforderungen. Diese Anforderungen können sich auf das Leistungsergebnis und die Art und Weise, wie dem Kunden die Leistung dargeboten und übermittelt wird, beziehen. Sie betreffen somit alle Prozesse, die mit dem Leistungsergebnis verbunden sind. Einer dieser Prozesse ist der Logistikprozeß. Dieser umfaßt alle Tätigkeiten, „durch die eine raum-zeitliche Gütertransformation und die damit zusammenhängenden Transformationen hinsichtlich der Gütermengen und -sorten, der Güterhandhabungseigenschaften sowie der logistischen Determiniertheit der Güter geplant, gesteuert, realisiert und kontrolliert werden. Er wird auch als Auftragserfüllungsprozeß („oder-fulfillment process") bezeichnet. Dieser Prozeß ist in das gesamte Produkt-/Dienstleis-tungspaket eingeordnet, dass den Kundenanforderungen zu entsprechen hat. Neben dem Produkt, dem Preis und der Dienstleistung ist die Qualitätsverbesserung selbst Bestandteil dieses Paketes. Denn der Kunde legt zunehmend Wert auf eine Orientierung an einer ständigen Qualitätsverbesserung beim Lieferanten.

Logistikprozesse beeinflussen in zweierlei Hinsicht die Qualität. Einerseits bestimmen sie objektiv erfaßbare Qualitätsmerkmale. So kann z.B. eine unsachgemäße Verpackung zu Produktschäden führen oder eine fehlerhafte Auftragsabwicklung zeitliche Verzögerungen hervorrufen. Andererseits werden Logistikprozesse an der Schnittstelle zum Kunden durchgeführt und haben damit unmittelbaren Einfluß auf die funktionale Dimension der Qualität. hervorzuheben ist die kumulierende Wirkung zwischen der Wahrscheinlichkeit des Auftretens von Qualitätsmängeln in Teilabschnitten des Logistikprozesses und der Wahrscheinlichkeit eines fehlerfreien Gesamtprozesses. Aufgrund der multiplikativen Verknüpfung der Teilwahrscheinlichkeiten für eine fehlerfreie Transaktion im zehnstufigen Logistikprozeß eine relativ niedrige Gesamtwahrscheinlichkeit für einen fehlerfreien Logistikgesamtprozeß ergibt. Die Forderung nach nahezu 100%iger Qualität in den Teilprozessen ist deshalb unumgänglich.

Merkmale logistischer Leistungen bestimmen sich aus dem Dienstleistungscharakter der Logistik. Folgt man dem ergebnisorientierten Dienstleistungsbegriff, dann „kann unter Dienstleistung das immaterielle Ergebnis des Leistungser-stellungsprozesses verstanden werden, das von personellen und materiellen Leistungsträgern an einem externen Faktor, der sich nicht im uneingeschränkten Verfügungsbereich des Leistungsgebers befindet, vollzogen wird und teilweise materielle Trägersubstanzen wie z.B. Papier, Magnetbänder, Disketten erfordert. Diese Definition gilt unabhängig davon, ob Dienstleistungen wie in Dienstleistungsbranchen als Primärleistung den Unternehmenszweck darstellen -logistische Dienstleistungen werden beispielsweise von Logistikunternehmen (logistischen Dienstleistern (als Primärleistung erbracht - erstellt und verwertet werden).

Vor allem, wenn Dienstleistungen Primärleistungen darstellen, fällt als besonderes Merkmal von Dienstleistungen die Integration des externen Faktors, der durch den Kunden einzubringen ist, ins Gewicht. eine Dienstleistung kann danach nicht unabhängig von dem Objekt, an dem sie erbracht werden soll, realisiert werden. Beispielsweise sind Lagerhaltungsprozesse ohne physisch vorhandene Stoffe nicht möglich. Dienstleistungen sind weiterhin immateriell, d.h. sie sind im Gegensatz zu physischen Produkten nicht greifbar, man kann „sie meist nicht sehen, schmecken, fühlen, hören oder riechen, bevor man sie erwirbt". Ein drittes Merkmal von Dienstleistungen ist die zeitliche Überschneidung von Produktion und Konsum. Dies verursacht eine stark eingeschränkte Reversibilität. Umtausch oder Rückgabe von Dienstleistungen sind ausgeschlossen. Eine Nachbesserung ist i.d.R. nur bedingt möglich. Die zeitliche Deckungsgleichheit von Produktion und Konsum führt außerdem dazu, daß Dienstleistungen nicht lagerfähig sind. Sie können daher nicht auf Vorrat produziert werden, was die Empfindlichkeit von Dienstleistungsunternehmen gegenüber Nachfrageschwankungen erhöht"(vgl. PFOHL, H.C., Total Quality Management in der Logistik, S. 22-25, a.a.O.).

## 5.5. Ziele des Logistik-Benchmarking

"Logistik-Benchmarking kann definiert werden als der systematische Prozeß der Erhebung und Analyse von Logistikdaten zur exakten Beschreibung und Erklärung der Stärken und Schwächen der eigenen Logistik durch Vergleiche mit möglichst leistungsstarker Logistik bzw. leistungsstarken Logistikbereichen anderer Unternehmen, um Ziele und Maßnahmen zur nachhaltigen Verbesserung der eigenen Logistik realisieren zu können. (Wild 1995, S. 83).

Auf der Grundlage der Wirkzusammenhänge im strategischen Dreieck hat KLÖPPER (1991, S. 111) ein Erfolgstripel der Logistik, bestehend aus Wirtschaftlichkeit, Kundenzufriedenheit und Zukunftssicherung, abgeleitet.

Für den Aufbau und den Ausbau nachhaltig wirksamer logistischer Erfolgspotentiale orientiert sich der Erfolg der Logistik an internen und externen Erfolgspotenzialen unter Berücksichtigung ihrer Interde-pendenzen. Ausgehend von dem logistischen Erfolg können die Ziele des Logistik-Benchmarking wie folgt definiert werden:

- Transparenz der eigenen Logistikprozesse

- Kritische Auseinandersetzung mit der Dynamik und dem Fortschritt der Logistik - Objektivierung der eigenen Stärken und Schwächen

- Quantifizierung der Logistikleistungslücken zum internationalen Spitzenniveau

- Kontinuierliche Verbesserung durch ständiges Hinterfragen und Aufbrechen traditioneller Logistikprozesse

- Umfassende Marktorientierung

- Verbreitung und Nutzung des Marktwissens im Unternehmen

- Formulierung neuer Logistikziele auf der Basis realistischer „best practices"(vgl. LEIBFRIED, K.H.J. u. MC NAIR, C.J. Benchmarking, S. 283-297, a.a.O. )

## 5.6. Renaissance der manuellen Kommissionierung

"Die Rede war vom Full-Service-Logistikdienstleister modernen Zuschnitts, modernen Softwaresystemen, neuen Dienstleistungen und Services und - was meist vergessen wird - der Technik.

E-Commerce, so ten Hompel, werde die Anforderungen an die Kommissionierung in die Höhe treiben. Doch nicht, wie man meinen könnte, in Richtung vollautomatisierter Lösungen. Der Automatisierungswelle scheint ihrem Ende entgegen zu gehen. Kleinere Sendungsgrößen müssen in kürzerer Zeit an wesentlich mehr Kunden geliefert werden. Mehr als 500 Picks pro Stunde und Station sind keine Seltenheit mehr. Damit, so ten Hompel, rücken die manuelle Kommissionierung und der Mensch wieder stärker in den Vordergrund. Ergonomie lautet das Zauberwort. „Man erreicht keine Produktivität, wenn man den Kommissionierer an kilometerlangen Gassen vorbeilaufen lässt und den Arbeitsplatz nicht ergonomisch hält." Funk-Terminals, Pick-to-Light und andere moderne Kommissioniersysteme, die dem Menschen das Arbeiten erleichtern, so seine Prognose, werden in Zukunft zu den Top-Themen der Kommissionierung zählen. Auf einhellige Zustimmung stieß seine Forderung nach integrierten Lösungen. Es komme darauf an, eine geschlossene Logistikkette aufzubauen. Heute wird in aller Regel E-Commerce so eingeführt, dass man die Logistik dafür einfach auf die bestehende Logistik draufsetzt"(vgl. TEN HOMPEL, M., in Logistik Heute Nr. 11/2000, S.36-37, Huss-Verlag, München).

### 6.0.Virtuelle Transportwelt

"Für die Logistiker bedeutet der Einstieg in E-Commerce weit mehr als die Auftragsannahme und -abwicklung über das Internet. Die Anpassung der internen DV-Struktur gehört genauso dazu wie die Schulung der Mitarbeiter. DVZ-Redakteur Sven Bennühr sprach mit Peter Skapetze, Vorstand der Kamino AG, über Investitionen, Risiken und Chancen, die der Einstieg in die virtuelle Transportwelt mit sich bringt.

DVZ: Was bringt der Einstieg in das E-Business für die Logistikdienstleister?

Skapetze: Tatsache ist, dass das neu aufkommende Geschäftsfeld des Internet-Handels in Deutschland noch mit vielen ungelösten Fragen belastet ist. Große Unsicherheiten liegen für den Besteller in der Abwicklung und Sicherheit der Zahlungsmodalität, über die Verfügbarkeit der Ware, bis zur physischen Auslieferung der Bestellung. viele Unternehmen, gerade aus dem Umfeld der „new economy" unterschätzen den logistischen Aufwand und gehen dieses Thema nur halbherzig an.

Ebenso verhält es sich bei den traditionellen Logistikdienstleistern. Wenige haben die Chancen der Zukunft erkannt und schnell auf die neuen

Herausforderungen reagiert.

DVZ: Welche Voraussetzungen müssen Logistiker erfüllen, um erfolgreich in E-Commerce einzusteigen?

Skapetze: Grundvoraussetzung sind neben klassischem Know-how eine auf den Kundenbedarf abgestimmte DV-Schnittstelle. Die einzelnen Prozesse müssen vollautomatisiert laufen und in Echtzeit in das System des Kunden fließen. Es ist wichtig, dass der Kunde jede Order vom Orderplacing bis zur Auslieferung an seinen Abnehmer live im Internet tracken kann.

DVZ: Wie hoch sind die Kosten für die Einführung eines E-Commerce-tauglichen Systems?

Skapetze: In die Entwicklung von Cyberlogistics haben wir mittlerweile zirka 2,1 Mio. DEM gesteckt. Neben der Entwicklung im DV-Bereich waren auch Investitionen in Lagertechnik erforderlich, um kürzeste Pickzeiten zu garantieren. Wenn Sie zum Beispiel über 300 verschiedene Artikel innerhalb einer Stunde zu picken haben, stoßen automatische Systeme sehr schnell an ihre Grenzen. Wir haben den zusätzlichen Bedarf an unterschiedlicher Lagertechnik anfangs unterschätzt.

DVZ: In welchem Umfang muss das Personal für den einstieg in E-Commerce geschult werden

Skapetze: Natürlich muss eine umfangreiche Produktschulung erfolgen. Daneben müssen die Mitarbeiter im Lager in der Lage sein, die Warenbewegungen entsprechend in der DV darzustellen und zu verwalten. Der Umfang mit mobilen Scannern gehört ebenso zur neuen Aufgabe des Personals wie der direkte Kundenkontakt. Somit ändert sich das Berufsbild vom Lagerarbeiter hin zum Kundenbetreuer mit „Pickerfahrung".

DVZ: Lohnt sich die Zwischenschaltung eines externen Dienstleisters?

Skapetze: Die Antwort hängt davon ab, ob der E-Commerce-Teilnehmer seine Kernkompetenz in der Entwicklung, dem Marketing und dem Verkauf seiner Produkte sieht, oder, entgegen dem Trend, eigene Logistikstrukturen aufbaut. Mehr und mehr Unternehmen nutzen die Chancen des Outsourcings, um ihre Fixkosten abzubauen und in auftragsbezogene variable Kosten umzuschichten. Gerade bei saisonabhängigen Produkten ist dies besonders zu berücksichtigen.

DVZ: Wie sieht es mit der Schnittstellenproblematik aus?

Skapetze: Die Frage ist schon richtig formuliert, denn die Schnittstellen sind wirklich ein Problem. Für jeden unserer Kunden wurde bisher eine individuelle Schnittstelle definiert und entwickelt. Selbst Kunden, die mit der gleichen Software-Lösung arbeiteten, mussten unterschiedlich vernetzt werden. Schnell mussten wir erkennen, dass die vorhandenen Standards, die von einigen Softwarehäusern angeboten werden, den individuellen Wünschen der Kunden nicht genügten. Besonders als E-Commerce-Logistiker sollte man nicht davon ausgehen, dass Kunden bereit sind, mit Standard-Lösungen auszukommen.

DVZ: Wo liegen die Grenzen der gegenwärtig verfügbaren Systeme?

Skapetze: Die Grenze ist der Standard. Diese Standards decken eine Vielzahl von Möglichkeiten ab, und dennoch hat jedes Unternehmen unterschiedliche Anforderungen. Beim Einsatz von Standardlösungen vergehen Wochen und Monate von der Projektplanung bis zur Realisierung.

DVZ: Vielen Dank für dieses Gespräch"(vgl. DVZ Nr. 68, 6/2000, DVZ Verlag, Hamburg).

## 6.1. Kundenzufriedenheit als Basis

"Mit einer hohen Kundenzufriedenheit möchte das Direktvertriebsunternehmen Amway Maßstäbe setzen. Hierzu gehören qualitativ hochwertige Produkte, professionelle Kundenberatung und prompte Lieferung frei Haus. Ebenso hat sich die Deutsche Post für seinen Kunden Amway hohe Ziele in punkto Kundenzufriedenheit gesetzt. Mit Erfolg: Bei einem Restlauf waren 90 Prozent aller befragten Amway-Geschäftspartner mit den Leistungen der Deutschen Post zufrieden und werden auch in Zukunft auf ihre Dienstleistungen zurückgreifen.

Eine Geschichte wie aus dem Bilderbuch: Jeder träumt davon, doch nur die Wenigsten schaffen es. Als Jay Van Andel und Rich DeVos 1959 in den Kellern ihrer Häuser in Michigan'/USA mit nur einem Produkt ihre Geschäftsidee starteten, war der heutige Erfolg von Amway natürlich noch nicht absehbar. Doch der L-O.C. Mehrzweckreiniger. eines der ersten biologisch abbaubaren Reinigungsmittel, ließ sich gut im Direktvertrieb verkaufen.

Mittlerweile ist Amway mit einem Jahresumsatz von 250 Millionen Mark seit 25 Jahren erfolgreich in Deutschland tätig. Heute vertreiben in 59 Ländern drei

Millionen selbstständige Amway-Geschäftspartner 450 Amway Produkte aus den Bereichen Haushaltswaren, die größtenteils in den USA hergestellt werden. Dabei liegt der weltweite Jahresumsatz bei fünf Milliarden US-Dollar.

In Deutschland bieten die 85.000 selbstständigen Amway-Geschäfts-partner außerdem einen Vermittlungsservice für IBM-Computer und o.tel.o an. Ferner vertreiben sie Produkte anderer namhafter Hersteller wie Bosch oder Philipps über einen Katalog. Weitere Informationen finden Kunden im Internet unter www.amway.de.

Der Direktvertrieb erspart dem Kunden den Gang ins Geschäft. Der selbstständige Amway-Geschäftspartner bringt auf Bestellung die Produkte für den täglichen Bedarf direkt ins Haus. Er übernimmt zu einem vereinbarten Termin sogar das automatische Nachliefern für seine Kunden. Darüber hinaus berät er sie kompetent, stellt ihnen neue Produkte vor und lässt sie diese bei Bedarf testen. Sollten ein Kunde einmal nicht mit seiner Ware zufrieden sein, kann er diese im Rahmen der Kundenzufriedenheitsgarantie gegen die volle Kostenrückerstattung zurückgeben - ohne Angabe von Gründen auch im benutzten Zustand.

7.000 Bestellungen pro Tag

Eine wichtige Voraussetzung für die optimale Dienstleistung am Kunden ist natürlich der funktionierende Versandservice. Die Bestellungen werden in der Zentralverwaltung in Puchheim bei München erfasst und online in das Lager nach Neuss gesandt. Von dort aus gehen die Pakete an selbstständige Amway-Geschäftspartner in Deutschland, Österreich, Dänemark, Norwegen, Schweden und Finnland.

Auf 5.000 Quadratmetern lagern in Neuss 1,5 Millionen Artikel. Pro Tag können 7.000 Bestellungen verpackt und versandt werden. Von 27 Mitarbeitern werden stündlich bis zu 13.000 Einzelteile in die Kartons gepackt, bevor diese vollautomatisch auf Fehler hin geprüft, gewogen, aufgefüllt, zugeklebt und in die Transportlaster verfrachtet werden. In der Regel ist die Ware bereits 48 Stunden nach Eingang der Bestellung vor Ort beim Empfänger. Eine Lagerhaltung wird dadurch für den Amway-Geschäftspartner unnötig.

Testlauf erfolgreich

Bisher lief der Amway-Paketversand exklusiv über einen anderen Transporteur. Doch die Amway-Geschäftspartner waren nicht immer mit den Leistungen des Wettbewerbers zufrieden. Hier kam Rudolf Kornfeld, Außendienstler der Deutschen Post Euro Express und Kundenberater für Amway, die Idee eines Testlaufs. Für den Postleitzahlenbereich 8 wurde in der Zeit vom 26. April bis 30.

Juni 2000 der Paketversand von der Deutschen Post übernommen.

In den Paketen lag ein Fragebogen bei, der die Transportleistung der Deutschen Post transparent macht. Gefragt wurde nach der Anlieferungs-art, dem Anlieferungstag und ob die Amway-Geschäftspartner mit dem Service der Deutschen Post zufrieden oder nicht zufrieden waren. Darüber hinaus gab es Platz für Anmerkungen und Anregungen. Insgesamt 18.051 Pakete wurden in dieser Zeit transportiert. 1.547 Fragebogen gingen an das Amway-Zentrallager in Neuss zurück.

Das Ergebnis war ein voller Erfolg: 90 Prozent aller Amway-Geschäfts-partner im PLZ-Gebiet 8 sind mit der Leistung der Deutschen Post zufrieden. Über 70 Prozent erhielten ihre Ware bereits in 24 Stunden. Mehr als zehn Prozent der Lieferungen wurden sogar Samstags zugestellt. „Die Deutsche Post sagt mir mehr zu: Sie kommt in der Regel am Vormittag und ungefähr zur selben Zeit, auch am Samstag. Und derselbe Postbote kennt sich eben aus", lautete eine der vielen positiven Anmerkungen.

Deutsche Post ist günstiger

Amway zog aus diesem Testlauf die Konsequenz, ihren Amway-Geschäftspartnern künftig deutschlandweit die freie Wahl zwischen der Deutschen Post und dem bisherigen exklusiven Transporteur zu lassen. „Aus wirtschaftlicher Sicht ziehen wir die Deutsche Post vor. Deshalb ist sie jetzt unser Standard-Transportdienstleister", erklärt Amway-Distributions-Manager Freddy Ulrich. Wenn also bei der Bestellung kein Wunsch-Transportdienstleister angegeben wird, läuft der Transport automatisch über die Deutsche Post. Und hier ist sich Rudolf Kornfeld sicher: „Nach dem großen Erfolg im PLZ-Gebiet 8 werden wir auch bundesweit die erste Wahl sein"(vgl. KORNFELD, R., PAUTSCH, D., ULRICH, F., in : Post plus 5/2000, S.6-7, Post-verlag Bonn)

**6.2. Vermarktung/ Steigerung des Kundennutzens**

"Zukunftsausrichtung neuer Dienstleistungen

Höherer Kundennutzen durch neue Logistikstrukturen

Ein weltweiter Entwicklungstrend besteht darin, dass sich die Gesellschaftsstrukturen immer stärker weg von früheren Produktionsausrichtungen und hin zu einer umfassend stärkeren Dienstleistungsgesellschaft entwickeln. Kundennutzen, Schnelligkeit und Bequemlichkeit sind demnach allgemein kennzeichnende Anforderungen der Verbraucher. Volkswirtschaftlich wird prognostiziert, dass diese Hinwendung zur

Dienstleistungsgesellschaft die notwendigen neuen Arbeitsplätze und die gewünschten Produktivitätssteigerungen erbringen können. Diese Perspektive stützen bereits Bedeutung und Wichtigkeit neuer Dienstleistungsangebote. Eine derzeitig weltweit besonders beachtete Entwicklung ist die Einführung von Electronic-Commerce-Technologien in den Vertriebsfeldern „Business to Business" und „Business to Consumer". Allgemein gilt: Dem jeweiligen Anwender mit der elektronischen Bestellung seine Arbeit zu vereinfachen.

Für den Bereich Business to Consumer, also den Verkauf von Waren an den Endkunden, bedeutet dies z.B. Informationsbereitstellung und Beratung, Bestellung und Verbuchung durch PC mittels Internet.

Der Kundennutzen dieser als E-Commerce bezeichneten neuen Dienstleistung liegt in den Bereichen:

- Einfachheit
- Schnelligkeit
- Bequemlichkeit

Diese Punkte sieht der Kunde allerdings nur dann als gegeben an, wenn sich diese Vorteile nicht nur auf die elektronische Abwicklung, Beratung und Verbuchung beziehen, sondern wenn Einfachheit, Schnelligkeit und Bequemlichkeit auch für die reale Ausführung des Auftrages, also die Abwicklung des physischen Warenverkehrs bis hin zu seiner Empfangsstelle, beispielsweise der Wohnung, gewährleistet sind.

Dies bedeutet, dass für den Kunden unbemerkt, angefangen von der Warenbereitstellung bis zur Auslieferung am gewünschten Zielort, also Wohnung, Parkhaus, Firmensitz oder ein sogenanntes Endterminal, welches sich auf dem Weg zu seiner Wohnung oder seinem Arbeitsplatz befindet, die gesamte logistische Abwicklung schnell und kostengünstig erfolgt.

Wer also richtigerweise im Feld des E-Commerce neue Dienstleistungen einfordert, der hat das Problem des physischen Warentransportes ebenfalls zu lösen.

Ausgangssituation

Um über die Nutzung und Umgestaltung bestehender Logistikstrukturen oder aber den Aufbau neuer, dem E-Commerce angemessenen Logistikstrukturen für die Zukunft entscheiden zu können, ist es zunächst einmal notwendig, die Randparameter des zukünftigen physischen Warenverkehrs festzulegen. Im Nachfolgenden werden deshalb zwei erste Visionen von zukünftigen neuen

Dienstleistungen geschildert und hieraus die notwendigen Anforderungen an die Logistikstrukturen des E-Commerce abgeleitet. Es sei ausdrücklich darauf hingewiesen, dass es au7f Basis von Vorarbeiten einer internen Arbeitsgruppe des Instituts für Fördertechnik und Logistik der Universität Stuttgart nach jetzigen Recherchen mindestens fünf neue Dienstleistungsausprägungen für die zukünftige Realisierung des Electronic Commerce geben wird. Die nachfolgenden grundsätzlichen Überlegungen stellen zunächst die Konzentration auf die hier mit den Bezeichnungen Fall A und B reduzierten Dienstleistungen dar.

- Fall A

Bestellung verschiedener Produkte bzw. verschiedener Produktgruppen bei unterschiedlichen Anbietern durch den Kunden am PC und physische Warenauslieferung aller bestellten Produkte zur privaten Wohnung zum gleichen Zeitpunkt.

- Fall B

Kundenbestellung vor Ort im Geschäft und Warenauslieferung zum Endterminal, beispielsweise im Parkhaus.

Bei beiden angenommenen Fällen erfolgt die Festlegung der Dienstleistung auf Basis der Produktpalette der sogenannten Güter des täglichen Bedarfs, also z.B. von Lebensmitteln, weißer und brauner Ware, Textilien, Spielzeug etc.

Um die Aufgabenstellung griffig und vergleichbar zu heutigen bekannten Handelsformen zu formulieren, wird von einem Artikelsortiment ausgegangen, welches sich aus einer Kombination der Artikelgruppen des Versandhandels und des heutigen Lebensmittelhandels ergibt. Dies wird in einer Größenordnung von ca. 200.000 bis 210.000 unterschiedlichen Artikeln liegen.

Diese Auswahl hat auch den Vorteil, die heutigen Logistikstrukturen des Versandhandels und des Lebensmittelhandels mit den visionären Anforderungen des zukünftigen physischen Warenverkehrs des E-Commerce für die hier angenommenen Dienstleistungsfälle A und B zu vergleichen und damit zu entscheiden, ob heutige Strukturen übernommen oder erweitert werden können oder ob durch die Anforderungen des Electronic Commerce völlig neue Strukturen realisiert werden müssen.

Die entscheidenden Kriterien für die Durchsetzung solcher neuer Dienstleistungsangebote sind aus Sicht der Logistik:

1. Kürzeste Belieferungszeiten, d.h. Schnelligkeit der Endauslieferung nach

der elektronischen Bestellung

2. Hohe Qualität der Ware, d.h. keine Beschädigungen durch physischen Warentransport

3. Geringste Fehlertoleranz, d.h., Anlieferungen müssen der tatsächlichen Bestellung entsprechen

4. Einfachheit der logistischen Abwicklung, besonders hinsichtlich der Frage, wie erfolgt die Übergabe an der Endübergabestelle, also der privaten Wohnung oder eines Endterminals

5. Das Kosten-Nutzenverhältnis muss günstig sein, oder, anders formuliert, die Minimierung der Logistiksystemkosten ist zwingend notwendig, um entsprechend große Nachfrage am Markt zu erzeugen.

Für die Durchsetzung einer solchen neuen Dienstleistung am Markt sind alle fünf Anforderungen von entscheidender Bedeutung, wobei die Voranalysen zeigen, dass die Entscheidung, ob bestehende Strukturen und Techniken auch zukünftig ausreichen, um den physischen Warenverkehr zu realisieren, oder ob neue Strukturen und auch technische Komponenten aufgebaut werden müssen, ganz wesentlich von der Fortsetzung 1, nämlich der Frage der Schnelligkeit der Belieferung abhängt.

Soll-Anforderungen zukünftiger Logistikstrukturen des E-Commerce

Fall A: Kundenbestellung vom PC und Warenauslieferung zur privaten Wohnung. Es wird davon ausgegangen, dass ein privater Kunde eine „Warenkorbbestellung", also beispielsweise mehrere Produkte aus dem Lebensmittel-bereich, dem Textilbereich und der Unterhaltungselektronik, per Internet bestellt. Der Kunde wünscht sowohl aus Zeitgründen als auch der Forderung nach Bequemlichkeit eine Anlieferung der Ware kurzfristig und trotz der Verschiedenartigkeit der Produkte zum gleichen Zeitpunkt. Die Abwicklung dieses Auftrags, d.h. die physische Realisierung des Warenflusses, kann nur so erfolgen, dass über ein Lager- und Distributionszentrum mit direkt angeschlossener Dienstleistungszentrale (zur Übernahme der Feinverteilungsaufgaben mittels spezieller Auslieferungs-Lkw) die Warenbereitstellung, die Kommissionierung und Auslieferung erfolgt. Die Belieferung der Lager- und Distributionszentralen erfolgt von verschiedenen Produzenten.

Fall B: Kundenbestellung vor Ort im Geschäft und Auslieferung zum Endterminal, z.B. in einem Parkhaus.

Bei diesem Fall wird davon ausgegangen, dass bestimmte Kundengruppen Wert darauf legen, weiterhin ein aktives Kauferlebnis mit Probe und Test der wirklichen Ware zu haben. Dieser Wunsch nach einem Kauferlebnis kann durch neuartige Ladenstrukturen erfüllt werden. Gedacht wird hier an Läden, die zukünftig nur noch Mustermengen in ihren Ladenflächen führen. Für das Beispiel einer Boutique zum Verkauf von Textilien würde dies bedeuten, dass alle Textilien in allen Größen und allen Farbkombinationen nur einfach vorhanden sind. Diese Mengen dienen aber ausschließlich als Musterproben, sowohl um die richtige Konfektionsgröße als auch die richtige Farbe usw. zu finden. Die tatsächliche Kaufware befindet sich nicht mehr in der Ladenfläche des Citygeschäfts, sondern, wiederum in einem Distributionscenter. Der Kunde wählt seine Produkte aus, bezahlt und erhält einen Datenträger als Gutschein. Mit Hilfe dieses Datenträgers ist er dann in der Lage, an einem beliebigen Endterminal, beispielsweise im Parkhaus, dort, wo sein privater Pkw abgestellt ist, die Ware in Empfang zu nehmen, idealerweise direkt hinter seinem Parkplatz.

Beide hier nur stichwortartig angedeuteten neuen Dienstleistungsformen des Falls A und B setzen voraus, dass die vorher geschilderten Kriterien hinsichtlich der Anforderungen erfüllt werden. Von entscheidender Bedeutung ist dabei, dass erstens die zukünftigen Logistikstrukturen in der Lage sind, pro Bestellung eine große Bandbreite an Produkten zu realisieren und zweitens die Durchlaufzeiten extrem klein zu halten.

Die folgende Aufzählung zeigt die Anforderungen und die sich hiernach aus Sicht der Logistik ergebenden Folgerungen. Dabei muss wegen der Forderung nach extrem kurzen Durchlaufzeiten, d.h. kurzen Lieferungszeiten für die Kunden, auf die hier vorgenommenen beiden Abschätzungen noch eingegangen werden.

1. Pro Bestellung eine große Brandbreite an:
- Produktgruppen (z.B. Lebensmittel, Kleidung, Hausgeräte, Putzmittel, etc.)
- Stückgewichte (z.B. Popcorn, Bierkasten)
- Empfindlichkeit (z.B. Eier, Kartoffelsack)
- Temperatur (z.B. Tiefkühlkost)
- Größe (z.B. Schnürsenkel, Kühlschrank)
- Hygienebedingungen

2. Durchlaufzeiten klein:
- Selbstabholer, zwei bis sechs Stunden
- Zustellung: acht bis 16 Stunden

Bei der hier vorgenommenen noch relativ vereinfachten Beschreibung der möglichen Zukunftsausrichtung neuer Dienstleistungen wird davon ausgegangen, dass sich diese Dienstleistungen nur dann durchsetzen, wenn bei Selbstabholung Durchlaufzeiten von zwei bis sechs Stunden realisiert werden können. Selbstabholung bedeutete in diesem Fall, dass zwar eine elektronische Bestellung erfolgt, oder aber eine Bestellung vor Ort wie im Fall B, dass der Kunde aber an einem beliebigen Endterminal seine Waren selbst abholt. Ein solches Endterminal könnte das im Fall B geschilderte Parkhaus sein oder aber zentrale Punkte, die bei den täglichen Autofahrten z.b. vom Arbeitsplatz oder zur Wohnung vom Kunden sowieso angesteuert werden. Bei dieser Ausgangslage wird nach ersten Einschätzungen davon ausgegangen, dass diese Dienstleistung nur dann für den Kunden vorteilhaft ist und er daher auch hierfür nur dann zusätzliche Zahlungen akzeptieren würde, wenn beispielsweise beim Fall B (Einkauf in Stadt – Warenbereitstellung im Parkhaus) spätestens nach zwei Stunden die Waren am Fahrzeug oder in dessen Nähe bereitgestellt sind.

Im Fall B würde dies bedeuten, dass der Kunden seinen Einkaufsbummel in der Innenstadt durchführt, aber nach spätestens zwei Stunden an seinem Fahrzeug oder in der Nähe seines Fahrzeugs die eingekauften Waren erhalten will. Wenn es sich um eine Bestellung beispielsweise vom Arbeitsplatz handelt, mit dem Ziel, Mittags zu bestellen und auf dem Abendrückweg zur Wohnung Lebensmittel mitzunehmen, so würde nach Einschätzungen aus Voranalysen eine maximale Bandbreite von sechs Stunden toleriert.

Für den Dienstleistungsfall einer elektronischen Bestellung von zu Hause und einer Belieferung durch ein Distributionszentrum per Verteil-Lkw (Fall A) würden nach Einschätzung des IFT Zustellzeiten in der Größenordnung von acht bis 16 Stunden toleriert. Dies würde praktisch, im günstigsten Fall, eine Bestellung am Morgen und eine Auslieferung am Abend oder eine Bestellung am Abend und eine Auslieferung maximal am nächsten Tag bedeuten.

Wenn man diese jetzt insgesamt geschilderten Anforderungen und insbesondere die extrem kurzen Durchlaufzeiten beachtet und mit heutigen Distributionssystemen, beispielsweise des Versandhandels vergleicht, so stellt man fest, dass heute im günstigsten Fall Ausliefer-ungszeiten von 21 bis 30 Stunden realisierbar sind. Analysen des IFT in Stuttgart zeigen, dass die vorhandenen Logistikstrukturen der Distribution zur Realisierung der neuen Dienstleistungen nicht geeignet sind. Die aufgestellten Forderungen zwingen dazu, über neue Logistikstrukturen nachzudenken, die sich beispielsweise durch die Erfüllung der im Folgenden dargestellten vier Forderungen auszeichnen:

- Modulares Behältersystem
- Mechanisierung und weitestgehende automatische Zusammenführung von

Produkten zu Bestellungen
- Mehrstufige Kommissionierung
- Schlusskommissionierung im Verteilerfahrzeug

Diese Schlussfolgerung führt zu vier absoluten Notwendigkeiten für die zukünftigen Entwicklungen im Bereich von Materialfluss und Logistik.

1. Die zukünftig möglichen und vom Markt geforderten neuen Dienstleistungen müssen systematisch aufgelistet werden und mit Hilfe von Modellen so abgebildet und simuliert werden, dass ihre technische Machbarkeit und vor allen Dingen ihr betriebswirtschaftlicher Nutzen nachgewiesen werden kann.

2. Im Rahmen der Modellbildung werden also neue Logistikstrukturen sowohl hinsichtlich ihrer Organisation, ihres Materialflusses, ihres Informationsflusses und der Steuerung, d.h. dem Management solcher neuen Strukturen abgebildet und so analysiert, dass ein jeweiliges Optimum gefunden werden kann.

3. Die Logistikstrukturen müssen für die Realisierung des physischen Warenverkehrs entwickelt werden, d.h. die Transportketten abgebildet werden und ihre einzelnen technischen Komponenten in den Bereichen Fördertechnik, Transporttechnik, Kommissionierung und Handhabung bei der Schlussauslieferung technisch konzipiert werden.

4. Zur technischen Entwicklung gehören, neben dem Part Transport, Förderung, Kommissionierung, Handhabung und Lagerung, natürlich auch Komponenten der Informationssysteme und der Steuerung, entsprechend den Anforderungen der unter Punkt 1 angegebenen Modellbildung. Für die neuartigen Logistikstrukturen müssen hier die Schlüsselkomponenten der Technik so entwickelt werden, dass die Pflichtanforderungen der Logistikstrukturen, beispielsweise die extrem kurzen Belieferungszeiten, mit den neuen technischen Komponenten tatsächlich erfüllt werden können.

Alle vier Forderungen sind für die Zukunft von extremer Bedeutung, wobei bei dem Arbeitspunkt 4, nämlich den neuen technischen Komponenten im Bereich der Fördertechnik und Logistik die Chance, aber auch die Herausforderung besteht, seit Jahrzehnten erstmalig vor der Herausforderung zu stehen, neue Komponenten zu entwickeln"(vgl. WEHKING, K.H., in : Logistikjahrbuch 2000, S. 134-138, Handelsblatt-Verlag, Düsseldorf).

**7.0.ECR (Efficient Consumer Response)**

"Entstehung von ECR

Das Beispiel illustriert die Entwicklung von ECR im Einzelhandel.

Wal-Mart   Vor dem Hintergrund der wirtschaftlichen Rezession, Konzentration auf Hersteller- und Handelsseite und sinkender Verbraucherloyalität wurde in den USA durch Wal-Mart, dem weltweit größten Einzelhändler, erstmals die Philosophie der integrierten Kooperation entwickelt. Das Ziel des ganzheitlichen Systems bestand darin, in effizienter Form auf die Kaufhandlungen der Kunden zu reagieren.

Die Prinzipien der Zusammenarbeit zwischen verschiedenen Stufen der Wertschöpfungskette wurden dabei nicht von Wal-Mart erfunden, sondern in Anlehnung an andere Industrien adaptiert. Die Anpassungen waren so konsequent, daß Wal-Mart heute höhere Erträge sowie ein größeres Umsatz- und Marktwachstum erreicht, während die Hauptwettbewerber schrumpfen. Es wurde erkannt, daß die klassischen Abläufe zwischen den Einkaufsabteilungen der Einzelhändler und dem Key-Account-Management ihrer Lieferanten zu wesentlichen Effizienzverlusten führen. Diese zu überwinden bedeutet vor allem eine spürbare Steigerung des Kundennutzens. Erreicht wurden:

> Größere Produktfrische
> Steigende Verfügbarkeit
> Preissenkungen durch bessere Kostenstrukturen

Die Erwartungen des Konsumenten sowohl an den Hersteller als auch an den Händler unterliegen einem wesentlichen Wandel, dem sich beide Seiten anpassen müssen. Eine reine Fokussierung auf die Preisgestaltung ist dabei nicht mehr ausreichend.

Themen von ECR

ECR setzt sich aus verschiedenen Teilbereichen zusammen, die in nachfrageseitige (Demand Side) und angebotsseitige (Supply Side) Konzepte eingeteilt werden können.

Efficient Unit Loads (EUL), Electronic Data Interchange (EDI) und Efficient Replenishment (ER) bilden gemeinsam die Supply Side von ECR. Die nachfrageseitigen Prozesse werden abgedeckt durch die Bereiche Efficient Assortment (EA), Efficient Promotions (EP) und Efficient Product Introductions (EPI), die als Teilbereiche oder Unterstrategien von Category Management (CM) angesehen werden.

Electronic Data Interchange stellt das grundlegende Instrument zum offenen Informations- und Datenaustausch mittels vereinbarter Normen dar. Durch EDI werden Informationsflüsse standardisiert und optimiert, so daß exakt, rechtzeitig und vollständig kommuniziert werden kann. Mit der zunehmenden Implementierung von ECR steigen die Anforderungen an EDI. Wesentlich bei der Strukturierung von Nachrichtenstandards ist die Abstimmung der Information in Umfang, Inhalt und Format.

Das reichhaltige Sortiment des Einzelhandels, das dem Konsumenten heutzutage geboten wird, führt zu hohen Kosten in den Bereichen Einkauf, Verpackung, Transport, Umschlag und Lagerung. Um diese Kosten zu reduzieren und um den Endverbraucher eine noch größere Vielfalt an Produkten bieten zu können, wird mit Hilfe von Efficient Unit Loads eine Optimierung bzw. Modularisierung aller Ladungseinheiten (Unit Loads) und eine weitestgehende Standardisierung logistischer Rahmenbedingungen angestrebt.

Auf den oben beschriebenen Standards aufbauend hat die Strategie des Efficient Replenishments die Optimierung der gesamten Logistikkette zur Aufgabe. Die Verbindung von Endverbrauchern, Verkaufsfilialen, Lagern und Herstellern in einem integrierten System führt zu einem zeit- und kostenoptimalen Warenfluß. Durch schnellere und genauere Informationsflüsse, durch elektronische Warenübernahme oder durch Lager- und LKW-Pooling erfolgt eine Verringerung des Aufwandes für Handling sowie von Bestandslücken.

Die bisher genannten angebotsseitigen Instrumente und Strategien dienen zum Großteil der nachhaltigen Effizienzverbesserung sowie der Kostenreduktion bei Handel und Industrie. Auf der Nachfrageseite bedarf es darüber hinaus unterstützender Elemente zur Vermarktung von Produkten und Dienstleistungen, die den Konsumentennutzen effektiv erfüllen und eine zusätzliche Wertschöpfung ermöglichen.

Category Management ermöglicht den Schritt von der internen Effizienz zur Konsumentennähe. Durch innovative Geschäftssysteme in der Zusammenarbeit können die vom Konsumenten geforderten überdurchschnittlichen Leistungen in bezug auf Qualität und Schnelligkeit in einer Form geboten werden, die seinen Bedürfnissen bestmöglich entspricht.

Bei Category Management werden Warengruppen in der Zusammenarbeit zwischen Hersteller und Händler als strategische Geschäftseinheiten betrachtet und optimiert. Nur so kann der Paradigmenwechsel von der Prozeßorientierung zum Konsumentenwert erfolgen, der eine konsu-mentenorientierte Warengruppenpositionierung anstatt einer reinen Preis-differenzierung erfordert.

Jedes einzelne Teilelement bietet bereits Verbesserungspotentiale, aber erst ein integrierter Ansatz kann die vollen Nutzenpotentiale realisieren. Nur durch ein ganzheitliches Vorgehen können sowohl Hersteller und Händler als auch

Konsumenten von ECR profitieren.

## ECR Europe

Die europäische ECR-Initiative entstand aufgrund der makroöko-nomischen und industriespezifischen Gegebenheiten der 90er Jahre. Ähnlich wie in den USA ist in Europa das Verhältnis von Industrie und Handel, je nach Konzentrationsgrad der Branche, von Konfrontation geprägt. Aus der Erkenntnis, daß die Optimierung lediglich des eigenen Bereiches, eventuell sogar auf Kosten des anderen, zu Reibungsverlusten führt und daß daher eine gemeinsame Gestaltung der Wertschöpfungskette große Erfolgspotentiale aufweist, wurde im November 1994 ECR Europe ins Leben gerufen. Organisiert wurde diese Plattform von europäischen Handels- und Markenartikelverbänden, welche die größten Hersteller und Händler des Konsumgüterbereiches vereinen. Beteiligt sind Unternehmen aus Belgien, Deutschland, England, Frankreich, Holland, Italien, Österreich, Schweden, der Schweiz und Spanien.

Im Auftrag von ECR Europe wurden für Europa spezifische Anwendungen und Richtlinien für ECT-Grundsätze festgelegt und deren Auswirkungen quantifiziert.

Supply Side ECR

Efficient Unit Loads

Der Konsument kann heute im Lebensmitteleinzelhandel aus einem so vielfältigen Sortiment auswählen wie noch nie zuvor. Produkte aus allen Erdteilen sind im Einzelhandel – und das auch weitab der Ballungszentren – eine Selbstverständlichkeit. Der Aufwand, diese Produkte stets in der gewünschten Qualität in den Outlets verfügbar zu haben, ist sehr groß und verursacht Kosten in Höhe von etwa 12-15% des Verkaufspreises.

Als wesentliche Kostentreiber in der Versorgungskette, bei denen die ECR-Initiative ansetzt, wurden die Raumnutzung, die logistischen Verfahren und die Normierung identifiziert. Um den Konsumenten eine noch größere Vielfalt an Produkten zu attraktiven Preisen bei niedrigen Kosten bieten zu können, haben Handel und Industrie im Rahmen von ECR Richtlinien für eine sinnvolle Standardisierung von logistischen Prozessen erarbeitet.

Unternehmensübergreifende Logistik

Die Zusammenlegung von Logistikleistungen verschiedener Produzenten und(oder Handelsunternehmen erfordert standardisierte Ladungsträger und deren einheitliche und eindeutige Kennzeichnung. Dieselben Voraussetzungen bestehen für eine elektronische Vernetzung der verschiedenen Partner der Lieferkette.

Wichtige Voraussetzungen für diese Richtlinien sind einheitliche Ladungseinheiten (Unit Loads), d.h. Transport-, Handels- und Konsumenteneinheiten und die verbundenen Prozesse. Erst wenn die Ladungseinheiten gemeinsam vereinbarten Standards entsprechen, können weiterführende Maßnahmen durchgeführt werden"(vgl. CORSTEN, D. u. PÖTZL, J., ECR-Efficient Consumer Response – Integration von Logistkketten, S. 9-15, Hanser Verlag, Wien, 2000).

"Ergebnisse und Empfehlungen

Seit Beginn der 80er Jahre hat die Logistik in den Unternehmen in Form von vertikalen Kooperationen an Bedeutung gewonnen, weil die Beteiligten erkannt haben, dass allein durch die gemeinsame Gestaltung der Geschäftsprozesse und den sukzessiven Ersatz von Insellösungen durch allgemeingültige Anwendungen hohe Rationalisierungspotenziale realisiert werden können, Efficient Consumer Response (ECR) ist eine Form der vertikalen Kooperation, bei der die effiziente Reaktion auf die Kundenwünsche im Mittelpunkt stehen. Die ECR-Initiative Deutschland sowie andere nationale und internationale ECR-Organisationen erarbeiten gemeinsam mit ihren Mitgliedern Standards für diese ECR-Methoden und –Techniken und Enabling Technologies, um die möglichen Rationalisierungspotenziale offenzulegen. Auch für weitere Prozesse der Supply und Demand Side werden noch in diesem Jahr neue Empfehlungen fertiggestellt.

Die Ergebnisse des aktuellen ECR-Monitors der CCG zeigen, dass zahlreiche Unternehmen aus Handel, Industrie und Dienstleistung in den zurückliegenden Jahren aktiv die Umsetzung der gemeinsam erarbeiteten Ergebnisse forciert haben. Der ECR-Monitor ist eine regelmäßige Beachtung der ECR-Aktivität in der deutschen Konsumgüterwirtschaft, die einmal jährlich durchgeführt wird.

Enabling Technologies als Werkzeuge

Zu den ECR-Aktivitäten der beteiligten Marktpartner gehören vor allem die Umsetzung der Enabling Technologies und die Anwendung der ECR-Methoden und –Techniken mit neuen Partnern. Diese neuen Partnerunternehmen sind in letzter Zeit häufig kleine und mittelständische Firmen.

Die Enabling Technologies sind die wendigen Werkzeuge zur Umsetzung der ECR-Methoden und –Techniken. Sie dienen der eindeutigen und effizienten Identifikation und Kommunikation im Waren- und Informationsfluss der Wertschöpfungskette und sind daher für die

Unternehmen und den Erfolg des ECR-Konzeptes von ganz entscheidender Bedeutung. Im einzelnen gehören dazu die UCC/ Identifikationsstandards für Lokation der Artikel, Dienstleistungen und logistischen Einheiten, das Stammdatenmanagement (Sinfos, Pricat, Partin) und der elektronische Datenaustausch der Bewegungsdaten, wie z.B. Bestelldaten, Lieferdaten oder Rechnungsdaten. Bei der Umsetzung der Efficient-Replenishment-Methoden gilt bei den befragten Unternehmen Cross Docking, also die Summe aller anfallenden Umschlagprozesse, als die wichtigste Methode.

ECR beginnt beim Lieferanten des Lieferanten

Darüber hinaus haben bereits annähernd zwei Drittel der Unternehmen Continuous-Replenishment-Methoden (CRP) umgesetzt oder planen diese in den nächsten 12 Monaten. Für den Prognosedatenaustausch, der die Wünsche des Konsumenten für alle Beteiligten der logistischen Kette noch transparenter machen soll, werden im Rahmen des Projektes „Jount Forecasting" Anwendungsempfehlungen erarbeitet, deren Fertigstellung noch im Herbst 2000 vorgesehen ist.

Bisher wurden von der ECR-Initiative-Deutschland unter dem Dach der CCG Efficient-Replenishment-„Downstream" – Empfehlungen erarbeitet. ECR beginnt jedoch nicht erst am Warenausgang des Suppliers sondern bereits beim Lieferanten des Lieferanten. Hierzu werden derzeit ebenfalls Empfehlungen gemeinsam mit Vertretern der Konsumgüterindustrie und ihren Rohstoff- und Verpackungslieferanten erarbeitet. Auch der Abschluss dieses Projektes ist noch im Herbst 2000 vorgesehen.

Zusammenhang zwischen Waren- und Informationsfluss

Bei den genannten ECR-Methoden sind der physische Warenfluss in den gemeinsam vereinbarten Prozessabläufen und die diesen begleitenden Informationen in einem engen Zusammenhang zu betrachten. Auf der Basis der gemeinsam abgestimmten Prozessbeschreibungen werden die Informationsprofile als Grundlage für den elektronischen Datenaustausch und die Inhalte des EAN 128 Transportetikettes erarbeitet.

Dem Stammdatenmanagement und dem zentralen Stammdatenpool Sinfos wird ebenfalls große Bedeutung beigemessen, die sich auch in der Umsetzungsquote der befragten Unternehmen widerspiegelt. Heute nutzen bereits 70% der befragten Hersteller und 42% der Handelsunternehmen den Sinfos-Pool. Die Trendabfrage zeigt, dass Sinfos fester Bestandteil der Planung bei den Unternehmen ist, denn in den nächsten 12 Monaten werden bei Planerfüllung 78% der Hersteller und 74% der Handelsunternehmen Sinfos nutzen. Das am häufigsten Elektron sich ausgetauschte Bewegungsdatum ist die Bestellung. Sie wird bereits heute von mehr als zwei Drittel der Befragten umgesetzt – diese Zahl steigt voraussichtlich bis Mitte 2001 auf über 90% an. Eine ähnliche hohe Umsetzung ist für die Rechnung und die Liefermeldung zu erwarten.

Zukünftiger Themenschwerpunkt:
E-Logistics

Daher wurden für diese Informationen bereits Empfehlungen für alternative Übertragungswege über das World Wide Web – genannt Web-EDI – erarbeitet. Für die Übertragung von Informationen über das Internet im CML-Format hat die Global Commerce Initiative (GCI) erste Empfehlungen für die betreffenden Informationen erarbeitet. Die derzeit von Unternehmen und den nationalen EAN-Gesellschaften weltweit geprüft werden. Bei all diesen Entwicklungen ist die Kompatibilität der zu übertragenden Informationen sicherzustellen. Denn der Informationsaustausch ist immer im Zusammenhang mit den zugrundeliegenden Prozessen zu sehen.

Ein Cross-Docking-Prozess beispielsweise ändert sich schließlich nicht, wenn die Informationen per XML ausgetauscht werden. Für die Durchführung von Cross-Docking-Prozessen auf elektronischen Marktplätzen kann diese Aussage jedoch noch nicht getroffen werden. Dieses gilt es – wie auch für die übrigen ECR-Methoden und -Techniken – kurzfristig zu prüfen. Diesen Auftrag hat die CCG übernommen. Themenschwerpunkt im Jahr 2001 wird daher „E-Logistics" (B2B, B2C) sein. ECR-Konzepte sind in B2C-Prozessen oder beim traditionellen Kauf in stationären Einzelhandelsgeschäften ebenso von elementarer Bedeutung wie in den vorgelagerten Supply-Chain-Prozessen – traditionell oder B2B – die zur Bereitstellung der Produkte und Dienstleistungen erforderlich sind.

Bewährte Standards – neue Technologien

Notwendigerweise sind aber für die Abbildung neuer Geschäftsprozesse oder die Anpassung bestehender Geschäftsprozesse in neuen Umgebungen Anwendungsempfehlungen auf der Basis der bewährten Standards und unter Einbeziehung neuer Technologien und Handelsformen zu entwickeln.

Aufgrund der zunehmenden Internationalisierung der Unternehmen, auch vorangetrieben durch die Nutzung neuer Medien für die Abwicklung von Geschäftsprozessen, steht das Jahr 2000 unter dem Motto „Globalisierung"

und hiermit eng verbunden in der stärkere Fokus auf die weltweite Harmonisierung durch die Global Commerce Initiative. Als einen weiteren Schritt in diese Richtung ist auch das im Juli gegründete ECR-D-A-CH einzuordnen. Dieses ist eine gemeinsame Initiative von ECR Deutschland, ECR Austria und ECR Schweiz mit dem Ziel gemeinsame Empfehlungen zu erarbeiten und die Position der Länder in den Arbeitsgremien von ECR Europe zu stärken"(vgl. TREECK, S., in : Logistik Heute, Nr. 10/2000, S. 98-101, Huss-Verlag München)
.

"ECR – die Herausforderung für Konsumgüterindustrie und Handel

Gemeinkostenwertanalysen, Bench Marking oder Business-Process-Reengineering – dies alles waren Ansätze, mit deren Hilfe in der Vergangenheit die Kosten und Wettbewerbsposition im Handel und in der Konsumgüterindustrie verbessert werden sollten. Sie konzentrierten sich jedoch darauf, unabhängig voneinander den Waren- und Informationsfluß zu verbessern. Suboptimale oder zumindest nicht abgestimmte Lösungen waren dabei meist die Folge – oftmals auf Kosten des jeweils anderen Partners. Effizienzpotentiale an der Schnittstelle von Handel und Industrie wurden dabei vernachlässigt.

Efficient Consumer Response (ECR) – das ist die neue Strategie, um schneller auf Kundenwünsche zu reagieren und die Kosten der gesamten Wertschöpfungskette nachhaltig zu senken sowie Absatzpotentiale besser zu erschließen. Heute und in Zukunft wird es darum gehen, die gesamte Wertschöpfungskette integriert zu gestalten – von der Beschaffung in der Industrie bis hin zum Kunden am Point of Sale. Nur auf diese Weise – ganzheitlich eben – lassen sich bisher nicht genutzte Effizienzpotentiale erschließen. Der zunehmende Wettbewerb zwingt dazu.

Jacobi Allied Domecq hat frühzeitig damit begonnen, das Unternehmen auf ECR auszurichten. Das Ziel war, sich auch in diesem Feld als kompetenter Partner des Handels zu positionieren und in gemeinsamen Projekten mit dem Handel effizienter zu werden und das Unternehmen noch stärker nach den Kundenwünschen auszurichten. Dabei hat Jacobi Allied Domecq sich von zwei grundsätzlichen Überzeugungen leiten lassen:

1. Die zu erschließenden Effizienzsteigerungspotentiale müssen zielorientiert analysiert und als klare Vorgaben für gemeinsame ECR-Projekte mit dem Handel festgelegt werden. Folgende Fragen waren deshalb zuerst zu beantworten:
    - Was bringt ECR konkret für unser Unternehmen? Wo liegen die Potentiale? Wie hoch sind sie?

- Welche Potentiale sind das? Wie müssen wir vorgehen, um die Potentiale erfolgreich erschließen zu können? Womit sollen wir anfangen?

2. Die Erschließung der Potentiale erfordert eine gezielte organisatorische Ausrichtung darauf. In diesem Aufgabenfeld stellten sich zunächst die Fragen:
    - Wie müssen wir uns organisieren, damit die Potentiale erschlossen werden können?
    - Mit welchen Widerständen und Ängsten müssen wir intern rechnen? Wie sollen wir damit umgehen?
    - Welche Daten benötigen wir? Ist unser DV-System geeignet, diese Daten zu liefern? Wie soll die Zusammenarbeit mit dem Handel strukturiert werden?

Die Beantwortung dieser Fragen stellte das Aufgabenfeld des ersten Schrittes in Richtung ECR dar: die Vorbereitung aller Beteiligten auf den Einsatz des ECR Konzeptes bei Jacobi Allied Domecq.

Die Ausrichtung von Jacobi Allied Domecq auf ECR

ECR – das heißt, prozeßorientiert, über alle Abteilungs- und Unternehmensgrenzen hinweg zusammenarbeiten. Dies setzt in vielen Unternehmen ein erhebliches Umdenken voraus. ECR erfordert so zum Beispiel die Koordination des Key Account Managements, der Logistik, des Innendienstes, des Marketing und Product-Managements sowie des Controlling.

Die Einstimmung darauf war das Ziel eines „ECR-Workshops", der mit Hilfe externer Unterstützung alle beteiligten Führungskräfte vorbereiten sollte. An einem Tag standen Fragen zu ECR, Unsicherheiten über zu erwartende Ergebnisse, Unternehmensziele und Anforderungen der Handelsunternehmen im Mittelpunkt. Alle Bereiche des Unternehmens sollten gemeinsam über die bevorstehenden Arbeiten informiert werden. Erstens mußte ein gemeinsames Verständnis für ECR hergestellt werden. In diesem Zusammenhang wurden auch die drei Säulen „Category Management", „Supply Chain Management" und „Enabling Technologies" vorgestellt und im Detail erläutert. Zweitens wurde das Vorgehen zur Prozeßanalyse und zum „Activity Bases Costing" besprochen. Dieser Aufgabenkomplex stellt schon in der Analysephase hohe Anforderungen an die abteilungsübergreifende Zusammenarbeit:

Wichtig war es darüber hinaus, die hohe strategische Bedeutung des

Vorhabens zu erläutern und gleichzeitig eine offene Diskussion der Fragen und Probleme zu ermöglichen. Abbildung 1 zeigt eine Übersicht über die im Workshop behandelten Themen.

Zusammenfassend wird hier deutlich, daß zu Anfang der Arbeiten eine gehörige Portion Skepsis bezogen auf das Konzept und bezogen auf den Umfang des Handels mit diesem Thema, aber auch erhebliche Unsicherheiten über die Auswirkungen im eigenen Unternehmen vorhanden waren.

Wichtig war, dies von Anfang an erkannt zu haben und breit und offen darüber zu diskutieren. Nur so gelang es, einen realistischen und pragmatischen Umfang mit der Aufgabenstellung sicherzustellen. Und es gelang ebenso, eine erste Vertrauensbasis mit der Beratung aufzubauen.

Externe und interne Effizienzverbesserung

Im Mittelpunkt von ECR steht die unternehmensübergreifende Zusammenarbeit von Handel und Industrie. Diese oftmals propagierte „Partnerschaft" soll helfen, neue Effizienzverbesserungen zu erreichen und das Marketing enger abzustimmen. Doch wir alle kennen die Probleme dieser Partnerschaft – häufig zeigte sich bisher mehr Konfusion als Kooperation. ECR erfordert meines Erachtens eine gehörige Portion Realismus. Denn wie soll eine Wertschöpfungspartnerschaft funktionieren, wenn schon die Zusammenarbeit innerhalb vieler Unternehmen eher durch Konfrontation als Kooperation gekennzeichnet ist?

Ich lege in diesem Zusammenhang Wert darauf, ECR quasi umfassend zu definieren: Alle Optimierungsansätze, die wir selbständig durch Prozeßoptimierungen erreichen können, sollten mit erster Priorität bearbeitet werden, unabhängig von möglichen Partnerprogrammen. Parallel dazu müssen jene Optimierungspotentiale erarbeitet werden, die ausschließlich mit Handelspartnern erschlossen werden können.

Vor diesem Hintergrund wurde zunächst die Organisation der Geschäftsprozesse wie z.B. Auftragsbearbeitung, Transportabwicklung, Einkauf, Außendienst oder Planung und Controlling analysiert. Jeder Geschäftsprozeß wird in Einzelschritte zerlegt und es wird dann untersucht, welche Abteilung wie und in welchem Ausmaß involviert ist. Anschließend wird gemeinsam festgestellt, wie die Prozesse effizienter gestaltet werden können.

Diese Arbeiten erfordern ein hohes Maß an gemeinsamen Verständnis der

Abläufe. Deshalb werden sie in abteilungsübergreifenden Workshops erhoben. Voraussetzung dafür ist eine größtmögliche Offenheit aller Beteiligten, eine selbstkritische Reflexion dessen, wie zur Zeit Prozesse bearbeitet werden, und ein hohes Commitment, die Effizienzpotentiale nicht nur zu erarbeiten, sondern auch zu realisieren. Deshalb war die intensive Vorbereitung darauf notwendig.

Ein Beispiel zur internen Optimierung ist der Aufbau eines internen elektronischen Datenaustausches – von der Disposition des Außendienstmitarbeiters über dessen Besuchsberichte hin zur internen Auftragsbearbeitung und dem Key Account Management bis zur Logistik und dem Controlling. Dies führte sowohl zu einer Beschleunigung der Auftragsbearbeitung und des internen Informationsflusses, aber auch zu Effizienzverbesserungen im Prozeß. Und dies war gleichzeitig eine Vorbereitung und Investition für den elektronischen Datenaustausch mit Handelspartnern. Ohne eine reibungslose, abteilungsübergreifende Zusammenarbeit auf der Grundlage des bereits erwähnten gemeinsamen Prozeßanalyse sind derartige Erfolge kurzfristig nicht realisierbar.

Wie soll ein Unternehmen im Laufe von ECR-Partnerschaften mit dem Spannungsfeld Kooperation und widerstreitender Interessen umgehen, wenn es nicht selbst gelernt hat, intern derartige Situationen zu gestalten? Die Erfahrungen der Problem- und Konfliktlösung im Rahmen der Prozeßoptimierung im eigenen Haus ist deshalb eine Voraussetzung für erfolgreiche Partnerprogramme. Die interne Ausrichtung von ECR sichert nach unseren Erfahrungen des externen Erfolg"(STEIN, J., Die Bedeutung der Unternehmenskultur – Die Einführung von Efficient Consumer Response, S. 190 – 195, in : Skriptum GHK Kassel 2000, Knappe).

### 7.1. Kaufverhalten – Category Management

"Procter & Gamble blickt bereits auf viel Erfahrung mit Category Management-Projekten zurück, zunächst in den USA, seit 1996 auch in Deutschland, Berthold Figgen, Marketing-Direktor ECR bei der Procter & Gamble GmbH in Schwalbach/Ts., beschreibt Vorgehensweise, Erfahrungen und Ergebnisse seines Unternehmens.

Vor einigen Monaten machten uns unsere Kollegen in den USA auf ein Computerprogramm aufmerksam. Das Programm heißt „Visionary Shopper" und erlaubt dem Nutzer den Einkauf in einem virtuellen Supermarkt. Mit der Maus am PC geht der „Einkäufer" an den Regalen entlang und trifft seine Kaufentscheidungen.

In den USA ist dieses Programm frei verfügbar. Wir luden den Anbieter zu Procter & Gamble nach Deutschland ein, um „Visionary Shopper" zu testen. Der Aufwand war zunächst beträchtlich, denn wir mußten immense Datenmengen eingeben. Allein in der Haarpflege beispielsweise gibt es 600 Produkte, von denen zumindest 150 relevant sind und auch von der Marktforschungsgesellschaft Nielsen erfaßt werden. Wir gaben also die notwendigen Daten ein und probieren das Programm aus – mit vielversprechendem Erfolg.

Nun planen wir, die Software einzusetzen, um die Einkaufssituation bei einem Handelspartner zu beurteilen. Die Vorgehensweise ist einfach: Man speist das heutige Sortiment ein und holt sich eine ausreichende Anzahl an Testpersonen, die man an den PC setzt und zum Einkaufen schickt. Per Maus durchstreifen sie den Supermarkt und kaufen in, ohne dabei zu wissen, daß es den Testern um das Thema Haarpflege geht. Eine zweite Gruppe geht – ebenfalls mit der Maus am PC – durch denselben Supermarkt, der jedoch nur nach den Vorstellungen unserer Marketingexperten völlig neu geordnet ist. Am Ende vergleichen wir gemeinsam mit dem Handelspartner die Ergebnisse: Führt das neue Sortiment tatsächlich zu signifikant höherem Umsatz? Das Programm „Visionary Shopper" ist eines unserer Instrumente, die wir im Category Management einsetzen. Es macht deutlich, worum es uns im Kern geht: Wir wollen das Verhalten des Verbrauchers in der Situation des Einkaufs erforschen. Nachdem Marketing und Marktforschung viele Jahre der Frage nachgingen, wie die Hausfrau unsere Produkte verwendet, untersuchen wir jetzt, wie sie die Produkte einkauft.

In der Vergangenheit erstellten wir unzählige Studien darüber, wie die typische deutsche Hausfrau, nennen wir sie einmal Erika, mit unseren Produkten zu Hause umgeht, welche Eigenschaften sie an ihnen schätzt oder wo sie noch Verbesserungsmöglichkeiten sieht. Nun wenden wir uns der Einkaufssituation zu: Angenommen, Erika will Pantene für trockenes Haar kaufen und es steht nicht im Regal. Was macht sie? Kauft sie Pantene für normales Haar? Oder Nivea für trockenes Haar? Oder stellt sie den Kauf zurück? Oder geht sie in ein anderes Geschäft?

Nicht nur wir, sondern Industrie und Handel generell, haben die Kunden in ihrer Situation beim Einkauf in der Vergangenheit sträflich vernachlässigt. Deshalb hat Erika auch das Pech, in dem Land zu wohnen, das unter den größeren Ländern Europas die unzufriedensten Kunden in den Geschäften hat. Ganze Heerscharen von Produktforschern beschäftigten sich mit der Entwicklung neuer, noch besserer Produkte, ganze Heerscharen von Marktforschern untersuchten, wie die Hausfrau diese Produkte verwendet. Wie sie die Produkte jedoch kauft, fragte kaum jemand. Doch genau hier liegt das Potential, das sich mit ECR erschließen läßt. Deshalb setzte Procter & Gamble 1997 hier eine seiner Prioritäten: Wir wollen ECR zu einer unserer Stärken entwickeln – und zwar durch klare Konzentration auf die Nachfrageseite, sprich: das Category Management"(vgl. FIGGEN, B., in:KILIMANN, J., VON SCHLENK, H., TIENES, E.C., Efficient Consumer Response,S. 115-116, Schäffer-Poeschel Verlag Stuttgart 1998).

## 7.2. Von der Logistik zum Marketing

"ECR hat zwei Seiten – einmal die Versorgungsseite, die aus Logistik, Administration, Bestellwesen und Rechnungsverkehr besteht, zum anderen die Nachfrageseite, für die sich der Begriff Category Management etabliert hat. Das europäische ECR Board definiert Category Management als „einen gemeinsamen Prozeß von Händler und Hersteller, bei dem Warengruppen als strategische Geschäftseinheit geführt werden, um durch Erhöhung des Kundennutzens Ergebnisverbesserungen zu erzielen.

Die meisten Firmen steigen in das Thema ECR ein, indem sie Projekte auf der Logistik- und Administrationsseite, etwa EDI oder CRP, in Angriff nehmen. Hier sind die Vorgänge viel leichter quantifizierbar; Erfolge lassen sich nicht nur besser messen, sondern auch schneller erzielen. Erst dann folgt im allgemeinen der Schritt zum Category Management, einem wesentlich schwierigeren Unterfangen. Weder lässt es sich auf einfache Weise quantifizieren, noch können Consultants hierbei allzu viel helfen. Das Entscheidende am Category Management ist es ja, den Verbraucher zu verstehen – und das kann kein Berater einem Unternehmen abnehmen.

Dementsprechend zweistufig ist auch Procter & Gamble an das Thema ECR herangegangen. Erst reorganisierten wir den Logistik- und Administrationsbereich, dann sind wir in den Marketingbereich eingestiegen. Logistikprojekte betreiben wir intensiv seit etwa vier Jahren, Projekte im Category Management seit zwei Jahren.

Beide Seiten von ECR lassen sich allerdings nicht einfach voneinander trennen. Erfolge im Bereich Logistik hängen in hohem Maße von den Entscheidungen auf der Nachfrageseite ab. Ein gleichmäßiger Warenfluss, den die Logistiker fordern, wird niemals möglich sein, wenn die Vermarktungspolitik den Preis für ein Waschmittel abwechselnd mal auf 11,99 Mark, 7,99 Mark und 10,99 Mark setzt. Denn das führt immer zu Nachfragespitzen und damit einhergehend zu Produktions- und Lieferspitzen, und damit zu Ineffizienzen im System. Ein gleichmäßiger Warenfluss ist nur erreichbar, wenn auch Vermarktungspolitik und Preisgestaltung darauf ausgerichtet sind.

Ziel der ECR-Aktivitäten ist es letztlich sowohl für die Handels- wie auch für Industrieunternehmen Wettbewerbsvorteile zu erzielen. Mit ECR-Projekten im

Logistikbereich allein lässt sich dieses Ziel auf längere Sicht nicht erreichen. Denn Logistikkonzepte sind kopierbar, da wird jeder nachziehen"(vgl. FIGGEN, B., in : Efficient Consumer Response, S. 116-117, a.a.O.).

## 7.3. ECR und SCM

"So steigen Sie richtig in E-Commerce ein

Welchen Markt (regional/international – B2B/B2C) will ich mit welchen Produkten in welchem Zeitraum erschließen? Wichtig sind eine genaue Marktanalyse mit Chancen und Risiken und eine Übersicht der Wettbewerber.

√ E-Commerce braucht neue Geschäftsprozesse. Neben einem informationsreichen aber leicht zu navigierenden Onlineshop ist die gesamte Logistikkette gerade auch im Hinblick auf Nachfragespitzen (z.B. Weihnachtsgeschäft) wichtig.

√ Systembrüche zwischen Onlineshop und der (internen und externen) Logistik vermeiden. Das Shopsystem muss in die gesamte Back-Office-Systeme integriert sein.

√ Bestellungen sollten innerhalb von 48 Stunden beim Kunden sein. Gerade bei Waren mit niedrigem Wert sind die Distributionskonzepte (z.B. zu dezentralen Pick-up-Stellen) wichtig.

√ Retouren und Reklamationen sollten für den Kunden so einfach und bequem sein, wie die Bestellung. Dazu gehört auch ein Abholservice der Ware.

√ Neueinsteigern bietet die Kooperation mit Logistikdienstleistern die Chance, sich auf ihr Kerngeschäft zu konzentrieren und gleichzeitig vom vorhandenen Know-how zu profitieren (Variabilisierung der Kosten).

√ Grundsätzlich sind alle Konzepte und Systeme hinsichtlich ihrer Kosten zu bewerten (Kostentransparenz).

Ein Echtes Problem ist die temperaturgeführte Zustellung, z.B. frischer Lebensmittel, was sich in der Zustellung von Kleinsendungen mit einem teilweise sehr ungünstigen Warenwert/Transportkosten – Verhältnis widerspiegelt.

Auf Temperatur bringen

Kritisch ist – besonders bei frischen Lebensmitteln – ein Nichtantreffen des Kunden. Als Antwort darauf installiert Streamline in Amerika eine „Kühl-Empfangs-Box" am Haus des Kunden. In diese werden die Lebensmittel von eigenen Fahrern deponiert, bleiben dort gekühlt und können vom Kunden entnommen werden. Eine derartige Lösung ist in Deutschland aber aufgrund der anderen Wohnsituation (weniger Eigenheime) nicht möglich. Denkbar sind dezentrale Pick-up-Stellen in Form von automatischen Warentransfersystemen. Hierbei werden durch Mengendegressionseffekte auch die Zustellkosten gesenkt. Ein ähnliches System ist im Frankfurter Büroviertel Niederrad bereits mit der „Shopping Box" eingerichtet: Dort können sich registrierte Kunden bei Kaiser's bestellte Lebensmittel in eine Art Warenschrank liefern lassen. Migros bietet in der Schweiz die Möglichkeit an, Bestellungen in einigen ausgewählten Filialen abholen zu können, wobei dann nach Sinn und Zweck von Onlineorders gefragt werden kann"(vgl. Logistik Heute, Nr. 10/2000, Titelthema E-Commerce, S. 28, Huss Verlag München).

### 7.3. ECR und Supply Chain Management

"ECR ist mehr als nur ein Logistikproblem zwischen Händler und Hersteller, er umfasst die gesamte Supply Chain. Die DV-Herausforderung liegt dabei in der informationstechnischen Integration der gesamten Kette vom Einkauf über Produktion und Distribution bis hin zum Absatz, wie Riccardo P. Sperrle, Geschäftsführer der Manugistics (Deutschland) GmbH in Essen, ausführt. Die Manugistics Inc. Aus Rockville in Maryland, USA, ist der weltweit führende Anbieter von Supply Chain Management-Software.

Eine Produktneueinführung ist in Deutschland meist eine sehr umständliche und aufwendige Angelegenheit. Obwohl ihm die Zeit eigentlich fehlt, führt der Hersteller auf einem Testmarkt mit vielen Interviews und Befragungen, unterstützt von Marktforschungsinstituten, umfangreiche Feldversuche durch. Dabei ginge es viel einfacher: Im Prinzip müsste er nur ein bestimmtes Gebiet auswählen, das neue Produkt verkaufen, die Scannerdaten zurückfließen lassen, diese verdichten und grafisch auswerten – fast alle wichtigen Informationen über das neue Produkt lägen auf dem Tisch. Allenfalls müsste er noch nach den Motiven der Käufer fragen. Auf die zahlreichen Interviewer jedoch könnte der Hersteller verzichten.

Technisch ist eine solche Auswertung der Scannerdaten ein lösbares Problem. Die Schwierigkeit liegt auf einer ganz anderen Ebene: Wer in Deutschland von ECR redet, denkt fast immer an Logistik. Der Handel ist im allgemeinen froh, wenn er die Bestände seiner Zentralläger optimiert. Hierfür baut er ein CRT-System mit seinen Herstellern auf, wofür ihm die Zu- und Abgangsdaten weitgehend genügen. Die täglichen Abverkaufszahlen, die ihm die Scannerkassen liefern könnten, benötigt er für die Lagerverwaltung nicht. Was draußen in den Läden passiert, interessiert ihn recht wenig.

Genau dort jedoch, beim Kontakt zum Endkunden, beginnt ECR eigentlich erst. ECR ist nicht nur eine Angelegenheit der Logistik zwischen Handel und Hersteller; zu managen gilt es vielmehr die gesamte Supply Chain, und zwar mit dem Ziel, eine Efficient Consumer Response zu erreichen. Deshalb sprechen wir von „Supply Chain Management", mit dem wir erreichen wollen, dass wir das richtige Produkt zur richtigen Zeit an den richtigen Ort bringen – und das zur richtigen Qualität und zum richtigen Preis. Dazu müssen wir die gesamte Wertschöpfungskette – vom Vorlieferanten über den Hersteller bis zum Händler – einheitlich betrachten, unabhängig davon, wer der juristische Inhaber eines Teils der Kette ist.

Entscheidend ist dabei, dass sich alle Planungssysteme und Aktivitäten am Käuferverhalten orientieren. Der Taktgeber ist einzig und allein die Nachfrage. „Demand Chain" wäre eigentlich der richtigere Begriff, obwohl sich „Supply Chain" eingebürgert hat, denn der Impuls kommt vom Markt, nicht vom Anbieter.

Solange ECR eine Angelegenheit der Logistiker ist, bleiben die wirklich großen Chancen ungenutzt. Nirgendwo lassen sich bessere Daten zum Mikromarketing gewinnen als vor Ort in den Filialen. Dieser Gedanke steht hinter der Grundidee des von Manugistics angebotenen Systems: Wir nehmen die Daten der Scannerkassen und bereiten sie je nach Bedarf auf, und verwenden sie als Taktgeber für die gesamte Supply Chain. Die Logistiker erhalten die Daten in einer aggregierten Form, die es ihnen erlaubt, die Bestände zu steuern. Weit differenziertere Informationen gehen an das Produktmanagement. Die Produktion hingegen benötigt vor allem die Gesamtabsatzmengen pro Zeit; ihr ist es egal, ob die Ware dann zu REWE oder Tengelmann geht. Mit anderen Worten: Jeder auf der Supply Chain erhält die Informationen, die er für seine Tätigkeit benötigt.

Falsch wäre es deshalb, die Komplexität der Daten gleich zu Anfang so zu reduzieren, dass sie sich später nicht mehr nach den verschiedenen Aspekten hin auffächern lässt. Wichtige Informationen und wichtiges Wissen, die im Verlauf der Supply Chain benötigt werden, müssen am Anfang in das System eingespeist werden – auch wenn damit eine recht hohe Komplexität unvermeidbar ist. Oft werden Scannerdaten zwar erhoben, aber schon auf Filialebene stark zusammengefasst und auf wenige Kennzahlen verdichtet. Wertvolle, bereits existierende Infor-mationen gehen dadurch wieder verloren.

Trends und Herausforderungen

Supply Chain Management wird in hohem Maße die zukünftige Wettbewerbsfähigkeit von Industrie und Handel beeinflussen. Beide Seiten müssen sich auf einige wesentliche Trends einstellen, die ein Umdenken und ein Einschwenken auf ECR erzwingen werden.

Mass Customisation

Selbst bei Markenartiklern geht der Trend zu einem starken Customizing der Endartikel: Werden in einem Supermarkt die Cornflakes-Packung zu 375 Gramm angeboten, besteht ein anderer Händler auf die Packungsgröße 500 Gramm. Die Hersteller passen ihre Artikel zunehmend an unterschiedliche Teilmärkte an, die sie über verschiedene Vertriebskanäle bedienen. Verpackungen und Mengen werden auf bestimmte Kundengruppen zugeschnitten.

Oder nehmen wir das Beispiel Levi's: Die Jeans ist ein klassisches Massenprodukt. Nicht mehr so für Levi's. Mittlerweile kann man (zunächst nur Frauen und das auch nur in bestimmten Läden) sich seine Jeans maßanfertigen lassen. Das fertige Produkt wird nach der Maßnahme und der Produktion kundenfreundlich nach Hause geliefert. Und das zu absolut attraktiven Preisen. Wer zweifelt daran, dass dieses Konzept demnächst weltweit eingeführt wird?

Die Folge ist eine Flut der unterschiedlichsten Daten, die man bewältigen muss. Sobald sich ein Hersteller die Frage nach dem optimalen Mix pro Kunde, Kanal und Artikel stellt, sieht er sich mit einer ausgesprochen komplexen Situation konfrontiert. Bei Aldi bekommt der Kunde nur zwei oder drei Packungsvarianten, bei Metro dagegen das ganze Sortiment. Eine solche Auffächerung ändert zwar nur wenig in der Produktion, sobald aber das Produkt die Verpackungsstraßen erreicht, sind die Auswirkungen enorm.

Reduktion der Warenbestände

Hersteller und Handel müssen die Warenbestände in ihren Lägern erheblich reduzieren. In Deutschland liegen – über die gesamte Kette verteilt – Waren mit einer Reichweite von rund 50 Tagen (Coca-Cola Studie 1994) auf Lager. Mit Blick auf den internationalen Wettbewerb müsste die Zahl auf 15 – 20 Tage sinken. Solche Werte sind nur erreichbar, wenn alle Beteiligten, nämlich Handel, Hersteller und Lieferanten, zusammenspielen. Einzelne Projekte wie zwischen Bahlsen oder Henkel und der Konsumgenossenschaft Dortmund zeigen, dass solche Reduktionen kein theoretischer Wert mehr sind. Allerdings geht es letztlich darum, diese Erfolge auf dem gesamten Volumenmarkt umzusetzen. Dann dreht es sich nicht mehr nur um einen, sondern um vielleicht 800 bis 1000 Lieferanten.

Es lässt sich leicht ausrechnen, welche Dimension die Sache dann annimmt. Die Zahl der einzelnen Artikel multipliziert mit den Lagerorten ergibt die bekannte Stock Keeping Unity (SKU). Geht man aber näher zum Kunden, kommt es auf die Artikel an der Verkaufsstelle an. Multipliziert man die SKU mit den Verkaufsstellen, erhält man die Demand Forecasting Unit (DFU). Wal-Mart beispielsweise hat 3.000 Läden und etwa 60.000 bis 90.000 Artikel. Nehmen wir zum Beispiel an, dass nur 30% davon „vendor managed" sind, dann ergeben sich bereits über 50 Millionen DFUs, die bearbeitet werden müssen. Die größten Projekte, die momentan laufen, bewegen sich im Rahmen von sechs Millionen – es kommt also noch mal ein Faktor zehn hinzu"(vgl. SPERRLE, R., in: Efficient Consumer Response, S.68-74, a.a.O.).

### 7.4. ERP (Efficient Replenishment) goes Web

"Neueste Studien belegen, dass ERP in allen Branchen verbreitet ist. Derzeit stehen die Systeme aber auf dem Prüfstand. Wichtige Impulse liefern Internet und E-Commerce.

Vom Endkunden bis zum Rohstofflieferanten gibt es eine Kette von Beziehungen, die elektronisch abgebildet werden muss und an deren Verknüpfungspunkten noch vieles zu optimieren ist. Neue ERP-Software muss flexibler als bisher Prozesse abbilden können, damit die Kette nirgends durchhängt oder gar reißt. Die Optimierung des internen Produktionsprozesses, bisher klassisches ERP-Aufgabenfeld, ist nur ein Ketten-Glied.

Damit hat sich die Perspektive erweitert. Immer wichtiger werden externe Faktoren. Das Credo lautet: integrieren nach innen und nach außen. Das heißt Integration von Vertriebsprozessen ebenso wie Berücksichtigung von Marktanalysen oder Veränderungen an der Rohstoffbasis. Das bedeutet Supply-Chain-Management (SCM). Customer Relationship Management (CRM) ist eine weitere Forderung an die ERP-Anbieter. Der Kunde mit seinen Bedürfnissen rückt ins Zentrum. Gewinner im Business der Zukunft ist, wer seine Produkte schnell und bedarfsorientiert an den Kunden bringt.

SCM mit der Fokussierung auf den Kunden im Sinne von CRM ist die logische Fortentwicklung für ERP-Systeme. Vertriebs-, Planungs- und Produktionsdaten müssen dabei in Echtzeit zur Verfügung stehen. Die Plattform dafür ist das Internet. Die Hersteller reagieren verschieden: Manche setzen auf integrierte Neuentwicklungen, andere integrieren Tools von Spezialanbietern, indem sie diese Spezialisten aufkaufen oder Kooperationeneingehen. Doch das ist nicht alles. Die Integration produktionsexterner Prozesse zwingt zu offenen Standards für die Kommunikation in Echtzeit zwischen den Partnern in der Kette. Das sind Internet-Standards wie Java und XML. Auch für den Anbietern der neuen Lösungen liegen Veränderungen: Über Portale kann die Anwenderfirma sich bei dem Hersteller bedienen, der ihnen Prozessunterstützung am überzeugendsten anbietet. Von dort ist es nur ein kleiner Schritt zum Application Hosting durch die Hersteller"(vgl. o.A., Software Messe Info Bäurer AG, Behla, BRD).

### 7.5. E-Commerce wird das Kaufverhalten verändern

"Handel und Logistik stehen mitten in der Pionierphase. Gearbeitet wird noch am Netzauftritt und den Methoden, wie der Kunde auf die Homepage gelockt, das Sortiment optimiert und eine geeignete Verteilung aufgebaut werden kann.

Die Kooperation zwischen Handel und Industrie wird noch durch Schwierigkeiten beim Datenzugriff behindert. Auch heute haben noch nicht alle Handelsunternehmeneinen Online-Zugriff auf die gesammelten Daten einer Region oder Vertriebsschiene, und nur eine Minderheit hat einen direkten Zugriff auf die Artikel pro Laden.

Hier zeigt sich die Problematik der unterschiedlichen Sichtweisen von Handel und Industrie: Arbeitet der eine mit Sortimenten, so ist der andere nahezu ausschließlich an der Entwicklung einzelner Produkte interessiert. Diese Schere der unterschiedlichen Betrachtungsweise soll durch den Ansatz des „Category Management" verringert werden. Es beinhaltet

- im Handel die Verschmelzung von Einkauf, Marketing und

Verkauf
- eine „Total System Efficiency", sowohl in den Einzelhandelsfirmen als auch in der Distributionskette zwischen Handel und Industrie
- eine strategische Positionierung der Warengruppen auch als Unterscheidungsmerkmal zu anderen Vertriebsschienen und Wettbewerbern
- die Forderung des Handels nach exklusiven Verkaufsförderungsmaßnahmen, die ihm eine zeitliche oder örtliche Abgrenzung zum Wettbewerb ermöglicht
- die Entwicklung von Handelsmarken sowie
- die Akzeptanz der Industrie, die Warengruppe zum Ausgangspunkt aller Gespräche zwischen Handel und Industrie zu machen.

Insbesondere die Durchsetzung der letzten Position spaltet die Hersteller in diejenigen, welche Warengruppenkompetenz aufweisen können und diejenigen, die auf der Stufe des Produktanbieters stehen bleiben. Wer den Vorgaben des Handels folgt, erhält in diesem selektiven Prozess die Chance, „Category Captain" zu werden.

Die Efficient Consumer Response" (ECR) hat den Konsumenten im Mittelpunkt ihrer Betrachtung. Dies gilt heute in erster Linie für die USA und auf europäischer Seite für Großbritannien. Dort wird über Kundenkarten und weitaus flexiblere Rabattsysteme als in –Deutschland Einfluss auf die Bindung zwischen den Konsumenten und den einzelnen Handelsunternehmen genommen. Die Verknüpfung zwischen artikelgenauem Kassenbon und Kundenkarte ermöglicht es, das Kaufverhalten genau zu analysieren. Über Bonussysteme kann ein gezieltes Mikromarketing den Kunden dazu veranlassen, ein Geschäft öfter zu besuchen und mehr zu kaufen. Letztendlich arbeitet auch das E-Commerce im Internet nach den gleichen Prinzipien. Das interessanteste Gut für die zurzeit am Markt stehenden Unternehmen sind die Kundendateien. Erfolgreich wird in diesem Segment nur derjenige sein, der einerseits das Datenmanagement und andererseits eine kostendeckende Logistik beherrscht.

Der Handel wird sich nicht mehr nach dem Erscheinungsbild seiner stationären Betriebsformen definieren, sondern er wird sich innerhalb einer Prozesskette optimieren. Hierbei kann das eine Unternehmen seine Kompetenz in der Ware, das andere in der Technik (Netz) und ein drittes durch Logistik einbringen"(vgl. HALLIER, B., in: DVZ, Sonderbeilage, Nr. 148 12.12.2000, S. 13, DVZ Verlag Hamburg).

### 7.6. Hypothese : Die letzte Meile ist zu teuer

"Wird der Handel von Lebensmitteln und Konsumartikeln (Consumer Direct-E-Commerce) ein Randphänomen bleiben oder gar ein totaler Flop werden? Analysen des Nürnberger Fraunhofer Anwendungszentrum für Verkehrslogistik und Kommunikationstechnik haben zu fünf Erkenntnissen geführt.

These 1: Home-Delivery „Stoppkosten" sind zu hoch.

Der Marktdruck und die Rationalisierungserfolge in den Standard- beziehungsweise Massen-Paketfrachtmärkten in Deutschland haben während der vergangenen Jahre zu kräftigen Preisrückgängen in diesem Segment geführt. Es kann davon ausgegangen werden, dass die Durchschnittspreise für eine Paketauslieferung unter 6 DEM liegen. Für Heimbelieferungen müssen jedoch Kosten pro Stop von 10 DEM und darüber veranschlagt werden, weil bei der Heimbelieferung selten mehr als ein Paket pro kostentreibendem Stopp ausgeliefert wird und eine Auslieferung an einen Privathaushalt tendenziell wesentlich zeitaufwendiger ist als eine Auslieferung an Geschäftskunden.

These 2: Für die Bequemlichkeit (Convenience) des Internet akzeptieren Konsumenten Lieferkosten von 10 DEM und darüber nicht.

Beim traditionellen Einkauf im stationären Einzelhandel ist der Kunde als kostenloser Kommissionierer, Verpacker und Transporteur seiner Waren auf der letzten Meile tätig. Wenn diese kostenlosen Arbeitsleistungen durch kostenverursachende Dienstleistungen der Heimlieferung, durch Kommissionierungs-, Verpackungs- und Inkassovorgänge beim E-Commerce-Unternehmen ersetzt werden, entstehen pro elektronische Einkaufstransaktion Zusatzkosten von weit über 10 DEM. Wenn der durchschnittliche Wert eines Supermarkt-Einkaufsbons im günstigen Fall über 100 DEM liegt, dann bedeutet dies, dass mehr als zehn Prozent an zusätzlichen Kosten entstehen – Zusatzkosten, die weder in den schmalen Gewinnspannen des Lebensmittelhandels aufzufangen sind, noch von der Mehrzahl der Konsumenten als Lieferaufschlag akzeptiert werden. Nur wenn es gelingen sollte, diese Zusatzkosten entscheidend zu senken oder zusätzliche Umsätze zu generieren, die einen entsprechenden

Deckungsbeitrag liefern, können E-Commerce Geschäftsmodelle auf Dauer funktionieren.

These 3: Rationalisierungspotenziale für die Kosten der Versorgungskette sind erschließbar.

Wenn „Consumer Direct" –Prozesse so konstruiert werden können, dass die hohe Kosten der stationären Einzelhandels-Outlets umgangen und vermieden werden, dann besteht eine zumindest theoretische Möglichkeit, die umrissenen Zusatzkosten der „letzten Meile" auszugleichen. Wenn spezielle, kostengünstige E-Commerce-Nachversorgungs- und Distributionszentren geschaffen, die dafür notwendigen kritischen Volumen erreicht und alle Möglichkeiten effizienter Transport- und Zahlsysteme ausgeschöpft werden, dann sind beachtliche Einsparmöglichkeiten und Umsatzsteigerungspotenziale zu erschließen.

These 4: Umsatz- und Nutzenpotenziale jenseits einfacher Internet-basierter Bestell- und Heimlieferservices.

Ein entscheidender Ansatzpunkt, um die Akzeptanz von „Consumer Direct"-E-Commerce zu erhöhen, liegt darin, den einfachen Bestell- und Lieferservice mit zusätzlichen Dienstleistungen anzubieten wie zum Beispiel die Rücknahme von Mehrweg-Verpackungen. Anbieter, denen es gelingt, intelligente Systeme eines „materiellen Internet" zu schaffen und diese mit den Erfahrungen und Einkaufsvorteilen der großen Einzelhandelsorganisationen und einem Angebotsprofil und Marketing zu verbinden, das die Bedürfnisse der Konsumenten wirklich berücksichtigt, werden sich einen profitablen Anteil am Konsumgüterumsatz sichern"

(vgl.KLAUS, P. in: DVZ Sonderbeilage, Nr. 148, 12.12.2000 S. 13, DVZ Verlag Hamburg) .

### 7.7.Käufer nutzen bequeme Lösungen

"Der Lebensmittelhandel wird sich verändern, so wie sich das ganze gesellschaftliche Leben ständig verändert und wandelt. Der Kunde entscheidet, was und wie gekauft wird. Bekommt er hierfür Lösungen, die ihm angenehm und bequem erscheinen, wird er diese nutzen. Der Handel muss sich hierauf einstellen.

Unsere heutige Zeit spricht eine neue und moderne Sprache, eine Sprache die sehr an der Computersprache orientiert ist. Die junge Generation die hiermit aufwächst fühlt sich recht wohl damit. Diese Menschen werden auch den Handel in der Zukunft bestimmen. Die Kommunikation auch im Lebensmittelhandel wird stark von praxisorientierten technischen Möglichkeiten bestimmt werden (Internet etc.).

Bis es jedoch so weit ist, haben wir in der Gegenwart mit Veränderungen zu leben, die wir selbst zu verantworten haben. Immer mehr Orte und Gemeinden verlieren Teile ihrer gewachsenen Handelsstruktur. Der Druck von den großen Einkaufsstätten am Rande der Städte wird immer größer, das Überangebot an Verkaufsflächen sorgt für einen bald unerträglichen Wettbewerb.

Alte Menschen, Erziehende mit Kindern und Menschen, die nicht mobil sind, werden zu den Kunden gehören, die wir heute und in der nahen Zukunft versorgen müssen. Das ist jedoch keine Käuferschicht, die per Internet oder ähnliche technische Medien die Lebensmittelbestellung bei einem Kaufmann aufgibt. Per Telefon, Fax, Katalog oder Bestellterminal werden diese Kunden bestellen. Der weitsichtige Kaufmann bietet diesen Service an. Über diesen Weg kommt er dann zu den Kunden (zur Zeit noch wenige), die in der weiteren Zukunft mit moderner elektronischer Kommunikation den Lebensmittelhandel beeinflussen"(vgl.WINKLER, V. DVZ Sonder-beilage Nr.148., 12.12.2000 S.16. DVZ Verlag Hamburg)

## 8.0. E-Business und die Zukunft der Logistik

"Durch die fortschreitende Globalisierung der Märkte stehen in zunehm-endem Maße nicht nur Unternehmen, sondern ganze Wirtschafts-, Gesell-schafts-, sogar Staats- und Kultursysteme in offenem Wettbewerb zuein-ander. Der Logistik fällt durch die fortschreitende Vernetzung der Welt in diesem Wettbewerb eine bedeutende Rolle zu. Global vernetzte Wirtschaftstrukturen erfordern hochverfügbare Logistiksysteme, die die physische und informatorische Verbindung in und zwischen Unternehmen sowie mit ihren Kunden und Lieferanten gewährleisten. In diesem Zusammenhang ist die Logistik strategisches Führungsinstrument in Unternehmen und Unternehmensnetzwerken. Entwicklungen im Bereich der Logistik haben daher weitreichende Folgen für die Wettbewerbsfähigkeit. Die konsequente Umsetzung ganzheitlicher Logistik-Strategien ermöglicht es, Wettbewerbsvorteile auf- oder auszubauen und nachhaltig zu sichern. Der konsequente Ausbau der Wettbewerbsfähigkeit der Unternehmen durch die Logistik wird sich fortsetzen. Eine Untersuchung zu „Trends und Strategien in der Logistik" am Bereich Logistik der Technischen Universität Berlin zusammen mit der Bundesvereinigung Logistik (BVL) unter Leitung von Prof. Dr.-Ing. H. Baumgarten bestätigt diese Aussagen.

Logistik als Philosophie

Ein wesentliches Kennzeichen der Logistik ist ihr beständiger Wandel. Daher ist die Weiterentwicklung der Logistik, die Identifikation zukünf-tiger Trends und die Ableitung von erfolgversprechenden Strategien not-wendige Voraussetzung für die nachhaltige Sicherung von Wettbewerbs-vorteilen insbesondere für weltweit tätige Unternehmen. Darüber hinaus ist der Fortschritt in der Logistik mehr denn je ein entscheidender Faktor für die generelle Wettbewerbssituation von Ländern und Regionen. Das Wachstum der Volkswirtschaften hängt zu einem großen Teil vom Wachstum der dort angesiedelten Unternehmen ab. Die Entwicklung der Logistik ermöglicht die Erschließung der Potenziale der Unternehmen und damit der Volkswirtschaften. Sie gewährleistet die effiziente Abwicklung der Waren- und Informationsflüsse über Länder- und Ragionengrenzen hinweg. Die Infrastruktur, das Qualifikationsniveau der Bevölkerung, das Rechtssystem, der soziale Frieden sowie das länderspezifische Innovationsklima bilden dabei die volkswirtschaftlichen Rahmenbedingungen für die Logistik. Bei der rasch voranschreitenden logistischen Vernetzung der Welt müssen Unternehmen flexibel, anpassungsfähig und agil sein. Sie müssen sich im täglichen Geschäft den sich wandelnden Kundenwünschen, den erfolgsorientierten Investoren und starken Wettbewerbern stellen. Sie können auf neue Situationen zukünftig nicht mehr nur reagieren, sondern müssen den Wandel antizipieren und durch ein strukturiertes Management des Wandels für den unternehmerischen Vorteil nutzen.

Neue Trenduntersuchung

Zur Verbesserung der Wettbewerbsposition setzen Unternehmen Methoden und Strategien wie Lean Management, Prozessorientierung, Business Process Reengineering, Wissensmanagement oder Continuous Improvement ein. Das in jüngster Zeit in Deutschland als Allheilmittel und sogar als Ersatz für die Logistik diskutierte „Supply Chain Management" hat – wie die vorgenannten Konzepte – die ganzheitliche Optimierung und effiziente Gestaltung der Wertschöpfungskette zum Ziel. Dabei sollte klar sein, wie auch immer die Konzepte genannt werden, ihnen gemeinsam ist die Nutzung von Strategien, Konzepten und Instrumenten, die die Logistik für das Management entwickelt hat und auch zukünftig hervorbringen wird.

Bei der Suche nach Verbesserungspotenzialen sind das Benchmarking und Trenduntersuchungen häufig verwendete Werkzeuge. Letztgenannte dienen der Ermittlung langfristiger und nachhaltiger Entwicklungen und Strömungen. Im Bereich der Logistik konzentriert sich das Interesse dabei insbesondere auf die Identifizierung neuer (Logistik-) Management-Konzepte und Logistik-Technologien. Ziel ist es, neben einer Bestandsaufnahme heutiger Methoden und Verfahren vor allem auch Prognosen für zukünftige Entwicklungen geben zu können.

Der Bereich Logistik an der Technischen Universität führt seit 1988 zusammen mit der Bundesvereinigung Logistik in regelmäßigen Abständen Untersuchungen zu den nationalen und internationalen „Trends und Strategien in der Logistik" durch. Ziel der neuen Untersuchung ist die Ermittlung des Entwicklungsstands der Logistik in Bezug auf Branchen, Industriezweige und Regionen. Daneben werden Perspektiven aufgezeigt sowie Konsequenzen dieser Erkenntnisse für die Unternehmen abgeleitet bzw. Handlungsempfehlungen entwickelt.

In der aktuellen Trenduntersuchung wird der fortschreitenden Prozessorientierung Rechnung getragen, indem Strategien, Methoden, Verfahren und Kennzahlen entlang der logistischen Prozessketten abgebildet wer-den. Die Struktur der Befragung folgt daher einem Prozesskettenmodell, da das Prozesskettenmanagement für Logistik-Konzepte wie Supply Chain Management oder Efficient Consumer Response von entscheidender Bedeutung ist. Die Befragung orientiert sich an den vier idealtypischen, unternehmensinternen und – übergreifenden Prozessketten Entwicklung, Versorgung, Auftragsabwicklung und Entsorgung, die sich in jedem Unternehmen bzw. in jedem Unternehmensverbund nachweisen lassen.Für Handelsunternehmen ohne eigene Produktion beschränkt sich die Prozesskette Auftragsabwicklung auf die Distribution; in Dienstleistungsunternehmen besteht die Auftragsabwicklung aus Leistungserstellung und Distribution.

In der Untersuchung zu Trends und Strategien in der Logistik wurden 5.000 Unternehmen aus den Bereichen Industrie, Handel und Logistik-Dienstleistung sowie erstmalig reine Dienstleistungsunternehmen (z.B. Banken) mit spezifischen Fragebögen befragt. Dabei werden als neue Elemente insbesondere die Potenziale der Logistik durch das Internet, Netzwerkstrukturen und Kooperationen in der Logistik, sowie die Chancen der Globalisierung und neuer Märkte für die Logistikuntersucht. Den Teilnehmern an der Untersuchung „Trends und Strategien in der Logistik" wird ein kostenfreies, branchenspezifisches Benchmarking ihres Unternehmens auf Basis der Gesamtergebnisse ermöglicht. Trotz des außerordentlichen umfangreichen Fragebogens erreichte der Rücklauf 14%.

Logistikrelevante Trends haben sich zu Beginn des neuen Jahrtausends zu entscheidenden Einflussgrößen eines globalen Marktszenarios entwickelt, das neben spezifischen Determinanten der Logistik zunehmend auch makroökonomische Entwicklungen einbeziehen muss.

In diesem komplexen Szenario sind einige Einflussgrößen von besonderer

Bedeutung. Der weiterhin zunehmende Kostendruck ist die wichtigste Restriktion bei der Strategie- bzw. Zielentwicklung der Unternehmen. Die Fremdvergabe von logistischen Leistungen und damit verbunden die Konzentration auf Kernkompetenzen sowie die Reduzierung der Wertschöpfungstiefe wird weiterverfolgt. Eine Profilierung gegenüber Neukunden erfolgt über spezifische Produktmerkmale und indirekte Nutzenvorteile. Damit steigt der Stellenwert der Logistik. Strategien zur Verkürzung der Time to Market bzw. der Time to Customer sind maßgeblich von der Konfiguration des logistischen Systems abhängig. Schnelllebige Märkte, verkürzte Produktlebens- und Innovationszyklen sowie die weltweite informationstechnische Vernetzung erfordern schnelle und hochverfügbare Logistiksysteme.

Folge des globalen Marktszenarios ist ein interdependentes, hochkomplexes, sich stetig erweiterndes Wirkungsszenario mit entscheidendem Einfluss auf die Logistik. Durch flexible, global und kooperativ geführte Netze wird die Logistik herausgefordert, bei steigendem Güteraufkommen mit hohen Belieferungsfrequenzen und geringeren Sendungsgrö0en noch engere Zeitfenster zu bedienen, um dadurch auch den steigenden Serviceanforderungen zu genügen. Die Aufgabe der Logistik ist in diesem Zusammenhang die Gestaltung und Steuerung der Waren- und Informationsflüsse entlang der gesamten Wertschöpfungskette. In der zusammenwachsenden Unternehmenswelt nimmt sie heute eine Schlüsselstellung im Management von unternehmensübergreifenden Netzwerken und der Nahtstelle zum Kunden ein.

Informations- und Kommunikationssysteme spielen in der Logistik dabei eine immer größere Rolle und führen zu einer nachhaltigen Ausweitung der logistischen Aufgabenfelder. Sie gewährleisten die effiziente Umsetzung der elektronischen Geschäftsabwicklung – e-Business, die fortschreitende logistische Vernetzung weltweit tätiger Unternehmens-verbünde sowie die Umsetzung prozessübergreifender, logistikrelevanter Managementkonzepte wie Supply Chain Management in der Industrie oder Efficient Consumer Response im Handel. Dies sind wichtige Entwicklungen in der Logistik mit weitreichendem Einfluss auf die Profitabilität der Unternehmen insbesondere in neuen und innovativen Geschäftsfeldern, die gleichzeitig eine kundenintegrierende Prozessgestaltung ermöglichen.

Die subjektive Bedeutung der Logistikals strategischer Wettbewerbsfaktor für das einzelne Unternehmen lässt sich in der Regel an der hierarchischen Verankerung der Gesamtverantwortung für die logistischen Aufgabenfelder verdeutlichen. Empirische Untersuchungen ergeben in dieser Hinsicht kein eindeutiges Ergebnis: Es gibt nur wenige explizit als Logistik-Vorstand bzw. –Geschäftsführer bezeichnete Top-Manager in deutschen Unternehmen. Andererseits sind logistikrelevante Entscheidungen häufig Gegenstand der Sitzungen der Unternehmens-leitung. Der Querschnittscharakter logistikspezifischer Entscheidungsfelder erfordert diese hohe Ansiedlung der Logistik in denjenigen Unternehmen, die unter Logistik mehr verstehen als Transportieren, Lagern und Umschlagen. Vertreter der Logistik in der Unternehmensleistung ist häufig der technische vorstand bzw. Geschäftsführer oder der Vorsitzende der Unternehmensleitung.

Die Untersuchung zu „Trends und Strategien in der Logistik" belegt diese Aussagen nachdrücklich. 28% der Gesamtverantwortlichen für die Logistik sind auf der Ebene der Unternehmensleitung, 36% auf der Bereichsvorstands- bzw. Bereichsleitungsebene angesiedelt. Top-Logistikern wird dabei zunehmend Budget- bzw. Ergebnisverantwortung zugewiesen; lediglich 2% der Verantwortlichen für die Logistik befinden sich auf Stabsebene.

Mit der hierarchischen Verankerung der Logistik zugeordneten Verantwortungsbereiche. Dabei lassen sich – in Anlehnung an die bewährte Vorgehensweise vorheriger Untersuchungen –die einzelnen Aufgaben zu Funktionsclustern zusammenfassen und in klassische, Kern-, ganzheitliche und neue Funktionen unterscheiden. Der Entwicklungsstand der Logistik wird deutlich. Einige Werte deutscher Unternehmen wurden für den internationalen Vergleich mit geeigneten Werten von Industrieunternehmen in der Triade – Nordamerkia, Europa, Asien – verglichen.

Insgesamt wurden rund 40 Funktionen und Aufgaben, die allesamt zweistellige Werte aufwiesen, auf ihre Zuordnung zur Logistik untersucht und den oben genannten Funktionsclustern zugeordnet. Die einzelnen Werte unterscheiden sich nach betrachtetem Untersuchungsfeld – Industrie, Handel, Dienstleistung – und nach Branchen innerhalb der Untersuchungsfelder. Dabei wird deutlich, dass Logistik-Führer häufig auch als Industrie- oder Handelsunternehmen neben den ganzheitlichen Funktionen bereits neue Aufgaben wie Postservices, Flächen- und Facilitymanagement oder das Umzugsmanagement zur Logistik zählen, die eher der expandierenden Dienstleistungslogistik zuzuordnen sind.

Kosten und Outsourcing in der Logistik

Parallel zur Ausweitung der Zuständigkeit der Logistik lässt sich erstmals seit Jahren ein steigender Anteil der Logistikkosten an den Gesamtkosten feststellen. Diese Aussage gilt insbesondere für den Handel, bei dem kostenintensive Funktionen wie das Lagerwesen zu 100%, die Kommissionierung zu 95,5%, die Verpackung zu 82% und die Distribution bzw. Versandabwicklung jeweils zu 91% in den Unternehmen zur Logis-tik zählen. Mit der zunehmenden Implementierung von logistikrelevanten Konzepten wie Efficient Consumer Response heute bei rund 23% der Handelsunternehmen bereits eingeführt – ist sogar mit einer weiteren Steigerung des Logistikkostenanteils zu rechnen, ohne dass sich dies in einer Erhöhung der Gesamtkosten niederschlagen müsste. Auch beim Durchschnitt der Industrieunternehmen ist eine leichte Logistikkostensteigerung auf 12,8% gegenüber 1996 mit 11,3% zu konstatieren Dies ist unter anderem Ausdruck der Spitzenstellung bei der Zurechnung von Informationssystemen (33%) und des IT-lastigen Supply Chain Managements (40%) zum Aufgabenfeld der Logistik. Bis 2005 rechnet die Industrie wieder mit einem Rückgang des Anteils der Logistikkosten auf 11,2%. Die Kostenführer in der deutschen Industrie realisieren allerdings bereits heute sinkende Werte mit 2,5% und prognostizierten 2,0% im Jahr 2005. Die erstmals erhobenen Logistikkostendaten der befragten Dienstleistungsunternehmen reihen sich dabei mit heute 15,6% bzw. 18,2% in 2005 zwischen den Daten von Industrie und Handel ein.

Interessant sind die von den Unternehmen angegebenen, durch die Umsetzung von Logistikkonzepten realisierbaren Gesamtkostensenkungspotenziale: Dienstleistungsunternehmen beziffern durchschnittlich 5,7%, Industrieunternehmen 7,6% und Handelsunternehmen sogar 10,7% der Gesamtkosten als potenzielle Einsparung.

Diese Einsparungen werden z.B. durch die Fremdvergabe von Logistikleistungen realisiert. Die Optimierung der Fertigungstiefe hat deshalb für die Errichtung wettbewerbsfähiger Unternehmensstrukturen in den letzten Jahren eine immer größere Bedeutung erlangt. Überlegungen hierzu müssen neben der nachhaltigen Beeinflussbarkeit der Kosten die strategische Relevanz einer Fertigungstiefenentscheidung in bezug auf das Zielsystem der Unternehmen berücksichtigen. Durch die Verbreitung des Lean-Production-Konzeptes hat die strategische Bedeutung der Entscheidungen über das „Make or Buy" von Leistungen – also über die Frage der Eigen- oder Fremderstellung – deutlich zugenommen. Die Strategie für führende Unternehmen ist damit eine Konzentration auf das Kerngeschäft durch deutliche Reduzierung der Wertschöpfungstiefe und Systempartnerschaften mit Lieferanten. Die Konsequenz ist etwa in

Deutschland eine kontinuierlich über alle Branchen hinweg verringerte Fertigungstiefe bei branchenspezifischer Höhe. Durchschnittlich wird vom heutigen Ausgangswert von 56,7% in der deutschen Industrie und Fertigungstiefenreduzierung auf 46,6% angestrebt.

Der verstärkte Zukauf von Einzelteilen, Baugruppen und sonstigen Leistungen führt zu Veränderungen im gesamten Unternehmen, hier jedoch insbesondere zu vermehrten und veränderten Aufgabenstellungen in der Logistik. Die gestiegene Komplexität im Unternehmen kann durch Fremdvergabe von geeigneten Logistik-Leistungsumfängen wie Wareneingang, Lagerhaltung oder Bestandsführung an Dienstleister gezielt reduziert werden. Daher müssen in diesem Zusammenhang parallel Überlegungen zur Gestaltung der Leistungstiefe der Logistik Eingang in die strategische Unternehmensplanung finden. Die Logistiktiefe ist wie Fertigungstiefe als Untermenge der Wertschöpfungstiefe anzusehen. Sie gibt an, wie groß der Anteil der vom Unternehmen selbst erbrachten Logistikleistungen in Bezug auf alle entlang des Wertschöpfungsprozesses zu erbringenden Logistikleistungen ist.

Bei der Betrachtung der Logistiktiefe in den einzelnen Prozessketten von Industrieunternehmen im Rahmen der Untersuchung wird der Umfang der Fremdvergabe von Logistikleistungen als Indikator verwendet. Der Anteil der auf externe Dienstleister entfallenden Kosten bezogen auf die Gesamtkosten je Prozesskette zeigt, ob die Unternehmen die Aufgaben innerhalb der Prozesskette als Kernkompetenz betrachten.

Der relativ geringe Fremdvergabeanteil im Bereich der Entwicklung und Produktion weist darauf hin, dass diese Prozesse nach wie vor dem Kerngeschäft der Industrieunternehmen zugeordnet werden. Im Bereich der Distribution und insbesondere der Entsorgung neigen die Unternehmen dagegen eindeutig eher zum Outsourcing. Das Bedürfnis nach Versorgungssicherheit hat viele Unternehmen bisher davon abgehalten, auch im Bereich der Versorgung in erheblichem Maße die Dienste externer Dienstleister in Anspruch zu nehmen. Im Zuge der Globalisierung ist auf diesem Gebiet allerdings von einem deutlichen Anstieg des Indikators auszugehen.

Sowohl in der Versorgung als auch in der Auftragsabwicklung sind die Entwicklung und Implementierung neuer Strategien notwendig, um den wachsenden Anforderungen gerecht werden zu können. Durch die abnehmende Wertschöpfungstiefe gewinnt die Integration externer Unternehmen in die eigenen betrieblichen Abläufe und die Integration der eigenen Abläufe in die Prozesse anderer Unternehmen stark an Bedeutung.

Diese Integration externer Unternehmen sowohl auf Lieferanten- als auch auf Kundenseite schafft übergreifende Strukturen und steigert die Leistungsfähigkeit des Unternehmens.

Die Fremdvergabe kann operative und administrative Logistikleistungen umfassen. Dabei sind einige empirische Aussagen für die Industrie von besonderem Interesse: Die Lagerhaltung ist bereits heute bei 49,2% der befragten Unternehmen an einem externen Dienstleister vergeben. Zukünftig soll sich dieser Anteil auf rund 64% erhöhen. Auch das Outsourcing der klassischen Logistikaufgabe Kommissionierung wird deutlich von 40% auf 52% zunehmen. Besonders outsourcing-relevant ist die Entsorgung von Verpackungsabfällen mit gleichbleibenden Werten um 80%. Immer häufiger wird auch der Betrieb von Informationssystemen von externen Dienstleistern übernommen.

Auch bei einer sinkenden operativen bzw. administrativen Logistiktiefe liefert die strategische Logistik die notwendigen Methoden und Instrumente, um die Material- und Informationsflüsse bei verringerter Fertigungs- und Wertschöpfungstiefe effizient zu steuern und zu koordinieren. Sie ermöglicht die Konzentration des Unternehmens auf die Kernkompetenzen durch Outsourcing von Produktions- und Dienstleistungsumfängen. Dadurch werden Effizienzsteigerungs- und Rationalisierungspotentiale realisiert.

Trends in der Logistik

Die Entwicklung der Logistik und deren Bedeutung für Unternehmensstrategien zu Beginn des nächsten Jahrhunderts ist Gegenstand der gerade abgeschlossenen Studie zu „Trends und Strategien in der Logistik". Die ermittelten empirischen Aussagen wurden dabei mit Voruntersuchungen abgeglichen bzw. fortgeschrieben. Dabei wurden die globalen Trends und daraus abgeleitete Strategien durch regionale bzw. branchenspezifische Trends und Strategien ergänzt.

Der Erfolg in der Logistik führender Unternehmen lässt sich häufig über Jahre nachweisen. Logistik-Führer glänzen dabei insbesondere durch die frühzeitige Antizipation nachhaltiger Trends. Diese versetzt sie in die Lage, die vorhandenen logistischen Strömungen zu ihrem Vorteil zu nutzen, und durch die schnelle Reaktion, teilweise sogar proaktive Unterstützung der Trendbewegungen, Wettbewerbsvorteile auf den Märkten zu erzielen.

Analog zum obigen Marktszenario für die Logistik werden der bestehende Kostendruck ebenso wie die steigenden Kundenanforderungen als besonders wichtige Einflussfaktoren qualifiziert. Deutlich wird dabei die Erwartung der Unternehmen, dass sowohl mit einem weiteren Bedeutungswachstum dieser Faktoren als auch insbesondere mit einem deutlichen Zuwachs des Stellenwerts kundenspezifischer, prozessorientierter und kommunikativer Einflussfaktoren gerechnet wird. Dies wird insbesondere deutlich im Bereich der Informationssysteme (+0,74 Punkte) und logistikrelevanter Konzepte wie Supply Chain Management (+1,06 Punkte). Der höchste Bedeutungszuwachs wird im Bereich des Internets mit +1,48 Punkten gesehen. Folge dieser Erwartungen der Unternehmen ist in der Regel die Berücksichtigung dieser Faktoren bei der Ziel- und Strategieentwicklung.

Auf der Basis der Untersuchung der oben genannten Einflussfaktoren und der fünf in der Untersuchung zu „Trends und Strategien in der Logistik 2000" 1996 bzw. 1997 identifizierten Trends wurden bei der aktuellen Untersuchung drei teilweise interdependente Trends identifiziert:

Die bestehende Basisstrategie kundenorientierte Prozessgestaltung wurde durch den ersten neuen Trend Kundenintegration weiterentwickelt. Die Strategien Globalisierung, Wertschöpfungspartnerschaften mit Dienstleistern und prozess-optimierter Verkehrsträgereinsatz wurden zum zweiten Trend Globale Netzwerke gebündelt. Der bereits 1996/97 innovativste und auch heute noch am stärksten wachsende Bereich der Informations- und Kommunikationssysteme hat neben den globalen Netzen auch den Siegeszug des dritten neuen Trends vorbereitet: e-Business ist heute in aller Munde.

Diese Trends stellen die Keimzelle für fokussierte Erfolgsstrategien von Logistik-Führern dar und entwickeln die vorhandenen Basisstrategien weiter.

Trend Kundenintegration

Ein sich verschärfender Wettbewerb um Kunden veranlasst Unternehmen heute mehr denn je, ihre Prozesse kundenorientiert zu gestalten und ihre Produkte an den Bedürfnissen der Abnehmer auszurichten. Die Kundenorientierung wird deshalb für alle Unternehmen zukünftig einer der strategisch wichtigsten Wettbewerbsfaktoren sein. Der funktionsübergreifende Ansatz der Logistik macht sie zu einem wettbewerbsentscheidenden Bindeglied von Kunden, Herstellern, Händlern und Dienstleistern. Logistikleistungen beeinflussen maßgeblich die Kundenbindung oder steuern diese durch den direkten oder indirekten Kontakt zum Kunden. Mit dem Übergang vom unternehmensweiten Pusch-

zum durchgängigen Pull-Prinzip wird eine konsequente Kunden- und Serviceausrichtung der Wertschöpfungsketten sichergestellt. Demnach ist eine verstärkte Kundenorientierung in logistischen Prozessketten positiv zielführend im Hinblick auf eine Steigerung der Kundenbindung.

Kundenkontakt wird heute häufig noch als losgelöst von der Logistik angesehen, obwohl viele der enthaltenen Prozesse Schnittstellen mit Kunden aufweisen und mit ihren Ergebnissen Auswirkungen für den Käufer haben. Dies führt heute dazu, dass logistische Prozessketten nicht genügend am Kunden orientiert und somit nicht servicefreundlich ausgestaltet sind. Die durchgeführte Studie zeigt jedoch, dass die Mehrheit der Unternehmen dieses Problem bereits erkannt hat und Maßnahmen zur Steigerung der Kundenbindung durchführt bzw. plant.

Ein erster Schritt zur Steigerung der Kundenbindung ist die Messung der Kundenzufriedenheit. 85,1% der Unternehmen –rund 30% mehr als heute – werden bis 2005 diesen notwendigen Abgleich von Kundenanforder-ungen und Leistungsangebot regelmäßig durchführen und so durch ständige Rückkoppelungen z.B. per Telefon oder Internet auf Ineffi-zienzen in ihrem Auftragsdurchlauf, Ordermanagement oder auch in der Verwaltung hingewiesen. Dies gewährleistet eine kundengetriebene und daher kundenintegrierende Prozessgestaltung. Weitere Maßnahmen sind der Ausbau des Key-Account-Managements, das eine Ausrichtung des Marketings auf die Schlüsselkunden des Unternehmens ermöglicht. Auch ein gezieltes Beschwerdemanagement wird bereits heute von einem Drittel der Unternehmen umgesetzt (in Zukunft: 54%). Bonussysteme – heute bereits zu 23% verbreitet – und Kundenclubs mit einem Anteil von knapp 10% ergänzen das Maßnahme-Portfolio.

Häufig bedeutet eine verstärkte Kundenorientierung, dass die Produkte kundenindividueller gefertigt werden. Die damit einhergehende Variantenbildung bei der Produktion verlangt von den Unternehmen eine hohe Flexibilität. Durch die Konzentration der Unternehmen auf ihre Kernkompetenzen und die damit verbundene Notwendigkeit zu vernetzten Kooperationen sind viele Unternehmen heute in der Lage, die Kundenanforderungen nach weitgehend individuellen Produkten zu erfüllen. So sind höchste Anforderungen an die Informations- und Kommunikationssysteme im gesamten Wertschöpfungsnetzwerk, an die Reaktionsfähigkeit und Schnelligkeit der Logistik sowie an das Zusammenspiel der Produktions- und Logistikabläufe der Verbundpartner zu stellen.

Zwei mögliche Strategien für die Bewältigung der verstärkten

Individualisierung von Produkten sind die Late-fit- und die Built-to-order-Strategie. Die Late-fit-Strategie ist gekennzeichnet durch Standardisierung und späte kundenindividuelle Variantenbildung. Dabei werden zwei Ziele zugleich angestrebt: Eine möglichst kurze Reaktionszeit auf Kundenaufträge soll umgesetzt werden, und Bestände werden nur auf einem geringen Wertschöpfungsniveau vorgehalten.

Eine Kundenneutrale Vorproduktion muss demnach bereits vor Eingang des Kundenauftrags erfolgen. Ein weitreichender Nebeneffekt dieser Strategie ist die vorausgehende Standardisierung der Produktpalette des Unternehmens. Die Built-order-Strategie setzt die Anwendung von Simultaneous Engineering im Unternehmen und in Netzwerken voraus. Zunächst muss bei dieser Strategie ein Kundenauftrag eingehen, um den Produktionsprozess anzustoßen. Die Bestände werden hier als Teile und Komponenten auf noch geringerem Niveau vorgehalten als es bei der Late-fit-Strategie getan wird.

Die heute weit verbreitete starke Einbindung von Dienstleistern in den gesamten Auftragsabwicklungsprozess führt darüber hinaus dazu, dass bei einer verstärkten Kundenorientierung des Unternehmens auch die Wertschöpfungspartner in die neue Strategie einbezogen werden müssen. Gerade bei der Einschaltung von Dienstleistern für die Distribution von Produkten verkörpert dieser das Image des Unternehmens für den Kunden. Aber auch Dienstleister in der Prozesskette Versorgung müssen sich der Philosophie der Kundenorientierung unterwerfen, um das Endprodukt im Sinne des Herstellers mit zu gestalten


Trend Globale Netzwerke

Unternehmen nutzen zunehmend die Vernetzung mit anderen Unternehmen, um schnell, preiswert und kundenindividuell Produkte am Markt bereitstellen zu können. Netzwerke eröffnen die Möglichkeit einer umsatzfördernden Geschäftstätigkeit über einen Zeitraum von 24 Stunden annähernd an jedem Tag im Jahr. Diese Entwicklung geht Hand in Hand mit dem Trend zur verstärkten Kundenorientierung. Aufgrund des sich schnell ändernden Marktumfeldes sehen heute viele Unternehmen in der Kooperation mit Lieferanten, Kunden oder sogar ehemaligen Wettbewerbern eine Möglichkeit, dauerhaft ihre Marktposition auf- und auszubauen. Die Logistik bildet hier keine Ausnahme. Bereits heute arbeiten 32% der befragten Unternehmen in der Versorgung mit anderen Unternehmen eng zusammen. Dieser Anteil wird in den nächsten fünf Jahren auf fast 50% steigen. In einem weiteren klassischen

Kooperationsfeld für die Logistik – der Distribution – sind es sogar heute bereits 41%. Zukünftig wollen 62% der Unternehmen auf diesem Feld kooperieren.

In der Entwicklung ist das Bedürfnis nach logistikorientierter Zusammenarbeit offensichtlich nicht so stark ausgeprägt: Heute nutzen nur 8% der Unternehmen, im Jahre 2005 voraussichtlich 13% das Wissen von Geschäftspartnern für eine Optimierung der Produktentwicklungsphase. In der Vernetzung der Produktion besteht hingegen ein enormes Wachstumspotential von heute 13% auf 30% im Jahre 2005. Ein beträchtliches Maß an Zusammenarbeit gibt es in der Entsorgung: 19% der befragten Unternehmen suchen heute bereits Kooperationspartner und 37% haben dies zukünftig vor.

Unternehmensnetze werden in der Industrie häufig als Antwort auf sinkende Fertigungstiefen verstanden. Neben der Integration von Wertschöpfungspartnern und Dienstleistern stellt jedoch eine weitere elementare Entwicklung die Unternehmen vor neue Herausforderungen. Mit der Konzentration auf die Kernkompetenzen und der Verringerung der Fertigungstiefe werden die Unternehmen schlanker. Ein einzelnes, verschlanktes Unternehmen kann jedoch nicht alle notwendigen Ressourcen – Arbeitsleistungen, Finanzmittel, Technologien und Knowhow – zur Verfügung stellen, um komplexe Produkte und Leistungen zu entwickeln, herzustellen und zu vertreiben. Nur in einem Netzwerk können diese Unternehmen gemeinsam als schlagkräftige Einheit auftreten. Ein Netzwerk vereinigt scheinbare Gegensätze: Die Eigenschaften kleiner, flexibler und selbständiger Unternehmen werden mit denen eines über vielfältige Ressourcen verfügenden Großunternehmens verknüpft. Das Aufbrechen von Strukturen und die Bildung von kleinen und flexiblen Unternehmenseinheiten, die in einem Netzwerk miteinander verknüpft sind, bieten die Möglichkeit, der Dynamik der Märkte zu begegnen und Wettbewerbsvorteile am Markt zu realisieren.

Unternehmen, die sich diesen Herausforderungen stellen wollen, müssen ein effizientes Netzwerkmanagement aufbauen, Dazu gehören der Aufbau der Netzwerke, die Auswahl geeigneter Partner sowie die Vorbereitung der Partner für die Mitarbeit im Netzwerk. Die Methoden und Techniken des Logistikmanagements können in diesem jungen Feld unterstützend eingesetzt werden. Auch im Netzwerkmanagement werden das Management der Waren- und Informationsflüsse, Controlling und Qualitätsmanagement verschiedener Unternehmen und Bereiche aufeinander abgestimmt und ganzheitlich optimiert. Ergänzt wird das Aufgabenspektrum um das Komplexitätsmanagement im Netzwerk.

Die Forderung der Märkte nach dynamischen Unternehmensstrukturen geht einher mit der informatorischen Verknüpfung der Unternehmen mit ihren Kunden und Lieferanten. Beinahe 70% der Unternehmen sind mit ihren Lieferanten und rund 66% mit ihren Kundeninformatorisch verknüpft. Dabei ergeben sich für Bestelldaten und Abrufe jeweils Spitzenwerte, die mit dem steigenden Einsatz des Internets auch weiterhin von exponierter Bedeutung sein werden. Im Bereich der Planungs-, Steuerungs- PPS- und Entwicklungsdaten sind im Zuge der Umsetzung ganzheitlicher Informations- und Kommunikationssystem (IuK) –basierter Netzwerksteuerungskonzepte wie z.B. Supply Chain Management die höchsten Steigerungsraten zu erwarten.

Die IuK-gestützte Steuerung globaler Netzwerke erhöht die Reaktionsgeschwindigkeit der Unternehmen auf Markt- und Technologieänder-ungen und vermindert die Komplexität der Logistik-Netze. Die beteiligten Unternehmen werden in die Lage versetzt, sich auf ihre spezifischen Kernkompetenzen zu konzentrieren. Dadurch ergeben sich Zeitvorteile bei Produktentwicklung, -herstellung und –vertrieb, Kostenvorteile durch die Nutzung von Spezialisierungsvorteilen und Erfahrungskurveneffekten und in Summe eine deutliche Verkürzung der Amortisationszeit des investierten Kapitals.

In einer vernetzten Unternehmenswelt entstehen neue Aufgabenfelder für Logistik-Dienstleister. Die Besinnung auf Kernkompetenzen und die Verschlankung der Unternehmen führt zur Entstehung neuer Geschäftsfelder durch Fremdvergabe von Logistik-Leistungen. Diese Geschäftsfelder reduzieren sich nicht nur auf höhere Handlings- und Transportaufkommen. Vielmehr müssen bestandsmindernde Versorgungsstrategien durch Dienstleister maßgeblich umgesetzt oder auch Vormontagen von Produkten durchgeführt werden.

Dienstleister sind demnach die Gewinner dieser verstetigten Entwicklung, die sich dabei deutlich auf ihre Kernkompetenzen fokussieren sollten. Eine erfolgsversprechende Entwicklung, die sich dabei deutlich auf ihre Kernkompetenzen fokussieren sollten. Eine erfolgsversprechende Strategie für fremdvergebende Unternehmen ist der Einsatz von Systemdienstleistern, die Teile der ihnen übertragenen komplexen Aufgaben an weitere Dienstleister fremdvergeben.

Im Zuge der Globalisierung stehen Logistik-Dienstleister vor der Herausforderung, sich neben Service, Kosten und Qualität durch Value Added Services von Wettbewerbern zu differenzieren. Bewegen sich die

Unternehmen auf Märkten verschiedener Regionen, müssen die Strategien auch auf diese abgestimmt sein. Allerdings gilt für alle Bereiche, dass eine Kundenbindung durch innovative Produktion und kreative Logistikleistungen neue Aufgabenfelder für die Logistik schafft.

Eine Hochleistungslogistik zwischen Kunde und Zulieferer, die Planung und Steuerung flexibler und schneller Produktionsstrukturen durch die Logistik sowie der erfolgskritische Einsatz der Logistik bei Fusionen und Kooperationen sind weitere zukunftsträchtige Betätigungsfelder für innovative Logistik-Dienstleister.

Trend e-Business

Logistik ist heute und in Zukunft zunehmend auf einen stärkeren Einsatz von Informations- und Kommunikationssystemen (IuK-Systemen) angewiesen. Grundlegendes Know-how und die Beherrschung moderner IuK-Technologie sind Schlüsselfaktoren für die Logistik von morgen. Es wird deutlich, dass IuK-Systeme ein unverzichtbares Instrument zur Verknüpfung von Prozessketten in Unternehmen und Unternehmensnetzwerken darstellen.

Das Ausmaß der Ausbaupläne für diese Systeme lässt sich in der Ausweitung des Budgets der Unternehmen für Informationssysteme ablesen. Industrieunternehmen nehmen zukünftig höhere Kosten z.B. für die Steuerung globaler Netzwerke oder die informatorische Verknüpfung mit Kunden, Lieferanten und Dienstleistern von rund 5,3% im Vergleich zu heute rund 4,3% der Gesamtkosten in Kauf. Bei Handels- und Dienstleistungsunternehmen liegen diese Investitionen zum Teil sogar noch höher: Bei Handelsunternehmen steigt das Budget von 4,8% auf 5,5%, bei Dienstleistern von 7,9% auf 9,2%. Ein wesentlicher Teil dieser Investitionen dient der Erweiterung bzw. der stärkeren Nutzung der Internet-Technologie für die Geschäftsabwicklung, bei der das World Wide Web immer häufiger zur Nahtstelle zwischen Unternehmen, Kunden und Lieferanten wird. Das Internet dient aufgrund seiner definierten Standards als geeignete Plattform, um die heterogene Struktur der Informations- und Kommunikationssysteme der beteiligten Partner miteinander zu verknüpfen. Die Internet-Technologie vereinfacht und flexibilisiert die Kunden-Lieferantenbeziehungen. Sie verändert nachhaltig die Kommunikation innerhalb und zwischen den Unternehmen und ist darüber hinaus entscheidende Voraussetzung für Lieferantennetzwerke und Kooperationen.

In den USA erzielen manche Unternehmen mit e-Business mehr als zwei

Drittel ihres Umsatzes. 30% der über 100 Millionen US-Haushalte sind bereits heute an das Internet angeschlossen – im Vergleich dazu sind es in Deutschland 9%. E-Business umfasst zum einen den Bereich der Auftragsabwicklung mit Geschäftskunden, das Business-to-Business. Zum anderen wird darunter auch der Bereich Business-to-Customer zusammengefasst, der häufig als e-Commerce bezeichnet wird und dem originären elektronischen Handel mit dem Endkunden entspricht.

Derzeit gibt es in Deutschland rund 7,5 Millionen Internet-Nutzer. Davon setzt nicht einmal die Hälfte das Internet am Arbeitsplatz ein. Auch wenn viele Unternehmen das Internet zukünftig als Plattform für eine reibungslose und schnelle Kommunikation mit Kunden und Lieferanten ansehen, steckt die Umsetzung dieser Ansprüche momentan noch in den Kinderschuhen. Unternehmen nutzen zwar das Internet heute schon als Imageträger und haben sich mit dem Thema e-Business bereits befasst, die standardisierte Nutzung für die Abwicklung alltäglicher Unternehmensprozesse bleibt jedoch bisher aus.

Die „Virtualisierung" von Geschäftsprozessen trägt dazu bei, dass Kunden heute in die Lage versetzt werden, Produkte nach eigenen Wünschen zusammenzustellen und sogar zu entwerfen. Neben der Bereitstellung der entsprechenden Informations- und Kommunikationssysteme erfordert dieses Konzept die entsprechende Organisation des Auftragsabwicklungsprozesses.

Durch Eintritts- und Innovationsbarrieren können darüber hinaus potentielle Konkurrenten abgewehrt werden. Die enge Anbindung von Kunden und Lieferanten über die Bereitstellung von „Value Added Service", die erst per Internet realisiert werden können, verschafft den Unternehmen Wettbewerbsvorteile gegenüber Konkurrenten.

Dabei kristallisiert sich die Logistik als strategischer Erfolgsfaktor für e-Business heraus: Schnelllebige Märkte und die weltweite informationstechnische Vernetzung erfordern leistungsstarke und hochverfügbare Logistiksysteme. Die Aufgabe der Logistik ist die Gestaltung und Steuerung der Waren- und Informationsflüsse entlang der gesamten Wertschöpfungskette. In der zusammenwachsenden Unternehmenswelt nimmt sie deshalb heute eine Schlüsselstellung im Management von unternehmensübergreifenden Netzwerken und der Nahtstelle zum Kunden ein.

Die bisherige und zukünftige Relevanz einzelner e-Business-Bausteine für die Unternehmen werden in Bild 12 visualisiert. Diese Bausteine werden als logistikrelevant bzw. besonders logistikrelevant klassifiziert.

Bei der Bewertung der Relevanz wird das enorme Wachstumspotenzial insbesondere bei der internetgestützten Beschaffung und Distribution deutlich. Für die Ausbildung globaler Logistik-Netzwerke und Kooperationen sowie für den Ausbau von Wissensmanagement als Innovationsquelle und Effizienzsteigerungselement gewinnen auch die Bereiche e-Cooperation und e-Information an Bedeutung. Insbesondere die in der Befragung angegebene Relevanz von e-Information erscheint aus diesem Blickwinkel sogar unterbewertet. Durch die Kopplung der Instrumente der Logistik und des Wissensmanagements ist eine Abbildung aller Logistikprozesse in objektorientierten Datenbanken mit Leistungs- und Kostendaten als Instrument für eine Leistungs- und Kostenoptimierung möglich. Ein Beispiel für eine solche internetbasierte Anwendung stellt das Forschungsprojekt Integrationsplattform Logistik dar. Das Bundesministerium für Bildung und Forschung BMBF fördert diesen interdisziplinären Ansatz zur Abbildung von logistischem Wissen, das insbesondere mittelständischen Unternehmen zur Verfügung gestellt werden soll.

Best-Practice und neue Märkte für die Logistik

Im Geschäftsfeld e-Business werden heute weltweit über 50 Milliarden US-Dollar umgesetzt. Bis zum Jahre j2003 wird eine Explosion des Umsatzvolumens auf mehr als eine Billion US-Dollar erwartet. Das als Internet-Buchhändler gestartete Unternehmen Amazon hat in den vergangenen Jahren bereits bewiesen, dass sich mit der „Schaffung eines positiven Einkaufserlebnisses" ein Unternehmen auf dem Markt etablieren kann. Der Handel mit Büchern hat sich inzwischen auf CDs, Videos und Unterhaltungselektronik ausgeweitet. Die Homepage als Plattform für die elektronische Geschäftsabwicklung ist leicht nutzbar, selbsterklärend und enthält interessante Informationen zu einer großen Auswahl an Produkten sowie Serviceleistungen und führt zu einer gestiegenen Markttransparenz. Die Kunden können – ohne das Haus verlassen zu müssen- die angebotenen Waren und Dienstleistungen preislich und qualitativ vergleichen und bei Bedarf sofort via Internet bestellen. Die Vision des Unternehmens ist die Ausweitung der Internet-Produktpalette auf ein vollständiges Versandhandelssortiment.

Der Erfolg des Konzeptes hat andere Unternehmen zur Nachahmung bewegt: Unternehmen wie buecher.de arbeiten in einem ausgebauten Dachgeschoss, haben aber den Sprung an die Börse bereits vollzogen. Heute sind es Bertelsmann und renommierte Fachverlage, die den neuen

Vertriebskanal e-Business entdecken. Morgen schon wird es sich kaum ein Buchhändler erlauben wollen, darauf zu verzichten.

Kunden erwarten bei dem Kauf von „Internet-Produkten" eine individuellere Produktgestaltung, eine schnellere, günstigere und zuverlässigere Auslieferung sowie umfangreichere Produktinformationen als bei der traditionellen Bestellung. Die Logistik ist bei der anspruchsvollen Ausgestaltung dieser innovativen Geschäftsbeziehungen gefordert. Ihr obliegt die Gestaltung des gesamten Systems zur effizienten Abwicklung der Aufträge. Der Trend zu kundenindividueller Fertigung von hochwertigen Produkten führt zudem dazu, dass immer weniger Kundenwünsche aus dem Lagerbestand erfüllt werden können. Die Logistik hat deshalb zur Aufgabe, „Kundenwunschfabriken" zu ermöglichen und auch die Vielzahl an Lieferanten in dieses Konzept zu integrieren. Logistiksysteme, die heute für die Belieferung von Groß- und Einzelhandel ausgelegt sind, müssen für den durch e-Business generierten Warenstrom kürzere Lieferzeiten gewährleisten und kleinere Sendungsgrößen verarbeiten können.

Der Computerhersteller DELL hat mit seinem e-Business-Konzept bereits vor einigen Jahren die Weichen für eine vollständig elektronische Begleitung des gesamten Auftragsabwicklungsprozesses gestellt. Durch die Eliminierung der Händlermargen können Preisvorteile an Kunden weitergegeben werden. Der Kunde kann über eine Sendungsverfolgung via Internet zu jedem beliebigen Zeitpunkt feststellen, an welchem Ort sich die bestellte Ware befindet.

Ähnlichen Service bieten bisher nur auf diese Aufgaben spezialisierte Kurier-, Express- und Paketdienstleister wie die weltweit agierenden Unternehmen Fedex und UPS. Neue Sendungsstrukturen und ein erhebliches Marktpotential in der Versorgung von Privatkunden verlangen neue Lösungen. Das Paketaufkommen aufgrund von e-Business wird sich von heute 2,98 Mio. Stück auf weltweit 6,53 Mio. Stück in 2003 ausweiten. Der Einstieg des Lebensmittelhandels in die elektronische Bestellabwicklung und Belieferung des Kunden zu Hause fordert von Kurier-, Express- und Paketdienstleistern eine hohe Flexibilität und vor allem Schnelligkeit, um die verderblichen Waren an ihren Bestimmungsort zu bringen. Erste Schritte beim Lebensmittel-Home-Shopping wird vom Otto-Versand über den Logistik-Dienstleister Hermes Global Services gemacht. Auch die Deutsche Post positioniert sich auf diesem Wachstumsmarkt.

Eine kundenorientierte Produktion gemäß online-Bestellung, der virtuelle

Einkauf als neuer Weg zum Kunden und Wettbewerbsvorteile durch e-Business lassen sich erst mit einer effizienten Logistikabwicklung bewerkstelligen. Dabei nehmen Logistik-Dienstleister eine herausragende Stellung ein. Im Zuge der Globalisierung wird es für Logistik-Dienstleister und Bereiche der unternehmensinternen Logistik immer schwieriger, sich durch Service, Kosten und Qualität von den Wettbewerbern zu differenzieren. Die Senkung der Fertigungstiefe und die damit einhergehende Fokussierung auf die Kernkompetenzen verstärken diese Entwicklung. Auch die immer kürzer werdenden Innovationszyklen tragen zu einem verstärkten Wettbewerb der Unternehmen um Reagibilität bei. Deshalb ist der Einsatz moderner Informations- und Kommunikationstechnologie auch für Dienstleistungsunternehmen ein Erfolgsfaktor. Mit dem Einsatz von Informations- und Kommunikationstechnologie können Kundenzufriedenheit gesteigert, Informations- und Warenflüsse optimiert sowie Kosten- und Qualitätsvorteile realisiert werden. Auch die „Virtualisierung" von Logistik-Dienstleistungen ist ein Thema, mit dem sich Dienstleister in Zukunft auseinander setzen müssen. Innovative Logistik-Dienstleistungen für den After-Sales Service und kreatives Logistikmanagement im Ersatzteilservice via Internet sind dabei nur zwei der möglichen Entwicklungen. Der Markt für Einkaufs- und Logistikdienstleistungen wird größer. Beschaffungsprozesse können durch sinnvolle Arbeitsteilung intern und extern kostengünstiger gestaltet werden. Die Optimierung der Beschaffungs- und Logistikprozesse sowie die Prozesskoordination zwischen Abnehmern und Lieferanten bringen weit mehr monetären Nutzen als die Reduzierung der Einkaufspreise um wenige Prozent. Der Einsatz von Beschaffungsdienstleistern ist demnach einzukunftsträchtiges Feld.

Diese Entwicklung suggerieren eine Ausweitung insbesondere des innerstädtischen Verkehrsaufkommens. Neben der zu erartenden Abnahme des Individualverkehrs ist des deshalb Aufgabe der Logistik, dieser Gefahr entgegenzuwirken.

In Nordrhein-Westfalen und in Berlin-Brandenburg ist der Startschuss für die Entwicklung zukunftsfähiger und innovativer Verkehrslogistikkonzepte bereits gefallen. Diese Logistikregionen sollen als Bausteine in einem Gesamtkonzept für die Etablierung des Logistik-Standortes Deutschland im Zentrum des zukünftigen gesamteuropäischen Wirtschaftsraums dienen.

Strategien und Handlungsempfehlungen

Die identifizierten Trends in der Logistik dienen als Basis für die Ableitung von Strategien und Handlungsempfehlungen für Unternehmen. Die Ergebnisse der Befragung einer großen Anzahl von Logistik-Entscheidern zu Logistik-Trends –b ereinigt um kurzfristige Modeerscheinungen – führen beinahe zwangsläufig zu folgenden Erfolgsstrategien. Dabei sind die Aussagen der Logistik-Führer besonders aufschlussreich. Die Erfolgsstrategien leiten sich, ebenso wie die Trends – aus den 1996 identifizierten Basisstrategien in den Bereichen kundenorientierte Prozessgestaltung, Wertschöpfungspartnerschaft, Globalisierung und Einsatz von Informations- und Kommunikationssystemen ab. Die sich ergebenden drei Strategien der Integration der Kunden in die Wertschöpfungsketten bzw. –netze der globalen Auslegung und Steuerung dieser Netze, sowie der Nutzung der Potentiale des e-Business sind überlappend bzw. interdependent:

Die Umsetzung des Kunden-Pull-Prinzips erfordert im Rahmen der Strategie Kundenintegration die durchgängige Einbeziehung des Kunden in die Wertschöpfungsketten. Es trägt zu einer Reduzierung der Bestände bei und führt zu einer Senkung der Logistikkosten. Innovative Logistik-Konzepte ermöglichen die Verkürzung der Time to Market und der Time to Customer. Daraus resultieren Wettbewerbsvorteile in Märkten mit homogenen, schnellebigen Produkten und eine Erhöhung des produktbezogenen Cash-Flows über den Produktlebenszyklus. Die Kundenzufriedenheit wird durch den kontinuierlichen Abgleich von Kundenanforderungen und Leistungsangebot gesichert und ausgebaut. Die durch die Integration des Kunden erreichte Kundenbindung kann mittelfristig neben Umsatzzuwächsen zu erheblichen Kostensenkungen, insbesondere im Bereich des Marketings führen.

Im Rahmen der Strategie des Aufbaus und des Managements globaler Netzwerke werden einzelne Abschnitte des Wertschöpfungsnetzes an Partner mit spezialisiertem Produkt- und Prozess-Know-how übertragen und in das Gesamtsystem integriert. Die Steuerung des Gesamtsystems wird dabei an einem Systemkopf ausgerichtet. Die Komplexität globaler Netzwerke wird durch ein Netzwerkmanagement mit übergreifenden Informations- und Kommunikationssystemen beherrscht. Spezialisierte Dienstleister – Fourth-Party-Logistics-Providers – können den Aufbau und das Management der Logistiknetzwerke übernehmen Globale Netzwerke erhöhen die Reaktionsgeschwindigkeit auf Markt- und Technologieveränderungen und tragen zu einer Verkürzung der Amortisationszeit des investierten Kapitals bei.

Die Strategie e-Business eröffnet Unternehmen einen neuen Vertriebskanal und verlagert die Initiative in den Wertschöpfungsnetzen zum Endkunden. Das Internet dient dabei als Front-end in der Supply Chain, das durch ein effiziente persönliche Kundenkommunikation – z.B. durch ein Call-Center – ergänzt werden sollte. Das „Pull-Signal" des Kunden wird bei Kombination mit der Strategie Kundenintegration automatisch in der gesamten Wertschöpfungskette wirksam. E-Business bietet die Werkzeuge für die Verknüpfung von Geschäftsprozessen. Sie reichen von den traditionellen Anwendungen, wie EDI und E-Mail bis hin zu Dokumentenworkflows, Groupware sowie integrierten Daten-/Sprach-/Videolösungen. Die umfassende und integrierte Gestaltung von Interaktionsplattformen sowie der Aufbau von High-Speed-Distributionskanälen sind dabei entscheidende Erfolgsfaktoren für e-Business-Lösungen. E-Business erfordert hochverfügbare Logistiksysteme, die den Waren- und Informationsfluss effizient und effektiv realisieren. Diese Aufgabenfelder können spezialisierten Logistik-Dienstleistern innerhalb einer Kooperation bzw. in einem Netzwerk übertragen werden.

Die Basisstrategien können wichtige Anhaltspunkte für die Strategie- und Zielentwicklung von Unternehmen darstellen. In jedem Einzelfall ist jedoch – ausgehend von der unternehmensspezifischen Situation –die Anwendungsfähigkeit der einzelnen Strategien bzw. deren Kombinationsmöglichkeiten mit weiteren Unternehmensstrategien zu prüfen. Da die identifizierten Logistik-Trends mit den globalen Entwicklungen im Bereich der Logistik korrespondieren, stellen sie Handlungsempfehlungen für die strategische Unternehmensführung dar. Die entwickelten Unternehmensstrategien sollten nicht nur national oder regional ausgelegt bzw. implementiert werden, sondern bedürfen dabei insbesondere einer weltweiten Verankerung bzw. Ausrichtung"(vgl. BAUMGARTEN, H., DARKOW, I.L., WALTER, S., in: Logistikjahrbuch 2000, S. 12 – 23, Handelsblatt Verlag, Düsseldorf).

### 8.1.Marktplätze für Spediteure

Internet-Marktplätze

"Verlader, Spediteure und Reeder können seit vergangenem Freitag auf der Logistik-Plattform der Contingate AG über das Internet miteinander in Kontakt treten, Raten verhandeln und Buchungen vornehmen. Zum Start zählt Contingate 25 Unternehmen aus dem Seefrachtbereich zu ihren Kunden, darunter Hyundai und Montemar. Die Internet-Plattform ist eine Alternative zur bisher üblichen Anbahnung und Abwicklung von Frachtgeschäften per Telefon und Fax. Contingate-Kunden greifen über einen Internet-Browser oder Host-to-Host-Anbindungen mit

transportspezifischen Software-Anwendungen auf eine zentrale Datenbank zu und erledigen ihre Transaktionen. Dazu zählen Fracht- und Ratenanfragen, Quotierungen, Frachtangebote, Laderaumbuchung, Buchungsbestätigungen sowie Dokumentation. Contingate finanziert sich über transaktionsabhängige Gebühren, die zwischen 0,40 EUR und 2 EUR pro Transaktion liegen. Das Start-up will sein Angebot schrittweise ausweiten. Beispiele: Anbindung an Zollabwicklungsprogramme, Online-Abwicklung der Container-Konsolidierung, Tracking & Tracing oder Zahlungsabwicklung. Geplant ist ein internationales Angebot – zunächst in Italien und den Benelux-Staaten. Bis Ende 2001 sind 1,5 Mio. EUR.
http://www.contingate.com

Die international aktive Logistik-Plattform CargoNow.com, Hauptsitz Göteborg, und der südamerikanische Transport-Marktplatz Mercotrack.com denken über eine strategische Allianz nach. Die Unternehmen planen offenbar, eine globale Marke auszubauen, um weltweit tätige Transport- und Logistikunternehmen besser bedienen zu können. Eine entsprechende Absichtserklärung wurde bereits unterzeichnet, über den Zeitplan wurde nichts bekannt. Den CargoNow-Marktplatz gibt es derzeit in englischer, schwedischer, spanischer, deutscher und neuerdings auch italienischer Version.
http://www.cargonow.com

Logistikdienstleister haben die Chance, als Partner von elektronischen Marktplätzen zu einem völlig neuen Marktzugang zu kommen. Diese Auffassung vertritt Prof. Dr. Wolf-Rüdiger Bretzke, Partner der KPMG-Unternehmensberatung, in einem Beitrag für die Deutsche Verkehrs-Zeitung. Bretzke meint, dass der Einkauf auf virtuellen Marktplätzen dazu führte, dass ein zunehmender Teil des Handels über die Frankatur „ab Werk" abgewickelt wird. Dieses erschwere den Einkäufern jedoch den Preisvergleich. Zwar gäbe es bereits Service-Provider, die den Einkäufer bei der Herstellung der Vergleichbarkeit unterstützen. Das Problem sei jedoch mit der bloßen Kalkulation der Logistikkosten noch nicht gelöst. Der Einkäufer müsse auch einen Dienstleister finden, der die Transportleistung tatsächlich zu den unterstellten Tarifen erbringe. Hier läge die Chance für Logistiker, die sich als Allianzpartner der Marktplatzbetreiber etablieren und damit unter Umständen die Kontrolle über ein fragmentiertes Marktgeschehen gewinnen, bei dem Versender und Empfänger ständig wechseln.

Spedition

Die Speditionskooperation IDS nimmt ab sofort einen geschlossenen

Internet-Marktplatz in Betrieb, auf dem die 37 IDS-Partner Teil- und Komplettladungen sowie freie Laderaumkapa-zitäten untereinander austauschen können. IDS greift dabei auf eine Lösung der Frankfurter TradeNetOne.com AG namens „RoadNet/ Logistics" zurück. IDS-Geschäftsführerin Barbara Dietz erhofft sich von dem neuen Marktplatz die Vermeidung von Leerfahrten und die Optimierung der Wechselbrücken-Auslastung. Außerdem nutzt die Speditionskooperation noch zwei weitere Module aus dem Angebot von TradeNetOne: die öffentliche Internet-Frachtenbörse RoadNet/Public sowie RoadNet B2B. Mit letzterem Modul hat sich der Stückgutverbund als Logistikpartner auf dem Internet-Markt der Kunstoffindustrie, Portax, eingeklinkt. http://www.tradenetone.com

Gemeinsam mit neuen Augsburger Fachgeschäften und dem Systemhaus Bissinger hat die Andreas Schmid Logistik-Gruppe, Gersthofen, einen regionalen Online-Shop gegründet. Die Schmid-Gruppe übernimmt für das City-Commerce-Projekt die Lagerung, Auftragsbearbeitung, Verpackung und Auslieferung der bestellten Ware. Die Besonderheit des Augsburger Konzepts: Es gibt einen gemeinsamen Web-Shop der Händler, und Bestellabwicklung, Rechnungserstellung und die Auslieferung werden gebündelt. Obwohl verschiedene Fachgeschäfte beteiligt sind, wird nur eine Rechnung geschrieben. Durch den höheren Warenwert je Bestellung und das gebündelte Fulfillment soll der Online-Shop für die Fachhändler wirtschaftlicher werden. Das Shop-Management sucht weitere Fachhandelspartner. Das Angebot soll Anfang nächsten Jahres starten.

Das auf Systemverkehre spezialisierte spanische Transport- und Logistikunternehmen Redur wird künftig mit der Gesellschaft Mundired.com zusammenarbeiten. Redur steht den Kunden dieses Internet-Portals als Distributionsdienstleister zur Verfügung. Alle Anwender, die ihre Bestellungen über dieses Portal aufgeben, sollen spätestens 72 Stunden nach Auftragseingang beliefert werden.

Kep-Dienste

Der Hamburger Kurierdienst City Express bietet den Kunden des lokalen Hamburger Shopping-Portals www.hamburg-shopping einen Same-Day-Lieferservice an. Allerdings werden nur Bestellungen bis 13 Uhr noch am selben Tag in der Zeit von 15 bis 21 Uhr beim Besteller angeliefert. Bestellungen nach 13 Uhr werden am nächsten Tag ab 9 Uhr ausgeliefert. Die Dienstleistung kostet 15 DEM innerhalb des Hamburger Stadtgebietes und 25 DEM im Umland. Zur Vereinfachung der Zahlungsabwicklung setzt City Express mobile Karten-Lesegeräte ein, die Zahlung der EC-Karte erlauben. Der Kurierdienst bündelt die Online-Bestellung mit Aufträgen aus dem City-Lieferservice für Innenstadt-Einzelhändler, mit dem in Läden gekaufte Waren ins Haus geliefert werden. Am Shopping-Portal sind derzeit 20 Fachhändler beteiligt. City Express plant, dieses System auf alle bundesdeutschen Wirtschaftszentren auszuweiten. http://www.hamburg-shopping.de

Die Pick-Point AG, Darmstadt, will im ersten Quartal 2001 eine Werbekampagne starten, die sich an die Endkunden wendet und das Pick-Point-Konzept bei den –Verbrauchern bekannt machen soll. Das sagte Vorstandsmitglied Wilfried Heidhoff gegenüber dem DVZ e-com Logistik Newsletter. Bis dahin liegt die Priorität auf der Vervollständigung des Pick-Point-Netzes. Ziel ist es, bis Ende des Jahres deutschlandweit 800 bis 1000 Pick-Points unter Vertrag zu haben. Mögliche Partner sind Tankstellen, aber auch Videotheken oder Fitness-Studios. Die Pick-Points sollen als Bündelungspunkte fungieren und das Problem der teuren letzten Meile lösen. Verbraucher können dort ihre im Internet bestellten Waren abholen. http://www.pickpoint.de

Lebensmittel-Heimlieferdienste sind dazu verdammt, einen hohen durchschnittlichen Bestellwert zu erreichen, um die Kosten der Auslieferung amortisieren zu können. Zu diesem Resultat kommt die Studie „Consumer direct – The last Mile" des Fraunhofer-Anwendungszentrums für Verkehrslogistik und Kommunikationstechnik, Nürnberg, die 19 Heimlieferdienste aus den USA und Europa unter die Lupe nimmt. Die Verkehrswissenschaftler stellten dabei fest, dass Gewinne bei den Heimlieferdiensten bisher absolute Mangelware sind. Als mögliche Erfolgsfaktoren nennt die Studie unter anderem das Angebot weiterer Dienstleistungen, ein kundenspezifischeres Angebot durch den Einsatz von Customer-Relationship-Management-Systemen, das Erreichen geringer Prozesskomplexität und die Konzentration auf die eigenen Kernkompetenzen. Die Studie ist zum Preis von 495 DEM über die E-Mail-Aderesse info@avk.fhg.de zu bezeichen.

Verladene Wirtschaft

Mindestens 100 000 DEM jährlich kann ein mittelständischer Baustoffhändler sparen, der das Internet zur elektronischen Umsetzung seiner Geschäftsprozesse nutzt. Diese Zahl nannte Franz Schaper, Sprecher der Arbeitsgruppe E-Business im Gesprächskreis Baustoffindustrie/Bundesverband Deutscher Baustoff-Fachhandel (BDB) während des 2. Deutschen Baustoff-Kongresses in Berlin. Die Voraussetzungen hat der BDB bereits geschaffen. Der Verband stellte in Berlin einen brancheneinheitlichen Standard für Artikelstammdaten vor, der mit der Baustoffindustrie abgestimmt ist. 70 Prozent aller benötigten Artikelstammdaten sind bereits in der Bau-Datenbank des BDB gespeichert. Diese Daten können die Fachhändler bequem und schnell über das Internet in ihr Warenwirtschaftssystem herunterladen. Vorteile: Die Stammdatenpflege per Hand entfällt. Preispflege, Sortimentsbildung und Bestellungen sind per Mausklick möglich. Auch die 13 000 Lieferfahrzeuge des Fachhandels könnten in Zukunft in E-Commerce-Konzepte eingebunden werden.

Das Einkaufsbüro Deutsche Eisenhändler (EDE), Wuppertal, und die Hagelbau Handelsgesellschaft, Soltau, wollen eine gemeinsame Aktiengesellschaft gründen, um ein neues Internet-Fachportal aufzuziehen. Das Joint Venture hat den Namen „Profi Portal AG" und soll Anfang 2001 starten. Nach Angaben der Gründungsunternehmen wird das Portal ein Transaktionspotenzial von mehr als 30 Mrd. DEM abdecken. In drei bis fünf Jahren soll dieses Potenzial zu 10 Prozent ausgeschöpft werden. Das Profi Portal nutzen sollen Industrie, die dem EDE und Hagebau angeschlossenen Händler sowie deren Kunden. Diese Zielgruppen sollen über den Internet-Dienst ihre Bestellungen online abwickeln und zudem zusätzliche Dienstleistungen in Anspruch nehmen können.

Luftfracht

TradeVision und die norwegische Fluggesellschaft Braathens wollen gemeinsam ein internet-gestütztes Konzept für Luftfrachtsendungen entwickeln, das mit allen TradeVision-Systemen kompatibel ist. Die Anwendungsmöglichkeiten sollen vom Ausfüllen von Luftfracht-Begleitscheinen über den Umschlag und Tracking & Tracing bis zur Kontrolle der Lieferantenkette reichen. Durch das neue System werden Kunden über mobile Kommunikation die Möglichkeit erhalten, Frachtkapazität bei Braathens zu buchen oder zu reservieren. TradeVision gehört zum schwedischen Anbieter für Netzwerk- und Internet-Lösungen Nocom AB mit Sitz in Uppsala. Die Tochtergesellschaft TradeVision bietet speziell für die Transportbranche Logistiklösungen über EDI und das Internet an. Inzwischen gehören über 100 Fluggesellschaften und 600 Frachtagenturbüros zu den Nutzern von TradeVision-Lösungen.

Seeschifffahrt und Häfen

Die Hafenbehörde von New York und New Jersey investiert rund 4,5 Mio. USD in ein Online-Frachtinformationsprogramm für die Kunden. Den Auftrag, der Entwicklung und den künftigen Betrieb umfasst, erhielt die American Systems Inc. (Murray Hill/New Jersey). Die Kunden des Hafens sollen bereits im nächsten Jahr die Möglichkeit haben, sich online per Internet darüber zu informieren, wo sich ihre Sendung befindet, welche Straßen rund um den Hafen gerade verstopft sind und wann Schiffe eintreffen oder auslaufen.

ShipServ, Internet-Plattform für den Reedereieinkauf, hat das Management verstärkt: Für Entwicklungsaufgaben als Vice President zuständig ist jetzt Mark Vito, der unter anderem für die Beratungsunternehmen Arthur Andersen und Price Waterhouse Coopers gearbeitet hat. Raymond Peters übernimmt, ebenfalls als Vice President, den Vertrieb in Asien; Peters kommt von der Klassifikationsgesellschaft American Bureau of Shipping. Kim Skaarup wechselt von der Reederei J. Lauritzen zu ShipServ in die Position des Vice President für Product Management.
http://www.shipserv.com

SynchroNet Marine hat die Containerbörse Greybox Interchange Service vom Leasingunternehmen Transamerica übernommen. Damit hat sich die Zahl der Wettbewerber in diesem Markt auf zwei reduziert: Neben SynchroNet bietet noch InterBox einen Marktplatz für Leercontainer.
http://www.synchonetmarine.com

Das japanische Informationsportal für die Seeschifffahrt MarineNet will einen virtuellenMarktplatz für Reedereieinkäufer aufziehen. Grundlage soll das Angebot der Fuji Trading International Maritime Purchasing Association (IMPA) sein. http://www.marine-net.com

Die Containerlinien APL und P&O Nedlloyd haben sich zusammengetan, um in einem Pilotprojekt („Global Trade") die Vereinfachung der Transaktionen im internationalen Handel auf Internet-Basis voranzutreiben. Beteiligt ist die CCEWeb Corporation. Geplant ist, alle Partner der Dienstleistungskette einzubeziehen, um letztlich sämtliche Funktionen – von der Erteilung des Auftrags bis zur Bezahlung –zu vernetzen und weitgehend automatisch abwickeln zu können. http://www.cceweb.com"
(vgl. Ecom Logistik Newsletter, KW48 / 29/11/2000, S.1-3, DVZ Verlag Hamburg).

"Die Kühne & Nagel International AG, Schindellegi, bereitet sich auf das E-Business vor. Der Schweizer Logistikdienstleister hat einen Internet-Shop aufgebaut, Supply-Chain-Software installiert und sich intensiv mit neuen Geschäftsfeldern und Partnerschaften beschäftigt.

Logistik>HEUTE>: Sie haben in einem Pilotprojekt einen B2B-Shop aufgebaut. Was sollen Ihre Kunden damit anfangen?

Engel: Dieses Angebot ermöglicht vor allem kleinen und mittleren Unternehmen, das Internet zu nutzen. Wir pilotieren den Shop intern anhand unseres Werbemittelversandes. Die Bestellungen erfolgen jetzt elektronisch anstatt per Fax. Wir sparen dadurch erheblichen administrativen Aufwand. Nach der Pilotphase können Kunden, die bei uns Waren lagern, ihren Kunden den Shop als Auftragsabwicklungsplattform anbieten. Über den Shop werden auch Auftragsstatusinformationen angezeigt.

> Lohnt es sich für Kühne & Nagel, offene Marktplätze für Industrie- und Handelskunden aufzubauen?

Engel: Nein, wir bleiben momentan lieber auf der Enabling-Ebene. Wir ermöglichen E-Business durch unsere globale Präsenz sowie durch unser IT- und Logistik-Know-how. Wir haben zusammen mit dem spanischen Bankhaus Bankinter untersucht, ob Kühne & Nagel einen Branchenmarktplatz aufbauen und betreiben sollte. Ergebnis war, wir könnten es aber um einen Marktplatz erfolgreich betreiben zu wollen, braucht man entsprechende Warenmengen. Diese haben wir nicht. Wir haben die Kunden im Exportbereich gesprochen, denn wir waren der Meinung, wir könnten es, aber um einen Marktplatz erfolgreich betreiben zu wollen, braucht man entsprechende Warenmengen. Diese haben wir nicht. Wir haben mit Kunden im Exportbereich gesprochen, denn wir waren der Meinung wir könnten vor allem auf andere Kontinenten diesen Unternehmen viel bieten. Derzeit wollen die Unternehmen aber nicht, da sie diesen Bereich noch zu ihren Kerngeschäften zählen.

> Kann es ein Thema für Logistikdienstleister werden, Marktplätze aufzubauen und internationale Kunden zusammenzuführen?

Engel: Ja, das wird definitiv zu einem Thema werden. Und zwar dann, wenn die Kunden akzeptieren, dass ein Dritter diesen Marktplatz betreibt. Derzeit ist aber eher das Gegenteil zu beobachten. Anstatt einen Dritten zu akzeptieren, tun sich Kunden zusammen, um einen gemeinsamen Marktplatz zu bauen.

> Werden die vielen entstehenden Internet-Marktplätze für Industrieprodukte die Logistik verändern

Engel: Ja, es werden Veränderungen stattfinden. Die vertikalen Marktplätze verlangen nach einem elektronischen Stecker, um das Fulfillment zu ermöglichen. Das gibt es noch nicht. Der Marktplatz lässt sich nicht mal eben mit der Logistik verbinden. Da ist noch vieles am entstehen. Es herrscht ein zersplitterter Markt von Standards. Aber die Marktplätze werden auf Dauer nicht zulassen, dass das Fulfillment via Fax und Telefon abgewickelt wird, so wie es heute auch mit Großkunden in der gesamten Logistikbranche noch die Regel ist. Es werden einheitliche Verbindungen und Standards von den Industriegütermarktplätzen zu Logistikmarktplätzen entstehen. Und das wird auch die traditionellen Speditionen massiv beeinflussen.

> Wie schnell werden diese Veränderungen eintreten

Engel: Sehr schnell, in diesem Jahr wird noch einiges passieren. Ich glaube, dass es in diesem Jahr horizontale Logistikmarktplätze von Spediteuren und Carriern geben wird.

> Wie wäre es, wenn große Logistikdienstleister gemeinsam einen Marktplatz gründen würden, wie es in der Automobilindustrie DaimlerChrysler, Ford und General Motors vormachen?

Engel: Es gab schon zwei Initiativen. Die Großspediteure sind aber wieder ohne Ergebnis auseinandergegangen. Die Branche tut sich schwer, hier zusammen zu arbeiten. Es wurde bisher keine Einigkeit über Form und Teilnehmer des Marktplatzes erzielt. Und die Carrier sind nicht begeistert, wenn die Spediteure sich zusammenschließen. Damit ein Marktplatz aber funktioniert, braucht man Masse. Es müssen sich große Spediteure und Carrier beteiligen. Wir bei Kühne & Nagel sprechen mit jedem.

> Gilt für die Spediteure nicht auch die Regel: Wenn wir es nicht machen, dann tun es andere – also die vielen Start-up-Unternehmen mit ihren Frachtenbörsen?

Engel: Theoretisch gilt das schon, in der Praxis wird es aber nicht funktionieren, weil diese Unternehmen keinen Content bieten können. Wie in anderen Branchen werden in den kommenden zwei Jahren nur vier bis fünf überleben.

> Um in Sachen E-Business gerüstet zu sein, haben Sie Mitte letzten Jahres ein Supply-Chain-software von 12 eingeführt. Warum? Welche Vorteile ergeben sich?

Engel: Wir wollen unseren Kunden einerseits die Möglichkeit bieten, multidimensionale Informationen möglichst zeitnah und integriert über eine sehr leistungsvolle Oberfläche abzufragen. Außerdem schaffen wir mit der

Software die Basis für bessere Entscheidungen in den Supply Chains unserer Kunden und erschließen damit eine neue Wertschöpfungsstufe für unser Unternehmen, die über den reinen Transport und die Lagerung hinaus geht.

> Warum haben Sie sich für I2 entschieden?

Engel: Wir haben uns Systeme von IMI, Manugistics, Numetrix und I2 angeschaut. I2 bot die beste Funktionalität für unsere Strategie. Uns überzeugten auch die Anstrengungen von I2, ständig in neue Technologien zu investieren.

> War SAP ein Thema?

Engel: Ja schon, aber was Transparenz und Monitoring betrag, hatte SAP damals nichts zu bieten.

> Welche I2-Module haben Sie eingeführt?

Engel: „Global Logistics Manager" und „Rhythm-Link", den „Transportation-Modeler" haben wir auch installiert, aber offline. Außerdem haben wir die Module „Supply-Chain-Strategist", „Transportation Manager" und „Transportation Optimizer", „Carrier Bid Optimizer" und „Rhythm Reporter" erworben.

> I2 gilt als teuer in der Branche und lässt sich gerne nach dem Return on Investment bezahlen. Wie sieht es damit bei Kühne & Nagel aus?

Engel: Mit einem siebenstelligen Initialbetrag war es die größte Softwareinvestition, die wir je getätigt haben. I2 ist so ziemlich der teuerste Anbieter in der Branche. Wir haben keinen Value-Based-Vertrag geschlossen, weil wir das System für unsere Kunden einsetzen. Da funktioniert eine Erfolgsentlohnung nicht analog. Wir haben einen normalen Lizenzvertrag.

> Kann das Controlling den Erfolg dieser Investition berechnen?

Engel: In diesem Bereich lässt sich ein Erfolgscontrolling sehr schwer durchführen, da Erfahrungswerte fehlen. Für Spediteure ist eine solche Software ein Evolutionsschritt. Man muss erst Erfahrungen sammeln. Wir haben uns zwar Ziele gesetzt, aber wir würden das Projekt auch weiterführen. Wenn der Return on Investment geringer als erwartet ausfällt. Es gibt auch andere Vorteile. In vergleichbaren Projekten haben wir gemerkt, dass neuer Umsatz entsteht.

> Neuer Umsatz? Könnten Sie bitte ein Beispiel nennen.

Engel: Wir haben einen Kunden in Asien, der Ware traditionell bei bestimmten lokalen Dienstleistern lagert. Wir sorgen mit unserer IT für Bestandstransparenz. Der Kunde bezahlt uns diese Dienstleistung, da sie ihm einen klaren Mehrwert bietet.

> Ist dieses reine Informationsmanagement ein neues Geschäftsfeld für Logistikdienstleister?

Engel: Ja wir verkaufen hier nur Informationen, ohne begleitenden Warenstrom. Ich glaube, in drei Jahren machen wir mehr Umsatz mit Informationsmanagement als mit dem reinen Warentransport.

> Sie als Branchenführer, was würden Sie kleineren Speditionen und Transporteuren in Sachen „New Economy" raten?

Engel: Die kleineren Dienstleister müssen sich überlegen, wie sie sich positionieren im Marktumfeld. Insbesondere was die Kosten betrifft. Ich rate, Partnerschaften mit den führenden Unternehmen einzugehen. Vor allem nicht spezialisierte Speditionen haben es sonst schwer"(vgl. ENGEL, T., in: Logistik Heute, Nr. 7-8/2000, S. 36-37, Huss Verlag München).

"Es ist ein lautloser Kampf, und er steht kurz vor der Entscheidung. Die Kontrahenten sind die Ladungsakquisiteure von fünf verschiedenen Transportunternehmen, der Siegespreis ist eine Komplettladung Pfirsiche von Bologna nach München. Die Waffen: Kalkulationsprogramme und eine Computermaus, die deren Hilfe die Auktionsteilnehmer über das Internet ihre Gebote abgeben. 40 Sekunden vor Ende unterbietet der Akquisiteur einer italienischen Spedition den Preis um 30 EUR. Die anderen passen. Per E-Mail bekommt der Sieger die Details vom Verlader aufgegeben. Online schließen beide Parteien einen Frachtvertrag. Sieht so die Ladungsakquisition der Zukunft aus?

Die Meinungen darüber gehen auseinander. Traditionsbewusste Spediteure halten die herkömmlichen Akquisemethoden für zuverlässiger, bei denen Marktkenntnis, Cleverness und gute Kontakte zu Verladern und Kollegen die entscheidenden Faktoren sind.

Das Ergebnis der personalintensiven Telefonakquise beeindruckt freilich nicht jeden. „Trotz der Liberalisierung ist der Markt für Lkw-

Transportleistungen noch immer durch Intransparenz gekennzeichnet. Geschäftsabschlüsse kommen weitgehend durch Zufälligkeiten und Akquisitionspräferenzen zu Stande", kritisiert Dr. Andreas Jahnke, Gründer und Vorstand der Internet-Frachtenbörse Benelog AG, Köln. In diese Lücke, da ist sich Jahnke sicher, werden die neuen Internet-Marktplätze stoßen.

An Versuchen mangelt es nicht: Mit unterschiedlichen Konzepten sind Start-ups wie Corgoclix, Benelog, BesTrado, TradeNet-One, LogiGo und Cylog an den Start gegangen oder stehen unmittelbar vor der Einführung ihrer Internet-Plattformen. Auch branchenfremde Konzerne haben den Transportmarkt im Visier: Das Internet-Unternehmen Kabel New Media verkündete im Mai eine Allianz mit dem Software-Riesen SAP, der Hermes Kreditversicherung und dem Fachinformationskonzern Bertelsmann-Springer. Diese Allianz will ihren Marktplatz Anfang nächsten Jahres starten.

Auffällig: Nahezu alle Anbieter visieren im ersten Schritt den Markt für Teil- oder Komplettladung an. Das ist kein Zufall. Verglichen mit den Kep- oder Stückgutsystemen ist dieses Segment weniger straff organisiert – die Anbieter vermuten ein hohes Einsparpotenzial. Zudem sind die Transportdienstleistungen meistens standardisiert – und es handelt sich um ein Massengeschäft mit relevantem Anteil an Spotladungen.

Letzteres ist besonders für die Frachtauktionen wichtig. Das Beispiel von Cargoclix zeigt, wie solch eine Versteigerung von Ladung funktioniert: Ein Verlader oder Spediteur schreibt eine Ladung mit allen nötigen Angaben (Be- und Entladeort, Zeitfenster, Ladungsart, Maße und Gewichte etc.) online zur Versteigerung aus. Er nennt den Preis, den er maximal zu zahlen bereit ist, und startet die Auktion.

Bei Cargoclix registrierte Frachtführer bewerben sich um die Fracht, indem sie im Internet den Startpreis oder das aktuelle Niedrigstgebot per Mausklick unterbieten. Dabei müssen die Ladungseinkäufer die Auktion nicht persönlich im Auge behalten. Sie können stattdessen ein Preislimit ins System eingeben. In diesem Fall bietet ein „virtueller Einkäufer" in den kleinstmöglichen Schritten mit, bis die Auktion gewonnen oder das Limit erreicht ist. Während der Versteigerung bleiben der Ladungsanbietende und Ladungssuchende anonym. Cargoclix bietet zwei Transaktionsmodelle. Alle „regulären" Auktionen enden um 12 Uhr mittags mitteleuropäischer Zeit. Expressauktionen enden mit dem ersten Gebot, das den Wunschpreis des Ladungsanbieters trifft.

Mit Ende der Auktion kommt ein verbindlicher Vertragsabschluss zwischen Ladungsanbieter und dem Auktionssieger zu Stande. Per E-Mail gibt Cargoclix die Kontaktadressen bekannt. Für den Frachtführer werden drei Prozent des letzten Gebotes Provision fällig, die Cargoclix bekommt. Eine Grundgebühr gibt es nicht, für Ladungsanbieter ist die Auktion kostenlos.

Nach Angaben von Geschäftsführer Johannes Schmidt hat Cargoclix seit dem Start im Juni dieses Jahres 3000 Ladungen auf diese Art versteigert. 1000 Verlader, Spediteure und Frachtführer sind registriert.

Auch Benelog arbeitet mit dem Konzept der reversen Versteigerungen. Es gibt jedoch einige Unterschiede zu Cargolix. Beispielsweise gibt es kein einheitliches Auktionsende. Die Ladungsanbieter geben den Zeitpunkt vor, an dem eine Auktion endet. Empfohlen ist ein Vorlauf von zwei Stunden vor dem angestrebten Auktionsende. Ein Plus für die Frachtführer: Sie werden per E-Mail oder SMS informiert, wenn eine Ladung auf den von ihnen bedienten Relationen angeboten wird. Bei erfolgreicher Frachtvermittlung zahlt der Frachtführer einen Festbetrag von 10 EUR für nationale und 15 EUR für internationale Frachten. Nach Angaben von Vorstand Jahnke werden bei Belelog derzeit täglich 30 bis 40 Frachten gehandelt. 500 Frachtführer und 150 Ladungsanbieter haben sich beim Kölner Unternehmen registriert.

Ein heikler Punkt für die Frachtauktionen ist die Qualitätssicherung. Sowohl bei Benelog als auch bei Cargoclix bleiben beide Parteien während der Auktion anonym – was sicher nicht vertrauensbildend wirkt. Mit einer Reihe von Maßnahmen steuern die Frachtenbörsen dagegen oder planen zumindest, dies zu tun:

- Registrierung aller Teilnehmer; bei Benelog wird von Frachtführern eine Kopie des Versicherungsscheins verlangt.

- Die Auktionsteilnehmer können für sich den Handel mit Firmen ausschließen, mit denen sie schlechte Erfahrungen gemacht haben (Schwarze Liste).

- Die Unternehmen können den Handel auf Ladungsanbieter beziehungsweise Frachtführer beschränken, mit denen sie gute Erfahrungen gemacht haben (Weiße Liste).

- Nach Abschluss des Geschäftes bewerten die Vertragspartner sich gegenseitig. Der Auftraggeber beurteilt beispielsweise über Pünktlichkeit, Auftreten, Zuverlässigkeit des Frachtführers. Der Frachtführer benotet unter anderem Zahlungsmoral und Standzeiten bei Be- und Endladung. Die Benotung fließt in ein Qualitätsrating ein, das allen Teilnehmern der Frachtenbörsen zugänglich ist.

Allerdings: Keine der am Markt befindlichen Internet-Frachtauktionen stellt bei ihren Teilnehmern grundsätzlich eine unabhängige Bonitätsprüfung an. Das ist nicht der einzige Kritikpunkt: Frachtführer argwöhnen, dass die reversen Frachtauktionen zu niedrigeren Transportpreisen führen. Fachleute weisen darauf hin, dass die Auktionen zwar ein Fortschritt gegenüber den „Schwarze-Brett-Frachtenbörsen" sind (siehe Kasten Seite 14). Sie würden jedoch keineswegs die Transaktionskosten optimieren. Ladungsanbieter müssten ihre Frachten per Hand in die Auktionssysteme eingeben, Module zur Transportüberwachung und Zahlungsabwicklung würden ebenfalls fehlen.

Die Frachtauktionshäuser arbeiten dran. Cargoclix kündigt für die Zukunft eine integrierte Zahlungsabwicklung über einen Kooperationspartner an. Für die Frachtführer wäre das ein echter Vorteil: Sie kämen schneller an ihr Geld. Bei Benelog sind Schnittstellen zu Verlader und Speditionssystemen geplant, um den Eingabeaufwand zu minimieren. Auch eine Tracking-&-Tracing-Anbindung ist in Planung.

Solche Mehrwerte könnten für firmenneutrale Internet-Frachtenbörsen überlebenswichtig werden. Denn eine Reihe von Speditionen und Verladern hat die Vorteile von virtuellen Transportmärkten entdeckt und arbeitet an eigenen Lösungen. „Gegenüber bestehenden Frachtenbörsen haben wir den entscheidenden Vorteil. Wir haben die Mengen", sagt Reinhard Dust, Logistikchef der Kali + Salz (K+S) AG, Kassel. K+S will die Frachtenbörse zunächst nutzen, um Ladungen am Markt anzubieten, die nicht auf Grund von bestehenden Kontrakten abgefahren werden können. Dies seien rund 30 bis 40 Lkw-Ladungen täglich, sagt Logistikcontroller Martin Brown. Auf der Frachtführerseite will K+S neben den Kontraktspediteuren auch weitere Lkw-Unternehmen zulassen. Denkbar sei auch, dass andere Anbieter von Ladungen aufgenommen werden können.

Wenn die Internet-Frachtbörsen der Startups oder der Verlader funktionieren, bedeutet das für eine ganze Reihe von Spediteuren und Frachtvermittlern eine strategische Bedrohung. Eine ganze Reihe von Speditionen hat Internet-Dispositionshilfen bereits in ihren Werkzeugkasten aufgenommen oder tüftelt daran. Zu den Vorreitern gehören die Augsburger Interot-Spedition, Schenker-BTL und der IDS-Verbund.

Auch wer sich keine Software für eine hauseigene Frachtenbörse leisten mag, kann dabei mitmischen. Die Logistik-Handelsplattform TradeNet-One aus Eschborn bietet größeren Speditionen und Netzwerkbetreibern an, interne Online-Marktplätze für sie aufzubauen. Der Nutzen: Die einzelnen Niederlassungen oder Partnerfirmen bekommen den Überblick über die Auftragslage der anderen Mitglieder im Firmenverbund – und nutzen dies zu einem Kapazitätsausgleich.

Kapazitäts- oder Frachtüberhänge aus diesem Inhouse-Markt können in Submärkten angeboten werden. An Submärkten nehmen ausgewählte Geschäftspartner teil – zum Beispiel Subunternehmer oder befreundete Speditionen – der Kreis ist frei wählbar. Kapazitäten, die auf diesem Level nicht ausgeglichen werden, gehen dann in den offenen Markt von TradeNetOne. Technologisch interessant: TradeNetOne arbeitet mit „Suchagenten", die Frachtführern und Ladungsanbietern per SMS, E-Mail oder Telefon mitteilen, wenn passende Angebote in das System eingestellt werden. Auch Benelog bietet Netzwerkbetreibern seine Plattform als Steuerungswerkzeug für den internen Kapazitätsausgleich an.

Ein völlig anderes Geschäftsmodell fährt die Cylog AG, Böblingen, die sich selbst als Internet-Spedition bezeichnet. Kernstück des Cylog-Konzeptes ist eine Tourenoptimierungs-Software, die ihre Bewährungsprobe in Frankreich und bei einer südwestdeutschen Spedition hinter sich hat. Durch firmenübergreifende Optimierung und eine integrierte Auftragsabwicklung ergeben sich Kostenvorteile von 20 Prozent für das Gesamtsystem gegenüber einer dezentralen Optimierung in den Unternehmen, rechnet Cylog-Vorstand Horst R. Laß vor. Laß sieht die größten Potenziale im Ladungsverkehr und nicht systemgeführten Stückgutverkehren.

500 Lkw täglich disponieren

Potenzielle Partner von Cylog sind vor allem die verladende Wirtschaft und Transportunternehmer. Die Transporteure lassen ihre Lkw für einen vertraglich festgelegten Zeitraum von Cylog befrachten. Cylog stattet die Lkw auf eigene Kosten mit Vordcomputern aus. Von den Verladern akquiriert der Cylog-Vertrieb Ladung. Die Ladung wird mit Hilfe der Tourenoptimierung auf die Fahrzeuge disponiert. Der Unterschied zu einer klassischen Spedition laut Laß: „Ein guter Disponent disponiert 30 bis 50 Lkw pro Tag. Der Cylog-Disponent schafft dank dv-gestützten

Tourenoptimierung 500 Lkw."

Der zweite Kostenvorteil, den sich Laß ausrechnet, liegt in den Rechenalgorithmen der Tourenoptimierung. Das Cylog-System soll bei seiner Optimierung auch Aufträge und Kapazitäten darauf folgender Tage mit berücksichtigen. Diese Erweiterung des Planungshorizontes bringt handfeste Kostenvorteile. Denn das System vermeidet Touren, die kurzfristig kostenoptimal sind, auf längere sicht aber zu teuren Leerfahrten führen. Gleichzeitig wird der Speditionsvertrieb frühzeitig auf Schwächen aufmerksam und kann gezielt auf dem Markt nach Ladungen suchen. Beispiel: Die Tourenoptimierung zeigt, dass in zwei Tagen erheblicher Laderaum im Großraum Berlin frei ist. Die Verkäufer konzentrieren sich darauf, durch gezielte Akquise diese Lücke zu schließen.

Weitere Kostenentlastung soll die Integration der Auftragsabwicklung bringen. Ladungsanbieter können ihre Aufträge über Standard-Schnittstellen online aus ihrem ERP-System zur Verfügung stellen. Durch die datentechnische Integration der Lkw über Bordcomputer und mobile Kommunikation bekommen die Lkw ihre Aufträge automatisch übermittelt und stellen im Gegenzug Statusinformationen zur Verfügung. Weitgehend automatisiert sind Zahlungsabwicklung und Vertragsgestaltung.

Um das eigene Haftungsrisiko klein zu halten, ist Cylog auf eine originelle rechtliche Konstruktion verfallen. In dem Augenblick, in dem feststeht, welcher Lkw eine bestimmte Ladung fährt, tritt Cylog als Vertragspartner zurück. Der Frachtvertrag kommt direkt zwischen Verlader und Transporteur zu Stande. Cylog sieht sich als Handelsvertreter. „Wir sind rechtlich gesehen kein Spediteur", glaubt Laß.

Erfolgsentscheidend für das Cylog-Konzept, das im 2. Quartal 2001 in den Vollbetrieb geht, sind zwei Faktoren: zum einen das Management der technischen Komplexität, zum anderen das schnelle Erreichen einer kritischen Größe. Denn: Nur bei einer ausreichend großen Zahl von disponierten Lkw entfaltet eine Tourenoptimierung den vollen Vorteil gegenüber manueller Disposition. Die Ziele sind jedenfalls ehrgeizig: Ende 2001 will Cylog europaweit 700 Lkw disponieren, Ende 2004 sollen es schon 7000 sein.

Auch außerhalb Deutschlands laufen die Bemühungen rund um Logistikportale und virtuelle Transportmärkte. Zu den interessantesten Vorhaben zählen das britische jX4freight, ein internet- und telematikbasiertes Matching-System, und das niederländische Logigo.com. LogiGo mit Sitz in Woerden hat nach den Worten seines Geschäftsführers Douwe

Mik nicht viel mit einer Frachtenbörse zu tun: „Wir zielen nicht so sehr auf den Spotmarkt, sondern auf den strukturellen Vertrieb."

Die Funktionsweise: Die Ladungsanbieter stellen ihre Frachten in das Logigo-System ein; Laderaumanbieter tun dasselbe mit ihren Kapazitäten. Das Logigo-System sucht Fracht-Laderau-Kombinationen, die bezüglich Struktur und Zeitfenster zusammenpassen. Der Preis wird online ausgehandelt; auch der Auftrag wird per Mausklick erteilt. Alternativ zu dem Matching-Verfahrenhaben Logio-Mitglieder die Möglichkeit, sich online um Aufträge zu bewerben. Nach der Abwicklung des Auftrags übernimmt Logio optional Abrechnung und Inkasso. Partner ist dabei die ING-Bank. ING und Logio garantieren dem Frachtführer die Zahlung seiner Fracht innerhalb von 40 Tagen, wenn er eine bestätigte Empfangsbescheinigung vorlegt.

Ein Pluspunkt von Logio gegenüber der Konkurrenz: Das Unternehmen nimmt nur Partner auf, die eine Bonitätsprüfung bestanden haben. Logio erhebt ebenso wie die deutschen Frachtauktionen keine Grundgebühren und finanziert sich aus einer dreiprozentigen Vermittlungsprovision. Derzeit befindet sich der Internet-Dienstleister in der letzten Phase der Erprobung. Anfang des Jahres wollen die Holländer starten, auch in Deutschland, wo Ende November in Köln ein Vertriebsbüro eröffnete"(vgl. HELMKE, B., in: Ecom Logistik Magazin 2/2000, S. 11-14, DVZ Verlag Hamburg).

## 8.2. Großhandel als mögliche Konkurrenz für Logistik-Dienstleister

"E-Business hat noch viele unentdeckte Facetten. Das wurde auf dem „Logistik Forum Nürnberg" deutlich, zu dem die Bayern Innovativ GmbH und das Fraunhofer Anwendungszentrum für Verkehrslogistik und Kommunikationstechnik für den 8. November nach Nürnberg geladen hatten.

Logistikdienstleistern könnte in Zusammenhang mit E-Commerce neue Konkurrenz erwachsen: durch entsprechend erweiterte Funktionen des Großhandels. Diese Ansicht vertrat Dr. Johannes Söllner, geschäftsführender Gesellschafter der Unternehmens-beratung Dr. Söllner & Cie, vor den rund 400 Teilnehmern des Forums.

Gerade der Großhandel ist von geänderten Abläufen in Zusammenhang mit E-Commerce betroffen. Söllner ist deshalb überzeugt, dass diese Unternehmen verstärkt E-Business-Funktionen übernehmen könnten. Das könne den Marketing-Kontakt mit Konditionsvereinbarung und Bonitätsprüfung umfassen, aber auch Logistikfunktionen bis hin zur Auslieferung an den Endverbraucher.

Die Arbeitsteilung im E-Business könne aber auch verstärkt in Richtung Industrie ausschlagen, sagte Söllner, Die Hersteller würden sich dabei auf die Führung eines E-business-geeigneten Distributionslagers einstellen, um Kleinstaufträge in hohen Frequenzen termingerecht ausliefern zu können. Die Funktion des Dienstleisters wäre in diesem Szenario auf den reinen Transport beschränkt.

Und schließlich ist natürlich auch vorstellbar, dass der Dienstleister Mehrleistungen in Zusammenhang mit E-Commerce erbringt. In enger Zusammenarbeit mit dem Hersteller würde dann das Fulfillment weitgehend beim Dienstleister liegen. Der müsse dann sein Know-how in Richtung Bonitätsprüfung ausweiten und gegebenenfalls auch bereit sein, Aufträge zu erfassen, sagte Söllner. Hinzu kommen natürlich die traditionellen Kernkompetenzen wie Führen von Distributionslagern und natürlich der Transport.

Werner Bischoff, geschäftsführender Gesellschafter der BLS Bischoff Logistik Systeme Holding GmbH mit Sitz in Naila, sieht für den Mittelstand große Chancen im E-Business. Ungeachtet fortschreitender Globalisierung und Konzentrationstendenzen im Logistikmarkt sei dieses Marktsegment geeignet, die eigene Leistungsfähigkeit zu erhöhen und die Unabhängigkeit zu bewahren, Betonte Bischoff in Nürnberg.

Der Mittelständler hat im vergangenen Jahr unter anderem zwei Modelle für die E-Logistik im Versandhausgeschäft entwickelt, die inzwischen erfolgreich praktiziert werden. Diese so genannten Direktversandkonzepte (zum Beispiel SIS-Sendungs-Info-Systeme) reduzieren bei den Auftraggebern den Bearbeitungsaufwand, das Lagervolumen und den Zeitbedarf. Dabei hat Bischoff das reine Transportgeschäft nicht aufgegeben – im Gegenteil: Der eigene Fuhrpark von 74 Lkw wurde inzwischen durch weitere 30 Vertragsunternehmer erweitert.

Als „Vorreiter" in Sachen E-Logistics sieht sich das Nürnberger Beratungs- und Systemhaus Dr. Städtler. Dabei setzt Städtler vor allem auf den integrierten Einsatz von Telematik und moderner Softwaresysteme für Fuhrparkmanagement und Tourenplanung – für Steffen Städtler echtes „"Fleet Management".

Städtler stellte in Nürnberg die Telematikanbindung des neuen Internet-Routenplanungssystems „easyTour" an das Tourenplanungs- und Dispositionssystem „Trampas" vor. Damit könnten die eingesetzten Fahrzeuge jederzeit geortet werden. In Verbindung mit dem von DaimlerChrysler entwickelten „Fleet Board" – dieses System bietet internetbasierte Telematikdienste rund um die Lkw-Flotte und liefert fahrzeugtechnische Auswertungen, Positionsermittlungen und Notfallmanagement – steht dem Nutzer auch eine automatische Tourenplanung und –Disposition zur Verfügung. Städtler:

„Diese Kombination schafft die Plattform für durchgängige E-Logistiklösungen vom Büro bis ins Fahrzeug" "(vgl. DVZ Nr. 140, 23/11/2000, DVZ Verlag Hamburg).

### 8.3. Umfassendes Prozessdenken als Voraussetzung

"Ohne Logistik können sich internetbasierte Geschäftsprozesse nicht zu Unternehmenserfolgen entwickeln. Gleichzeitig ist Electronic Business ein Treiber logistischer Innovationen, der die Taktrate und das Ausmaß der Veränderungen in der Logistik dramatisch erhöht. Dies gilt auch für das Segment der Geschäftsbeziehungen zwischen Unternehmen, das in Zukunft mehr als 80 Prozent des Electronic Commerce ausmachen wird. Die hier zu erwartenden Veränderungen hängen von der Art der gehandelten Produkte ab.

Die über das Internet gehandelten Produkte stellen je nach ihrer Beschaffenheit eigene Anforderungen an die Logistik. So ist ein Kennzeichen von „Commodities", das heißt von austauschbaren Produkten, dass die Vorteile einer intensiven Nutzung des Wettbewerbs im Einkauf in der Regel wichtiger erscheinen als die Transaktionskostenvorteile, die man durch eine nach Just-in-Time-Prinzipien aufgebaute, unternehmensübergreifende Prozessintegration erschließen kann. Das Handeln von Commodities über elektronische Marktplätze wird die hier ohnehin schon eher losen Geschäftsbeziehungen noch volatiler machen. Dementsprechend steigen die Anforderungen an die Flexibilität der Transportbranche.

Bei Investitionsgütern wie Maschinen handelt es sich wegen der Komplexität der Produkte in der Regel um Verhandlungsmärkte, bei denen eine vollständige Geschäftsabwicklung über einen Internet-Marktplatz als „Preisbildungsmaschine" eher unwahrscheinlich ist. Die verbesserten Möglichkeiten, über weltweite, internetbasierte Ausschreibungen den Wettbewerb im Einkauf zu nutzen, können jedoch auch hier zu einer Lockerung ehemals fest gefügter Geschäftsbeziehungen führen. Da Investitionsgüter nur sporadisch eingekauft werden, bieten sich allerdings hier kaum Ansatzpunkte für den Aufbau einkäufergeprägter beschaffungslogistischer Systeme. Der Warenstrom wird damit auch im Internet-Zeitalter weiterhin von der Quelle her gesteuert. Die internetbasierten Veränderungen für die Logistikbranche betreffen damit weniger den Vertrieb der Dienstleistungsprodukte als vielmehr Leistungsmerkmale, welche die Dienstleistungsproduktion betreffen.

Auf Grund der Stetigkeit der Warenströme ergeben sich durch die Nutzung des Internets aber gerade in der Auftragsabwicklung und Lieferabrufsteuerung weitgehende Möglichkeiten einer prozessbezogenen Senkung von Transaktionskosten. Die hier gegebenen Einsparungspotenziale resultieren aus der unternehmensübergreifenden Verzahnung der Planungsprozesse beziehungsweise unterstützenden DV-Systeme. Bei einer vertikalen Integration der DV-Systeme von Herstellern und Lieferanten kann der jeweilige Zulieferer die Nachfrage nach seinen Produkten durch Einsicht in die rollierend angepassten Absatzpläne seines Kunden frühzeitig erkennen.

Sicherheitsbestände werden durch einen kooperativen Planungsprozess weitgehend entbehrlich. Das Internet hat die Entwicklung solcher Prozessmodelle nicht ermöglicht, aber es wird ihrer weiteren Verbreitung einen erheblichen Schub verleihen, weil es hier wesentlich leichter wird, auch kleinere Lieferanten in einen integrierten Datenaustausch einzubeziehen.

In den kommenden „Plug-and-Play"-Welt des Internets werden Leistungsmerkmale wie vollständige Visibilität der eigenen Kapazitäten und unternehmensübergreifende Planung zu Standards mit dem Charakter von „Eintrittskarten" in das Marktgeschehen. Die Rede ist weniger von „Wertschöpfungspartnerschaften", sondern mehr von Austauschbarkeit. Damit werden sich Logistikdienstleister in Zukunft immer häufiger in einem Leistungsumfeld bewegen müssen, in dem jederzeitige „Real-Time"-Informationen über den Status des Auftragsvollzuges als ebenso selbstverständlich vorausgesetzt werden wir eine fehlerfreie Beherrschung der eigenen Produktionsprozesse.

Alle Logistikdienstleister werden durch die Standardisierung ihrer Leistungsabläufe Planbarkeit gewährleisten müssen. Und es ist kein Zufall, dass inzwischen die ersten Speditionen damit anfangen, so genannte „Advanced Planning und Scheduling-Systems" einzuführen. Die eine simultane Verplanung von Produktions- und Transportkapazitäten unterstützen.

Eine andersartige Bedingungskonstellation zeigt sich, wenn man den Blick auf die nicht in das Endprodukt eingehenden, indirekten Materialien richtet. Das Internet wird hier nicht primär als Preissenkungs-, sondern als Auftragsabwicklungsmaschine genutzt. Die so genannten „Desktop-Purchasing-Systeme", die für die Rationalisierung dieses Beschaffungsprozesses geschaffen wurden, erreichen ihre Einsparungseffekte dadurch, dass sie die Kataloge verschiedener Lieferanten zu einem virtuellen Gesamtkatalog verschmelzen.

Als Resultat ergeben sich drastische Reduktionen der Prozesskosten im Einkauf bei einer gleichzeitigen, erheblichen Verkürzung der Prozesszeiten"(vgl. BRETZKE, W.R., in : DVZ Sonderbeilage 8/6/2000, S.1, DVZ Verlag Hamburg).

Zukunftsmarkt E-Commerce

"Viele mittelständische Logistikunternehmer zögern noch: Sollen sie in das vermeintlich attraktive Geschäft mit dem E-Commerce investieren oder lieber nicht? Die eine Hälfte sagt Ja, die andere Nein. So zumindest das Ergebnis einer – zugegebenermaßen nicht repräsentativen – Internet-Umfrage der DVZ (18(00).

Zumindest Entscheidungshilfe gab es auf dem DVZ-Forum im Mai in Berlin. Dort waren sich die E-Commerce-Experten einig: Der Handel via Internet wird in den kommenden Jahren kräftig zunehmen. Explosionsartig bei Business-to-Business (B2B), kräftig aber auch im Geschäftsfeld Business-to-Consumer (B"C). Und da die weltweit per Mausklick georderte Ware schließlich immer auch noch transportiert werden muss, geht es ohne die Logistikbranche nicht. Start-up-Unternehmen, die ihre Produkte über virtuelle Shops gut verkauft glaubten, aber nicht über den erforderlichen Logistikunterbau verfügt, haben bereits hohes Lehrgeld zahlen müssen: Wenn die georderten Güter nicht Just in Time eintreffen, ist man in den meisten Fällen des Kunden los. Auf eine perfekt funktionierende Logistik kommt es an.

Aber auch dies wurde in Berlin deutlich: E-Commerce erhöht die Ansprüche an die Logistikdienstleister in vielfacher Hinsicht. In dieser Sonderbeilage ist eine Reihe der auf dem DVZ-Forum diskutierten Probleme wiedergegeben. Die Palette reicht von A wie Auftragsdurchlaufzeiten – die erheblich kürzer werden – bis Z wie Zentralläger-Konzeptionen, die neu überdacht werden müssen.

Eine ganz besondere Herausforderung dürfte für viele Logistikdienstleister die Lösung der sehr komplexen IT-Probleme sein, die erst ein funktionierendes Electronic-Chain-Management ermöglicht.

Denn bereits heute ist es für viele Logistikunternehmen außerordentlich schwierig, überhaupt IT-Fachleute am Markt zu finden. Fas ausgeschlossen ist es, gleichzeitig auf Experten mit Erfahrungen in dem noch jungen Geschäftsbereich E-Commerce zu stoßen. Es gibt eben noch nicht sehr viele, die sich in diesem Metier auskennen. Und die sind dann meistens sehr teuer. So bleibt of keine andere Lösung, als eigene Computerfreaks zu schulen – was Zeit kostet. Oder Kooperationen mit Softwarehäusern einzugehen und mit ihnen dann gemeinsam IT-gestützte Logistiklösungen für E-Commerce zu entwickeln.

Neben den Logistikdienstleistern profitiert eine weitere Branche vom E-Commerce: die Berater. Sie waren deshalb auch zahlreich auf der Berliner Veranstaltung vertreten – als Repräsentanzen, Referenten oder als interessierte Zuhörer. Auf sie wartet reichlich Arbeit – insbesondere, wenn sie sowohl etwas von Industrie, Handel und IT als auch von Logistik verstehen.

Informations- und Beratungsbedarf ist vorhanden. Deshalb wird auch die DVZ ihre Berichterstattung über die E-Commerce-Logistik weiter intensivieren. Außerdem wird in Kürze in dem Medium, das dem Geschäft mit dem „E" davor angemessen ist – also im Internet – ein Online-Auftritt zum Thema E-Logistik gestartet. Ein zusätzlicher Print-Auftritt wird folgen. Und schließlich wird es auch weitere Veranstaltungen geben, in denen sich Experten zum Thema E-Logistik austauschen können.

Auch wird sind überzeugt: E-Commerce ist ein Zukunftsmarkt – insbesondere für Logistikdienstleister. Mit den Unternehmen, die nicht rechtzeitig dabei sind, könnte es deshalb irgendwann auch vorbei sein" (vgl. SCHNELL; F., in: DVZ Sonderbeilage 8/6/2000, S. 1, DVZ Verlag Hamburg).

### 8.4. Synchronisation von Nachfrage und Versorgung

"Planning for Value: Synchronizing Demand and Supply

Demand/supply planning and management is the nervous system of company operations. It is the key to achieving targeted customer service levels, inventory levels, and margins; it is also the key to managing systems-wide capacity. If there is a single, end-to-end process that must be enterprise wide in scope, integration, and accountability, this is it.

Optimizing supply and demand requires managing as well as planning. The process must be designed, owned, monitored, and measured. Growth, profitability, and customer service must be balanced carefully. Most important, operations must be customer-centric and supply-aware, rather than supply-, production-, or forecast-driven.

Effective demand/supply planning has eight primary tenets:

1. Ensure high-level accountability. In all companies, a senior executive must be accountable for results. Demand/supply management is a process that Comes together at the top, so it must be credentialized by executive management. This involves a great deal more than assigning ownership; it involves a behavioral change, with metrics that are tied to the operating plan.

2. Combine demand and supply planning. Supply chains that are focused on the operating plan are simultaneously demand driven supply managed. Contrary to prevailing rhetoric, an "all-pull" system is unnecessary, unmanageable, and unrealistic. This is why demand and supply planning should be combined within a single function that 1) includes the input of key customers and suppliers, and 2) reports to a senior executive. Moreover, demand/supply plans should have both a long-term outlook and a daily tactical update. And they should consider all inputs, including price and demand changes, and new product "commits" and "decommits."

3. Eliminate the impact of the product forecast. Rather than trying to improve their demand forecasts, companies should work to de-emphasize them. This is because highly effective supply chains with fast cycle times reduce the need for demand forecasts, which are never accurate anyway. The focus of the demand/supply process must be on answering real-time demand and cutting cycle times. In turn, the forecasting emphasis should be on managing capacity and procuring materials, rather than on predicting demand.

4. Create a common language and a focus on commonality. Commonality is the keystone of supply chains that are flexible and cost effective. A supply chain-wide focus on uniformity – for example, a common product language – will bring about larger and more dramatic savings than almost any other initiative It will also make end-to-end demand and supply planning much easier.

5. Treat customers unequally. Based on cost to serve, cost to sell, profitability, and complexity of demands, some customers are a great deal less equal than others. Thus. They should be segmented and serviced in a way that does not make a relationship with them strategically or economically disadvantageous.

6. Manage backward as well as forward: plan for spares and returns.

Companies need to manage the logistics of returns – such as spares, repairs, customer service, and warranty management – with the same intensity and commitment as forward supply chain management.

7. Replace inventory with information and analysis: deploy smaller, easily implementable, functional systems that share common, accurate data. Information and analysis are essential to managing the product pipeline. They are best optimized with smaller, rapidly implemented, integrated applications with an accompanying focus on enterprise-wide data accuracy, integrity, and commonality.

8. Focus on transparency in planning and deployment. Transparency to the consumer should be paramount, no matter how virtual the supply chain. The customer does not care how the product gets to him. He does, however, care if the product arrives late, damaged, or not at all.

Linking demand and supply

In practice, integrated demand/supply management is a fairly complex but necessary process that comprises three major components: supply planning, demand planning, and inventory deployment (Figure 3.1).

Supply planning covers procurement, capacity, and capability. It is driven by margin targets, which, in turn, are influenced by commodity prices, capacity costs, costs of supply, flexibility, and availability (uninterrupted supply). Supply planning also implies the planning of all materials and the evaluation of product technologies, industry capabilities/capacities, and total acquisition costs. The supply-planning ideal is JIT supply, in which inventory is never on the company's books until it is consumed (or, better yet, sold and paid for by the customer).

Demand planning, on the other hand, is driven by sales and revenue targets and, in some instances, mixed profitability targets. To many companies, however, demand planning is a forecasting process. This is a faulty and often dangerous perspective. In reality, forecasting should be a small part of a much larger process that emphasizes quick response, order management, and inventory optimization strategies for satisfying customer demand in a cost-effective manner.

> "To reduce dependency on the forecast, emphasize demand/supply management and reduce operational cycle time."

Inventory deployment is part of the demand-planning cycle and incorporates decisions about where and when to deploy inventory, how much inventory to deploy, and for how long. Inventory deployment is bases on customer demand, the supply position, and marketing programs and promotions. It must be managed by customer segment and channel at a strategic and highly tactical level. Idealy, an inventory deployment process will orchestrate cost-effective and responsive material flows throughout the enterprise. Its emphasis will be on velocity – just-in-time from the suppliers and quick response to the customers – and on driving internal, lean manufacturing and mass customization efforts.

The bottom line is that demand/supply management is not about fulfilling customer needs. It is about making money. It is about achieving the operating plan and the metrics by which the process (and its "owners") are measured, managed, and linked to the operating metrics of the company. For these lofty (but necessary) goals to be attained, demand/supply planning must simultaneously:

> Maintain (and plan for) customer service and support for all segments and channels.

> Achieve lowest total costs and targeted margins, while assuring uninterrupted supply.

> Attain targeted working capital levels and reductions for products in all stages of their market cycles, including end-of-life, service, and spares. It must also target inventory velocity explicitly.

> Manage to optimum capacity levels (internal and external) and market coverage, including outsourcing and copacking alternatives.

> Set realistic targets for working capital, fixed capital, costs, and commodity prices.

Conversely, the costs of poor demand/supply planning can be huge. Their consequences include:

> High and uncompetitive working capital levels, which can result in inventory levels that are too high, too low, too expensive, too old, obsolete, or misaligned with demand. Cash

that could be used to fund investments, efficiencies, new products, or market expansion gets tied up in non-productive ways"(vgl. TYNDALL,G., GOPAL, Ch., PARTSCH, W., KAMAUFF, J., Supercharging Supply Chains, S. 65-69, John Wiley & Sons, Inc. New York, 1998).

## 8.5. Weniger bewegen, aber schneller/ Die neue Logistik

"The New Logistics: Moving Less ... Faster!

Every year, more activities gather beneath the supply chain umbrella. From farm-to-pantry and silicon to scrap, all sorts of business functions and processes are joining the chain. But in the rush to new concepts and structures, supply chain basics like moving and stocking are often overlooked. These distribution and transportation functions used to be considered mission critical, and though they are still essential (as well as the largest cost buckets in the supply chain after raw materials are purchases), many companies believe that efficiency efforts have tapped all the value they have to offer.

However, geographical and physical separation of places and people still exist. Products still have to be moved from one point to another. Companies still must deploy (or stock) inventory, and every sourcing or sales decision has upstream and stocking in a supply chain that is enterprise-market-value focused – and introducing some new ways to move less... faster – are the very themes of this chapter.

"Basic transportation and distribution functions are the largest activity cost buckets in the supply chain. International shippers spend about 7 percent of total sales on transport."

With multiple geographies, time zones, physical space, and points of interface, global logistics is inherently complicated. Figure 6.1 demonstrates how this complexity relates to a typical consumer good (say, footwear or apparel( that is produced in one part of the world and sold at retail in another. The point is that even with the best systems, the best supply chain strategy and processes, and the best technology, tangible goods still must be moved and stocked. Companies that perform these necessary functions exceptionally well are, in multiple ways, adding genuine value to their business operations.

The new value of distribution and transportation management

A variety of trends highlight distribution and transportation management's potential to enhance value. Among the most impactful is channel proliferation. New delivery mechanisms appear regularly, many in response to competitive or market pressures that emphasize service. In the grocery industry, for example, more than half of all consumer purchases now bypass the grocery retailer; alternative channels such as fast food, home delivery, and office canteens have elevated distribution and transportation's role as a value-generation tool. In addition, direct distribution channels are emerging as a result of innovations in communications technology. Information enablement increases the power of traditional distribution channels in industries such as financial services, entertainment, and publishing. This also drives a higher level of complexity in the supply chain; for example, delivering to a retailer's central distribution center is much less complex than delivering to that retailer's individual stores. The net effect is that channel proliferation inspires smart companies to make excellence in moving and storing a point of differentiation.

Greater geographical coverage – globality – also changes the role and impact of distribution and transportation. This is because more and more companies material and component sources, manufacturing operations, and target markets are international. Consider Europe, where competitive advantages are accruing to companies that rationalized their supply chains post-1992. North Americans have fewer concerns about language, currency, culture, service standards, and technology, but the point is still valid. NAFTA, for example, has changed the cost structure for many companies sourcing, manufacturing, and transportation activities. And in emerging markets throughout Asia and Latin America, distribution and transportation basics are essential to sales. There and elsewhere, early adapters that are first to differentiate on these dimensions are typically the most successful in keeping customers. In fact, on most continents, companies that have made decisive make-and-move responses to a geographically diverse market are often rewarded with sustainable competitive advantage.

"Channel proliferation inspires smart companies to make excellence in moving and storing a point of differentiation."

Perhaps the highest profile influencer is the changing relationship of push and pull. More and more customers are dictating the terms of their service relationship with suppliers. In response, suppliers feel compelled to take greater ownership of the transaction process. The result is deliberate stratification of customers: multiple levels of service bases on each customer's economic or strategic value to the supplier. High-quality, pullbased service is typically called for with "A" customers, whereas less expensive push service may be appropriate for most "B" customers. For many companies, the result is a hybrid system in which the market differentiators are storage and delivery excellense in some circumstances and storage and delivery economy in others.

Together, these trends tell us that effective distribution and transportation operations must transcend operational efficiency. More than ever – because they improve supply chain asset management and help to increase revenues – distribution and transportation are vital tools for actualizing and enhancing business strategies.

Improving the deployment and management of assets

By managing assets better, companies enhance value in two ways. First, they reduce capital expenditures. Distribution and transportation skills help companies do this by rationalizing distribution networks, leveraging outsourcing opportunities, sharing services and facilities, and improving the tax effectiveness of supply chain management. The second way is by making reductions in working capital. Exceptional performance in moving and stocking helps companies reduce working capital by cutting inventories through warehouse consolidation, replacing inventory with information, reducing distribution cycle time, and implementing demand-driven planning.

> 1. Rationalize distribution networks

More and more companies are becoming international marketers and sellers. In addition to expanding markets, this globalization exposes new ways for businesses to arganize their production and distribution facilities. Two key enablers explain why this is true:

> Government trade liberalization (e.g., EEC, NAFTA) has scaled back border controls, created a more homogeneous business environment (including standardization in monetary policies and accounting and tax rules), harmonized information transmission and management standards, and deregulated transportation(vgl. TYNDALL, G. et al. S. 173-177, a.a.O.).

## 8.6. Logistikportale

"Eine ganze Reihe von Marktplätzen, Logistikportalen und Logistikdienstleistern bemüht sich im World Wide Web um die Aufmerksamkeit potenzieller Kundschaft. Doch nicht überall genügt die Qualität dem hohen Anspruch.

Die Logistikbranche „brummt", heißt es bildlich in der Werbung eines der führenden Logistikdienstleister. Wer die Nachrichten über Unternehmenszusammenschlüsse, neue Dienstleistungs- sowie Serviceangebote der Logistikbranche und des klassischen Speditionswesens verfolgt, kann dies nur bestätigen.

Gerade im Internet ist die Branche mit Homepages sowie Marktplätzen und Logistikportalen, die auf neudeutsch Value Aded Services anbieten, stark vertreten. Doch die Tatsache, im Internet präsent zu sein und darüber Dienstleistungen anzubieten, sagt noch nichts über die Dynamik eines Unternehmens und die Qualität der Leistungen aus.

Vor allem Marktplätze, die Anbieter und Nachfrager über das Internet zusammenbringen, kranken teilweise an mangelnder Resonanz. Die Ursachen dafür sind vielfältig und bestätigen, dass auch die Logistikbranche „Time to Market" stärker im Fokus hat als Qualität, Kundennutzen und Bedienerfreundlichkeit.

Zudem wird völlig außer Acht gelassen, dass auf Grund der Vielzahl der Angebote eine intensive Bewerbung erforderlich ist, um die Aufmerksamkeit auf die neuen Vertriebswege zu lenken. Viele Zeit bleibt dafür nicht, wenn man davon ausgeht, dass sich langfristig nur eine gute Hand voll Portale durchsetzen wird. Denn welcher Benutzer kann sich mehr als fünf Namen merken oder gar aktiv damit arbeiten?

Eine nicht repräsentative Untersuchung mit dem Fokus, die angebotene Leistungsvielfalt, deren Präsentation im Internet sowie deren Übersichtlichkeit und Bedienerfreundlichkeit zu evaluieren, hat dies bestätigt. Die nachfolgende Darstellung (siehe Seite 40 f.) soll einen Überblick über die Vielfalt des Angebots geben.

Zudem wird völlig außer Acht gelassen, dass auf Grund der Vielzahl der Angebote eine intensive Bewerbung erforderlich ist, um die Aufmerksamkeit auf die neuen Vertriebswege zu lenken. Viel Zeit bleibt dafür nicht, wenn man davon ausgeht, dass sich langfristig nur eine gute Hand voll Portale durchsetzen wird. Denn welcher Benutzer kann sich mehr als fünf Namen merken oder gar aktiv damit arbeiten?

Eine nicht repräsentative Untersuchung mit dem Fokus, die angebotene Leistungsvielfalt, deren Präsentation im Internet sowie deren Übersichtlichkeit und Bedienerfreundlichkeit zu evaluieren, hat dies bestätigt. Die nachfolgende Darstellung (siehe Seite 40 f.) soll ein Überblick über die Vielfalt des Angebots geben.

Die Qualität der Portale und Marktplätze im Internet variiert sehr stark. Einige Angebote wurden mit möglichst geringem finanziellen Aufwand und heißer Nadel zusammengestrickt und warten jetzt sehnsüchtig auf die ersten Nutzer. Da aber die Konzepte auf den Ausgleich von Angebot und Nachfrage ausgerichtet sind, stecken die Unternehmen in einem Dilemma: Solange keine Angebote eingestellt werden, ist die Plattform für die Nachfrager uninteressant.

Die Anbieter haben aber kein Interesse, solange die Plattform kein Nachfragepotenzial aufweisen kann. Geld für umfangreiche Werbemaßnahmen scheint nicht vorhanden, einige Plattformen bitten offen um Spenden. Ohne Werbung ist die Chance jedoch gering, die kritische Masse zu überwinden und Umsätze über das Internet zu generieren.

Einige Plattformen versuchen, durch zunächst kostenfreies Angebot ihrer Leistungen das Problem zu überwinden. Solange aber die Kunden nur mit Schwierigkeiten das eigentliche Angebot erkennen können und wichtige Aspekte wie Bedienerfreundlichkeit und Allgemeine Geschäftsbedingungen nicht oder nur unzureichend berücksichtigt werden, ist ein Erfolg dieser Portale eher unwahrscheinlich.

Wie man es richtig macht, zeigt das Portal der Teleroute Medien GmbH. Mit professionellem Design sowie einfacher und systemunterstützter Bedienbarkeit werden hier Anbieter und Nachfrager angesprochen. Das Ergebnis sind rund 35.000 Kunden und mehr als 40.000 Ladungen täglich, die über dieses Portal abgewickelt werden.

Ein weiteres Highlight in der Vielfalt der Portale und Marktplätze ist mylogistics. Neben der Möglichkeit, direkt Transportaufträge einzugeben oder sogar über eine kostenlose EDI-Schnittstelle zu übertragen, bietet mylogistics auch Sendungsinformationen und -statistiken zum Abrufen an. Ebenfalls positiv hervorzuheben unter den Frachtbörsen im Internet ist das Angebot der Anton Behringer Consulting (Ikwonline), das übersichtlich und einfach bedienbar ist.

Die Entscheidung, einen Marktplatz im Internet aufzubauen, bedarf einer sorgfältigen Planung und zwar in der Art, dass der Kundennutzen eindeutig erkennbar und die Bedienung einfach und übersichtlich ist. Erst dann besteht die Chance, nennenswerte Umsätze über Internet-Marktplätze zu erzielen und die Qualität der angebotenen Leistung unter Beweis zu stellen.
Langfristigen Erfolg werden deshalb nur solche Portale haben, die klar,

übersichtlich und einfach zu bedienen sind und den Usern einen Zusatznutzen geben können. Beispiel: der Quick Price Checker bei Letmeship, mit dem ein Preisvergleich von sieben Paket- und Expressdienstleistern durchgeführt werden kann. Ein Blick in die Portale in den USA gibt einen Vorgeschmack auf das, was wir in der nächsten Zeit erwarten dürfen:

- Carrier Rating: Bewertung des Dienstleisters aus Kundensicht bezüglich Sicherheit und Lieferzuverlässigkeit

- Anlegen einer kundenindividuellen Eingabemaske für Frachtaufträge

- Erstellen einer Transportausschreibung.

Dieser Trend wird sich auch in Deutschland mittelfristig durchsetzen. Aus der Vielzahl der Angebote werden sich einige wenige herauskristallisieren, die vom Kunden angenommen und über die nennenswerte Umsätze abgewickelt werden. Daneben wird es die klassischen Homepages der Speditions- und Frachtunternehmen geben, die mehr oder weniger professionell aufgebaut sind und entsprechend viel oder halt gar keine Resonanz beim Kunden finden"(vgl. HESS, J., in: Ecom Logistik Magazin Nr. 2/2000 S.39-41, DVZ Verlag Hamburg).

"Logistikportale: In der allgemeinen Logistik setzen sich Internet-Marktplätze hierzulande bislang nur zögerlich durch. Dagegen zeichnen sich in der Luftfracht die Strukturen des E-Commerce-Zeitalters bereits klar und deutlich ab.

Sie stehen im Mittelpunkt der Diskussionen zum Thema E-Commerce im Business-to-Business-Bereich (B2B): Internet-Portale und virtuelle Marktplätze. In Ermangelung einer genauen Definition werden beide Begriffe häufig synonym verwendet. Bei genauer Betrachtung heute schon operierender Portale und Marktplätze wird jedoch der Unterschied beider Geschäftsmodelle deutlich.

Auf dem virtuellen Marktplatz treffen sich Anbieter und Käufer, ie oft schon eine etablierte Geschäftsbeziehung haben, einzelne Transaktionen jedoch mit Hilfe des Internets effizienter abwickeln wollen. Im Endeffekt geht es um die Reduzierung der Transaktionskosten bei der Abwicklung eines eng umschriebenen Spektrums von Geschäftsvorfällen. Dabei übernimmt der Marktplatzbetreiber die Rolle eines Mittlers oder Informationsbrokers. Amerikanische E-Commerce-Experten sprechen von „Infomediaries".

Demgegenüber steht bei den Betreibern von Portalen weniger die Effizienzsteigerung einzelner Transaktionen im Mittelpunkt. Vielmehr geht es um die Vollständigkeit des Leistungsangebotes. Dem Kunden des Portals soll zwar nicht alles aus einer Hand, aber „alles auf einer Site" angeboten werden. So wird ein Automobilportal beispielsweise nicht nur den Autokauf anbieten, sondern das Angebot durch Dienstleistungen wie Versicherungen, Gebrauchtwagentaxierung oder Fahrberichte ergänzen wollen. Im Regelfall wird ein solches Komplettangebot durch Partnerschaften der Portalbetreiber mit anderen Anbietern und Dienstleistern realisiert.

Chancen für Luftfrachtportale?

Akzeptiert man das Komplettangebot als wesentlichen Erfolgsfaktor eines Portals, so scheint der Aufbau eines Luftfrachtportals ein aussichtsloses Geschäftsmodell zu sein. Im Tagesgeschäft zwischen Spediteur und Airline sind Buchung und Statusabfrage die wesentlichen Geschäftsvorfälle – ein zu schmales Leistungsspektrum für ein Portal. Allerdings gibt es in den USA erste Logistikportale, die über elektronische Verbindungen mit Frachtairlines verfügen"(vgl. Ecom Logistik Magazin, Nr. 1/2000 S.38, a.a.O.).

"Gegenüber den Portalen scheinen die Marktplätze in der Luftfracht weitaus größere Erfolgschancen zu haben. In dem wettbewerbsintensiven, durch Konsolidierung und die spezielle Zusammensetzung der Transportgüter geprägten Luftfrachtgeschäft ist der Preis ein wesentliches Kriterium für die Kaufentscheidung. Bei der Vielzahl der Luftfracht-gesellschaften ist es jedoch ein mühsames und kostspieliges Unterfangen, den Überblick über Preise und Kapazitäten zu behalten. Folgerichtig sind es die Marktplätze, die den Luftfrachtsektor im Internet dominieren. Das Leistungsspektrum der Online-Märkte stellt sich jedoch recht unterschiedlich dar. Im Wesentlichen sind es vier Modelle, die derzeit am Markt zu beobachten sind.

- In der Minimalvariante beschränkt sich das Angebot auf die Erfassung von Sendungsdaten, die anschließend per E-Mail oder Fax auf den Tisch eines Sachbearbeiters gelangen und von dort traditionell weiter bearbeitet werden (Beispiel: www.freightquote.com)

- Andere Online-Anbieter gehen einen Schritt weiter. Sie offerieren auf ihrer Website nach Eingabe der Sendungsdaten ein detailliertes Angebot inklusive aller Preiskomponenten. Zum Online-Geschäftsabschluss kommt es aber nicht. Gebucht wird nach wie vor per Telefon oder Fax (Beispiel www.web-freight.co.uk).

- Eine weitere halbautomatische Variante ist das „Reverse-Business"-Modell, bei dem der Spediteur seine Sendung zusammen mit der gewünschten Rate auf einem „schwarzen Brett" im Internet annonciert. Die Airlines suchen sich dann diejenigen Sendungen heraus, die sie befördern wollen. Mit der Auswahl durch die Airline wird die Sendung von Nachrichtenbrett entfernt und eine entsprechende E-Mail an Spediteur und Airline versandt, die dann über traditionelle Kanäle die Details zur Buchung abstimmen (zum Beispiel www.cargowerks.com).

• Die Endausbaustufe für jeden Marktplatz ist das vollständig integrierte, airline-übergreifende Online-Buchungssystem, wie es das Passagiergeschäft der Airlines schon jahrelange kennt (Beispiel: www.gf-x.com).

Der unmittelbare Vorteil eines Luftfracht-Marktplatzes für den Spediteur ist die Preistransparenz. Gleichzeitig lässt sich jedoch einzunehmender Trend zur Produktdifferenzierung seitens der Airlines erkennen. War zum Beispiel Lufthansa Cargo mit der Einführung der Time Definite Services vor zwei Jahren noch der Vorreiter in diesem Segment, so gibt es heute bereits eine ganze Anzahl von Fracht-Airlines, die ihre Produkte ebenfalls auf Basis von Zeitfenstern anbieten. In einem weiteren Innovationsschritt hat die deutsche Fracht-Airline vor kurzem ihre Service Packages eingeführt – Leistungspakete, die auf spezielle Bedürfnisse der Versender zugeschnitten sind. So wird bei smooth/td beispielsweise eine besonders sanfte Handhabung schockempfindlicher Güter durch Einsatz speziell entwickelter Luftfrachtpaletten sichergestellt.

Volle Transparenz ist gefordert

Spediteure, die ihren Kunden diese innovativen Leistungspakete als Teil des Gesamttransportes anbieten wollen, werden daher in Zukunft bevorzugt solche Marktplätze besuchen, die ihnen Transparenz nicht nur über das Preisangebot, sondern auch über die besonderen Produktmerkmale verschaffen werden.

Die Möglichkeit, unterschiedliche Leistungsangebote differenziert darzustellen, wird die langfristige Attraktivität eines Luftfracht-Marktplatzes für Spediteure und Airlines bestimmen. Und deren Teilnahme bestimmt letztlich über den Erfolg des Marktplatzes.

Sicher scheint jedoch, dass die Luftfracht-Marktplätze Transparenz in das Angebot der stark fragmentierten Luftfrachtindustrie bringen werden. Auf Grund dieser Transparenz werden Marktplätze im Internet als „E-Hubs" zunehmend an Bedeutung gewinnen, indem sie Angebot und Nachfrage für die verschiedenen Stufen der Transportkette vom Shipper bis zum Consignee synchronisieren.

Für die meisten Spediteure und Airlines bedeutet diese Entwicklung die Notwendigkeit, sich vom heute bevorzugt benutzten Telefon oder Fax auf die elektronischen Medien wie Internet oder modernen Formen von EDI (Elektronic Data Interchange) umzustellen. Damit werden in Zukunft die Auswahl und Steuerung der Absatzkanäle im Rahmen eines professionellen Vertriebskanal-

Managements spürbar an Bedeutung gewinnen. Schließlich gilt es sowohl für Anbieter als auch für Nachfrager, die Koexistenz von unternehmenseigener Homepage, EDI-Verbindungen und einer Mehrzahl von elektronischen Marktplätzen zu managen.

Der hiermit verbundene Zuwachs an Angebotstransparenz führt jedoch nicht zwangsweise in Richtung vereinheitlichter Produkte. Vielmehr können Airlines durch die richtige Wahl des Vertriebskanals Preisdifferenzierungen stabilisieren und durch standardisierte Prozesse dem Forwarder Transparenz über ein hochwertiges E-Fulfillment ermöglichen. E-Commerce als ein „Sales-Channel Management of Opportunities" verstanden, kann eine Win-Win-Situation für alle Beteiligten sein.

Erfolgsfaktoren für Luftfrachtmärkte

Auf welche Merkmale Luftfrachtspediteure und Airlines bei der Auswahl virtueller Marktplätze achten sollten

Für die Airlines und die Spediteure wird die Wahl der geeigneten Partner/Marktplätze zu einem wesentlichen Hebel des Erfolgs in den Absatzkanälen der New Economy. Dabei stehen folgende Leistungsmerkmale als Auswahlkriterien im Vordergrund:

• Darstellen des Angebotes auf Basis der aktuell verfügbaren Kapazität

• Darstellungsmöglichkeit für zeitfenster-orientierte Produkte

• Transparente Darstellung der angebotenen Leistungsmerkmale wie Geschwindigkeit der Transportleistung, Zusatzleistungen über den eigentlichen Transport hinaus oder aber Performance-Garantien

• Such- und Sortiermöglichkeiten nach möglichst vielen Kriterien"(vgl. LEMKE, J., PETZOLD, B., in : Ecom Logistik Magazin Nr. 1/2000, S. 39-40, DVZ Verlag Hamburg).

"Abschied von der Baltic Exchange

Wer in der Logistik in den E-Commerce einsteigt, hängt dies an die große Glocke. Mit Ausnahme der Schifffahrt. Heimlich still und leise hat sich hier eine umfassende E-Business-Struktur herausgebildet.

Die Seeschifffahrt hängt an ihren Traditionen. So werden Frachtkontrakte immer noch, wie schon zu Beginn dieses Jahrhunderts, in den ehrwürdigen Hallen der Baltic Exchange zu St. Mary Ace in London verhandelt und abgeschlossen. Noch haben Makler und Agenten ihren festen Platz auf den Seefrachtmärkten als Vermittler zwischen Reedern und Verladern. Vielleicht aber nicht mehr lange, denn mehr und mehr Portale zu Internet-Marktplätzen werden aufgestoßen.

Zu den ersten, die eine Frachtenbörse für die Seeschifffahrt aufgemacht haben, gehört Markus Giesenkirchen, einer von fünf Gründern der GloMap.com Internet Business Solutions GmbH in Hamburg. Seit Mai aktiv, ist GloMap noch immer die einzige Seefrachtenbörse mit Sitz in Deutschland. Das Internet werde sich letztlich durchsetzen, „weil es mehr Transparenz schafft", ist Giesenkirchen überzeugt.

Der Druck geht von den großen Verladern aus, den Ölkonzernen und Handelshäusern. Deren Verhandlungsposition verbessert sich durch genauere Kenntnis des Tonnageangebotes. Das Interesse der Verlader manifestiert sich durch Beteiligungen an Start-ups wie Level Seas (Amoco, BP, Shell, Royal Dutch/Shell, Cargill). Sie wollen die relativ hohe Kosten für den Transport von Massengütern wie Öl, Kohle und Getreide senken. Auch wenn es vielleicht nur ein Prozent ist, handelt es sich, nur bezogen auf die Bulkschifffahrt, um schätzungsweise 1 Mrd. USD (1,17 Mrd. EUR).

Das gesamte Handelsvolumen auf den Seeschifffahrtsmärkten wird auf annähernd 570 Mrd. USD (669 Mrd. EUR) veranschlagt. Diese Schätzung berücksichtigt allerdings neben den Frachtumsätzen auch den Handel mit Schiffen sowie den Einkauf von Hafendienstleistungen, Treibstoffen und Schiffsausrüstungen. Giesenkirchen hat keinen Zweifel, dass sich die Internet-Marktplätze durchsetzen werden: „Die Ladungsinhaber werden immer öfter Raten online einholen und Abschlüsse tätigen wollen." So werden den Reedern gar nichts anderes übrig bleiben, als ihre Transportkapazität anzubieten, wenn sie nicht Wettbewerbsnachteile in Kauf nehmen wollen. Das bedeutet das für die Broker, die heute dafür sorgen, dass Ladung in die Schiffe kommt, ob als Schiffsmakler, Non Vessel Operator (NVO) oder Spediteur? Werden sie arbeitslos?

Der Spediteur lässt sich durch keine Eingabemaske ersetzen

"So unkompliziert ist die Arbeit eines Spediteurs auch nicht, dass man ihn durch eine Eingabemaske ersetzen könnte, in die der Verlader ein par Sendungsdaten einträgt", gibt Roelf de Boer, Präsident des niederländischen Spediteurverbandes Fenex, zu bedenken. Und noch kann sich auch kein Makler vorstellen, per Tastendruck den Chartervertrag für ein Containerschiff abzuschließen. Soweit sich das heute absehen lässt, werden weiterhin die Profis mit Schifffahrts-Know-how auf den Internet-Schifffahrtsmärkten die Geschäfte machen.

Fragt sich nur: Auf welchen? Das werden – einfache Antwort – die mit dem größten Angebot sein. Deshalb können sich Reeder oder Befrachter bei GloMap kostenlos registrieren lassen. Im Gegensatz zu anderen Portalen, die ihre Software verkaufen, Eintrittsgebühren oder ein monatliches Fixum verlangen, soll sich das Unternehmen ausschließlich über die bei Geschäftsabschlüssen anfallenden Gebühren finanzieren. So hofft Giesenkirchen, schnell die kritische Masse aufbauen zu können: „Man muss verhindern, dass Interessenten wieder abspringen, weil sich auf dem Marktplatz nichts tut."

Noch sind nicht alle Bedürfnisse befriedigt

Volle Akzeptanz werden virtuelle Marktplätze wohl erst finden, wenn die potenziellen Teilnehmer dort all das bekommen, was sie für ihr Geschäft benötigen. Also nicht nur Frachten und Frachtraum, sondern auch „Marktstände" für Secondhand-Schiffe, Bunkeröl, Personal, Proviant und Ersatzteile. Dazu die ganze Palette der Informationen über die Situation in den Seehäfen, Hafenkosten und Marktentwicklung. „So viel Content (Inhalt) wie möglich", heißt deshalb die Devise der Unternehmen, die maritime Portale gestalten.

Noch sind sie alle mehr oder weniger weit davon entfernt, alle Bedürfnisse befriedigen zu können. Das zeigt die Internet-Recherche des DVZ e-com Logistik Magazins (siehe Tabelle), die allerdings nur einen Teil der inzwischen kaum noch überschaubaren Zahl von Portalen berücksichtigt. Die meisten sind auf den Containerverkehr zugeschnitten. Einige entziehen sich dem Schnelltest, weil spezielle Software erforderlich ist (die bezahlt werden muss) oder eine nicht unbeträchtliche Aufnahmegebühr zu zahlen ist. Momentaufnahmen sind ohnehin problematisch, weil sich nicht beurteilen lässt, wie aktiv der Marktplatz benutzt wird und, ob nicht vielleicht Dummies ausgestellt werden, um Geschäft vorzuspiegeln.

Die Funktionalitäten der Portale sind unterschiedlich

Abgesehen von Umfang und Vielfalt des Angebots sind die Portale auch in

Hinblick auf die Funktionalität recht unterschiedlichausgestattet. Das reicht von elektronischen schwarzen Brettern, an die Anfragen „geheftet" werden können (Global Freight Market), bis zu Online-Auktionen wie GloMap. Dieses System beispielsweise bietet den Reedern die Möglichkeit zur gezielten Auswahl der sie interessierenden Anfragen über die Eingabemaske. Wenn entsprechende Anfrageneingehen, verschickt das System automatisch E-Mails an die Interessenten, die dann ihr Angebot abgeben können. Sie bleiben so lange anonym, bis der Befrachter Kontakt aufnimmt.

Den größten Nutzen können Portale bieten, wenn sie über Geschäftsanbahnung und –abschluss hinausgehen und die Abwicklung von Fracht-, Charter- und Handelsgeschäften durch E-Business erleichtern. Hier lassen sich zweifellos die grö0ten Einsparungen erzielen. Hier gilt es aber auch, die größten Schnittstellen- und Sicherheitsprobleme zu lösen. Doch mit jedem Tag kommt der Fortschritt ein Stück voran. So eröffnet die Reederei Kawasaki Kisen Kaisha („K" Line) ihren japanischen Kunden in diesen Monat die Möglichweit, per Mausklick die Bills of Lading über das Internet auszudrucken und die Frachtzahlung zu leisten.

Mängel bei der Sicherheit sind bislang die Achillesferse des E-Commerce. Zu oft sind vermeintlich gut geschützte Systeme angegriffen und geknackt worden. Wo liegen die Bedrohungen? Welche Gegenmittel gibt es?

Enormes Einsparpotenzial durch schnellere und automatisierte Geschäftsprozesse; gleichzeitig die Chance, durch den neuen Vertriebskanal Interne neue Märkte zu erschließen: Kein Wunder, dass die E-Commerce-Euphoriker in der Verladerschaft und bei den Logistikdienstleistern schon mal vergessen, dass auch ein Preis zu zahlen ist.

Weil E-Commerce die Vernetzung unterschiedlicher IT-Systeme voraussetzt, öffnen am E-Business beteiligte Unternehmen ihr elektronisches Innenleben ein Stück weit dem Rest der Welt. Und der meint es nicht immer gut. Eine ganze Reihe von Betrieben musste sich schon mit diversen Angriffen auf ihre Systeme herumschlagen. Auch wenn es keine 100-prozentige Sicherheit geben kann, kann jedes Unternehmen durch eine vernünftige Kombination logischer, technischer und organisatorischer Einzelmaßnahmeneinen hohen Grad an Sicherheit in E-Commerce-Systemen erreichen.

Was ist IV-Sicherheit

Unter Sicherheit in der Informationsverarbeitung und –technik, kurz IV-Sicherheit, versteht man den Schutz von Informationen und Informationsressourcen wie Daten, Programme, Betriebssysteme, Rechner und Netze vor

- Verletzung der Integrität: Das heißt unberechtigte Änderung, Erstellung oder Duplizierung von Informationen.

- Verletzung der Vertraulichkeit: Das heißt Offenlegung schützenswerter Informationen ohne Erlaubnis des Eigentümers oder ohne gesetzliche Grundlage.

- Verletzung der Verfügbarkeit: Das heißt unakzeptable Verzögerung bei einem genehmigten zugriff auf Informationen und Informationsressourcen.

Netzwerk der Rivalen

Die Internet-Plattform GF-X bringt Konkurrenten auf einen gemeinsamen virtuellen Marktplatz – und leistet damit Pionierarbeit.

Bei der Gründung von GF-X im November 1998 richteten die Initiatoren den Fokus nicht nur auf die technische Lösung schneller Transaktionen und hohe Datenqualität. Darüber hinaus flossen branchenspezifisches und strategisches Know-how ein, um die Entscheidungsprozesse des Luftfrachtmarktes abzubilden. Durch die Ausgewogenheit zwischen der Anzahl teilnehmender Forwarder und Carrier wird die Neutralität des Marktplatzes gewahrt. Das Konzept konnte bislang neben Morgan Stanley auch die Lufthansa Commercial Holding, Deutsche Post World Net, British Airways, Panalpina World Transport und SAir Logistics als Investoren gewinnen.

GF-X stellt dem Forwarder dabei zwei grundsätzliche Pricing-Plattformen zur Geschäftsanbahnung zur Verfügung:

- Der „Quote Market" gibt im Rahmen eines „Offers from the shelf" den Überblick über Produkte und Preise der Carrier auf der gesuchten Strecke.

- Der „Reverse Market" ermöglicht die Abwicklung von Ad-hoc-Geschäften im Rahmen von Einzelverhandlungen zwischen Forwarder und Carrier. Ob sich beide Konzepte in Zukunft gleichgewichtig entwickeln, oder ob sich im Zeitablauf nur einer der angebotenen Preisbildungsprozesse durchsetzt, hängt dabei wesentlich von dem

Automatisierungsgrad der Carrier-Systeme ab"(vgl. WÖRNLEIN, P., in: Ecom Logistik Magazin Nr. 1/2000, S. 41-43, DVZ Verlag Hamburg).

## 8.7. Internetplattformen

"Im Herbst geht ein neues Online-Angebot für Logistikdienstleistungen und Produkte an den Start: www.-contractpool.de. Besonderheit des Portals ist ein Ausschreibungsmarktplatz für komplexe logistische Dienstleistungen (Kontraktlogistik). Contractpool.de wird zunächst auf dem deutschen Markt starten. Der Ausbau zu einer europäischen Plattform ist geplant.

Die Logistik besitzt einen starken Einfluss auf E-Business: Sie sorgt für die physische Abwicklung der über Internet veranlassten Transaktionen. Dass aber die Logistik selbst zu einer im Internet gehandelten Dienstleistungen wird, ist neu. Zwar existieren schon seit längerer zeit Fracht- und Laderaumbörsen, in denen kurzfristig zu belegende Kapazitäten gehandelt werden. Für komplexere logistische Dienstleistungen gab es jedoch im Internet bisher keine Angebote.

Dies soll sich jetzt ändern. Unter der Führung der Zentrum für Logistik und Unternehmensplanung (ZLU) GmbH, Berlin – einem Tochterunternehmen der Pixelpark AG, Berlin -, entsteht ein Portal für Logistikdienstleistungen, dessen zentrales Element ein Ausschreibungsmarktplatz für komplexe logistische Dienstleistungen (Kontraktlogistik) ist. Partner bei der technischen Entwicklung ist die EAM-Line GmbH, ein Technologieunternehmen der Energie-Aktiengesellschaft Mitteldeutschland.

EAM-Line als Partner

Industrie- und Handelsunternehmen vergeben heute bedeutende Teile ihrer internen und externen Logistik an Dienstleister. Der Begriff Kontraktlogistik umschreibt dabei ein Geschäftsmodell, das auf einer engen Kooperation zwischen einem Logistikdienstleister und dem auftraggebenden Unternehmen beruht, wobei sich Kontrakt-Logistikdienstleistungen überlicherweise durch langfristige Geschäftsbeziehungen zwischen den beteiligten Unternehmen auszeichnen. Die über den Marktplatz gehandelten Kontraktlogistik-Dienstleistungen reichen von Transportdienstleistungen bis hin zu dem Betrieb eigener Logistikzentren oder der Nutzung von Logistikzentren der Dienstleister. Dabei werden wesentliche Bestandteile der Wertschöpfungskette der Kunden sowie umfassende Leistungs-, Qualitäts- und Kostenverantwortung durch den Logistikdienstleister übernommen.

Bei der herkömmlichen Beschaffung von Kontraktlogistik-Dienstleistungen entstehen dem vergebenden Unternehmen erhebliche Kosten: durch die Erstellung der Ausschreibungsunterlagen, die Auswahl passender Dienstleister, die

Betreuung der Bieter die Bewertung der Angebote und schließlich durch die Vertragsgestaltung. Ähnlich sieht es auf Seiten der Dienstleister aus: Aktivitäten zur Akquisition von Ausschreibungen, die korrekte Weitergabe und Zuordnung von Anfragen innerhalb der eigenen Organisation sowie die aufwändige Angebotserstellung auf Basis ungenauer oder fehlerhafter Ausschreibungsunterlagen müssen bezahlt werden.

Bis zu 50 Prozent der Prozesskosten eingespart

Mit Hilfe von Contractpool.de wird der Aufwand auf beiden Seiten erheblich verringert. Für das ausschreibende Unternehmen bietet der Marktplatz zunächst Unterstützung bei der Erstellung der Ausschreibungsunterlagen. Mit Hilfe von bis zu 500 Kriterien sind die nachgefragten Leistungen beschreibbar. Dabei wird der Nutzer strukturiert durch den gesamten Prozess der Ausschreibungserstellung geleitet. Paralleles oder sequenzielles Arbeiten mehrerer Mitarbeiter an der gleichen Ausschreibung ist möglich.

Der Nutzer wählt danach anhand von Leistungsprofilen der teilnehmenden Dienstleister den passenden Logistikpartner aus und stellt die Ausschreibungsunterlagen per Internet zu. Der Logistikdienstleister kann daraufhin online auf die Ausschreibungsunterlagen reagieren und ein entsprechendes Angebot erstellen.

Auf beiden Seiten lassen sich durch die Verwendung des Marktplatzes Zeit und Kosten sparen. Das ZLU schätzt, dass ausschreibende Unternehmen zwischen 30 und 50 Prozent der Prozesskosten einsparen; auf Seiten der Dienstleister liegen die Einsparungen – abhängig von der Qualität der heutigen Prozesse – zwischen 10 und 20 Prozent. Erreicht werden die Einsparungen durch

- die Schaffung von Markttransparenz für ausschreibende Unternehmen und Dienstleister
- die Verbesserung des Workflows über den gesamten Prozess
- die strukturierte Unterstützung bei der Erstellung der Ausschreibungsunterlagen mit dem Ergebnis deutlich höherer Qualität.

Der Ausschreibungsmarktplatz ist Bestandteil eines Online-Portals für Logistikdienstleistungen und Produkte, das einen Anlaufpunkt für alle Logistik-Beschaffungsbelange über die gesamte Supply-Chain bildet. Um Bedarfe zu decken, stehen umfangreiche Übersichten relevanter Marktplätze im B2B-Bereich zur Verfügung. Die anhand von redaktionellaufbereiteten Kurzbeschreibungen charakterisiert und durch Benutzer bewertet werden können.

Daneben haben auch Unternehmen, die Produkte und Dienstleistungen rund um die Logistik anbieten, die Möglichkeit, sich in einer gesonderten Rubrik darzustellen.

Informationen zur Logistik und zum Supply-Chain-Management werden über Fachpublikationen und eine News-Rubrik (inklusive Veranstaltungskalender, der stets aktualisierte Termine zu Kongressen, Messen und Seminaren enthält) verbreitet. Ein Diskussionsforum eröffnet die Möglichkeit zum Meinungsaustausch zwischen den Usern von Contractpool.de.

Für die Rubrik Financial Services sind Finanzdienstleistungen entlang der gesamten Supply-Chain geplant – beispielsweise Zollabwicklung.

In den Aufbau von Contractpool.de sind langjährige Erfahrungen des ZLU im Bereich des Ausschreibungsmanagements eingeflossen. „Durch unsere Kenntnis der logistischen Prozessanforderungen international agierender Industrie- und Handelsunternehmen sowie unsere fachliche Internetkompetenz im weltweiten Pixelpark-Verbund erwarten wir eine steile Anlaufkurve und zügiges Wachstum. Unsere Rolle hierbei ist die eines neutralen Partners, um die Funktionsfähigkeit und den Markterfolg sicherzustellen", betont Dr. Frank Straube, Vorsitzender der Geschäftsführung der ZLU GmbH und Executive Vice President der Pixelpark AG.

Der Online-Start ist für Ende 2000 geplant. Auf dem Logistikkongress vom 18. bis 20. Oktober in Berlin wurde eine erste Demo-Version präsentiert. Interessenten können sich unter www.contractpool.de in eine Mailingliste zur permanenten Information eintragen"(vgl. STRAUBE, F., in: DVZ Nr. 124 v. 17/10/2000, S. 25, DVZ Verlag Hamburg).

"Sicherheitsdenken und mangelnde gesetzliche Rahmenbedingungen hemmen den Einsatz von Internet-Anwendungen zur Unterstützung logistischer Dienstleistungen. Dies ergab eine im Oktober 1999 veröffentlichte Studie von der Universität Karlsruhe.

Die Angst vor Verlust oder Missbrauch sicherheitsrelevanter Daten wird häufig als Haupthinderungsgrund dafür angesehen, dass von der Möglichkeit zum digitalen Nachrichtenaustausch im Logistikbereich nur zögernd Gebrauch gemacht wird. Ziel der Untersuchung war es, die Erfahrungen mit bzw. Vorbehalten gegenüber dem Internet im Logistikbereich zu analysieren. Hierzu wurden je 1.000 Logistik-Dienstleister (LDL) und 1.000 Unternehmen aus Industrie und Handel (Verlader) befragt.

Mangelnde rechtliche Rahmenbedingungen

Neben den Sicherheitsaspekten wurde gleichermaßen von den Verladern und den LDL auch die mangelnden gesetzlichen Rahmenbedingungen für den elektronischen Datenverkehr über das Internet angeführt. In Deutschland wird seit dem 22.07.1997 mit Inkrafttreten des Informations- und Kommunikationsdienste-Gesetz (IuKDG), auch Multimedia-Gesetz genannt, sowie dem Mediendienste Staatsvertrag versucht, dem Verlangen nach Rechtssicherheit im Internet zu begegnen. Der Hauptzweck dieses Gesetzes ist es, einheitliche wirtschaftliche Rahmenbedingungen für die verschiedenen Nutzungsmöglichkeiten der elektronischen Informations- und Kommunikationsmedien zu schaffen. Zwar müssen die Unternehmen bei dem elektronischen Datenaustausch im Internet die Regeln des Vertragsrechts beachten, doch ist insbesondere für Vereinbarungen mit ausländischen Geschäftspartnern keine eindeutige Regelung vorhanden, welche Gesetzgebung im Falle von Streitigkeiten Anwendung findet. In diesem Fall ist es ratsam, mit dem ausländischen Geschäftspartner Rechtswahlvereinbarungen zu treffen, d.h. Abkommen darüber, welche Gesetzgebung im Falle von Streitigkeiten Anwendung finden soll, festzulegen.

Prinzipiell gelten für Vertragsabschlüsse im Internet die gleichen g4setzlichen Regelungen wie für andere Verträge auch. So ist das Vorliegen von Angebot und Annahme beispielsweise auch hier Voraussetzung für das Zustandekommen eines Vertrages. Allerdings ist die Beweiskraft elektronischer Dokumente aufgrund des Fehlens einer eigenhändigen Unterschrift nicht gewährleistet. Es ist deshalb zur Zeit ratsam, jeden im Wege des elektronischen Datenaustausches geschlossenen Vertrag, besonders mit ausländischen Geschäftspartnern, zusätzlich schriftlich zu bestätigen.

Abhilfe für Rechtsunsicherheit beim Austausch elektronischer Nachrichten könnte die Nutzung digitaler Signaturen bringen. „Eine digitale Signatur im Sinne dieses Gesetzes ist ein mit einem privaten Signaturschlüssel erzeugtes Siegel zu digitalen Daten, das mit Hilfe eines zugehörigen öffentlichen Signaturschlüssels, der mit einem Signaturschlüssel-Zertifikat einer Zertifizierungsstelle versehen ist, den Inhaber des Signaturschlüssels und die Unverfälschtheit der Daten erkennen lässt." Allerdings haben gegenwärtig auch mit digitalen Signaturen versehene elektronische Nachrichten keine Beweiskraft im Sinne einer Urkunde. Sie erhalten lediglich durch die „gesetzliche Annahme der Sicherheit" des Verfahrens einen hohen Beweiswert.

Die Europäische Kommission hat in ihrem „Richtlinienvorschlag für elektronische Signaturen" vom 13. Mai 1998 erkannt, „dass einer elektronischen Signatur nicht die Rechtsgültigkeit mit der allgemeinen Begründung abgesprochen werden kann, dass sie in elektronischer Form vorliegt, da die Rechtswirkung elektronischer Signaturen eine grundlegende Voraussetzung für ein offenes und vertrauenswürdiges System von elektronischen Signaturen darstellt."

Gründe für die Einführung des Internet

Die Studie zeigt, dass für das Gros der befragten Unternehmen der Druck von Konkurrenten bzw. Kunden ausschlaggebend für die Einführung des Internet im Unternehmen gewesen ist. Dies lässt darauf schließen, dass die Einführung des Internet nicht unbedingt konform geht mit der Strategie des jeweiligen Unternehmens. Für LDL können solche Strategien, beispielsweise eine Leistungsdifferenzierung gegenüber Konkurrenten, die Konzentration auf Qualität und Service oder auch die Erhöhung der Kundenzufriedenheit sein.

Nutzen des Internet

Bei der Frage nach der Beurteilung des Nutzens kommerzieller Internet-Anwendungen war bei den Unternehmen aus der Dienstleisterbranche festzustellen, dass es die Unternehmen aus dem KEP-Markt sind, welche dem Internet einen sehr hohen Nutzen zukommen lassen, wobei Unternehmen aus dem Tank- und Silotransportbereich den Nutzen eher gering einschätzen. Dieses Ergebnis zeigt, dass Art und Umfang der Integration des Internet in die betrieblichen Abläufe der Unternehmen durch die Komplexität und die Abläufe von Geschäftsprozessen beeinflusst werden, d.h. LDL mit häufig wiederkehrenden, standardisierten Abläufen (z.B. KEP) finden einfacher wirtschaftliche Möglichkeiten für Internet-Anwendungen als solche mit kunden- und auftragsspezifischen Geschäftsabläufen (z.B. Tank- und Silotransporte).

Das Internet schafft die Möglichkeit zum Abbau von Informationsdefiziten. Das Potential dieser Möglichkeiten kann allerdings nur genutzt werden, wenn auch hierarchische bzw. strukturelle Barrieren einer Organisation abgebaut werden.

EDI bei LDL

Die Mehrzahl der antwortenden LDL setzt beim elektronischen Datenaustausch (EDI) mit den Geschäftspartnern auf den weitverbreiteten Standart Edifact. Edifact ist ein branchen- und länderübergreifender Standard. Jedoch darf dieses Ergebnis nicht darüber hinwegtäuschen, dass gerade bei mittelständischen Unternehmen der Einsatz von EDI nicht so vorangeschritten ist, wie von Fachleuten prognostiziert. Immerhin nutzen 17% der LDL kein EDI, so die Studie. Gründe hierfür sind die hohen Kosten für Kommunikationsdienste, kein überzeugendes Kosten-Nutzen-Verhältnis, komplizierte Datenübertragung und häufig Inkompatibilität der Standards.

55% der LDL nutzen als elektronisches Medium sowohl das Internet als auch

EDI.

EDI-Nachrichten lassen sich über private Netzwerke, Value Added Networks oder in Verbindung mit dem Internet übertragen. VANs bieten zusätzlich zur reinen Transportkapazität noch weitere Funktionen wie Sicherheitsdienste, Archivierung (Mailbox) u.a.m. Die Kosten des elektronischen Datenaustausches in Form von EDI-Nachrichten über VANs sind für kleine Unternehmen oft mit einem nicht vertretbaren Investitionsaufwand verbunden. Eine Verbindung zum Internet hingegen verursacht vergleichsweise geringe Aufwendungen für deren Einrichtung und Betrieb. Via Internet übertragene Nachrichten sind i.d.R. jedoch nicht standardisiert im Sinne einer automatischen digitalen Weiterverarbeitung beim Empfänger. Werden nun EDI-Nachrichten über das Internet versandt, können die Vorteile beider Verfahren zur elektronischen Nachrichtenübertragung miteinander verknüpft werden. Nachdem Sicherheitsbedenken als „kritischer Erfolgsfaktor" durch verschiedene Chiffrierungsverfahren weitgehend gegenstandslos geworden sind, verbleibt die Forderung nach einem offenen Internet-EDI Standard. Herkömmliche EDI-Nachrichtenübertragung ist für viele Firmen aufgrund der hohen Kosten für die Übersetzung empfangener Nachrichten zur Weiterverarbeitung mit der unternehmensintern genutzten Software nicht wirtschaftlich.

Erreichung von Unternehmenszielen

Bei der Frage nach dem Beitrag des Internet zur Erreichung verschiedener Unternehmensziele von LDL war überraschend festzustellen, dass das Gros der antwortenden LDL in der Erhöhung des Unternehmensimages, in der Schaffung von neuen Formen der Leistungspräsentation und in der Verbesserung der Kundenkommunikation einen bedeutenden Beitrag des Internet sehen. Zielen wie Erhöhung der Kundenbindung, bessere Auslastung der Transportkapazitäten und Verbesserung der Termin- und Liefertreue wird im Internet eher ein unbedeutender Beitrag zugesprochen. Betrachtet man jedoch bei den Ergebnissen die einzelnen Transportmarktsegmente, ist wiederum festzustellen, dass es überwiegend die KEP-Unternehmen sind, die im Internet einen hohen Beitrag zusprechen, um die Unternehmensziele „Erhöhung der Kundenorientierung und Verbesserung der Kommunikationseffizienz" zu erreichen. Neben der Forderung von Kunden bzw. Geschäftspartnern nach kommerziellen Internet-Anwendungen wurden von den LDL drei wesentliche Gründe genannt, die die Entwicklung für die kommerzielle Internet-Nutzung vorantreiben können:

a)     Entwicklung sinnvoller Anwendungsmöglichkeiten,

b)     durchgängige Unterstützung sämtlicher Markttransaktionen,

c) bessere Berücksichtigung von Geschäftsabläufen.

Elektronische Marktplätze für logistische Dienstleistungen

Konkret sind hierunter zu verstehen die Einrichtung von durchgängig funktionierenden „Elektronischen Marktplätzen" (EM) für logistische Dienstleistungen in Verbindung mit ausgefeilten Telematik-Systemen für die Transportwirtschaft (z.B. Frachtbörsen, Tourenplanungssysteme, Sendungsverfolgungssysteme und fahrzeugseitige Telematiksysteme) und elektronischen Branchenverzeichnissen. Man sieht, von wem solche EM im Logistikbereich nach Meinung der befragten Manager betrieben werden sollten.

Wird die Informationsbeschaffung, der Datenaustausch oder gar die Warenauslieferung online vollzogen, spricht man von einem „Elektronischen Marktplatz" (EM). Gegenwärtig entstehende bzw. bereits existierende Ems für logistische Dienstleistungen verfügen (noch) nicht über geeignete Schnittstellen, um miteinander kommunizieren zu können. So sollten beispielsweise die EM-Plattformen von Verladern sowie LDL in der Lage sein, Daten auf elektronischem Wege auszutauschen. Heute mangelt es immer noch an Lösungen zur durchgängigen Unterstützung gesamter Markttransaktionen im Logistikbereich. Eine durchgehende Unterstützung aller Markttransaktionen in offenen Systemen ist bisher nicht bekannt. Es gibt bislang lediglich Insellösungen für einzelne Phasen, die zweifelsfrei zumindest das Potential zur Senkung der Transaktionskosten in sich bergen.

Der Erfolg eines Ems setzt also zunächst einmal eine hinreichend große Anzahl von Nutzern voraus. Die Nutzerstruktur sollte ein ausgewogenes Anbieter-/Nachfrager-Verhältnis aufweisen (Verlader / LDL). Als ein Bestandteil des Ems ist die Frachtbörse zu sehen, welche den LDL die Möglichkeit bietet, weltweit Frachtkapazitäten anzubieten bzw. Frachtgesuche der Verlader zu sichten. Bei der Frage nach der Bedeutung von Frachtbörsen ist innerhalb der LDL festzustellen, dass für die industrielle Kontraktlogistik die Frachtbörse ein wichtiger Bestandteil des EM darstellt, wobei sie für die Allrounder und für die Konsumgüterdis-tribution eher unwichtig erscheint. Für gut 23% der antwortenden Unternehmen aus dem Industriesektor ist die Frachtbörse ein bedeutender Bestandteil der Internet-Anwendung. Bei den antwortenden Handelsunternehmen sind jedoch nur gut 10% der Meinung, dass für sie die Frachtbörse ein bedeutender Bestandteil der Internet-Anwendungen ist.

LDL können durch die Nutzung elektronischer Transportbörsen bedeutende ökonomische Vorteile, wie z.B. eine bessere Auslastung ihrer Verkehrsmittel (ca. ¼ aller Lkw fährt leer), niedrigere Transaktionskosten bei der Auftragsakquisition sowie eine auf den Ladungsmarkt ausgerichtete Tourenplanung, realisieren. Zwar eignen sich nicht alle Leerfahrten zur Vermittlung über Frachtbörsen, optimistische Schätzungen gehen jedoch von einer möglichen Reduzierung der Leer- oder Teilleerfahrten bis zu 10% aus.

Nachteile von bestehenden Frachtbörsen

Als eindeutiger Nachteil des Frachtbörsenkonzeptes ist die Preisgabe von Unternehmensdaten zu sehen. Dies erklärt auch die gegenwärtig noch geringe Verbreitung bzw. mangelnde Akzeptanz. Frachtbörsenbetreiber beschreiben das Nutzungsverhalten vieler Anbieter bzw. Nachfrager nach Frachtkapazität zu such- bzw. nachfrageorientiert. D.h. Verlader suchen zwar in der Börse nach passenden Angeboten, um ihre Fracht möglichst günstig zum Empfänger transportieren zu lassen, vergessen jedoch, genau dieses Frachtangebot auch an die Datenbank zu senden. Ebenso suchen LDL nach Frachtangeboten, vergessen jedoch, ihr Angebot für freie Ladekapazität in der Datenbank abzulegen. Problematisch und daher oft ein Grund für das Scheitern von Frachtbörsen ist auch die ungenügende Zahl aktiv partizipierender Unternehmen. Je mehr Unternehmen an einer solchen Institution teilnehmen, desto höher die Wahrscheinlichkeit, passende Angebote von Fracht- bzw. Laderaum zu finden und somit die Attraktivität der Frachtbörse. Vor allem im Falle gebührenpflichtiger Börsen, welche potentielle Teilnehmer oft über die Zahl partizipierender Unternehmen im Unklaren lassen, ist zur Zurückhaltung geraten. Fast alle derzeit am Markt existierenden Frachtbörsen kranken an einem Überhang an Anbietern von Transportkapazität. Teilweise wird versucht, das Verhältnis zwischen Verlader und LDL durch eine kostenlose Mitgliedschaft für Verlader auszugleichen.

Verlader tendieren dazu, ausschließlich ihnen bekannte und vertraute Transportunternehmen zu beauftragen.

Die bekannteste und am stärksten frequentierte Frachtbörse in Europa ist gegenwärtig „Teleroute". Nach Angaben der Betreiber greifen ca. 30.000 Teilnehmer rund 180.000 mal täglich auf das System zu.

Wie die Ergebnisse der Studie weiterhin zeigen, spielen Systeme zur Sendungsverfolgung sowohl bei den Verladern als auch bei den LDL eine wesentliche Rolle bei der Abwicklung von logistischen Geschäftsprozessen. Betrachtet man die Transportmarktsegmente ist festzustellen, dass außer bei den Tank- und Silotransporten der Einsatz von Sendungsverfolgungssystemen (SVS) Normalität ist. Wesentliche Bestandteile des SVS sind das Tracking und Tracing.

(Tracking: Bezeichnet die Möglichkeit, jederzeit den aktuellen Standort einer Sendung zu ermitteln; Tracing: Archivierung von Schlüsseldaten, um den

Sendungsverlauf im Nachhinein rekonstruierbar zu machen.)

Diese Systeme bieten den Kunden von LDL die Möglichkeit, sich über den fortschritt des Transportvorganges ihres Frachtgutes zu informieren. Die für den Empfänger oft so wichtige Ankunftszeit einer Sendung kann dadurch genauer prognostiziert werden. Die Transparenz der externen Logistikkette wird für den Kunden erheblich gesteigert. Neure Systeme ermöglichen es, auch während eines Transportvorganges zwischenzwei Umladestationen Aufschluss über den gegenwärtigen Status der Sendung geben zu können. Hierzu müssen die Fahrzeuge des Transportunternehmens mit einem Global Positioning System (GPS) ausgestattet sein. Beim Beladen der Fahrzeuge wird für jedes Frachtstück durch das Scannen des Barcodes der Status „on board" an die zentrale Datenbank übermittelt. Diese Information wird während des gesamten Transportvorganges mit den Positionsanalysen des GPS verknüpft und kann im Bedarfsfall abgerufen werden. Sowohl der Sender als auch der Empfänger eines Frachtstückes können sich so jederzeit über den Verbleib des Transportgutes informieren. Als Vorteile von Sendungsverfolgungssystemen nannten Verlader wie Logistikdienstleister gleichermaßen:

- Reduzierung des administrativen Aufwandes,

- Effiziente Lagerhaltung (Bestandsmanagement,    Kommissionierung),

- Effiziente Fuhrparkeinsatzplanung.

Wie auch die Studie gezeigt hat, werden heute überwiegend zur eindeutigen Identifikation der Frachtstücke Barcodes verwendet. Es werden nur von einer geringen Anzahl der LDL (1%) heute andere Medien zur Speicherung von Daten (wie z.B. auf Microchips) eingesetzt. Die Vorteile solcher Speichermedien sind: höhere Speichermöglichkeit von Sendungsdaten, kein manuelles Scannen erforderlich, höherer Umschlag in den Sortieranlagen von z.B. KEP-Unternehmen möglich, an den Lesestationen können zusätzliche Daten eingegeben werden.

Zukünftige Nutzung kommerzieller Internet-Anwendungen

Die befragten Manager sowohl bei den LDL als auch bei der Verladerschaft erwarten, dass die Nutzung kommerzieller Internet-Anwendungen über die kommenden Jahre stark anwachsen wird (Bild 3).

Wie die Studie zeigt, sind kommerzielle Internet-Anwendungen zur Unterstützung logistischer Dienstleistungen in einigen Bereichen noch nicht so weit entwickelt, dass eine durchgängige Unterstützung aller Markttransaktionen im Logistikbereich möglich ist. Die Unternehmerschaft sollte trotzdem bemüht sein, die sich heute schon bietenden Wettbewerbsvorteile durch die Nutzung kommerzieller Internet-Anwendungen zu generieren bzw. zu realisieren. Denn nur so hat man die Chance zum Agieren, was sich bei zunehmendem Abwarten, d.h. die Nutzer-Anzahl wird weiter wachsen, in den Zwang zum Reagieren umdrehen kann. Auch der von den Unternehmen in der Studie erwähnte Haupthinderungsgrund sollte das Management nicht davon abhalten, die kommerzielle Internet-Anwendung bzw. Nutzung im Detail betreffend Ihres Unternehmens zu prüfen bzw. anzuwenden und weiter zu entwickeln. Denn die Entwicklung von Sicherheitstechniken ist soweit fortgeschritten, dass die Sicherheit elektronischer Transaktionen der der konventionellen Kommunikationssysteme in nichts nachsteht.

Ein Restrisiko wird es immer geben"(vgl. REISCH, H.P., STOLL, M., in: Logistikjahrbuch 2000, S. 61-65, Handelsblatt Verlag Düsseldorf).

### 8.8. Die Wert produzierende Supply-Chain

"Making It Happen: The Value-Producing Supply Chain

There are three dimensions to innovating or improving the supply chain. The first dimension is the initiative's value: the relationship of benefits to all costs. The second is risk (probability of success), which is a function of the elapsed time between the start of an initiative and the moment when real, tangible benefits begin to accrue. The results of any change or innovation – whether from reengineering, systems implementation, new product or process developments, or incremental improvements – must be measured in terms of value creation versus risk. How a company approaches this challenge is represented by the third dimension: the method that is applied to the initiative. This chapter addresses the three key elements associated with innovating and improving the supply chain: value, risk, and method"(vgl. TYNDALL, G., Supercharging Supply Chains, S.233, a.a.O.)

### 8.8.1. Wertsicherung

"To ensure value

> Be Realistic about Benefits

Value (probably the most overused and abused word in the lexicon of business) can be defined as the relationship of benefits (immediate, ongoing, or deferred) to all costs (immediate, ongoing, or deferred). To get a realistic handle on that relationship, companies must avoid three pitfalls:

1. Grossly overestimating benefits. This is a distressingly common occurrence. So common, in fact, that one executive whom we know automatically reduces projected benefits from any proposed project by 25 percent.

2. Grossly underestimating the time needed to obtain benefits. That same executive automatically takes every project's proposed timeline and adds 50 percent.

3. Overlooking the real benefits of a major supply chain initiative. Many times, we have reviewed the justification of a major supply chain initiative and found that companies focus only on the most obvious benefits (typically, those nearest to the heart of the project champion). Conversely, they miss the more strategic benefits that really make a difference. For example, one company proposed to undertake a major effort to penetrate a new channel, justifying it with near-term sales and margin increases. What the company failed to see (and, thus, to plan for) was the strategic benefit associated with establishing a channel foothold at a time when its major competitors were dominating other, more established channels. Moreover, the company did not initially look at the high level of synergy that could be achieved between this channel and existing channels already addressed by the company.

The key is to equate realistic with tangible. The better articulated and quantified the benefits are, the more focused and measurable the initiative becomes. However, it is also important to acknowledge the existence of a quantification hierarchy: tactical initiatives/benefits can usually be quantified; strategic initiatives/benefits can sometimes be quantified; and infrastructure-related initiatives/benefits can rarely be quantified. Sometimes, therefore, value must be ascertained during an iterative process of honest, open dialogue between parties who represent differing perspectives, but who can be trusted to address the company's overarching interests. (If different functions have their compensations tied to the business's goals, this should pose little problem.)

> Be Very Critical about Costs

Assessing benefits is a small challenge compared to the difficult task of assessing the true costs of an initiative. True costs include all related costs: internal and opportunity costs, true inventory costs (particularly for new programs), contractor costs, systems costs, support costs, and, of course, the usual asset-based costs. Thus, true costs for a major supply chain initiative (particularly a global one) are often several times the obvious cost of assets, hardware, and software. And remember: value is the relationship of true benefits to all costs"(vgl. TYNDALL,

G., Supercharging Supply Chains, S. 234-235, a.a.O.).

### 8.8.2. Risk-Management

"To really manage risk

> Remember that Short-term Initiatives Are More Likely to Succeed than Long-term Ones

Short-term initiatives usually have very definitive targets, action plans, and horizons; usually, they are very specific about resources required, benefits, and costs. Long-term initiatives, on the other hand, are generally hazy about true value (benefits versus costs). More often than not, project timing is underestimated and value overestimated.

> Consider that Discrete Initiatives that Tackle Parts of a Large Problem Are More Likely to Succeed than Silver Bullets

This is intuitively obvious; nevertheless, far too many companies revere the silver bullet. Large, end-to-end supply chain-reengineering projects or global, enterprise-wide, systems implementation projects are typical examples. A few of these do succeed – a few! But a much larger number achieve only a fraction of their intended (overly optimistic) benefits – usually after an uncomfortably long period of time. Finally, there are probably as many projects that crash and burn spectacularly as there are projects that succeed spectacularly. Several studies point to reengineering success rates of 20 to 50 percent. More and more practitioners and consultants, however, believe that the lower end is more accurate. All in all, reengineering the complete spectrum of supply chain activities in one seven-league step is a very risky way to generate value. A better solution is to implement in stages.

> Implement in Stages

Significantly better odds await companies that work in stages to build innovation into specific business processes. With this approach, each overall process design becomes a roadmap that focuses on an end point or goal that is not fixed. When the end point moves (as it always does), significant but incremental changes (whether process or technology) provide the necessary flexibility and speed of response to move with it. Additionally, the organization gets a taste of success reasonably quickly, which, in turn, builds confidence and momentum.

It illustrates the risk-benefit relationships of phased versus giant-step approaches. The key, of course, is to move toward the left: reducing risk as much as possible without doing nothing, Occasionally, companies must take a bet-the-farm type of risk. However, these are few and far between, and well-managed companies rarely have to confront them"(vgl. TYNDALL, G., Supercharging Supply Chains, S. 235-237, a.a.O.).

### 8.8.3. Transportbörsen?

"Ähnlich wie bei der zwischen- und überbetrieblichen Kooperation innerhalb des Güterverkehrsleistungsangebotes, sind vergleichbare Entwicklungen auch für den kompletten Markt ableitbar. Derartige Koordinationssysteme unterscheiden sich von den in Punkt C. I. genannten dadurch, dass sie beide Marktseiten, also Verkehrsleistungsanbieter und –nachfrager, und die Spediteure, Reeder und Makler bzw. Agenten zusammenführen. Zahlreiche Beispiele von derartigen marktorganisierenden Informationssystemen wurden bereits entwickelt. Sowohl die Verkehrsleistungsanbieter als auch die Makler etablieren derartige Systeme. Beispiel im Straßengüterverkehrsbereich sind sog. Transportbörsen. Unter diesen Fracht- bzw. Laderaumausgleichsbörsen versteht man Systeme zum Austausch von Informationen über Fracht- und Laderaumangebote mit dem Zweck der besseren Koordination der Akteure. Ziel ist die Reduzierung der Standzeiten gegenüber der Anschlussdisposition, die Zusammenlegung getrennt beförderter Ladungspartien (Bündelungseffekte) und die Vermeidung von Leerrück- und Zwischenleerfahrten. Diese Koordination kann sowohl horizontal als auch vertikal erfolgen. In der vertikalen Ausprägung können auch die Verlader mit einbezogen werden. Der Börsenbegriff ist insofern irreführend, da bei der Installation derartiger System nicht primär der automatische Abgleich von Angebot und Nachfrage gemeint ist, sondern zunächst lediglich an ein Informationssystem gedacht wird, welches keine automatische Transaktionsabwicklung (wie bei sog. Dispositionsbörsen oder Matching-Börsen) vorsieht.

Entsprechend der Marktphaseneinteilung unterstützen diese Systeme recht unterschiedlich den Umfang der einzelnen Marktinformationssuche, der Marktpartnersuche, der Partnerinformationsbeschaffung, der Vertragsaushandlung, des Vertragsabschlusses und der Transaktionsabwicklung.

Es handelt sich bei diesen Telematiksystemen sowohl um verkehrsträgerbezogene Systeme (horizontale Kooperation) wie TELEROUTE, TRANSPOTEL als auch verkehrsträgerübergreifende Systeme wie TRACON, welche alle bereits mit mehr oder weniger großem Erfolg arbeiten. Je nach Ausgestaltung können auch innerbetriebliche Funktionen durch diese Systeme abgewickelt werden. Insofern sind ansatzweise auch Parallelen zu den CRS, GDS und IRS auf den Touristikmärkten zu beobachten. Aber auch die meist nicht derart zentral angelegten Systeme sind ergänzbar um diese mehr anbieterbezogenen und

betriebsinternen Teilfunktionen.
Folgende Beispiele verdeutlichen die Genese dieser Systeme, die Funktionen einzelner Transportbörsen, die jeweiligen Ergebnisse und die prinzipiellen Probleme derartiger teils verkehrsträgerübergreifender Gesamt- (Markt-) Systeme.

Daß die Koordination von Marktinformationen zur effizienten Abwicklung insbesondere von Gelegenheitsverkehren von Vorteilsein kann, ist keine neue Erkenntnis. Bereits 1881 wurde vom Verband der Möbelspediteure die Möglichkeit einer Informationsbörse zur Verfügung gestellt. Die

> Informationsbörse von 1881
> ist aus der Notwendigkeit des hohen Anteils an Leerfahrten und des langen Dispositionszeitraumes in diesem Marktsegment (mit Hilfe von Bahnmöbelwagen) entstanden. Die Übermittlung der Angebote erfolgte noch mit dem materiellen Nachrichtenverkehr (Postweg). Die positiven Erfahrungen auf diesem Gebiet ließen nach dem Zweiten Weltkrieg, als der Bestand von 25.000 Bahnmöbelwagen komplett verloren ging, den Lastkraftwagen als einzige Alternative aufkommen und so entstand analog die

> Umtrans Kooperation
> Diese freiwillige Kooperation koordinierte die Angebote über Telefon und Telex. Da allerdings nur 5% des Gesamtaufkommens als Fernzüge gemeldet wurden, blieb auch die Inanspruchnahme der Kooperation gering. Die Geschichte moderner Fracht- und Laderaumausgleichsbörsen geht in die siebziger Jahre zurück. Im Jahre 1973 richtete die Bundes-Zentralgenossenschaft des Straßengüterverkehrs das

> SVG-DATAFRACHT-System
> ein. Es war marktmäßig organisiert und stand allen Spediteuren offen. Die Meldung erfolgte telefonisch und nach Eingabe in den Zentralrechner wurde ebenfalls telefonisch ein Dispositionsvorschlag übermittelt. Für die Teilnehmer kehrten sich die Marktverhältnisse schlagartig um. Durch die gleichzeitige Konzessionierung der abgegebenen Spediteure und die nun mögliche Dispositionsfreiheit über die „vagabundierenden Güter" war nun nicht mehr der Laderaum, sondern das Ladegut das knappe Gut. Die weitgehend anonyme Vermittlung, die fehlende Übersicht über das Gesamtangebot und die geringe Akzeptanz ließen das System nach bereits einem Jahr wieder verschwinden. Die im Jahr 1981 gegründete Log-Sped-Kooperation richtete 1982 das System

> TELEFRACHT
> ein. Dies war ein geschlossenes Laderaumausgleichssystem für eine Gruppe der Spediteure zu deren interner Koordination innerhalb des Log-

Sped-Verbundes. Die begrenzte Nutzungsbereitschaft und die technische Weiterentwicklung ließ das System in der Kooperation TRANSPOTEL aufgehen. Im Jahre 1983 gründete sich wiederum eine Arbeitsgemeinschaft der Möbelspediteure (AMÖ) und installierte die

> AMÖ-Umzugsbörse

Diese Börse entstand nach einer Untersuchung aus dem Jahre 1981, nach der in einer fiktiven Retrospektive bei vorausgegangener Koordination etwa die Hälfte der Fahrzeuge (nur noch 49,5%) und der Kilometer (nur noch 51,25%) benötigt worden wäre, um die gleiche Transportleistung zu produzieren. Demnach hätte der Auslastungsgrad der Fahrzeuge sich von 37,1% auf 73,2% steigern lassen. Diese Simulation stimmte hoffnungsfroh. 1985 konnte der Betrieb aufgenommen werden. Etwa 90 Möbelspediteure unter Federführung eines Fachverlages schotteten sich aus Gründen der Vertrauensbildung und der Qualitätssicherung durch die Teilnahme an der AMÖ-Umzugsbörse in der Hoffnung auf einen Wettbewerbsvorteil vom Rest des Marktes ab. Der Dienst Btx diente als Trägermedium und war ein organisatorisch wichtiger Baustein zur Institutionalisierung des Systems, da die Eintrittskosten zur Teilnahme dadurch relativ gering waren. Die Leistung des Systems beschränkte sich nicht nur auf eine Koordination, sondern ließ auch „Optimalsortierungen" nach Umwegentfernung und Tarifpreis zu. Ende der achtziger Jahre wurde der Betrieb wieder eingestellt. Gründe waren das geringe Angebot attraktiver Ladungsangebote, bereits bestehende bilaterale persönliche Beziehungen unter den Möbelspediteuren (persönliche Netzwerke) und die Angst vor Kunden"(vgl.- SCHORN, F., Telekommunikation und Verkehr, S. 205-207, Koerner Verlag Freiburg 1995).

**8.9.GVZ als virtueller Marktplatz**

"Güterverkehrszentren sind weitaus mehr als reine Schnittstellen intermodaler Verkehre. Die ständig steigenden (IT-)Anforderungen an die Logistikbranche führen demzufolge zu einem neuen GVZ-Verständnis.

Die Motive für die Ansiedlung in einem GVZ waren in der Vergangenheit insbesondere dadurch geprägt, möglichst schnell und kostengünstig Flächen zur Verfügung zu haben. Diese Kriterien gelten nach wie vor – ihre Gewichtung aber schiebt sich zusehends.

Ein wesentliches Argument pro GVZ stellt, trotz vielfacher Strapazierung in der Vergangenheit, die Verkehrsanbindung des Areals dar. Die aktuelle Diskussion über die sprunghafte Erhöhung der Kraftstoffpreise (verbunden mit Protestmaßnahmen) zeigt unter anderem, dass die Optimierung logistischer Prozesse an einem einzigen Verkehrsträger sehr schnell an ihre Grenzen stoßen kann und damit zunehmend kritisch zu hinterfragen ist. Die hohe Affinität des Verkehrsträgers Straße zu logistischen Prozessen wird dadurch nicht in Abrede gestellt, kann aber künftig nicht mehr das Maß aller Dinge sein.

Ohne ein Loblied auf die Schiene singen zu wollen – die spezifischen Probleme zwischen GVZ und der Deutschen Bahn AG sind hinreichend bekannt -, zeigt sich sehr deutlich, dass multimodale Betriebsstandorte zumindest mittelfristig bessere Chancen eröffnen als unimodale. Logistische Netze werden demzufolge in den nächsten drei bis fünf Jahren auch unter Einbeziehung der Schiene zu konzipieren sein.

Nichts desto trotz gilt: Ein funktionierendes KV-Terminal ist ein wesentlicher Baustein eines GVZ. Der Erfolg eines GVZ wird hierdurch aber nicht mehr ausschließlich determiniert. So wissen einige Logistiker – speziell in der Automobilindustrie – auch die Eigenschaften des konventionellen Wagenladungsverkehrs im Transport zwischen Produktionsstandorten, zentralen Lägern und Verteilzentren zu schätzen.

Auch hier wird die zu enge GVZ-Definition der letzten Jahre ersichtlich, die Güterverkehrszentren zu vordergründig als symbiotisches Anhängsel der verkehrspolitisch motivierten KV-Strategie und zu wenig als ideale Standorte für Unternehmen der boomenden und wertschöpfungsintensiven Logistikbranche dargestellt hat.

Auffallend ist in diesem Zusammenhang die aktuelle Beobachtung, dass die Immobilienbranche zunehmend Interesse am Thema GVZ findet. Begründet wird die Lukrativität dieses Marktes mit den relativ geringen Herstellungs- oder Betriebskosten der Objekte, die zu hohen Anfangsrenditen führen. Hinzu kommt die gewachsene Bonität der logistischen Dienstleister, die als Mieter die Investitionen langfristig sichern.

Als treibende Kraft für den Erfolg der Logistikbranche wird auch hier das wachsende Geschäft in der E-Logistics angenommen.

Vor diesem Hintergrund stellt sich ebenfalls die Frage: Sind die IT-Märkte ein Schlüssel für den weiteren Erfolg der Güterverkehrszentren? Einige Güterverkehrszentren – wie zum Beispiel Bremen und Nürnberg – arbeiten zurzeit verstärkt an IT-Lösungen für ihre Ansiedler.

Hierbei werden im Zusammenspiel mit IT-Dienstleistern unter anderem Internetportable und sich daran anschließende Dienstleistungen entwickelt, die ihre Akzeptanz und Attraktivität nicht nur auf Ebene der kleinen und mittelständischen Unternehmen finden sollen, sondern auch bei großen

Integrators.

Auf Bundesebene startet die Deutsche GVZ-Gesellschaft eine flankierende Initiative zu E-Logistics, mit der GVZ-spezifische IT-Anwendungen eruiert und pilotiert werden sollen.

Naheliegend ist zum Beispiel, GVZ nicht nur zu physischen Drehscheiben zu entwickeln, sondern auch zu virtuellen Marktplätzen für logistische Dienstleistungen. Im Unterschied zu herkömmlichen Frachtbörsenmodellen können künftig unter dem Markenzeichen „GVZ" internetbasierte Plattformen entstehen, die das im GVZ sowie in dessen Umfeld vorhandene Dienstleistungsspektrum enthalten und die Bildung auftragsbezogener Allianzen unterstützen.

Die Beteiligung an derartigen virtuellen Unternehmen dürfte unter anderem für kleinere und mittlere Firmen interessant sein, für die der einstieg in das B2B-Geschäft im Alleingang zu kosten- und zeitaufwendig ist und die durch die Kooperation mit anderen Partnern ihr eigenes Dienstleistungsangebot erweitern können.

Ein Vorteil aus Kundensicht ist, dass die sich präsentierenden Unternehmen nicht nur virtuell, sondern auch in der Realität lokal konzentriert auftreten – das wirkt sich positiv auf die physische Auftragsabwicklung aus. Darüber hinaus lassen sich neben räumlich begrenzten Angeboten auch überregionale Netzwerke knüpfen. Dabei ist die – für virtuelle Unternehmen typische – projektbezogene und temporäre Zusammenarbeit auch für Firmen geeignet, die bereits in permanente konventionelle Netzwerke eingebunden sind.

Die DGG hat einen Verein mit dem Titel „Initiative GVZ 21 e.V." initiiert. Er soll die künftige GVZ-Entwicklung auf eine möglichst breite Basis speziell in der Wirtschaft stellen und die zügige Umsetzung innovativer Lösungen in den GVZ fördern. Informationen hierzu sind bei der Deutschen GVZ-Gesellschaft erhältlich.

Schienenverkehr ist unverzichtbarer Bestand eines GVZ. Wegen der mangelnden Netzabdeckung bei der Binnenschifffahrt liegt der Schwerpunkt des KLV nach wie vor eindeutig bei der Verknüpfung von Straße und Schiene. Der kombinierte Verkehr Straße/Binnenwasserstraße ist praktisch auf die Rheinschiene beschränkt.

Für GVZ-Standorte bisher vorgesehene Anbindungen für den KV wurden gestrichen oder Verbindungen reduziert. Für Standorte ohne multimo-dalen Anschluss bedeutet das faktisch den Entzug des Status als GVZ.

- Die Ausgestaltung des GVZ sowohl hinsichtlich der Größe als auch der Breite des angebotenen Leistungsspektrums ist individuell gemäß den örtlichen Gegebenheiten auf der Basis einer realitätsnahen Bedarfsanalyse festzulegen. Die Errichtung eines GVZ erscheint mir nur dann akzeptabel und empfehlenswert, wenn es allen beteiligten Wirtschaftsunternehmen eigenwirtschaftliche Vorteile bringt.

- GVZ begünstigen möglicherweise allein schon auf Grund der örtlichen Nähe das Entstehen von Kooperationen zwischen Speditions- und Logistikunternehmen – zum Beispiel für einen gemeinsamen Fahrzeugeinsatz im Rahmen von City-Logistik-Projekten sowie für gemeinsame Akquisition und Werbung. Da hiervon zentrale Bereiche der Unternehmensführung berührt werden, muss auch hier gewährleistet sein, dass solche Kooperationen nur nach freier Entscheidung der betreffenden Unternehmen geschaffen werden.

Güterverkehrszentren haben in Deutschland bisher noch nicht das halten können, was sich Politik und Wissenschaft von ihnen versprochen haben. Außer dem Mitte der 80er Jahre installierten Pilotprojekt Bremen gibt es bisher nur wenige funktionierende GVZ. Insoweit wird sich das Ziel, durch Vernetzung der GVZ eine wesentliche Förderung des Kombinierten Verkehrs und damit eine deutliche Änderung des Modal Split zu Lasten des Straßengüterverkehrs zu erzielen, nicht so bald herbeiführen lassen.

Auch nach Auffassung der Spedition können Güterverkehrszentren durch Bündelung von Güterströmen und Bildung integrierter Transportketten einen wirksamen Beitrag zur besseren Nutzung der Verkehrsinfrastruktur leisten.

Trotz alledem ist die Idee der Errichtung eines GVZ-Netzes nicht ganz unproblematisch Die öffentliche Hand stellt durch die Förderung von teuren Umschlaganlagen und die Investitionen in die Verkehrsinfrastruktur große Beträge zur Verfügung. Meine Sorge ist, dass die Politik bei fehlender Auslastung der KV-Anlagen Lenkungsmaßnahmen ergreifen könnte. Deshalb tritt die Spedition vehement für die Beibehaltung des Prinzips der freien Wahl der Verkehrsmittel ein.

Lange Jahre hat die Politik den Kombinierten Verkehr als Allheilmittel für die Lösung der immer größer werdenden Verkehrsprobleme betrachtet. Die Einsicht, dass dem nicht so ist, ist erst spät gekommen. Einem so hohen Anspruch kann auch die GVZ-Idee nicht gerecht werden.

GVZ können nicht mehr und nicht weniger sein als eine sinnvolle infrastrukturelle Ergänzung zu bestehenden Verkehrssystemen. Sie bieten eine gute Grundlage für eine ko9perative Leistungserstellung und für eine stärkere Einbeziehung von Bahn und Binnenschiff.

Verfügbare Ressourcen der Transportunternehmen, Entwicklung der Nachfrage nach Verkehrsleistungen, spezifische Kundenanforderungen, Wettbewerbssituation und Preise geben letztlich den Rahmen vor, innerhalb dessen GVZ Änderungen bei den Beförderungsabläufen bewirken können. Die immer stärker forcierte Arbeitsteilung der Wirtschaft erfordert schnelle und hoch qualifizierte Logistikdienst-leistungen in flächendeckenden Strukturen. Dies können der Kombinierte Verkehr und vernetzte GVZ auch bei noch größerer finanzieller Förderung durch die öffentliche Hand bisher jedenfalls nur in einem beschränkten Umfang leisten.

Spedition und Wirtschaft werden auch weiterhin vor allem auf den Lkw angewiesen sein"(vgl. NESTLER, S., u. NOBEL, T., in: DVZ Nr. 124 17/10/2000, S. 29, DVZ Verlag Hamburg).

## 8.10 Der vierte Kanal

"Das Internet ergänzt die etablierten Vertriebskanäle Außendienst, Post und Telefon. Internet-basierter EC bietet folgende Möglichkeiten:

- Bestellannahme rund um die Uhr

- Intelligent unterstützte Selbstbedienung in der Konfiguration komplexer Produkte

- Automatisierte und damit effiziente und fehlerfreie Prozesse „rund um die Bestellung", insbesondere Prüfung auf Verfügbarkeit / Lieferbereitschaft, Auftragsbestätigung, Einlastung in Lagerabbuchung bzw. Produktion, Rechnungsstellung, Zahlungsvereinnahmung.

Analog zur Vertriebsseite kann mit Hilfe des EC B-to-B auch die Beschaffungsseite optimiert werden:

- Verbesserung der Zusammenarbeit mit Lieferanten

- Senkung der Einkaufskosten

- Verbesserung der Einstandspreise

- Steuerung der gesamten Lieferkette

Interessanterweise gehören auch deutsche Unternehmen zu den Pionieren in der Anwendung des Electronic Purchasing. Ein Verbund aus sieben Partnern – Audi, Hotset, JBA, Linde, ZF, Wavin und 3M – stellt unter dem Dach „Beschaffung.net" seine Einkaufswünsche dar. Angebote für die ausgeschriebenen Bedarfe – in der Regel indirekte Güter – werden nur in elektronischer Form akzeptiert.

Branchenspezifische Internet-Marktplätze entstehen derzeit mit atemberaubender Geschwindigkeit in einer Vielzahl von Branchen. Ihr Ziel ist es, Käufer und Verkäufer mit Hilfe des Internets in einem virtuellen Marktplatz zu versammeln.

Diese Marktplätze werden von Unternehmen betrieben, die ihre Umsätze aus Transaktionsprovisionen und Einnahmen für Randleistungen generieren. In der Regel vereinnahmen die Betreiber eine Provision in Höhe von 5 bis 109 Prozent des Transaktionsvolumens. Darüber hinaus werden Werbeplätze, redaktionelle Services (Messeberichterstattungen, Informationsdienste, etc.) sowie technische Dienstleistungen (zum Beispiel Erstellung elektronischer Produktkataloge) verkauft.

Es gibt derzeit etwa 150 branchenspezifische Internet-Marktplätze in unterschiedlichen Entwicklungsstadien. Ein Report der Investmentfirma Volpe Brown Whelan & Co. Geht davon aus, dass die über branchenspezifische Internet-Marktplätze gehandelten Warenwerte von gegenwärtig etwa 25 Prozent des prognostizierten B-to-B Handels, ansteigen werden.

Wenn diese Prognosen eintreffen, werden die Betreiber der Marktplätze die besten Daten über Angebot und Nachfrage in der Branche haben und mit diesem Wissen die Marktstrukturen nachhaltig verändern.

Branchenspezifische Internet-Marktplätze haben zwei wesentliche Vorteile für die Wertschöpfung in der Branche:

- Einerseits senken sie die Geschäftskosten (so gibt zum Beispiel die chemische Grundstoffindustrie pro Jahr mehr als US-$ 20 Milliarden für Marketing aus)

- Sie bieten einen effizienten und kompletten Überblick über die spezifischen Branche. Dies bringt Vorteile für Käufer und Lieferanten:

- Käufer können die Angebote einer Vielzahl von Lieferanten schnell und kostengünstig einsehen, Produkte vergleichen und bestellen.

- Für Lieferanten bietet sich die Möglichkeit, sich einem weltweiten Absatzmarkt zu präsentieren und schnell auf sich verändernde Wettbewerbsverhältnisse zu reagieren. Dies gilt insbesondere dann, wenn Internet-Auktionen zum Einsatz kommen. Darüber hinaus können sich Lieferanten mit ihren vorliegenden elektronischen Produktkatalogen schnell in die Extranets ihrer Großkunden integrieren, um damit die Kundenbindung zu vertiefen und zum bevorzugten Lieferanten zu werden.

Der Reifegrad der heute aktiven Internet-Marktplätze variiert. Einige bieten den teilnehmenden Unternehmen die durchgängige Integration mit den jeweiligen operativen DV-Systemen bis hin zur Bestandsverwaltung in Echtzeit und zur Verknüpfung mit dem Finanz- und Rechnungswesen. Andere haben derzeit noch keine Transaktionsfunktionen integriert, das heißt sie haben gegenwärtig noch eher den Charakter eines Branchen-Schaufensters.

Die Partizipation an einem branchenspezifischen Internet-Marktplatz ist für Unternehmen geeignet, die

- in den USA (dem derzeitigen Fokus für Internet-Marktplätze) wesentliche Absatz- bzw. Beschaffungsmärkte haben;

- nach einer Möglichkeit suchen, ihr Produktangebot schnell und effizient in elektronische Kataloge zu überführen und damit einem weltweiten Kundenkreis zugänglich zu machen (dies ist eine Randleistung vieler Betreiber von Elektronischen Marktplätzen)" (vgl.MATTES, F., E-Commerce B2B, S. 77-79, a.a.O.).

## 8,11 Erschließung neuen Geschäftsmöglichkeiten

"Fast 40 Prozent aller Bestellungen in europäischen Internet-Shops schlagen fehl. Zu diesem Ergebnis kommt eine Untersuchung der renommierten Unternehmensberatung Arthur Andersen. Der Wert basiert auf 445 Probebestellungen in Großbritannien, Deutschland, Spanien, Schweden, Frankreich und Italien. Ursache des Scheiterns waren in 51,4 Prozent der Fälle technische oder administrative Probleme während der Bestellung. 448,6 Prozent scheiterten am E-Fulfillment. Britische und deutsche Online-Shops standen mit einer Erfolgsquote von über 80 Prozent noch am besten da. Italienische Verbraucher lassen unterdessen besser die Finger vom Online-Shopping. Nur 40 Prozent aller Bestellversuche endeten mit einer Lieferung. Peinlich für die Online-Shop-Betreiber und ihre Logistikdienstleister: Nur bei 28 Prozent der Bestellungen wurde ein fester Liefertermin zugesagt – und nur 43 Prozent der Lieferterminzusagen wurden auch pünktlich eingehalten.

Verladende Wirtschaft

Eine eigene Frachtenbörse im Internet will der Logistikbereich der Kasseler Kali + Salz (K+S) GmbH aufbauen. Diese soll zunächst auf den Lkw-Bereich ausgerichtet sein. Auf diesem Weg will K+S die Überhänge am Markt anbieten, die nicht im Rahmen bestehender Kontrakte abgefahren werden können. Dabei soll es sich um 30 bis 40 Lkw-Partien täglich handeln. Zu dieser Frachtenbörse werden neben den Kontraktspediteuren auch Dritte zugelassen. Aufgeteilt in verschiedene Transportkategorien – beispielsweise nach Linienverkehren mit bestimmten Ländern – erhalten die in Frage kommenden Partner jeweils per E-Mail aktuell Nachricht über neu in das System eingestellte Ladungen. Um diese können sie sich dann bewerben. Bisher wurden die Spotmengen per Telefon abgewickelt. Die Internet-Plattform soll im ersten Quartal 2001 ans Netz gehen. Das System ist so konzipiert, dass es auf andere Verkehrsträger erweiterbar ist. Dabei wird vor allem an die Binnenschifffahrt gedacht. Auch andere Verlader könnten aufgenommen werden, verlautet aus Kassel.

Logistiker, die Transporte von Komponenten für Industrieanlagen organisieren, müssen sich auf tiefgreifende Veränderungen einstellen. Eine Studie der Unternehmensberatung Frost & Sullivan kommt zu dem Ergebnis, dass bis zum Jahr 2005 rund 20 Prozent des Gesamtumsatzes mit Anlagekomponenten über das Internet erwirtschaftet werden. Die Initiative geht dabei vor allem von den Käufern solcher Wirtschaftsgüter aus, berichtet die Studie.

Luftfracht

Der Flughafen Kopenhagen und mehrere andere Airports haben sich zusammengetan, um die Möglichkeiten des E-Commerce für internationale Flughäfen zu nutzen. Der Allianz mit dem Namen World Airports gehören folgende Flughäfen an: Charles de Gaulle und Orly (Paris); Heathrow, Gatwick und Stansted (London); Edinburgh; Glasgow; Aberdeen; Dallas-Fort Worth; Houston; Indianapolis; Melbourne und Pittsburgh. Beobachterstatuts wurde Tokio-Narita eingeräumt. Die Mitglieder von World Airports wollen ihre Serviceleistungen gegenüber den Kunden mit Hilfe des Internets verbessern. Der PC oder einem mobilen Kommunikationsmittelsollen Reisende über Links mit allen Flughäfen der Welt verbunden werden können, um so ihre Reiseplanung zu optimieren. Auch die Versorger der Flughäfen sollen von den Möglichkeiten des Internets und des E-Business profitieren.

Seeschifffahrt und Häfen

Internet-Portale für die Containerschifffahrt können deutlich dazu beitragen, die Transaktionskosten zu senken, ist Dr. Ottmar Gast überzeugt. Deshalb werden nach Einschätzung des Mitglieds der Hamburg-Süd-Geschäftsleitung die Kunden nicht zögern, die Angebote der Reeder anzunehmen – wenn diese „attraktiv genug sind". Die zur Oetker-Gruppe gehörende Reederei hat sich der Intra-Gruppe angeschlossen, der auch Maersk-Sealand, P&O Nedlloyd, CMA CGM und MSC angehören. „Der Verlader wird über Inttra Zugang zu einer breiten Angebotspalette haben", hebt Gast den Vorteil der Branchenlösung hervor. Ein erheblicher Vorteil für die Kunden liege in der Standardisierung der Schnittstellen zu den DV-Systemen der Reedereien. Die Reedereien werden nach seinen Worten auch künftig die Möglichkeit haben, sich über die Qualität ihrer Dienstleistung zu profitieren und damit unterscheidbar zu bleiben: „Inttra ist ein Portal – was sich dahinter an kundenbezogenen DV-Anwendungen befindet, ist Sache jeder einzelnen Reederei."

Der Hafen Rotterdam will sein Web-Portal (http://www.portofrotterdam.com) im Dezember vorstellen. Die Plattform wird auf Initiative des Verbandes der Hafenunternehmen (SVZ) und des Städtischen Hafenbetriebs (SHR) entwickelt, um E-Business innerhalb des Hafens und mit den Kunden zu ermöglichen.

SeaLogistics, Internet-Portal für die internationale Tankschifffahrt, meldet den ersten Geschäftsabschluss, Beteiligt waren die Stentex, ein Joint Venture der Texaco und der Reederei Stena Bulk, die Maklerfirma Lone Star R.S. Platou/Braemar und die Skaugen Petro Trans als amerikanisches Hafenunternehmen. „Nun ist der Beweis erbracht, dass SeaLogistics das Potenzial hat, die Charteraktivitäten wesentlich zu erleichtern", kommentiert Stentex-Präsident Kim Ullman. Die Zahl der Telefonate und Faxe lasse sich so deutlich reduzieren.

Die weltweit aktiven Hafenunternehmen PSA Corp. (Singapur) und P&O Ports (Sydney) haben gemeinsam die P-Serv Technologies übernommen. Das Unternehmen hat sich auf die Entwicklung von Systemen für die Sendungsverfolgung (Tracking) spezialisiert.

Binnenschifffahrt

Die Binnenschifffahrt ist noch nicht reif für die Einführung von Internet-

Frachtenbörsen. Diese Auffassung hat Dr. Stefan Heß, Vorstand des im bayerischen Eching ansässigen Internet-Anbieters besTrado AG, bei Gesprächen mit Reedereien und Genossenschaften gewonnen. Deshalb ist Heß von seinen ursprünglichen Plänen, eine derartige Frachtenbörse aufzubauen, vorerst wieder abgerückt. „Die Branche ist extrem konservativ ausgerichtet, weshalb ein derartiges Projekt nicht von heute auf morgen umzusetzen ist", betonte Heß gegenüber dem DVZ e-com Logistik Newsletter. Ein weiterer Grund: Es dominieren Kontrakte; die für Frachtenbörsen notwendige Spotladung sei nur in vergleichsweise geringem Umfang vorhanden. Hauptgeschäft von besTrado ist eine internet-basierte Auktion von Transporthilfsmitteln sowie eine Lkw-Frachtenbörse.

Schiene

Die Expressgutsparte der Norwegischen Staatsbahnen NSB hat in Zusammenarbeit mit den Firmen WiCom ASA und Sybase eine Lösung zur Verfolgung von Sendungen im Internet entwickelt. Das Produkt namens „Catch and Trace" soll auf dem freien Markt angeboten werden. Nutzen aus dieser Lösung sollen Kundenziehen, die sich drahtlos in das Internet einklinken. „Die Applikation ist so ausgelegt, dass sie das vom Expressgut angewandte Bestell- und Fakturierungssystem integriert. Auch die Verknüpfung mit anderen Systemen ist möglich", sagt Geschäftsführer Runar Johansen. Die Internet-Lösung ermöglicht Online-Buchungen, Sendungsverfolgung und die Sichtung von Transportinformationen. WiCom ASA will das System über Tochtergesellschaften in Skandinavien vertreiben.

Kombinierter Verkehr

Ab sofort können die Kunden mehrerer Gesellschaften des Kombinierten Verkehrs ihre Buchungen über die Internet-Adresse http://www.cesar-online.com erledigen. Angeschlossen sind die Operateure Cemat, Hupac und Kombiverkehr. Zurzeit funktioniert Cesar für Relationen auf der Gotthard- und Brennerachse. Bis Frühjahr 2001 sollen alle Terminals in Italien, der Schweiz und Deutschland eingebunden sein, so dass Cesar für die meisten Kombi-Kunden nutzbar wird. Zudem werden weitere Operateure an das kommerzielle Cesar-System angeschlossen: Hungarokombi (Ungarn), Swe-Kombi (Schweden) und Novatrans (Frankreich) bereiten sich bereits darauf vor"(vgl Ecom Logistik Newsletter, 46KW 15/11/2000, S. 2-3, DVZ Verlag Hamburg).

"Das neu gegründete Joint Venture E-Chain Logistics bietet für Industrie und Handel Lösungen unter dem Stichwort „New Logistics im Supply Chain Management".

Beide Unternehmen haben erkannt, dass die Etablierung auf dem Markt für E-Commerce für die Kunden von entscheidender Bedeutung sein wird." Dr. Victoria Ossadnik, eine der beiden Vorstände der neu gegründeten E-Chain Logistics AG, erläutert die Intention für einen ungewöhnlichen Schritt. Zum 1. Juli nämlich haben das internationale Logistikunternehmen Dachser GmbH & Co. KG und der Informationstechnologie-Dienstleister CSC Ploenzke AG das Joint Venture ins Leben gerufen, um technologiegestützte Logistiklösungen anbieten zu können. An E-Chain Logistics sind beide Unternehmen zu gleichen Teilen mit jeweils 44% beteiligt, die restlichen 12% hält das Management des neuen Unternehmens selbst.

Die paritätische Aufteilung zeigt auch die Besetzung des Aufsichtsrates. Dieser besteht aus Dr. Gerd Wecker, Sprecher der Geschäftsleitung von Dachser, sowie Hans-Jochen Winter, Generalbevollmächtigter bei CSC Ploenzke für den Bereich Transport und Logistik. Eine dritte, unabhäng-ige Person werde im Moment noch gesucht.

Dr. Andreas Froschmayer, ebenfalls Vorstand des Joint Ventures mit Sitz in München und Wiesbaden, sieht in der Bündelung zweier Kernkom-petenzen eine Marktneuheit. „Diese branchenübergreifende Kompetenz ist momentan noch nicht vorhanden. Die Einzigartigkeit von E-Chain Logistics liegt in der Bündelung der Fähigkeiten Strategieberatung, IT-Integration und physischer Logistik aus den Muttergesellschaften in einem neuen Unternehmen." E-Chain Logistics ist mit 6 Mitarbeitern gestartet, bis zum Ende des Jahres j2001 sollen es rd. 20 sein. Nach einem Jahr will das Unternehmen profitabel sein, beim Umsatz rechnet man bis zum Jahr 2002 mit 20 Mio. Euro.

Vorhandene Kanäle – neue Geschäftsbeziehungen

Über mangelnde Aufträge kann sich E-Chain Logistics anscheinend nicht beklagen. „Wir haben mehr potenzielle Kunden, als wir zurzeit verkraften können", sagt Hans-Jochen Winter. „Das neue Unternehmen begibt sich hinein in die Netzwerke des Kunden." Dabei setze sich die Kundenstruktur laut Dr. Froschmayer aus Unternehmen zusammen, die virtuelle Läger nachfragen, als Net-Market-Bereiber auftreten oder SCM-Konzepte anbieten wollen.

Als Partner sowohl von New als auch Old Economies entwickele und transferiere man vorhandene Beschaffungs- und Distributionskanäle in die Welt neuer Geschäftsbeziehungen. Das Unternehmen antworte auf die steigende Nachfrage nach integrierten Fulfilment-Lösungen aus dem B2B-Markt und liefere einen Mehrwert durch die Realisierung der bei weitem nicht ausgeschöpften Potenziale in Warenwirtschaftsketten. E-Chain soll hierfür Beratungsleistungen anbieten, Konzepte entwickeln und implementieren sowie in Betriebsgesellschaften eigene

Logistikleistungen erbringen"(vgl.Logistik Heute, Nr. 9/2000, S. 63, Buss Verlag München).

"Air Cargo auf dem Weg in die „New Economy"

Logistikdienstleister haben keine Wahl. Entweder sie nehmen teil am E-Commerce oder sie verpassen den Zug. Noch ist Zeit, die Zukunft mitzugestalten.

Das Internet hat die Gesetze der Wirtschaft neu definiert. Es hebt zeitliche und räumliche Grenzen auf und bietet eine schier unendliche Vielfalt an Chancen und Möglichkeiten – für Unternehmen und Konsumenten gleichermaßen. Diese „Neue Wirtschaft" oder auch „New Economy", in der wir uns zukünftig bewegen, wird von einem geänderten Markt und einem anderen Wettbewerbsumfeld charakterisiert sein. Neue Geschäftsmodelle entstehen, neue Wertschöpfungsketten, neue Prozesse, andere Beschäftigungs- und andere Kapitalstrukturen.

Den Kern der „New-Economy" bildet jedoch die virtuelle Geschäftswelt des E-Commerce: Ob es ein gebrauchtes Handy aus einer weltweiten Onlinebörse oder ein amerikanisches Fachbuch von amazon.com ist – es gibt heute fast nichts, was nicht über das Internet gesucht, gekauft oder abgewickelt werden kann. Doch wo bleibt der Vorteil des Internetshoppings oder eines kostengünstigen Supply Chain Managements ohne das Fulfilment, die prompte Erledigung durch reibungslos funktionierende, erdumspannende Logistikketten?

Viele Internet-Anbieter sind de facto virtuelle Unternehmen ohne eigenes Logistikrückgrat. Doch ohne E-Fulfilment kein E-Commerce. Damit der Einkauf über Internet funktioniert, muss es jemand geben, der die Waren vom Produktions- oder Lagerort zum Abnehmer bringt. Und das muss schnell, weltweit, jeden Tag und rund um die Uhr funktionieren, denn downloaden lassen sich die Waren bisher nicht.

Web-Geschwindigkeit über den Wolken

Der Luftfracht kommt in diesem Zusammenhang eine besondere Rolle zu, denn Web-Erfolg erfordert Web-Geschwindigkeit auch im Backend-Bereich der Logistik.

So wie das Internet ein großes Kommunikationsnetz um unseren Globus spannt, so schafft Air Cargo als Ergänzung ein Netz mit hoher Mobilität von Gütern. Hier ist es Aufgabe der Logistik, durch E-Business die Transaktions- oder operationellen Ineffizienzen zu beheben, die vielfach aufgrund der starken Fragmentierung des Logistikmarktes bestehen, und damit die Prozesse innerhalb von Supply Chains an den Anforderungen des E-Commerce auszurichten.

Eine unter amerikanischen Versandunternehmen durchgeführte Umfrage zeigt, dass die Erweiterung von Internetservices in den nächsten Jahren die höchste Priorität in der Zusammenarbeit mit Logistikdienstleistern hat. Der Weg in der Air Cargo muss von Kooperation zwischen den beteiligten Logistikanbietern zunehmend zu einer Integration von Prozessen innerhalb einer Supply Chain führen. Globale, einheitliche Standards werden die Voraussetzung für eine Teilnahme an den entstehenden Logistikmarktplätzen im Internet sein.

Kein Wille zur Transparenz

Obwohl bislang in der Logistikbranche – auch aufgrund des nicht vorhandenen Willens zur Transparenz – keine E-Märkte entstanden sind, werden sich zukünftig solche Marktplätze mit einer kritischen Masse herausbilden. Denn generell bestätigt der wachsende Zulauf elektronischer Marktplätze deren Erfolg. Eine mehrdimensionale Vernetzung von Kunden und Anbietern von Logistikleistungen wird an die Stelle der bisherigen konventionellen, linearen Kunden-Lieferanten-Beziehungen treten. Die Unternehmen der Logistikbranche haben dann die Wahl zwischen Negierung, passiver oder aktiver Teilnahme. Hierbei wird eine Nicht-Teilnahme zum Verlust von Marktanteilen und verpassten Wachstumschancen führen. Eine aktive Teilnahme bietet dagegen die Chance, den Marktplatz im Sinne der eigenen Produktargumente zu gestalten und entsprechend darzustellen.

Doppelter Einfluss

Die „New Economy" beeinflusst die Logistikdienstleistungen gleich zweifach: Zum einen bietet der stark zunehmende E-Commerce im B-to-B- und B-to-C-Bereich gute Wachstumsmöglichkeiten aufgrund der Notwendigkeit eines sehr schnellen Fulfilments. Das gilt insbesondere für Air Cargo, aber auch für die Logistikbranche allgemein.

Zum anderen erwachsen durch die Anforderungen an das E-Fulfilment die Notwendigkeit, E-Business als neue Grundlage für die zukünftige

Zusammenarbeit der beteiligten Logistikunternehmen einer Supply Chain zu etablieren.

Air-Cargo Portal
Netzpläne der Lufthansa Cargo

> Die Lufthansa Cargo will nicht nur zum Club der E-Business-Mitspieler in der Logistikbranche gehören, sie will führend sein. Erste Schritte auf dem Weg in Richtung „New Economy" sind der sukzessive Ausbau des eigenen Web-Portals, Online-Booking soll eingeführt und die Integration von Prozessen zum Aufbau gezielter E-fähiger Supply-Chain-Lösungen vorangetrieben werden.

Auch die Gründung von E-Logic zusammen mit der Deutschen Post ist unter diesem Aspekt zu sehen. Aufgabe des neuen Unternehmens wird es sein, künftig noch intensiver an logistische Problemlösungen für und im E-Bereich zu arbeiten.

Im April hatte sich die Lufthansa Commercial Holding GmbH mit 10% an der elektronischen Luftfrachtbörse GF-X (Global Freight Exchange) mit Sitz in London beteiligt. Das im November 1998 gegründete Unter-nehmen startete Anfang Mai weltweit mit einem Pilotbetrieb auf ausgewählten Strecken. Beteiligt sind zunächst neun Fluggesellschaften und acht Spediteure. Mit der Beteiligung an dem Internet-Start-up-Unternehmen will man voraussichtlich ab Herbst 2000 auf einem der ersten entstehenden Air-Cargo-Marktplätze präsent sein"(vgl. JANSEN, J.P., in: Logistik Heute, Nr. 9/2000, Huss Verlag München).

## 9.0.One-to-One Marketing

"Viele derzeit aktive Websites sind im Prinzip einfach Broschüren, die in ein elektronisches Format überführt worden sind. Darin findet sich ein buntes Sammelsurium aus Produkten, Hinweisen zur Anwendung der Produkte, Spezifikationen und Selbstdarstellungen. Im amerikanischen heißen derartige Websites auch „brochure ware".

Richtig betriebener iCommerce bietet die Möglichkeit, die während der Interaktion zwischen Käufer und Verkäufer gewonnenen Informationen zum Aufbau einer dauerhaften Kundenbeziehung zu nutzen. Mit anderen Worten können auf effiziente Art enge, dauerhafte Kundenbeziehungen und somit ein beständiger Wettbewerbsvorteil aufgebaut werden.

"Kunde" ist dabei im B-to-B-Geschäft per definitionem nicht der Konsument, sondern der einzelne Mitarbeiter des Absatzmittlers, des Lösungsanbieters bzw. des kaufenden Unternehmens – wobei hierbei Einkäufer, Entscheidungsbeeinflusser und Anwender zu unterscheiden sind.

Die Erhöhung der Kundenloyalität ist nicht nur wichtig, um das dort vorhandene empfehlungspotential für das eigene unternehmen zu nutzen, sondern auch, um die Vertriebskosten zu senken. Es ist allgemein bekannt, dass es wesentlich teurer ist, neue Kunden zu akquirieren als die bestehenden an das eigene Unternehmen zu binden.

iCommerce bietet die Möglichkeit, Kundenbeziehungen aufzubauen, die mit jedem Geschäftskontakt „intelligenter" werden:

- Der Kunde äußert seine Bedürfnisse und ihr Unternehmen liefert spezifische Produkte bzw. Dienstleistungen.

- Diese Informationen stehen im nächsten Kundenkontakt wieder zu Verfügung, so dass beim nächsten Kontakt Effizienzgewinne entstehen.

- Durch diese – mit fortschreitender Dauer der Beziehung immer intensivere – Kenntnis des Kunden werden gleichzeitig Ausstiegsbarrieren für den Kunden aufgebaut, da er beim Wechsel des Lieferanten wiederum die gleichen Aufwände hätte, um zum Beispiel Produkte zu spezifizieren.

Dieser individuelle, kundenspezifische Geschäftsansatz wird auch als One-to-One Marketing bezeichnet. Die beabsichtigte Erhöhung der Kundenloyalität kann durch vier Bausteine erreicht werden:

- Identifikation der Kunden
  die auf jeden Fall an das Unternehmen gebunden werden sollen

- Interaktion
  Betrachtung der geschäftlichen Beziehung mit den Augen des Kunden

- Kundenspezifische Anpassung
  des Produktes bzw. der Randleistungen durch Personalisierung und Aufbau von Interessengemeinschaften („Communities")

- Interesse wach halten
  Die Vorteile dieser Lösung besteht darin, dass Provisionen für die Absatzmittler entfallen und mit ungefilterten Kundeninformationen

effektives Marketing betrieben werden kann. Nachteilig sind einerseits, dass die Folgen der Zerstörung bestehender Vertriebsinfrastrukturen in der Regel kaum abzuschätzen sind sowie dass andererseits sämtliche bislang von den Vertriebspartnern geleisteten Prozesse – einschließlich Pre-Sales- und After-Sales- Support – aufzubauen sind.

- Kanal-Integrationsstrategie
  Zwar wird direkter Kundenkontakt hergestellt, doch erfolgt die Abwicklung von Aufträgen – einschließlich der zugehörigen Provisionierung – über die etablierten Vertriebspartner.
  Vorteilhaft ist der Zugang zu ungefilterten Kundeninformationen; nachteilig ist, dass die Vertriebspartner an den Effizienzpotentialen aus dem EC partizipieren.

- Kanalzentrierte Strategie
  Das bestehende Vertriebsmodell wird durch den EC B-to-B unterstützt, aber strukturell nicht verändert: Zielgruppe der EC- Initiative sind die etablierten Vertriebspartner.
  Zwei Beispiele hierzu:
  - Die Online-Bündelung von Lagerbestand und Absatzprognosen der wichtigsten Distributoren hat zum Beispiel Heineken geholfen, Vertriebsdurchlaufzeiten zu halbieren. Die Distributoren konnten bei gleichbleibender Lieferbereitschaft den Lagerbestand von drei Monaten auf drei Wochen reduzieren.
  - Möglich ist auch der konzentrierte Online-Auftritt von Unternehmen und Vertriebspartnern. Lee Printwear zum Beispiel vertreibt jährlich Sportbekleidung im Wert von mehreren Hundert Million DM in einem commodity- ähnlichen Markt mit minimalen Margen. Lee hat sich entschlossen, den EC B-to-B gemeinsam mit den Absatzmittlern anzugehen, in dem es seine Spitzenhändler unterstützt hat, den EC für sich zu erschließen.

  Vorteilhaft bei diesem Ansatz ist, dass diese Lösung in der Regel hohe Akzeptanz bei den Vertriebspartnern finden wird. Nachteilig ist, dass weiterhin kein direkter Kundenkontakt stattfindet und somit das Marketing weiterhin weitgehend auf die Informationen von den Vertriebspartnern angewiesen sein wird.

Die Entscheidung über die geeignete Vertriebskanal-Strategie wird sich an mehreren Faktoren orientieren, unter anderem

- Gesamtstrategie / Vertriebsstrategie des Unternehmens

- Verhandlungsmacht gegenüber Vertriebspartnern

- Zeit- und Ressourcenrahmen für die EC-Lösung

- Leistungsfähigkeit und Entwicklungspotentiale der bestehenden DV-Infrastruktur

Flankierende Maßnahmen

Neben der Festlegung der Vertriebskanal-Strategie richten die führenden Unternehmen im iCommerce ihr Augenmerk auf drei Punkte, um die Einführung des „Vierten Vertriebskanals" zum Erfolg werden zu lassen:

- Synchronisierung der Vertriebskanäle
  Information wie Artikelnummer, Preis, Auftragsstatus, etc. müssen konsistent über die Vertriebskanäle hinweg sein: Die Information, die der Kunde von einem Außendienstmitarbeiter, einem Produktkatalog, vom Vertriebsinnendienst oder von einer Website erhält, muss konsistent sein und darf sich nicht widersprechen.

- Gegenseitige Unterstützung der Vertriebskanäle
  Wenn Einkäufer auf der Website einen Auftrag zusammenstellen, sollten die Telefonnummern des Vertriebsinnendiensts ausgewiesen sein, für den Interessenten oder Kunden, die eine B-to-B-Website besuchen, haben ein geschäftliches Anliegen, sie wollen sich nicht amüsieren. Es geht im EC-B-to-B darum, Funktionalitäten und Gestaltung so auszulegen, dass diese geschäftlichen Anliegen effizient erfüllt werden.

  Das oben erwähnte Unternehmen aus der Halbleiterindustrie hatte zum Beispiel in der ersten Version des Internet-Auftritts der graphischen Gestaltung hohe Bedeutung zugemessen. In Interviews gaben die Nutzer an, dass erstens für sie Produktinformationen wesentlich wichtiger als Informationen über das Unternehmen seien und dass zweitens die Organisation der Inhalte unzureichend wäre. In der Folge wurde die inhaltliche Logik der Website so umgebaut, dass die Design-Ingenieure die relevante Information heute mit durchschnittlich 2,5 „Klicks" finden – vor dem Redesign der Website waren es acht.

- Hilfe zur Selbsthilfe anbieten
  Websites, die nicht nur Transaktionen, sondern auch Hilfe zur Selbsthilfe anbieten, werden zur Normalität – sowohl im EC B-to-Consumer (Benchmark ist hier Amazon.com) als auch im EC B-to-B. Service und Support, der auf den Ansatz „Hilfe zur Selbsthilfe" baut und im Web dargestellt wird, ist eine der erfolgreichsten Anwendungen im EC. Der Nutzen ist beidseitig, sowohl für die

Unternehmen als auch für Kunden:

Zum Beispiel hat Dell Computer aus seiner Website mittlerweile mehr als 5.000 spezifische Teilmengen für seine Firmenkunden („Premier Pages") gebildet, in denen neben den firmenspezifisch freigegebenen Produkten mit den jeweiligen Preisen Hinweise zur Installation und Fehlerbehandlung der betreffenden Produkte dargestellt sind. Der IT-Leiter eines der größten amerikanischen Unternehmen berichtet, dass er über Dells Premier Pages jährlich etwa US-\$ 2 Millionen an Supportkosten einspart, seitdem seine Mitarbeiter die Diagnoseprogramme sowie Hinweise zur Fehlerbehandlung in den Premier Pages seines Unternehmens nutzen.

- Kundenwertschöpfung unterstützen
Für Geschäftskunden ist Zeit eine der wichtigsten Faktoren im Geschäftsleben. Sie möchten ihre Aufgaben zu dem Zeitpunkt erledigen, der ihnen am angenehmsten ist. Sie erwarten von iCommerce ein Netz von nahtlos ineinandergreifenden Anwendungen, die es ihnen ermöglichen, relevante Informationen zu bekommen, Transaktionen zu tätigen, den Status von Aktivitäten abzufragen und Anfragen zu stellen. Dabei hat sich der iCommerce nahtlos einzufügen in schon vorhandene Kommunikationskanäle.

- Ganzheitliche Sicht der Geschäftsbeziehung bieten
Mit iCommerce ist es möglich, dass jeder Mitarbeiter mit Kundenkontakt die „ganze Geschichte" der Beziehung des Kunden zum Unternehmen sieht. Dies kann erreicht werden durch die Zusammenführung der häufig nach Produktgruppen, Funktionen oder Geschäftsbereichen getrennten Kundendatenbanken mit einer kundenzentrierten Perspektive.

Kundenspezifische Anpassung

Der Aufbau einer engen und lang andauernden Kundenbeziehung setzt die kundenspezifische Anpassung zumindest eines Teils der Unternehmensleistung voraus. In der Praxis bedeutet dies, Produkt oder Randleistungen (zum Beispiel kundenspezifische Rechnungsstellung) anzupassen.

Im Idealfall sind Produktion und Servicefunktionen des Unternehmens in der Lage, die Leistungserstellung auf das anzupassen, was der Kunde während der Interaktion gesagt hat. Voraussetzung hierfür ist, dass die Designauswahl durch den Kunden effizient, schnell und eindeutig abläuft.

Kontakt und Interesse wach halten

Um langfristige Beziehungen zwischen Unternehmen und Kunden zu pflegen, informieren eine Vielzahl von Unternehmen ihre Kunden über unternehmensinterne und –relevante Vorgänge über gedruckte Newsletter:

- Preisbezogene Maßnahmen
  wie zum Beispiel Treueprämien, Mengenrabatte und sonstige Vergünstigungen

- Leistungsbezogene Maßnahmen
  wie zum Beispiel individuelle Leistungsangebote und Serviceangebote

- Sonstige Maßnahmen
  wie zum Beispiel Messeauftritte, Produktankündigungen, etc.

Mit iCommerce können gedruckte Newsletter ergänzt oder gar ersetzt werden, denn einerseits entwickelt sich E-Mail zum wichtigen Kommunikationsmedium, anderseits sind E-Mail Newsletter wesentlich effizienter als gedruckte:

- In den USA ist E-Mail mit 14,7 Mio. Nutzern in den USA die führende Online-Anwendung kleiner und mittelständischer Unternehmen. 19 Prozent der Befragten nutzen E-Mail im Kundenverkehr und 45 Prozent äußerten die Absicht, E-Mail noch im Lauf des Jahres zur Akquisition einzusetzen.

- In Großbritannien beurteilen 66 Prozent der kleinen und mittleren Unternehmen E-Mail als wichtig oder sehr wichtig für ihre Arbeit.

- In Deutschland nutzen 79 Prozent der Unternehmen mit Internet-Zugang und mehr als zehn Beschäftigten E-Mail. Im Vergleich dazu hat die Nutzung des Web mit 84 Prozent einen etwas höheren Stellenwert.

- Für einen Newsletter, der nur aus Text besteht und an 500 Abonnenten verschickt wird, entstehen Vollkosten von etwa DM 2.500,-- in der konventionellen Form und etwa DM 1.200,-- in der E-Mail-Variante.

Ein weiterer wirkungsvoller Ansatz zur Aufrechterhaltung von Kontakt und Interesse ist es, virtuelle Interessengemeinschaften über das Internet zu initiieren und zu betreiben. Es geht darum, die Anwendungsexperten des Kunden und die unternehmensinternen Experten in einem Internet-basierten Dialog zusammenzuführen.

Die Etablierung von Interessengemeinschaften geschieht überlicherweise in vier Phasen:

- Gewinnung von Mitgliedern
    über Marketing, die Bereitstellung von attraktiven Inhalten sowie    dem Angebot freier Mitgliedschaft

- Förderung der aktiven Partizipation
    über die Ermunterung zur Einbringung von Fragen und Beiträgen    der Mitglieder, die Bereitstellung eigener bzw. übernommener    Beiträge sowie die Einbindung externer Experten

- Aufbau von Loyalität
    über die Förderung von Kontakten zwischen den Mitgliedern der Interessengemeinschaft

- Abschöpfung des Werts
    über die Einrichtung von Transaktionsmöglichkeiten, die Integration von gezielter Werbung sowie die Etablierung von    Gebühren für Premium-Inhalte

Unterstützungsmöglichkeiten des iCommerce

One-to-One Marketing ist ein Managementansatz und kein technisches Thema. Allerdings bietet iCommerce interessante technische Lösungen für die zugrundeliegenden Fragestellungen.

Effizienzsteigerung im Support

Telefon, Telefax, persönlicher Kontakt waren lange Zeit die wesentlichen Kanäle für die Supportleistungen eines Unternehmens („Support" soll hier die Bereitstellung von spezifisch angefragten Informationen bzw. Hinweisen zur Installation bzw. Fehlerbehandlung umfassen, nicht aber Telefonmarketing, direkte Vertriebsunterstützung und interne Help Desks).

Die durchschnittlichen jährlichen Kosten für den Kundensupport sind nach Untersuchungen der International Customer Service Association in den Jahren von 1992 bis 1995 um 30 Prozent gestiegen. Mit iCommerce lassen sich die mit dem Support verbundenen Kosten drastisch verringern und dabei gleichzeitig die Qualität der gelieferten Dienstleistungen erhöhen:

- Die telefonische Beantwortung einer Support-Anfrage schlägt erfahrungsgemäß mit etwa DM 88,-- auf Vollkostenbasis zu Buch, während die Beantwortung über eine standardisierte e-Mail Vollkosten in Höhe von etwa DM 5,-- verursacht. Die folgende

Modellrechnung eines mittelständischen Unternehmens zeigt die Relationen:

Identifikation der Zielkunden

Entscheidend für den Aufbau einer engen, dauerhaften Kundenbeziehung ist es, die einzelnen Kunden genau zu kennen. Damit soll weder gemeint sein, die Anschrift und die E-Mail-Adresse des Geschäftsführers in einer Datenbank zu haben, noch die Auswertung einer einmaligen Fragebogenaktion genau studiert zu haben.

Es ist essentiell für das One-to-One Marketing, jeden Kunden individuell zu behandeln und die Informationen über diesen Kunden über die gesamte Dauer der Geschäftsbeziehung verfügbar zu haben. Dabei ist der wahre Kunde nicht immer der, der die Bestellung unterschreibt. Sehr oft ist im B-to-B-Geschäft der wahre Kunde derjenige, der den Kaufprozess anstößt bzw. ihn entscheidend beeinflusst.

Ein Unternehmen der Halbleiterbranche stellt zum Beispiel fest, dass die wahren Kunden die Design-Ingenieure sind, die schon Monate vor dem Produktionsbeginn die Chips spezifizieren und damit die Kaufentscheidungen bestimmen. Es hat sich gezeigt, dass die Bereitstellung intelligent recherchierbarer technischer Unterlagen über das Web ein strategischer Hebel für dieses Unternehmen war.

Die Website des Unternehmens wird ca. 50.000 Male monatlich besucht; geht man davon aus, dass es weltweit etwa 150.000 derartiger Design-Ingenieure gibt, so ist das Unternehmen in direktem Kontakt mit einem Drittel des relevanten Markts. Täglich werden etwa 1.100 Datenblätter zu Produkten abgerufen, die genau auf die spezifischen Anforderungen des Kunden abgestimmt sind.

Unternehmen, die indirekt über Absatzmittler vertreiben, sehen oft zunächst Schwierigkeiten, diese „wahren Kunden" zu identifizieren. Im iCommerce können Endkunden zur Preisgabe ihrer Anonymität dadurch bewegt werden, dass Sonderleistungen per E-Mail angeboten werden (zum Beispiel Hinweise auf Neuprodukte oder Nachrichten aus der Branche) oder sie auf Wunsch in eine Interessengemeinschaft integriert werden (siehe unten).

Aus dem gewonnenen Datenpool sollten zur Verfeinerung die profitabelsten Kunden herausgefiltert werden. Hinweise darauf können Untersuchungen über Volumen und Anzahl der Wiederholungskäufe (der

Kunde kennt die Produkte und braucht keine umfangreichen Erklärungen) oder über Segmente mit homogenen Bedürfnissen (effiziente Leistungserstellung) geben.

Interaktion

Sollen lang andauernde, enge Geschäftsbeziehungen mit den Zielkunden aufgebaut werden, so ist die Gestaltung der Interaktionskette an fünf Leitlinien zu orientieren:

- Speicherung kundenrelevanter Daten
  Im One-to-One Marketing sollte ein Kunde niemals dieselben Angaben zweimal machen müssen. Insbesondere ist der Aufwand für Wiederholbestellungen zu minimieren. Im Idealfall wird jeder Kundenkontakt – insbesondere Sonderwünsche – aufgezeichnet, damit er für die folgenden Transaktionen zur Verfügung steht.

- Hohe Effizienz der geschäftlichen Kontakte
  Medienunternehmen im B-to-Consumer-Geschäft versuchen, Besucher möglichst lange auf ihrer Website zu halten, um sich damit als Werbeplatz zu qualifizieren. Hierfür werden grafisch ausgefeilte Seiten eingesetzt und allerlei – echt oder vermeintlich – nützliche Neben- und Randinformationen angeboten.
  Im EC B-to-Consumer ist dies auch ein valides Geschäftsmodell, für den EC B-to-B ist es aber der vollkommen verkehrte Ansatz.

Abschätzung der weiteren Entwicklung des EC B-to-B

Problematik der Prognosen im EC B-to-B

Vertrauenswürdige Quellen wie zum Beispiel das Statistische Bundesamt haben bislang noch keine Statistiken über den EC veröffentlicht. Hierfür sind eine Vielzahl von Gründen ursächlich: Der relativ kurze Lebenszyklus des EC B-to-B, die exorbitanten Wachstumsraten, häufige Markteintritte bzw. –austritte einer Vielzahl von Unternehmen sowie die Unterschiedlichkeit in den Geschäftsmodellen, die noch auf ihre Lebensfähigkeit getestet werden. Interessant ist in diesem Zusammenhang, dass das amerikanische Statistische Bundesamt ab dem Jahr 2000 offizielle Zahlen zum EC veröffentlichen wird.

Die einzig verfügbaren „objektiven" Daten über EC B-to-B kommen daher von Unternehmen, die Lösungen für den EC anbieten, oder von Marktforschungsinstituten bzw. Unternehmensberatungen, die Studien über den EC durchführen. In der Praxis führt dies zu fünf Problemen:

- Einige Unternehmen, insbesondere die an der Börse platzierten, stellen zukünftige Umsatzerwartungen aus Eigeninteresse heraus positiver dar als sie sich aus einer objektiven, neutralen Sicht darstellen.

- Unternehmen, die EC-Lösungen anbieten, möchten über optimistische Schätzungen Momentum für ihre Geschäftstätigkeiten erzeugen.

- Unterschiede in EC-Definitionen, Datenerhebungsmethoden und Marktmodellen erschweren die Vergleichbarkeit des Zahlenmaterials. Die zugänglichen Prognosen streuen um mehrere 100 Prozent.

- Die meisten Prognosen basieren auf den Umsätzen der heute schon im EC B-to-B aktiven Unternehmen. Hier kann es zu Doppelzählungen kommen (der Umsatz des einen Unternehmens ist gleichzeitig die Beschaffung des anderen) und es gibt zum Teil keinen Hinweis darauf, ob diese Umsätze die entsprechenden in den traditionellen Vertriebskanälen substituieren oder auf die Wechselwirkung zwischen Vertriebskanälen zurückzuführen sind.

- Die meisten Prognosen und Erfolgsgeschichten über den EC B-to-B kommen derzeit aus den USA. Dies kann sicher damit erklärt werden, dass die USA in der Anwendung des EC B-to-B Europa zwei bis drei Jahre voraus ist. Dadurch ist zwar die direkte Übertragung auf Deutschland

Quantitative Prognosen in der Relation

Bis zum heutigen Tag war das Wachstum im EC B-to-B, insbesondere im iCommerce, beeindruckend. Der Umsatz im iCommerce betrug im Jahr 1995 praktisch Null, im Jahr 11997 US-$ 26 Milliarden. Für die nahe Zukunft (Jahr 2001) werden US-$ 563 Milliarden und für das Jahr 2003 deutlich mehr als US-$ 1 Billion vorhergesagt.

Dies sind beeindruckende Zahlen, aber sie sind in der Relation zu sehen: Der Gesamtumsatz EC B-to-B und B-to-Consumer in den Jahren 1995-97 entspricht knapp 40 Prozent des amerikanischen Versandhandelsgeschäfts und etwa 0,5 Prozent des Einzelhandelsumsatzes in den sieben OECD-

Ländern. Wenn die prognostizierte Entwicklung eintritt, wird der EC (B-to-B und B-to-Consumer) in den Jahren 2003-05 etwa 15 Prozent des Einzelhandelsumsatzes in den sieben OECD-Ländern repräsentieren.

Wachstumstreiber und –barrieren

Die tatsächliche Entwicklung des EC B-to-B hängt von mehreren Faktoren ab:

- Aggressive Nutzung des EC B-to-B durch Großunternehmen
  Pioniertaten von Großunternehmen, die über entsprechende Ressourcen und Know-how verfügen, können in den nächsten Jahren eine breite Bewegung zum Einsatz des EC B-to-B entfachen
  Diese Bewegung wird aus zwei Quellen gespeist: Einerseits sind die jeweiligen Wettbewerber gehalten, mit dem Pionier gleichzuziehen, andererseits können die Pioniere unter den Großunternehmen Druck auf ihre Lieferanten ausüben.

- Lösung der objektiven und psychologischen Sicherheitsprobleme
  Mit jedem Jahr wachsen Anzahl und Reifegrad der Sicherheitsbausteine. Es kann davon ausgegangen werden, dass kurzfristig für die Praxis ausreichende Lösungen am Markt erhältlich sind. Vermutlich kann auch davon ausgegangen werden, dass die Lösung der dann noch vorhandenen psychologischen Probleme durch die breite Akzeptanz des EC B-to-B vereinfacht wird.

- Effiziente Lösungen für kleine und mittelständische Unternehmen
  Kleine und mittelständische Unternehmen verlangen nach EC-Lösungen, die hinsichtlich des Implementierungsaufwands, der laufenden Kosten sowie der erforderlichen Ressourcen beherrschbar sind. Es ist davon auszugehen, dass passende Lösungen kurz- bis mittelfristig verfügbar sind (zum Beispiel Online Shops, EDI über das Internet oder die Einstellung elektronischer Produktkataloge in die Beschaffungsanwendungen von Großunternehmen).

- Nationale und internationale regulatorische Festlegungen
  Rechtsverbindlichkeit von elektronischen Geschäftsabschlüssen oder eindeutige Aussagen zur Besteuerung sind erforderlich, um eine tragfähige Geschäftsgrundlage für den EC zu schaffen. Dieses Thema steht auf der Agenda sowohl der deutschen als auch der amerikanischen Regierung.

- Breite Akzeptanz für neue Geschäftsmodelle
  Die Durchdringung des EC B-to-B hängt auch davon ab, in welchem Umfang sich neue Geschäftsmodelle wie zum Beispiel Internet-Marktplätze oder Internet-Auktionen etablieren. Diese neuen Geschäftsmodelle werden sich wahrscheinlich branchenspezifisch entwickeln und dort prosperieren, wo sie eine echte Problemlösung darstellen.

- Durchsetzung von globalen Standards
  Fatal wäre für den EC B-to-B wenn in der weiteren technischen Einzellösungen verloren gehen würde. Da keine global dominanten Marktgestalter im EC B-to-B zu erkennen sind, ist diese Gefahr mittelfristig sehr gering: Singuläre Lösungen würden wohl keine Akzeptanz am Markt finden. Es ist allerdings fast sicher, dass sich in einzelnen Branchen wie zum Beispiel der Automobilindustrie spezifische Lösungen entwickeln werden, die nur eine eingeschränkte Durchgängigkeit zum globalen Internet haben werden.

Quantitative Prognosen über den Gesamtmarkt

EC B-to-B 1999 bis 2002

Die Prognose der zukünftigen Entwicklung des EC B-to-B gestaltet sich schwierig. Wie bereits oben gesagt. Der Vollständigkeit halber sollen der detaillierten Auseinandersetzung noch zwei relativ bekannte Prognosen über die Entwicklung des iCommerce vorangestellt sein.

Yankee Group: Starkes Wachstum in den USA

Die amerikanische Yankee Group geht davon aus, dass das Transaktionsvolumen im iCommerce um durchschnittlich 41 Prozent jährlich, von derzeit US-$ 138 Milliarden auf etwa US-$ 541 Milliarden im Jahr 2003 steigen wird. Nach dieser Prognose werden vier Nutzergruppen von diesem Wachstum am meisten profitieren:

- Einkäufer

- Verkaufende Unternehmen

- Betreiber von elektronischen Marktplätzen und B-to-B-Händler

- EC-Lösungsanbieter

Visa International: Starkes Wachstum in Europa

Das Finanzdienstleistungsunternehmen Visa International geht davon aus, dass in Europa der EC B-to-B etwa 30-mal so stark wächst wie die nationalen Volkswirtschaften, von US-$ 7 Milliarden im Jahr 1998 auf US-$ 176 Milliarden im Jahr 2003. Visa geht davon aus, dass Deutschland, Großbritannien und Frankreich 80 Prozent dieses Transaktionsvolumens auf sich vereinigen.

- Data Alignment

- Internet

Im Rahmen dieses Vier-Säulen-Konzepts spielt EDI – wie die nachfolgenden Überlegungen und Beispiele zeigen- vom einfachen, standardisierten Datenaustausch über ECR und Data Alignment bis hin zum Internet eine bedeutende Rolle bzw. erfährt eine immer tiefere Einbindung in die betrieblichen Abläufe und deren unterstützende EDV-Anwendungen.

EDI

EDI ist – wie in Abschnitt 5.2.1 beschrieben – der elektronische Datenaustausch von strukturierten Nachrichten zwischen Computeranwendungen verschiedener Kommunikationspartner mit einem Minimum an manuellen Eingriffen. Bei den Kommunikationspartnern kann es sich um unternehmensinterne Partner, andere Unternehmen oder Behörden handeln.

Im Rahmen der globalen Entwicklung müssen die Geschäftsprozesse ständig optimiert werden. Klassische Ansätze im Reengineering zielten auf Produktionsoptimierung, Verschlankung des Managements oder die Verbesserung der Organisation ab. Im Bereich der betrieblichen Datenverarbeitung ist aber – auch heute noch – eine enorme Effizienzsteigerung möglich. Diese Potential wird allerdings aufgrund des zum Teil dürftigen Informationsaustausches zwischen Unternehmen (neben den reinen Geschäftstransaktionen) und den daraus resultierenden Berührungsängsten kritisch betrachtet.

Auffallend ist, dass es immer noch nicht gelungen ist, den Austausch der Geschäftsdokumente zu standardisieren: Trotz der heute vorhandenen

Technologien dauert der Geschäftsvorgang „Bestellung –
Auftragsbestätigung – Lieferavis – Rechnung" bei den meisten
Unternehmen noch mehrere Tage.

EDI erlaubt die Verkürzung dieser Strecke bis in den Minutenbereich.
Mittels EDI können die verschiedenen Anwendungssysteme ohne
Medienbruch gekoppelt werden. Dies bedeutet, dass der Transfer zwischen
den Computersystemen unter Vermeidung von Zwischenmedien (zum
Beispiel Papier, Datenträger) stattfindet. EDI unterliegt grundsätzlich
keiner Restriktion aus Sicht der Hardware und der Telekommunikation.
Diese ergeben sich erst durch die vorhandene DV-Struktur des jeweiligen
EDI-nutzenden Unternehmens.

Die hier heute eingesetzte Norm ist in der Norm ISO 9735 festgelegt.
Diese beschreibt den Aufbau der zum Einsatz kommenden
Geschäftsvorfälle sowie deren Interpretation und Inhalte. Im Laufe der
mehr als zehnjährigen Entwicklung von UN(EDIFACT sind mehr als 200
verschiedene, standardisierte Geschäftsvorfälle entwickelt worden.

Efficient Consumer Response (ECR)

Seit etwa dem Jahr 1995 wird – vor allem zwischen Konsumgüterindustrie
und Lebensmittelhandel – intensiv darüber diskutiert, wie der
Datenaustausch zwischen Handel und Industrie verbessert werden kann,
um damit einen besseren und kontrollierten Warenfluss und die damit
verbundenen Kosteneinsparungen zu realisieren.

Diese Diskussion werden unter dem Titel Efficient Consumer Response
(ECR) geführt. Ziel ist es, die Produkte nicht mehr wie früher durch die
Lieferkette zu „drücken" (basiert auf Verkaufsprognosen), sondern die
Ware – gesteuert von den tatsächlichen Konsumentenkäufen – durch die
Lieferkette zu „ziehen". Alleine für Europa ist durch die damit einher
gehende Senkung der Bestände in der Lieferkette eine jährliche Einsparung
von etwa DM 50 Milliarden in der Kette von Zulieferer – Hersteller –
Handel errechnet worden.

Heute sind die geschäftlichen Beziehungen zwischen Handel und Industrie
in der Regel so gestaltet, dass zu Beginn eines Geschäftsjahres zwischen
den Einkäufern und den Category Managern Planungszahlen mit
entsprechenden Preisangaben ausgehandelt werden. Im laufenden Jahr
werden dann mit Hilfe der Bestell-Nachrichtentypen die Waren bestellt und
von Lieferanten geliefert.

Mit dem ECR-Ansatz werden vom Handel nicht mehr Bestellungen, sondern exakte Abverkaufs- und Lagerbestandsdaten an die Industrie übermittelt. Mit Hilfe dieser Geschäftsnachrichten ist es möglich, eine exakte Übersicht über das sich ständig verändernde Lager zu bekommen.

Dazu fließen die EDIFACT-Nachrichten INVRPT (Lagerbestandsbericht) bzw. SLSRPT (Verkaufsdatenbericht) in den sogenannten VMI-Prozess (Vendor Managed Inventory) ein. Beim Hersteller oder auch Lieferanten der Ware werden die Daten dann in entsprechende Systeme zur Wiederauffüllung eingelesen. Dort wird dann unter Zuhilfenahme von historischen Daten, Promotions, Servicegrad, logistischen Rahmenbedingungen, usw. Die Berechnung der optimalen Bestellung vorgenommen. Der Handel erhält einen Bestellvorschlag im Sinne einer Bestellanzeige.

Durch den Einsatz solcher Softwarepakete mit der Einbindung von EDI-Nachrichten kann eine erhebliche Kostenreduzierung auf Produktions- und Lagerebene erzielt werden.

Data Alignment

Unter dem Begriff „Data Alignment" wird die Bereitstellung von Datenbankbeständen jeglicher Art sowie deren Harmonisierung verstanden. Dahinter steht die Überlegung, dass der ständig zunehmende Bedarf an Produktions- und Preisinformationen für vorhandene bzw. neue Produkte eine flut an Informationen mit sich bringt., die – wenn sie entlang der Lieferkette nicht integriert sind – zu erheblichen Ineffizienzen führen können.

Ein praktisches Beispiel: Man betritt ein Einzelhandelsgeschäft und stellt die Frage nach einem Haushaltsgerät. Das Fachgeschäft verfügt über einen eigenen Produktstamm mit eigenem Nummernsystem. Die Bestellung läuft aus Gründen der Kostenoptimierung über einen Zentralregulierer. Dieser wiederum bestellt beim Großhandel oder beim Hersteller.

In der Praxis hat jeder der beteiligten Partner in dieser Bestellkette eigene Kataloge und Sortimentszusammensetzungen. Damit gibt es in der eine Vielzahl von Nummernsystemen für das gleiche Produkt. Die Vorhaltung von zentralen Stammdaten, die durch entsprechende Querverweisen und Harmonisierung erreicht werden kann, ist von höchstem Interesse für alle Beteiligten der Kette.

Für den Transport der Nachrichten zwischen dem Partner und der zentralen

Datenbank bietet EDI die ideale Voraussetzung. Neben der Übermittlung der Produktdaten kann natürlich auch die Übertragung der Bestellung oder auch jeder andere Geschäftsprozess auf elektronische Art und Weise erfolgen.

Typische Beispiele hierfür sind aus der Praxis von GE Information Services die Bereitstellung von Stammdaten bei verschiedenen EAN-Gesellschaften zur Harmonisierung von Barcodes sowie die Applikation EANCODEX in Holland.

Internet

Die Nutzung des Internets für Business-to-Business-Geschäfte nimmt kontinuierlich zu. Mittels Internettechnologien bauen sich mehr und mehr Unternehmen interne Informations- und Kommunikationsnetzwerke („Intranets") nehmen interne Informations- und Kommunikationsnetzwerke („Intranets") auf. In der nächsten Stufe („Extranet") wird mit der gleichen Technologie ein erweiterter Nutzerkreis – vor allem Kunden oder Lieferanten –eingebunden.

Im EC B-to-B gewinnt das Internet auch an Bedeutung mit bzw. durch den Einsatz von EDI. Der Einsatz von EDI in Verbindung mit dem Internet wird in der Regel als „Internet/EDI" oder „Web-EDI" bezeichnet.

Web-EDI ist in erster Linie für Unternehmen aus dem Bereich KMU (kleine und mittelständische Unternehmen) gedacht, also dort, wo nur ein geringer Datenaustausch zwischen zum Beispiel Hersteller und Zulieferer erfolgt. Die Vielzahl von KMU-Zulieferern eines Großunternehmens führt in der Regel zu einem erheblichen Arbeitsaufwand.

Mit Web-EDI erstellt der Hersteller seine Bestellung in einer EDI-Nachricht und sendet diese in einer Übertragungsdatei an seinen Clearing Service Provider, der wiederum die Daten in die Partner-Mailboxen zustellt bzw. erkennt, ob es sich um Partner für Web-EDI handelt. Letzteren werden dann ihre Daten über einen Server im HTML-Format zugestellt.

Aus Sicht des Herstellers kann somit eine vollständige EDI-Integration realisiert werden. Dieser Lösungsansatz kommt zum Beispiel bei den GE Information Services-Kunden Daimler-Chrysler oder Ericsson zum Einsatz.

Zwei Beispielprojekte

PHOENIX

Ausgangslage und Zielsetzung

Ein entscheidender Faktor im Pharma- und Apothekengeschäft ist die Schnelligkeit. Jeder möchte noch am gleichen Tag die vom Arzt verordneten Medikamente in seiner Apotheke erhalten. Systeme wie Brief, Fax oder Telefon führen in fast allen Fällen zu sehr hohen Erfassungsaufwand sowie zu Zeitverzögerungen bei der Auslieferung, insbesondere bei Briefsendungen in Stoßzeiten.

Mitte der achtziger Jahre waren vielfältige Versuche gescheitert, ein geschlossenes System für diese Branche aufzubauen. Die wohl größten Probleme waren zum einen die reine Technik, Hardware, Leitungen, Netzprotokolle und zum anderen die Software, und hier vor allem die Datenformate"(vgl.MATTES, F., Electronic Commerce B2B,S.44-59 u. 144-152, a.a.O.).

## 10.0. E-Commerce und Internet-Marketing

"Der Zehn-Regel-Katalog für Marketing im Internet gibt zusammenfassend noch einmal Hinweise hinsichtlich besonders erwähnenswerter und bei der Umsetzung zu beachtender Punkte.

Regel 1: Das Internet ist ein neues Medium

Verwenden Sie kein „altes" Material. Versuchen Sie, Texte analog zu den Vorteilen des Mediums zu strukturieren. Vermeiden Sie die Verwertung von nicht mehr aktuellen, langweiligen Texten.

Nutzen Sie die Möglichkeiten der Interaktion mit dem Kunden.

Gehen Sie bewusst mit Visualisierungen (Grafiken, Bilder, Videos) um.

Regel 2: Orientieren Sie Ihre Aktivität am Kunden

Gleichen Sie sehr genau die von Ihnen anvisierte Zielgruppe mit der im Internet derzeit erreichbaren Zielgruppe ab.

Entwickeln Sie ihre Aktivität in enger Anlehnung an die Wünsche Ihrer Zielgruppe.

Regel 3: Versuchen Sie, die Kundenbindung zu stärken

Eine Aktivität im Internet muss darauf ausgerichtet sein, dass Kunden diese nutzen:

Aktualisieren Sie regelmäßig und rechtzeitig Ihre Daten

Bauen Sie immer wieder neue Funktionen ein: Der Kunde ist neugierig und wird darauf zurückgreifen.

Regel 4: Immer auf dem aktuellen Stand der Technik bleiben

Das Internet befindet sich noch in der Steinzeit! Bleiben Sie am Ball, was neue Technik und somit neue Möglichkeiten für Gestaltung, Schnelligkeit und Funktion betrifft.

Machen Sie aber nicht alles mit, was sich an technischen Möglichkeiten bietet. Stimmen Sie Kundenwünsche auf dafür passende Technik ab. Weniger ist manchmal mehr.

Regel 5: Schaffen Sie Vertrauen

Der Kunde erwartet gute Geschäftsbeziehungen, das bedeutet:

- Sicherheit
- Exklusivität
- guter Service

Sie erreichen Vertrauen mit Ihrem Online-Angebot, wenn Sie diese Anforderungen berücksichtigen.

Bieten Sie Transaktionen an: Strukturieren Sie Ihr Angebot so gut, dass der Kunde seine gewünschten Informationen gezielt suchen kann und auch findet.

Finden Sie ein vertrauenswürdiges Abrechnungssystem.

Bieten Sie guten After-Sales-Service: sofortige Reaktion durch Antwort, Auslieferung der Bestellung oder der Serviceleistung.

Lernen Sie die Wünsche Ihres Kundens durch ein Registrierungssystem gezielt kennen. Sorgen sie für gut ausgebildetes Personal, das die Anwendung administrieren kann: Technik, Support, Kundenservice.

Regel 6: Stützen oder beleben Sie Ihr bestehendes Geschäft

Welches ist der eigentliche Hauptzweck Ihrer Online-Aktivität? Suchen und schließen Sie vorhandene Lücken. Beispiele hierfür: zusätzliche Möglichkeit für Neukunden-akquisitionen, Zugriff auf neue Märkte ermöglichen.

Regel 7: Kostenüberblick behalten

Planen Sie Ihre Investitionskosten:

- Definieren Sie einen Projektverantwortlichen, der Budget und Termine kontrolliert

- Machen Sie einen Soll-/Istkostenabgleich

- Führen Sie Erfolgskontrollen durch

- Arbeiten Sie auf messbare Ergebnisse hin

Regel 8: Erfolg ist planbar

Fangen Sie klein an. Grundvoraussetzung für die Basisausstattung im Internet ist:

- Möglichkeit bieten, Beziehungen aufzubauen.

- Anwendung muss alle gängigen Browser unterstützen.

- Anwendung muss technisch problemlos erweiterbar sein

Bauen Sie Schritt für Schritt Ihre Aktivitäten auf: eine Funktionalität nach der anderen. Ein Angebot nach dem anderen.

Regel 9: Handeln vor dem Wettbewerber

- Sammeln Sie schnellstmögliche Erfahrungen

- Lernen Sie das Medium kennen

- Nutzen Sie die geringe Konzentration der Anbieter in Ihrem Markt

- Gewinnen Sie Zeit, Dinge auszuprobieren und optimal zu gestalten

Regel 10: „Stay cool"

Die Arbeit mit neuen Medien und dem Internet ist erlernbar. Wenn Sie Ihren Marketingplan für Ihre Internet-Anwendung fertig haben, sollte er einen „Toast" enthalten. Hier ist nachfolgend einer, der bei einer Party für eine neue Website eines amerikanischen Unternehmen integriert wurde:

Our competitors are there. Our partners are there Our costumers are there, too. And now we're on the Internet, as well. At the very least, we have harnessed this phenomenon called Internet marketing before it took us by surprise. Here's hoping we can capitalize on it to make our company grow. With planning, dedication, and the work of many talented people, we will prosper by our Internet marketing presence. Maybe not today, not tomorrow, but eventually. We'll be patient. We'll be realistic. But most of all, we'll have fun. Afterall, it's not worth doing if we don't enjoy it.

Marketing im WWW

Das "Center for Research in Electronic Commerce", kurz CREC, birgt eine Fülle von Informationen, viele News sowie eine sehr umfangreiche FAQ. Die Angebote sind naturgemäß auf den US-Markt zugeschnitten, aber dennoch oft auch aus der europäischen Perspektive einen vertieften Blick wert.

Zahlreiche kurze und längere Beiträge und Arbeitspapiere werden gleich online zur Lektüre angeboten, geordnet nach Kriterien wie:

- Digital Market Structure and Antitrust

- Supply Chaim Management Using Intra-Organizational Electronic Commerce

- Collaboration

- Network Pricing

- Electronic Payment Systems and Micro Payments

Wo es den Text nicht gleich online gibt, wird ein E-Mail-Kontakt zum

Autor angeboten.

Zu den Höhepunkten dieser Web Site zählt fraglos das Diskussionsforum, in dem Fragen des Electronic Commerce wie auch der Technik auf recht hohem Niveau besprochen werden. Zu den aktuellen Themen zählten Ende 1997 die Auswahl von Web-Servern, neue Märkte für die IT-Industrie, Data Warehouse, Videokonferenzen und Videokompression.

Eine FAQ mit sehr umfangreichen Antworten behandelt grundlegende Fragen, wie etwa die Bedeutung des Electronic Commerce, Erklärungen der Begriffe Intranet und Extranet, Zugangsmöglichkeiten zum Internet oder die Zukunft des WebTV. Für fachlich fortgeschrittene Leser sind dabei die Links zu externen Quelleninteressanter als die eigentlichen Antworten.

Es mag skurril sein oder ärgerlich – aber der Handel mit griffigen Namen für Domains hat sich inzwischen zu einem regelrechten Geschäft entwickelt. Einige Personen haben den kommenden Run auf klingende Namen frühzeitig erkannt und sich ganze Bündel davon reservieren lassen – meist ohne die Absicht, sie je zu gebrauchen. Auch wenn das DE-NIC die reine Reservierung ohne Nutzung inzwischen nicht mehr anbietet, gibt es doch schon reichlich reservierte – oder blockierte –Namen, die nun zu verkaufen sind.

Der Domain-Markt fungiert hier als Makler. Wie im Maklergeschäft üblich, zahlt nicht der Anbieter die Rechnung, sondern der Käufer. Der in Prozenten vom Kaufpreis des Namens an den Betreiber des Domain-Markts zuzahlende Betrag wird online ausgewiesen.

Einer lange Liste zeigt die zur Auswahl stehenden Namen, und wer an einem davon interessiert ist. Kann über einen zugehörigen Link ein zweites Browserfenster öffnen und darin ein Gebot abgeben. Dabei wird auch ein „Mindestgebot" oder zumindest eine „Verhandlungsbasis" angezeigt.

Manche der zum Recherchezeitraum angebotenen Namenklingen sehr prägnant, wie etwa Finanzplatz.de, Jobline.de, Mode.de oder Pferde.de. Für solche Namen werden aber in der Regel Preise von 50.000 Mark an aufwärts verlangt.

In anderen Fällen dürfte aber vor dem Griff zum Geldbeutel erst mal der Gang zum Anwalt angezeigt sein. Denn bei nicht wenigen Namen handelt es sich offenkundig um den Versuch, einem bereits vorhandenen Unternehmen den eigenen Namen vor der Nase wegzuschnappen und anschließend für einen deftigen Betrag wieder zu verkaufen. Und in solchen Streitfällen haben Gerichte schon zugunsten des ursprünglichen Namensinhabers entschieden.

Mediadaten online

PZ-Online ist eine sehr nützliche Informationsquelle für Online-Marketer, die Anzeigen schalten wollen – sei es online oder in Printmedien-, die Strukturen von Anzeigentarifen vergleichen wollen oder sich für Rankings der beliebtesten Web Sites interessieren.

Der Kern des Systems ist ein Datenbanksystem, das seine Informationen nach vier Kriterien anbietet:

- Links zu Publikationszeitschriften im Internet

- Preislisten der Online-Medien

- Reichweitendaten der Onlinemedien

- Messung der Werbeträgerleistung

Die Preislisten sind naturgemäß dann von Bedeutung, wenn das eigene Internet-Angebot durch Werbung mehr Zulauf erhalten soll .Die Datenbank ermöglicht im ersten Schritt eine Selektion nach Kategorien, wie General Interest, Special Interest, Business to Business oder Regionale Anbieter. Im nächsten Schritt zeigt das System die eingetragenen Anbieter und offeriert über Links den Sprung zu deren Anzeigentarifen an.

Besonders komfortabel ist die Online-Lektüre der Daten:
Die gesamten Preislisten gibt es auch in einem großen Paket zum Download.

Ein anderes Angebot ist jedoch auch dann spannend, wenn gerade keine Anzeigenschaltung geplant ist. Unter der Position „Reichweitendaten der Online-Medien" lassen sich tabellarisch ebendiese Reichweitendaten ausgeben. Auch hier erfolgt eine Vorauswahl nach Kriterien wie General Interest oder Special Interest. Dabei lassen sich die Ergebnisse nach Titel (der Web Site), Visits und Page Impressions sortieren.

In dieser Datenbank sind natürlich nicht alle Web Sites erfasst, auf denen sich Werbung schalten lässt, sondern nur solche, deren Betreiber dem

Verband beigetreten sind und die ihre Daten melden. Dies trifft aber oft zu auf die Betreiber aufwendig angelegter Server, die ihre Angebote über Werbung refinanzieren wollen und die zur Erzielung hoher Reichweiten interessant sind.

Zur Abrundung offeriert die Site unter der Rubrik „Messung der Werbeträgerleistung" eine kurze, gut lesbare Einführung in die Interpretation von Mediadaten. So werden zum Beispiel die Unterschiede zwischen „Page Impressions" und „Visits" erklärt, die Proxy-Problematik und die Messverfahren erläutert.

Wer noch nicht sicher ist, welche Titel zum jeweiligen Thema passen würden, kann unter „Anzeigenstatistik" mit Suchbegriffen wie „Auto" oder „Wirtschaft" suchen. Diese Recherche wird allerdings arg schlicht mit einer Volltextsuche in den jeweiligen Titeln durchgeführt.

Deutscher Multimedia-Verband

Unter den Verbänden und Organisationen, die sich mit dem Internet befassen ,ist der Deutsche Multimedia-Verband (DMMV) unter dem Aspekt des Marketings sicher einer der bedeutenderen. Immerhin hat er über 400 Mitglieder – insbesondere Onlinedienste und Verlage, Agenturen, Universitäten und Großunternehmen aus der Hardware- und Software-Industrie.

So entfaltet der Verband denn auch weitreichende Aktivitäten. Eine der Bestrebungen ist eine einheitliche Erfassung und Bewertung von Onlinebewerbung. In Zusammenarbeit mit anderen Verbänden – insbesondere denen der Verleger – wird eine einheitliche „Online-Mediadatenbank" angestrebt. Dies soll, so der DMMV, „einer Inflation ,zentraler Datenbanken' vorbeugen".

Andere Projekte betreffen das Bannermanagement einschließlich Messparameter, Methoden zur Ermittlung der Internetnutzung und die Erarbeitung von Studien zu verschiedenen Themen. Speziell letztere sind aber teilweise nur für Mitglieder des Verbandes zugänglich. So gibt es einen größeren Bereich in dieser Seite, bei der für den Zugriff ein Paßwort erforderlich ist.

Das frei verfügbare Angebot ist dennoch lohnend, um einen Einblick in laufenden Entwicklungen zu gewinnen. Als Zugabe gibt es schließlich noch Termine für Messen und Workshops und eine Jobbörse"(vgl. MATTES,

F., E-Commerce B2B. Bd.II S. 112-159, a.a.O.

## 11.0. Wie weit Speditions- und Logistikunternehmen bei der Umsetzung von E-Business sind

"Auf neuen Wegen

Speditions- und Logistikunternehmen beschäftigen sich intensiv mit dem E-Business. Ericsson Consulting untersucht in einer aktuellen Studie wie weit die Firmen bei der Umsetzung tatsächlich sind.

Die Speditions- und Logistikbranche durchläuft noch immer einen extremen Strukturwandel. Neben massivem Preiswettbewerb, der Liberalisierung und Internationalisierung des Marktes und kostenbedingtem Outsourcingdruck erfordert derzeit besonders der zunehmende Einsatz neuer Medien ein verstärktes Umdenken aller Marktteilnehmer. Kundenbindung, Marketing und Servicemanagement erlangen immer größere Bedeutung. In diesem Zusammenhang besonders wichtig ist eine klare Informations- und Kommunikationsstrategie. Nur so können sich Spediteure und Logistikunternehmen noch vom Wettbewerb differenzieren. Zu diesem Ergebnis kommt eine jetzt veröffentlichte Studie der Düsseldorfer Unternehmensberatung Ericsson Consulting. Der Begriff, um den sich immer mehr dreht, ist E-Business.

Als wichtigste Schnittstellenplattform zwischen Unternehmen und Wertschöpfungsketten nimmt die Logistikbranche bei der Einführung neuer Kommunikationstechnologien eine führende Rolle ein. Das Erkennen der technischen Möglichkeiten des Internets wird für die Firmen zu einem entscheidenden Wettbewerbsfaktor. Ericsson Consulting interviewte in Expertengesprächen 30 große und mittelständische Speditions- und Logistikunternehmen.

Neue Geschäftsfelder

Befragt wurden die Manager zu den Veränderungen und Anforderungen ihrer Unternehmen und der gesamten Branche durch die Verbreitung moderner Kommunikationstechnologien. E-Business wird als das strategische Wettbewerbsinstrument der Zukunft angesehen. „Die befragten Unternehmen sehen große Chancen, mit der Abwicklung digitalisierter Geschäftsprozesse über das Internet die Ertragseinbrüche der Vergangenheit im Zuge von Globalisierung und Kostendruck auszugleichen", so Christian Plenk, verantwortlich für den Bereich Handel und Logistik bei Ericsson Consulting. Denn nur wer sich in dem hart umkämpften Markt mit einem attraktiven Produktportfolio, außergewöhnlichem Service und Mehrwertdienstleistungen vom Wettbewerb abhebt, habe wirklich Zukunft. Viele versprechen sich vom Online-Business nicht nur eine höhere Profitabilität durch eine schlanke Neuorganisation sondern erwarten insbesondere auch die Erschließung neuer Geschäftsfelder und eine erheblich bessere interne und externe Kommunikation. Dementsprechend messen 90% der Befragten dem Informations- und Kommunikationsmanagement eine sehr hohe Bedeutung bei. Auch wenn die Umsetzung vielversprechender Ideen derzeit noch oft an nicht ausgereiften Geschäftsmodellen scheitert.

Nutzung von EDI

Electronic Date Interchange (EDI) ist für die Unternehmen der Speditions- und Logistikbranche kein Fremdwort mehr. Viele Firmen erhaltenlaut Studie bereits einen Großteil ihrer Standardaufträge auf elektronischem Weg. Erwartet wird, dass sich dieser Prozess mit der weiteren Verbreitung des Internets noch verschärfen wird. Die meisten befragten Unteernehmen unterstützen in diesem Zusammenhang ihre Kunden beim Datentransfer. Die Hälfte bietet der verladenen Wirtschaft den Service, Schnittstellen zu ihrem eigenen System zu bilden, um Auftragsdaten übermitteln zu können. Geringe Verbreitung findet dagegen noch die Auftragsdatenübertragung über das Internet. Zu diesem Zweck eingerichtete Internetseiten der Logistikanbieter werden fast nur im Kep-Bereich genutzt.

Die Mehrzahl der Befragten sieht in ihrer zeitkritischen Branche die zunehmende Bedeutung von E-Mails, Internet, Intranet, Mobilfunk, Satellitenkommunikation und SMS. Sie sind aber noch unsicher, wie diese Technologien zur Steigerung der eigenen Wertschöpfung eingesetzt werden können, ohne die Datenverarbeitung zu komplex und die Kundenbeziehungen zu anonym zu gestalten.

Mehrwert ist gefragt

Alle befragten Unternehmen sehen die Notwendigkeit, neben ihrem traditionellen Kerngeschäft innovative Mehrwertdienstleistungen anzubieten. Dabei erwarten sie für die gesamte Wertschöpfungskette vom Beschaffungsmanagement über den Transport bis hin zum After-Sales-Service einen zunehmenden Einfluss moderner und innovativer Kommunikationstechnologien. Das Rezept für den Erfolg klingt einfach: Eine klare strategische Positionierung, intelligente Mehrwertdienstleistung, internationale Präsenz, guter Service und intensive, interaktive Kommunikation Dazu ein breites Produktportfolio, das weit über die reine

Standardlogistik hinausgeht und individuelle Dienstleistungen bietet. Alle Befragten erkennen, dass dazu erhebliche Anstrengungen und weitreichende Veränderungen innerhalb ihrer Unternehmen notwendig sind. Besonders für kleine und mittelständische Betriebe ist dies nur im Rahmen von Kooperationen möglich. Innerhalb eines Netzwerks sind sie in der Lage, weltweit umfassenden Service rund um die Uhr zu bieten.

Intelligente Partner

Auf proaktiver Kundenansprache und gezielter Markenentwicklung liegt bei fast allen befragtenUnternehmen noch nicht der Fokus. Die Befragten sehen aber denHandlungsbedarf. Die Logistikunternehmen müssen in der Lage sein, intelligente strategische Partnerschaften im E-Business einzugehen und neue Leistungsspektren zu entwickeln. „Wir gehen davon aus, dass nur die Unternehmen die Gewinner im Wettbewerb um Kunden und Marktanteile sein werden, die es schaffen, in sehr kurzer Zeit neben einer E-Business-Strategie auch eine innovative Leistungsspektrum für die „New Economy's World" anzubieten", so Plenk. Die Bereitschaft, in entsprechende Projekte zu investieren, machen viele Dienstleister von konkreten Anforderungen ihrer Kunden abhängig. Neben den Kep-Dienstleistern zeigen sich mittelständische Logistikunternehmen innovativer als Großunternehmen"(vgl. Ericsson, Logistikstudie, in: Logistik Heute Nr. 7-8/2000, S.70-71, Huss Verlag München).

## 12.0. Gefahren und Chancen für Logistik-Dienstleister bei E-Procurement

"E-Business und Marktplätze optimieren deutlich die konventionellen Beschaffungsprozesse. Gleichzeitig zerbrechen bestehende Marktstrukturen – Gefahr und Chance auch für die Logistikdienstleister.

Die Internet-basierte Beschaffung (Electronic Procurement) weist seit geraumer Zeit ein exponenzielles Wachstum auf. Es winken außergewöhnliche Einsparungsmöglichkeiten und neue Geschäftsfelder – auch für Logistikdienstleister. Doch auf dem Weg ins Eldorado lauert der Tod. Extreme Veränderungen der alten Marktstrukturen und neue Anforderungen verlagen von allen Unternehmen entlang der Prozesskette höchste Aufmerksamkeit. Nur wer die richtigen Entscheidungen trifft, wird überleben.

Im Fokus des E-Procurement stehen Beschaffungsgüter, die als ausreichend standardisiert gelten, sodass sie über elektronische Produktkataloge dargestellt werden können. Zudem müssen die Hersteller an der Erstellung derartiger Kataloge ein Interesse haben, was u.a.

voraussetzt, dass viele unterschiedlichen Nachfrager zu bedienen sind. Dies gilt primär für indirektes Material, also insbesondere Bedarfe im administrativen Bereich (Büro) sowie Güter für die Instandhaltung und für Reparaturen. Tatsächlich ist hiermit der überwiegende Teil der Beschaffungsobjekte erfasst, die häufig – aber keineswegs ausschließlich – C-Güter sind, welche im Mittel 70-80% aller zu beschaffenden Produkte ausmachen, dabei jedoch meist nur 10 bis 20% des gesamten Beschaffungsvolumens repräsentieren. Der Aufwand für jeden einzelnen Beschaffungsprozess ist – unter Ausklammerung logistischer Kosten – nahezu unabhängig vom Beschaffungswert und liegt je nach Ausgestaltung des Prozesses zwischen 100 und 250 DM. Werden die beschaffbaren Objekte mit den relevanten Daten in einem interaktiven elektronischen Produktkatalog abgebildet, so besteht die Möglichkeit, dass eine direkte Bestellung durch den Bedarfsträger erfolgen kann. Der Rest des Beschaffungsprozesses (siehe Grafik) kann dann nahezu vollautomatisch ablaufen.

Return on Investment von 1.000%

Erfahrungen in größeren Unternehmen zeigen, dass Prozesskostenreduzierungen in Höhe von bis zu 90% realisiert werden. Zudem konnten Abwicklungszeiten um 50% und mehr verkürzt werden. Der Return on Investment lag nicht selten deutlich über 1.000%, die Amortisationsdauer unter einem Jahr.

Für die Logistik entstehen durch derart gestaltete Beschaffungsprozesse neue Anforderungen, da die Bestellungen einzelner Bedarfsträger im unternehmen an unterschiedliche Lieferanten in gebündelter oder ungebündelter Form zur Auslieferung kommen und dabei unter Umständen wiederum jeder einzelne Bedarfsträger individuell zu beliefern ist. Hieraus resultiert eine stark erhöhte Anzahl Klein- und Kleinstlieferungen, auf die sich einige logistische Dienstleister spezialisiert haben, sodass sich für diese aktuell ein Wettbewerbsvorteil gegenüber den eher auf größere Transporte konzentrierten Unternehmen ergibt. Dies gilt auch für den Fall, dass als Partner des einkaufenden Unternehmens nicht die einzelnen Lieferanten auftreten, sondern es sich dabei um einen Beschaffungsdienstleister handelt. Diese treten entweder lediglich als Vermittler oder aber als Zwischenhändler – in der Regel ohne eigene Vorratshaltung – auf und bieten immer häufiger die logistische Abwicklung der Bestellungen mit an, wobei sie zur Erledigung dieser Aufgaben strategische Partnerschaften mit Logistikdienstleistern eingehen.

Kostenersparnis 10%

Ein wesentlicher Vorteil virtueller Marktplätze ergibt sich für beschaffende Unternehmen dadurch, dass eigene Bedarfe ohne großen Aufwand ausgeschrieben und damit einer Vielzahl potenzieller Anbieter zur Kenntnis gebracht werden können. Zudem können oft nicht benötigte Bestände und Betriebsmittel zum Verkauf ausgeschrieben werden. Schnittstellen zu der unternehmenseigenen Planungssoftware werden fast durchgängig angeboten.

Aus einzelnen Praxisberichten geht hervor, dass durch den Einkauf über virtuelle Marktplätze selbst für solche Güter Einstandskostenreduzierungen in Höhe von 10% und mehr realisiert werden können, die seitens des beschaffenden Unternehmens als preislich „ausgereizt" galten. Ob eine rein preisorientierte Einkaufspolitik in jedem Falle empfehlenswert ist, darf allerdings angezweifelt werden.

Ausschaltung des Zwischenhandels

Mit dem Aufkommen virtueller Handelsplätze sind nicht selten Strukturveränderungen in bestimmten Industrien verbunden, die nachhaltige wettbewerbsrelevante Auswirkungen auf die bisher hier tätigen Unternehmen haben können und wodurch wiederum neue Gewichtungen in den bisherigen Handelsströmen entstehen. Letztere sind zentrale Orientierungsgrößen für Logistikunternehmen. Ein offensichtlicher Effekt des Internethandels."(vgl. BOGASCHEWSKY, R. in: Logistik Heute Nr. 7-8/2000, S. 34, Huss Verlag München).

## 13.0. E-Commerce in Schifffahrt und Hafenwirtschaft

"Das Internet wird die maritime Wirtschaft gravierend verändern. Dies machte das DVZ-Forum „Boom im E-Commerce – Chancen und Risiken für die Seeschifffahrt und Seehafenverkehrswirtschaft" deutlich, das am Dienstag in Hamburg stattfand. Allerdings: Derzeit ist das Internet noch eher ein Kommunikations- als ein Vertriebskanal.

Das Internet wird sich als Werkzeug für die Beteiligten im Seehandel entwickeln. Davon zeigte sich Markus Giesenkirchen, Mitinitiator der Handelsplattform Glomap.com in Hamburg, überzeugt.

Er sieht dabei primär drei Bereiche: Zum einen den Sektor Information wie Fahrpläne, Schiffsdaten oder Reisedaten. Aktuellere und mehr Daten als in gedruckter Form könnten so genutzt werden, die Zahl konventioneller Anfragen werde zurückgehen.

Als zweiten Bereich machte Giesenkirchen den Handel und Abschluss aus. Festpreisbuchungen auf der einen Seite, die Vergabe von offener Ladung und offener Kapazität und der anderen, erläuterte er. Vor allem bei der Zusammenbringen von offenen Ladungen und Restkapazitäten der Schiffe handele es sich um ein ideales Segment für unabhängige Betreiber. Schließlich sieht Giesenkirchen die Möglichkeit im Internet, die laufenden Prozesse im administrativen Bereichen zu unterstützen. Beispielsweise die Dokumentation oder die Ladungsverfolgung.

Grundsätzlich, so meinte Giesenkirchen, gefährde E-Commerce das Seehandelsgeschäft nicht. Vielmehr führe es seine traditionellen Teilnehmer, die Makler, Reeder und Agenten auf die Ursprünge des Marktgedankens mit der Börse als Treffpunkt zurück.

Für Bert E. König vom Wettbewerber Cargobiz.com steht fest, dass vor allem die Makler und Spediteure Schwierigkeiten haben werden, die ihr Geschäft wie bisher weiter betreiben wollen. „Sie werden eindeutig zu den Verlierern zählen." Dagegen könnten Spezialanbieter auf Grund ihres Spezialwissens am Markt bestehen. Zu den Gewinnern werden aber, so ist König überzeugt, diejenigen gehören, die sich mit dem neuen Medium Internet intensiv auseinander setzen und es nutzen.

Über das Internet bezogene Informationen werden verstärkt auch für die maritime Wirtschaft von Bedeutung sein, stellte auch Christel Heideloff vom Bremer Institut für Seeverkehrswirtschaft und Logistik (ISL) fest. Denn: Geschäftsinformationen seien nicht nur integraler Bestandteil von Markt- und Transaktionsprozessen, sondern sie haben auch ihren eigenen Stellenwert als Produkt im Internet. Aus diesem Grund forciert das ISL den Aufbau eines Informationsportals unter dem Namen „marnet-work.org".

Zweifellos werde sich auch das Arbeitsumfeld der Schiffsmakler durch den verstärkten Einsatz des Internets gravierend verändern, konstatierte Volkert Knudsen, Vorsitzender des Zentralverbands Deutsche Schiffsmakler. So werde E-Commerce die Geschäftsprozesse der Schiffsmakler unterstützen, die Kundenbindung und den Informationsaustausch erhöhen und die Kosten der Geschäftsprozesse senken, glaubt der Makler. Gleichzeitig aber könnten Quereinsteigern der Geschäftseinstieg erleichtert und die Beziehung zwischen Mailern und Kundenanonymisiert werden, warnte Knudsen.

Allerdings: Schifffahrtsgeschäfte basierten überwiegend auf Basis des persönlichen Vertrauens. „Dies kann auch die ausgeklügelteste Software nicht ersetzen", ist Knudsen überzeugt. Und: „Die Fülle der Informationen macht den Makler immer mehr zu einem Informationsbroker."

Die Linienreeder, so betonte Dr. Ottmar Gast, Geschäftsführungsmitglied der Reederei Hamburg Süd, komme es darauf an, die Transaktionskosten zu reduzieren. „Dazu brauchen wir eine gewisse Standardisierung des Datenflusses", betonte er. Dies werde mit dem Internet-Portal „Inttra", das Hamburg Süd mit vier weiteren Partnern aufbauen will, versucht.

Das die Reeder derartige Portale selbst initiierten, habe zwei einfache Gründe. Zum einen hätten es branchenfremde Anbieter schwer, mehrere Reeder unter einen Hut zu bringen. „Zum anderen wollen wir als Reeder im drivers" seat sitzen, um nicht von E-Business-Firmen abhängig zu sein", meinte Gast.

An einer vergleichbaren Initiative der Global Transportation Network /GTN) hat sich die Reederei APL beteiligt. Das Internet sei, so betonte Jürgen Hinsichs, für E-Commerce zuständiger Direktor der deutschen APL-Tochter, für alle Kundenkategorien attraktiv. Sowohl Groß- als auch Kleinkunden hätten vergleichsweise geringe Kosten, zeigte er einen entscheidenden Vorteil auf.

Als Herausforderung der Zukunft sieht Hinrichs die Frage, wie gleichzeitig Kundenloyalität gewonnen werden kann, während durch Reduzierung der Funktionen der Mitarbeiter die Servicekosten sinken sollen. Diesen Spagat will er vor allem durch gut ausgebildetes Personal schaffen.

Von dem Engagement im Internet erhofft sich die Hongkong-Reederei Orient Overseas Container Line (OOCL) durchaus einen kleinen Wettbewerbsvorteil und eine höhere Kundenbindung, bestätigte Carsten Schneider, bei der OOCL-Niederlassung in Bremen für diesen Bereich zuständig. Derzeit werde das Internet vor allem für die Sendungsverfolgung, den Ausdruck von Bills of Lading, Fahrplaninformationen und Ratenanfragen genutzt, kaum jedoch für direkte Buchungen. „Dies muss per Internet effektiver, einfacher und schneller sein als per Telefon", stellte Schneider fest. Bisher habe er jedoch noch keine entsprechende Buchungsmaske gefunden, die dieses Anforderungsprofil erfüllt.

OOCL setzt auf ein voll integriertes System, das Buchungen, Dokumentation, Tracking, Transportaufträge und Rechnungswesen miteinander verknüpft. „Dies zwingt zu hoher Datenqualität, denn ein B/L kann nicht ausgedruckt werden, wenn es gar nicht über das System gebucht wurde", erläuterte Schneider. Zwar sei das Internet derzeit noch nicht ab Vertriebskanal von Bedeutung, doch als Kommunikationsplattform werde es enorme Potenziale für Containerlinien und Kunden erschließen"(vgl. LAUENROTH, L., in: DVZ Nr. 147 v. 9/12/2000 S.3., DVZ Verlag Hamburg).

## 14. Literaturverzeichnis:

Aberle, G., Transportwirtschaft, 3. Auflg. Oldenbourg Wissenschaftsverlag, München-Wien 2000

Baumgarten, H., Darkow, J.L. u. Walter, S. Logistikjahrbuch 2000, Handelsblatt Verlag Düsseldorf

Baumgarten, H., u. Zadek, H. in: Jahrbuch der Logistik 2000, Handelsblatt Verlag Düsseldorf

Berndt, T., in: Int. Verkehrswesen 51, 9/99, DVZ Verlag Hamburg

Blecker, T., Das Internet als Basis der Unternehmung ohne Grenzen, in: Logistik Heute, 7-8/2000, Huss Verlag München

Bloech, J., u. Ihde, G.B., Vahlens großes Logistik Lexikon, Franz Vahlen GmbH, München 1997

Boecker, T., in : DVZ 68, 6/2000, DVZ Verlag Hamburg

Boes, B., Statement des BSL zum europ. Logistiktag bei der IAA Frankfurt am 26.9.2000

Bogaschewsky, R., Logistik Heute, 7-8-/2000, Huss Verlag, München

Bottler, S. u. Weinrich, M. in: Ecom Logistik Magazin 2/2000, DVZ Verlag Hamburg

Bretzke, W.R., DVZ Sonderbeilage 8.6.2000, DVZ Verlag Hamburg
    DVZ 144, 12/2000, DVZ Verlag Hamburg

Brinkhoff, B., Nordhessische Wirtschaft 9/2000, Prints Mediengesellschaft Kassel

Carsten, D. u. Pötzl, J., ECR - Integration von Logistikketten, Hauser Verlag, Wien 2000

Davidow, W.H. u. Malone, W.H., Das virtuelle Unternehmen, 2.Auflg. Campus Verlag, Frankfurt 1997

Diller, H., Vahlens großes Marketing Lexikon, Verlag Franz Vahlen GmbH München, 1992

D. Little, A. Consultants, Survey 10/2000, London

Ecom Logistik Newsletter, 15.11.2000, DVZ Verlag Hamburg

Engel, T., Logistik heute 7-8/2000, Huss Verlag München

Ericsson Logistik Studie, Werbematerial

Figgen, B., in: Kilimann, J. et al., Efficient Consumer Response, Schaeffer-Poeschel Verlag, Stuttgart 1998

Goepfert, I., Gutachten E-Commerce, Uni Marburg, 1999-2000

Grimm, C., in: Ecom Logistik Magazin 1/2000, DVZ Verlag Hamburg

Hallier, B., DVZ Sonderbeilage 12.12.2000, DVZ Verlag Hamburg

Helmke, B., Ecom Logistik Magazin 2/2000, DVZ Verlag Hamburg

Heptner, K., in: Logistikjahrbuch 2000, Handelsblatt Verlag Düsseldorf

Hertzog, E., Skriptum ATB, Hamburg/Berlin 1991
Hess, J. Ecom Logistik Magazin, 2/2000, DVZ Verlag Hamburg

Hoffmann, C. u. Carsten, D., in: Logistik Jahrbuch 2000, Handelsblatt Verlag Düsseldorf

Hoffmann, P., in: DVZ 138 11/2000, DVZ Verlag Hamburg

Jansen, J.P., Logistik Heute, 9/2000, Huss Verlag München

Kaadtmann, P., in: DVZ 124,DVZ Verlag Hamburg, 2000

Kilimann, J. et al., Efficient Consumer Response, Schaeffer-Poeschel Verlag, Stuttgart 1998

Klaus, P. DVZ Sonderbeilage 12.12.2000, DVZ Verlag Hamburg

Kornfeld, R., Pautsch, D. u. Ulrich F. in: Post Plus 5/2000, Post-Verlag Bonn

Kuhn, A.S., Qualitätsmanagement logistischer Informationssysteme in: Pfohl, H.C. Total Quality Management, Erich Schmidt Verlag Berlin 1992

Lauenroth, L., DVZ 147 9.12.2000, DVZ Verlag Hamburg

Leibfried, K.H. u. McNair, C.J., Benchmarking, Haufe Verlag Freiburg, 1993

Lemke, J., u. Petzold, B., Ecom Logistik Magazin 1/2000, DVZ Verlag Hamburg

Mattes, F., Electronic Business 2 Business, Schaeffer-Poeschel Verlag Stuttgart 1999

Menke, J., in: DVZ 68, 6/2000, DVZ Verlag Hamburg

Naunheim, M. u. Mayer, K.H. in: Network Computing Advertorial, 11/2000

Nestler, S. u. Nobel, T., DVZ 124 17/10/2000, DVZ Verlag Hamburg

Pfeiffer, R., in: DVZ 138, 18.11.2000, DVZ Verlag Hamburg

Pfohl, H.C., Total Quality Management, Erich Schmidt Verlag Berlin 1992

Reisch, H.P. u. Stoll, M., Logistikjahrbuch 2000, Handelsblatt-Verlag Düsseldorf

Rudolph, W., in: DVZ 124, 10/2000, DVZ Verlag Hamburg

Schnell, F., DVZ Sonderbeilage 8.6.2000, DVZ Verlag Hamburg

Schorn, F., Telekommunikation u. Verkehr, Koerner Verlag, Freiburg 1995

Schulte, M. u. Ebner, G., Sanfter Druck auf Dienstleister, in: Logistik Heute 11/2000, Huss Verlag München

Siebel, L., in: Logistik Heute 9/2000, Huss Verlag München

Simon, H., et al., Das große Handbuch der Strategiekonzepte, Campus Verlag, Frankfurt/Main 2000

Skapetzke, P. in: DVZ 68 6/2000, DVZ Verlag Hamburg

Sperrle, R., in: Kilimann, J. et al, Efficient Consumer Response, Schaeffer-Poeschel Verlag Stuttgart, 1998

Stein, J., Die Bedeutung der Unternehmenskultur – Die Einführung von ECR, in: Skriptum Knappe/GHK, Kassel 2000

Straube, F.,in: DVZ 124, 17/10/2000, DVZ Verlag Hamburg
Logistik Heute, 10/2000, Huss Verlag München

Ten Hompel, M. in: Logistik Heute 11/2000, Huss Verlag München

Treeck, S., in: Logistik Heute, 10/2000, Huss Verlag München

Tyndall, G. et al., Supercharging Supply Chains, Wiley & Sons, Inc., New York 1998

Weber, P., in: DVZ 138, DVZ Verlag Hamburg 2000

Wehking, K.H., in: Logistikjahrbuch 2000, Handelsblattverlag Düsseldorf

Welsch, G., Lehmann, F., E-Business Magazin, Siemens, München 2000

Winkler, V., DVZ Sonderbeilage 12.12.2000, DVZ Verlag Hamburg

Wirtschaftswoche 47, 16.11.2000, Düsseldorf 2000
Witten,P., in: DVZ 124, 10/2000, DVZ Verlag Hamburg
Wörnlein, P., Ecom Logistik Magazin 1/2000, DVZ Verlag Hamburg

o.V. DVZ 140, 23/11/2000, DVZ Verlag Hamburg

o.V. Ecom Logistik Newsletter 29.11.2000, DVZ Verlag Hamburg

o.V. Software Messe Info, Bäurer AG, Behla, BRD

o.V. Logistik Heute, Titelthema 10/2000, Huss Verlag München o.V. Logistik Heute, 10/2000, Huss Verlag München

o.V. New Economy, 1/2000, Skriptum AKA Kassel 2001

o.V. Logistik Heute, 7-8/2000, Huss Verlag München